Gesa Krebber

Kollaboration in der Kunstpädagogik

Kunst Medien Bildung
Band 4

Andreas Brenne / Christine Heil / Torsten Meyer / Ansgar Schnurr
(Herausgeber*innen im Auftrag der Wissenschaftlichen Sozietät Kunst Medien Bildung e.V.)

Editorial

Die Schriftenreihe Kunst Medien Bildung ist ein Forum für den wissenschaftlichen Austausch über die Erforschung von existierenden und denkbaren Verknüpfungen von Kunst, Medien und Bildung in wechselnden diskursiven Feldern.

- Bildung wird dabei als ein vieldimensionaler und durchaus unscharfer Begriff verstanden und als Herausforderung begriffen. Bildung ist ein Handlungs- und Forschungsfeld, das Interaktion und Kommunikation anders bestimmt als eines, das sich nur auf quantitative Evaluation oder intentional zu erreichende Standards beschränken lässt.
- Kunst wird dabei als ein vieldimensionaler und durchaus unscharfer Begriff verstanden und als Herausforderung begriffen. Kunst ist ein Handlungs- und Forschungsfeld, insbesondere für die Untersuchung der Konstitution des Subjekts unter bestimmten historischen Bedingungen.
- Medium wird als konstitutives Dazwischen verstanden und nicht auf ein passives technisches Werkzeug, Gerät oder Instrument für die intentional ausgerichtete Übertragung oder Verbreitung von Information reduziert.
- Das Feld der Verknüpfung lässt sich unterschiedlich konzipieren: beispielsweise als Vermittlung, Information, Erziehung, Sozialisation, Unterricht, Experiment, Anlass zur Forschung oder zum Diskurs.

Die Schriftenreihe Kunst Medien Bildung wird – wie die gleichnamige Online-Zeitschrift zkmb – herausgegeben im Auftrag der Wissenschaftlichen Sozietät Kunst Medien Bildung e.V., die sich als Interessengemeinschaft von Wissenschaffenden versteht, mit dem Ziel, theoretisch ausgerichtete Ergebnisse aus Forschung und Lehre, die das Profil des Gegenstandsbereichs und seine bildungstheoretischen Besonderheiten im Schnittfeld transdisziplinärer Ansätze betreffen, zu befördern und zu dokumentieren. Die Schriftenreihe dient der Darstellung und Veröffentlichung dieser Arbeit und ihres Umfeldes.

kunst-medien-bildung.de
zkmb.de

Gesa Krebber

Kollaboration in der Kunstpädagogik

Studien zu neuen Formen gemeinschaftlicher Praktiken unter den Bedingungen digitaler Medienkulturen

kopaed

Bibliografische Information der Deutschen Nationalbibliothek
Die Deutsche Nationalbibliothek verzeichnet diese Publikation in der Deutschen Nationalbibliografie; detaillierte bibliografische Daten sind im Internet über http://dnb.de abrufbar

Diese Dissertation wurde von der Humanwissenschaftlichen Fakultät der Universität zu Köln im April 2019 angenommen.

Impressum

Autorin: Gesa Krebber
Herausgeber*innen der Reihe „Kunst Medien Bildung": Andreas Brenne, Christine Heil, Torsten Meyer, Ansgar Schnurr (im Auftrag der Wissenschaftlichen Sozietät Kunst Medien Bildung e.V.)
Korrektorat: Ana González y Fandiño, Marie Schwarz
Layout und Satz: Carmela Fernández de Castro, Dorle Schmidt
Gestaltungskonzept: Torsten Meyer, Konstanze Schütze, Gesa Krebber
Umschlagbild: Fotografie Orbon Alija, istockphoto.com
Umschlaggestaltung: Micha Schmidt, Dorle Schmidt
Druckerei: docupoint, Barleben

Arnulfstr. 205, 80634 München
Fon: 089.68890098 Fax: 089.6891912
E-Mail: info@kopaed.de
Internet: www.kopaed.de

ISBN 978-3-86736-549-9
eISBN 978-3-86736-624-3

Inhalt

Abstract

Die vorliegende Forschungsarbeit widmet sich Phänomenen der Kollaboration im kunstpädagogischen Feld, die insbesondere durch die Digitalisierung sichtbarer werden. Die Arbeit nimmt zum Ausgangspunkt, dass trotz ihrer offensichtlichen Existenz bislang wenig Theorien zu kollaborativen Praktiken in Kunst und Kunstpädagogik expliziert wurden. Vielmehr werden kollaborative Formen sowohl im wissenschaftlichen Feld als auch im Schulbetrieb bis dato marginalisiert. Sie besitzen jedoch, so die Hypothese, das Potential, bestehende kunstpädagogische Konzepte und Theorien gewinnbringend zu erweitern, zu verändern und zu ergänzen.
Das Forschungsvorhaben gliedert sich in zwei Teile. In *Studie I* werden unterschiedliche Theoriezugänge und künstlerische Positionen zu Kollaboration eruiert, analysiert und systematisiert. In *Studie II* werden kunstpädagogische ExpertInnen im institutionellen Kontext von Kunstunterricht zu kollaborativen Handlungspraktiken befragt. Ziel beider Erkundungen ist es, die unterschiedlichen Überlegungen und Verfahren zusammenzubringen, um ein erstes Konzept von Kollaboration für die Kunstpädagogik zu erarbeiten.
Zentrale Explorationsfelder in *Studie I* sind die Kunstpädagogik und ihre Bezugsdisziplinen. In diesen Fachgebieten werden kollaborative Praktiken in den Bereichen Bildung, Lernen, Vermittlung oder Kunstschaffen sichtbar. Im Kontrast dazu steht das extrem beständige Konzept des schöpferischen Subjekts, verstanden als das genialische, einzelne Individuum, das sich im kunstpädagogischen Untersuchungsfeld in einer Fokussierung auf EinzelkünstlerInnen niederschlägt. Demgegenüber werden neue Möglichkeiten von Gemeinschaftlichkeit, Vernetzung und Relationen exploriert, die in einem *Konzept von Kollaboration* in der Kunstpädagogik münden. Dieses Konzept meint eine Erweiterung der Kunstpädagogik um spezifische kollaborative Praktiken, die mehr bedeuten als eine methodisch-didaktische Technik, wie beispielsweise Teamarbeit im Kunstunterricht. Kollaboration in der Kunstpädagogik umfasst die Gestaltung eines komplexen Miteinanders von unterschiedlichsten AkteurInnen – Menschen, Institutionen, Dingen, Räumen – im transdisziplinären Feld der Kunstpädagogik.
Mit *Studie II* werden implizite kollaborative Handlungspraktiken im pragmatischen institutionellen Kontext von Kunstunterricht über ExpertInneninterviews ermittelt. Die Auswertung zeigt, dass kollaborative Praktiken im Kunstunterricht im aktuellen Schulbetrieb existieren, sich jedoch in einem stark widersprüchlichen Handlungsfeld befinden: Auf der einen Seite der Wunsch nach der Gestaltung einer gemeinschaftlichen Kunstpädagogik, auf der anderen Seite

die institutionellen sowie gesetzlichen Vorgaben im Schulsystem, welche wiederum kaum auf kollaborative Situationen ausgerichtet sind oder diese zulassen.
Final entwirft die Forschungsarbeit Perspektiven und Szenarien einer kunstpädagogischen Kollaboration, welche theoretische und handlungspraktische Anstöße bieten, um die bestehenden ästhetischen Bildungskonzepte – die meist auf das einzelne Individuum zugeschnitten sind – in die produktive Strukturen der Kollaboration zu überführen.

Vorwort

Zeichne ich die Wege meiner Forschungsreise nach, deren Ausführungen im Folgenden dargelegt werden, zeigen sich wissenschaftliche, berufspraktische und biografische Einflüsse. Einflüsse gebunden an Erfahrungen, die mich vertraut gemacht haben mit Kollaboration als einen selbstverständlichen Teil des Kunst- und kunstpädagogischen Betriebs. Ein Wegverzeichnis dieser Erfahrungen möchte ich meiner Forschungsarbeit voranstellen.
Rückblickend lässt sich in meinem persönlichen künstlerischen Handlungsfeld eine spezifische Prägung erkennen: Meine künstlerische Praxis erfolgte meist explizit in Paarungen, Kollektiven oder engen Zusammenarbeitsprozessen und mit sehr hybriden Materialien. Dies zeigt sich zum einen in meinen künstlerischen Arbeiten, die in und nach dem Studium entstanden sind, beispielsweise in dem Projekt büro für strukturen und öffentlichkeit, mit dem ich im Kollektiv kunstsystembezogene Interventionen, Installationen, Filme und Performances verwirklichte. Zum anderen wird die kollaborative Ausrichtung meiner Praxis auch in meiner kuratorischen Tätigkeit sichtbar, beispielsweise im Projekt- und Ausstellungsraum stellwerk im Kulturbahnhof Kassel, in dem wir Künstlerpaare wie Korpys/Löffler und viele weitere Positionen künstlerischer Zusammenarbeit zu Gast hatten. Kollaboration erschien mir in all diesen Kontexten als selbstverständlich praktizierte Form der Kunst. Mit dazu gehörten digitale und nicht-digitale Tools in einer dichten Verwobenheit. Das Gemeinschaftliche in Kunst und künstlerischen Bildungssettings stand dabei für mich deutlich im Vordergrund und war und ist noch immer mit einem Gefühl der Begeisterung verbunden. Befeuert wurde diese persönliche Präferenz und Denkweise durch Arbeiten und KünstlerInnen, die ich sah oder miterlebte, wie AAS, *Appropriation Art*, CLEGG&GUTTMANN, Guerilla Girls, *@home*, Les Reines Prochaines, SIMPARCH, *Park Fiction*, Raqs Media Kollektive oder WochenKlausur. Zeitgenössische Kunstproduktion verortet sich hier vielmehr im Netzwerk, im Sozialen, im Kontext. In diesem Umfeld entwickelte sich die Vorannahme, dass Kollaboration eine selbstverständliche künstlerische Praxis darstellt, die als hybride Zusammenarbeitsform in vielfältiger Weise auch für die Kunstpädagogik bedeutsam ist. Die produktive Zusammenarbeit von Projekten, Teams, Netzwerken, Materialien, Menschen, Werkzeugen – all dies erschien mir wesentlich für zeitgenössische künstlerische Praxis.
Mit dieser Vorannahme ging ich den Weg weiter in Kunstbetrieb, Schule, Kunstunterricht, kunstpädagogischen Fachdiskurs, Akademien und Hochschule – und stieß auf große Diskrepanz. Im wissenschaftlichen Diskurs offenbarte sich eine erschreckend große Lücke,

was Theorien und Begriffe zu Kollaboration anging. Erschreckt war ich auch von der Schulpraxis: Hier schien Kollaboration durch ein auf das einzelne Individuum ausgerichtete Schulsystem kaum möglich. Künstlerische Kollaboration war in kaum einem Lehrplan zu finden. In kunsttheoretischen Inhalten in der Schule standen die Namen von EinzelkünstlerInnen im Vordergrund und in der Praxis war eine nachhaltige Zusammenarbeit mit künstlerischen AkteurInnen wenig bis kaum zu realisieren. Es fehlten professionelle Formate und Strukturen. Damit ging viel Potential verloren.

Eine solche Marginalisierung kollaborativer Praktiken in Kunst, Wissenschaft und Schule hinterließ in mir nachdrücklich ein Gefühl von Zerrissenheit. Kollaboration stellte sich als etwas heraus, das sich meist unter dem Radar befindet. Aus dieser Not heraus entstand der große Wunsch, sich forschend auf den Weg zu machen, um nach impliziten und expliziten kollaborativen Formen und Möglichkeiten im kunstpädagogischen Handlungsfeld zu suchen. So entstand zunächst das Forschungsprojekt Kollaborative Kreativität, wobei das Begriffsumfeld von Kreativität bald ad acta gelegt wurde, da sich bereits die Kollaboration im Kontext der Kunstpädagogik als ausreichend groß erwies. Es stellte sich als Wohltat heraus, zu dem bis dato marginal bearbeiteten Bereich Kollaboration in Kunst und Kunstpädagogik Wissen zu schaffen.

Meine Forschungsschritte waren und sind dabei begleitet von vielfältigen beruflichen Aufgaben in Schule, Hochschule und Familie. In diesem Sinne hilft mir das Bild einer Reise in Etappen und mit etlichen Umwegen, um den Prozess hinter der hier vorliegenden Forschungsarbeit zu beschreiben. Die Forschungsreise ist nicht etwa gleichzusetzen mit einem einzelnen, schnellen Trail auf einen Gipfel, der in einem Stück absolviert wurde. Sie setzt sich viel mehr aus vielen unterschiedlichen Begehungen und Exkursen zusammen – ein Mapping, bei dem immer wieder neue Landkarten erstellt, unbekannte Wege ergründet, bekanntes Terrain erneut durchlaufen werden musste. Das Projekt Kollaboration in der Kunstpädagogik hat dabei auf dieser Reise viele weitere KollaborateurInnen gefunden. Dafür bin ich sehr dankbar.

Eine Vielzahl an Personen, Institutionen und Teams haben das vorliegende Forschungsprojekt in besonderer Weise gefördert. Durch Inspiration, Hinweise, Liebe, Versorgung, Diskussionen und Gespräche wurde ich großartig unterstützt. Ich danke all meinen KollaborateurInnen für diese Zusammenarbeit! Besonderer Dank gilt Torsten Meyer, der dieses Projekt von Anfang an begleitet und unterstützt hat. Danke für die Zeit und das gemeinsame Denken in den DocDays. Christine Heil danke ich für ihre großartige Beratung. Mein besonderer Dank gilt zudem Adejoke Adesokan, Michael Becker-Mrotzek, Sara Burkhardt, Diandra Dachtera, Clara Dorn, Antje Dudek, Jane Eschment, Julia Fischer, dem Forschungskolloquium Loccum 2014, Sonja Frenzel, Anna Gehlen, Claudia Glocksin, Ana González y Fandiño, Heike Gerdes, Luise Günther, Annemarie Hahn, Donald Hemker, Daniela Hepfer, Carmen Höying, Katja Hoffmann, Gesine Hopstein, Benjamin Jörissen, Kristin Klein, Alexander Klütsch, der

Kölner Graduiertenschule Fachdidaktik, Gila Kolb, Steffen Krebber, Leni Krebber, Minna Krebber, Carlo Krebber, Anke Krebber, Hartmut Krebber (R.I.P.), Stephanie Leder, dem motoki-Kollektiv e.V., Beatrice Müller, Willy Noll, Esther Richthammer, Carsten Röger, Friederike Rückert, Gianni Sammarro, Susanne Schittler, Dorle Schmidt, Micha Schmidt, Margit Schmidt, Miriam Schmidt-Wetzel, Konstanze Schütze, Bettina Schuhmacher, Gabi Schwager-Büschges, Marie Schwarz, Gerhard Seemann, Helga Seemann, Jonas Seemann, Judith Seemann, Sabine Sutter, Wey-Han Tan, Union60, Jutta Wergen, Antje Winkler, Tim Wolfgarten, Manuel Zahn und Julia Ziegenbein. Zudem möchte ich ganz besonders den ExpertInnen danken, die ihre Zeit und Expertise im Rahmen der Interviews zur Verfügung gestellt haben.

Die Dokumentation dieses Forschungsweges und seine Ergebnisse bieten die Basis für viele spannende nächste Forschungsvorhaben, auf die ich mich sehr freue.

1. Einleitung

Kontinuierlich, so mutet es an, werden aktuell hyperkomplexe Praktiken der Kollaboration[1] und Gemeinschaftlichkeit sichtbar, wobei Analoges und Digitales auf das Äußerste vermischt sind: Im Maileingang der Hinweis, dass der Online-Speicher neuerdings ein spezielles Tool zum Kollaborieren anbietet; im Seminar eine interaktive Plattform zu einem spezifischen Wissensgebiet, welche die Studierenden und Lehrenden gemeinsam bespielen; in der Kunstausstellung eine komplexe Installation, bei der Smartphones und BesucherInnen[2] zu Teilhabenden einer globalen Kunst-Licht-Intervention werden; in der Arbeitswelt neue hierarchiearme Teams; beim Shoppen eine Fusion zwischen Designer, Sängerin und Kleidermarke, die mit *Neue Kollaboration* beworben wird; via Social Media der Aufruf zur Beteiligung per Internetplattform an einer gemeinschaftlichen Fond-Initiative, die ökonomische Strategien an der Wall Street hacken möchte, um Werte gerechter zu verteilen. Überall entstehen Möglichkeiten zu kollaborieren, werden wir zur Kollaboration aufgefordert, wird Kollaboration signalisiert und beworben. Kennzeichnend für diese Aufforderungen zur Zusammenarbeit ist, dass vormals unbeteiligte Menschen offensichtlicher zu MitproduzentInnen, MitbesitzerInnen und TeilhaberInnen von Kunst, Wirtschaft, Wissenschaft und Politik werden. Eine digitale und analoge Gemengelage, deren rote Faden die komplexe Vernetzung ist. Die Phänomene der Kollaboration prägen unsere Gesellschaft in den letzten Jahren und potenzieren sich durch die Digitalisierung. Es werden erweiterte Formen von Gemeinschaftlichkeit gestaltet und ausgehandelt. In dieser Gemengelage kollaborieren nicht

1 Der Begriff Kollaboration wird noch ohne spezifische Markierung und Definition eingesetzt. Es gilt, wenn hier von Kollaboration die Rede ist, dass dieser Begriff unterschiedliche Konzepte aufruft. So ist der forschende Fokus auf den Begriff an eine spezifische Vorannahme gekoppelt (vgl. Kapitel 2.3): Kurz skizziert besagt diese, dass der Begriff Kollaboration im Wandel ist und sich, wie auch hier in der Einleitung aufgezeigt, neue oder neu sichtbare Phänomene der Kollaboration offenbaren, die Gegenstand der Exploration in der vorliegenden Forschungsarbeit sind. Eine vertiefte Auseinandersetzung mit dem Begriff liefert das Kapitel 3.1, das sich intensiv der Analyse der unterschiedlichen Definitionsweisen von Kollaboration widmet und Deutungsvarianten sowie den aktuellen Wandel differenziert beschreibt.

2 In der vorliegenden Arbeit soll die Sprache geschlechtersensibel zum Einsatz kommen. Dabei richte ich mich vorwiegend nach den Empfehlungen des Skripts „Geschlechtergerechte Sprache" der Gleichstellungsbeauftragten der Universität zu Köln (vgl. Fußwinkel 2009). In Fällen, in denen eine geschlechterneutrale Nennung nicht möglich ist, wähle ich, um Doppeltnennungen zu vermeiden, das Binnen-I zur Kennzeichnung einer geschlechtersensiblen Begrifflichkeit. Grundlage für die Entscheidung ist, dass mit dem Binnen-I feminine Formen in den Fokus geraten, da nach ihnen in der Volltextsuche gesucht werden kann. Das Binnen-I hat laut Linguistin und Aktivistin Luise Pusch (vgl. Pusch 2011) den Vorteil, Geschlechtsunterschiede sensibel und sanft zu markieren. Pusch spricht sich deshalb gegen den Unterstrich oder das Sternchen aus, da ersterer eine zu technische Komponente besäße und beide eine eher wenig sinnhafte Trennung im Wort und Lesefluss markieren. Mir ist dabei bewusst, dass das Binnen-I zugleich ein Kompromiss ist, da es die binäre Geschlechterkodierung betont und eine Vielfalt von Geschlechtsverständnissen nicht expliziter markiert.

nur Menschliches mit Nicht-Menschlichem. Vielmehr entsteht eine zusammenarbeitende Vielfalt aus sonst stark getrennt aufgefassten Kategorien: Objekte und Subjekte, Bilder und Lebewesen, Institutionen und Privates, Plattformen und Landschaften, große Unternehmen und Besitzlose – sie alle kommen auf neue Weisen dicht zusammen.
Der Begriff Kollaboration befindet sich dabei in einem Zustand der Neucodierung. Vom ursprünglich negativ besetzten Begriff der ›Kollaboration‹[3] als Zusammenarbeit mit dem Feind im Nazi-Regime Frankreichs (vgl. Terkessidis 2015, 7)[4] wandelt sich das Verständnis des Begriffs hin zu einer positiven Bedeutung der Zusammen- oder Mit-Arbeit in den oben beschriebenen neuen Settings. Kollaboration in diesem aktuellen Verständnis ist ein noch offener, weiter zu klärender Begriff, der die Zusammenarbeit einer Vielzahl von AkteurInnen[5] im digitalen Kontext meint, „eine Zusammenarbeit, bei der die Akteure einsehen, dass sie selbst im Prozess verändert werden und diesen Wandel sogar begrüßen" (Terkessidis 2015, 14).

Die Kunst ist von diesen Phänomenen der Kollaboration in besonderer Weise geprägt. Zeitgenössische Künste zeichnet aus, dass ihnen kollaborative Praktiken wie selbstverständlich zu eigen sind. Kollaboration wird zum sichtbaren und üblichen Vorgehen, sei es, dass hochqualifizierte und spezialisierte Fachkräfte aus sehr unterschiedlichen Disziplinen als KollaborateurInnen zu temporären Projekten oder Studio-Gemeinschaften zusammenkommen (vgl. Hyde 2009; Spampinato 2015) oder Prosuming-Strategien als grundlegende Arbeitsprozesse von Kunst aufgefasst werden (vgl. Nakajima 2011). Neben Crowdfunding oder Beteiligungsaktionen (vgl. Com&Com 2011a) erproben KünstlerInnen kollaborative Ideen nach dem Open-Source-Prinzip (vgl. geheimagentur 2017), so dass Kunst – analog zur kollaborativen Wissensproduktion wie bei Wikis – auf Basis kollaborativer Imagination, Schöpferkraft und Kreativität entsteht (vgl. Meyer 2015, 218). Bilder befinden sich angesichts von Big Data nur noch im Plural (vgl. Meyer et al. 2010, 303ff.; Ganz/Thürlemann 2010). Die Strategien der künstlerischen Kollaboration basieren auf der Erweiterung der Zeichensysteme um „heterogene Bildphänomene" (Sachs-Hombach 2005, 158). In der Kunst wird deutlich,

3 Wenn im Folgenden von der noch lexikalisch bestehenden Definition als Zusammenarbeit mit dem Feind die Rede ist, wird sie mit eckigen Klammern (Chevrons) – ›Kollaboration‹ – gekennzeichnet.

4 Die Harvard-Zitiertechnik mag manchen als hinderlich für den Lesefluss erscheinen. Sie wird hier verwendet, da sie deutlicher als Fußnoten betont, dass der hier formulierte Text mit Texten und Positionen vieler AkteurInnen verwoben ist, kollaboriert. Die Art und Weise der Zitation folgt damit dem Gegenstand dieser Forschungsarbeit – der Kollaboration – und bildet kollaborative Praktiken im Text ab.

5 Der Begriff AkteurIn ist mehrdeutig. Hier wird dieser Begriff in einer sozial- und kulturwissenschaftlichen Perspektive im Sinne von *sozial Handelndem* verwendet, wobei sowohl Individuen – z.B. die Schülerin – als auch überindividuelle AkteurInnen – z. B. eine Kunstinstitution – gemeint sein können. Zudem werden unter diesen Handelnden auch Dinge im Sinne der Erweiterungen Bruno Latours und der Akteur-Netzwerk-Theorie erfasst. *Dinge* können demnach u.a. auch künstlerische Produkte sein.

wie sehr kollaborative Konzepte zu einer selbstverständlichen Haltung und Praxis geworden sind (vgl. Stockburger et al. 2010 118ff.). Die Orientierung am Kreativen, am Künstlergenie, am Star (vgl. Osten 2007, 106), die am extremsten auf das individuelle Subjekt zugespitzte Form der kreativen Selbstgestaltung, die aktuell signifikant erscheint, gerät damit massiv ins Wanken. Angesichts kollaborativer künstlerischer Phänomene ist explizit die Rede von einem „collaborative turn“ (Lind 2007b) in der Kunst.

Den neuen Kollaborationsphänomenen sind Transformationsprozesse zu eigen, die geänderte Subjektkonzepte mit sich bringen. Katalysiert und besonders sichtbar wird Kollaboration durch die Praxis sozialer Vernetzungsstrategien digitaler Medienkultur. Die Kommunikation in der nächsten Gesellschaft (vgl. Baecker 2007, 7f.) vollzieht sich in der ästhetischen Vorherrschaft des Bildes, der Bilder und der kreativen Phänomene. Internetphänomene – Memes, GIFS u. v. a. – so zeigt sich, sind die Sprachen der aktuellen vernetzten Kultur. Die sozialen Online-Tools vereinen die komplexe, vernetzte Interdisziplinarität von Kunst, Alltagskreativität, Fotografie, Videographie, Unterhaltung. Konzepte des Selbst oder der Gemeinschaft werden gebunden an Bilder, diese wiederum an Bilder, Texte, Videos, Töne – es wird assembliert, montiert, referiert, verlinkt, remixt, gesendet, gepostet. Das Zusammenwirken, wie es in der globalen Verbindung des Netzes erlebt wird, vollzieht sich in Praktiken der Verbindung des Menschen mit Bildern, Werkzeugen oder Apps als einer beständigen Performanz und Präsenz von ästhetischen Referenzen. Es vollzieht sich ein Shift in Richtung Visuelles, das Bild wird zum täglichen, gängigen Alltagskommunikat im Netzwerk von Referenzen. In diesem Referenzspiel geht es nicht um „Speicher- und Verbreitungsmedien der Kommunikation“ (Reckwitz 2012, 338), sondern um „spezifische, medialisierte Wahrnehmungs- und Kommunikationsformen“ (Reckwitz 2012, 338). Kollaboration scheint dabei eine der wesentlichen Praktiken im Rahmen einer ästhetisierten Gesellschaft vor dem Kontext der „›Medialisierung‹ des Sozialen“ [Hervorhebung im Original] (Reckwitz 2012, 338) zu sein.

Kollaborative Verfahren machen deutlich, dass Erkenntnis, Wissen und Vorstellungskraft der Menschen als gemeinschaftlich zu verstehen ist und dieses Wissen als gemeinschaftliches Wissen auch gemeinsam generiert wird. Dieses Verständnis von Kollaboration meint mehr als Teamarbeit oder eine Gruppe, die an einem Projekt gemeinsam arbeitet. Kollaborationsphänomene entfernen sich vom Geniekonzept und einem Bildungsideal des Subjekts, das als Individuum gedacht wird. Es vollzieht sich eine Bewegung hin zu vernetzten, mobilen, wandelbaren, sich überlappenden Formen von Subjekten, deren Formen und Praktiken in der vorliegenden Arbeit beforscht werden.

Die Beobachtungen zu Phänomenen der Kollaboration ergeben eine Vielzahl an offenen Fragen und Problemen, die hier aus der Perspektive der Kunstpädagogik in den Fokus genommen werden. Denn während kollaborative Praktiken emergieren, werden sie sowohl im künstlerischen als auch im schulischen Kontext marginalisiert. Kollaborationsphänomene in der Kunst werden im theoretischen Diskurs vernachlässigt (vgl. Nakajima 2011, 550; Stimson/Sholette 2007, xi; Mader 2012, 13). Im pädagogischen Bereich sind Formen und Haltungen der Kollaboration rar, werden sie in Bezug auf didaktische Settings und Lernen minimal begrenzt (vgl. Terkessidis 2015, 14f.; Künkler 2011, 21).
Warum aber spielen gemeinschaftliche Formen ästhetisch-bildnerischen Prozesse sowohl im wissenschaftlichen Diskurs als auch in kunstpädagogischen Praxisfeldern eine so geringe Rolle? Warum setzen die AkteurInnen von Schule und Kunstpädagogik wenig auf das Potential der Kollaboration? Die Vermutung liegt nahe, dass Kollaboration in der Kunst wie auch in der Kunstpädagogik aktuell eine zumeist implizite Praxis ist, zu der wenig Theoretisierung und Explikation stattgefunden hat. Kollaboration findet wenig Beachtung und bricht zugleich wie aus Versehen über LehrerInnen, SchülerInnen in das System Schule herein. Die vernetzten, kollaborativen Phänomene sind in deutschen Schulen, wo das „Top-down-Prinzip" (Terkessidis 2015, 8) herrscht, wenig anschlussfähig, erzeugen aber, so die professionellen Handlungserfahrungen der Verfasserin der vorliegenden Forschungsarbeit, extreme Steuerungswidersprüche im konkreten Handlungsfeld als KunstlehrerIn. Die schulischen Leitprinzipien und Verfahren tragen wenig Merkmale neuer Konzepte von Kollaboration, wie einschlägige Studien zeigen (Grafe/Herzig 2007, 24). Zu vermuten ist, dass die hierarchisch geregelte Kultur der Schule durch eine Vernachlässigung von kollaborativen Ansätzen ein schlechtes Möglichkeits- und Ausgangsfeld für Kollaboration bietet (vgl. Terkessidis 2015, 129). Dieser Kontrast macht die Notwendigkeit deutlich, sich in die Auseinandersetzung mit neuen kollaborativen Phänomenen im Hinblick auf die Kunstpädagogik zu begeben.
Um SchülerInnen ästhetisch zu bilden, sie vorzubereiten auf die Zukunft, auf Demokratie, Gemeinschaft und Zusammenarbeit, in welcher Imagination und ästhetische Kontexte immens wichtig sind, bedarf es jedoch Formen der Kollaboration.
Die aktuellen Strategien der Zusammenarbeit in ihrer Vielfalt, die Verbindung zum ästhetisch-künstlerischen Feld sind in kunstpädagogischen Dimensionen enorm relevant. Für die Kunstpädagogik wird hier angenommen, dass die gewandelten kollaborativen Phänomene bestehende kunstpädagogische und kunstdidaktische Konzepte erweitern, fortführen oder ergänzen können.
In der vorliegenden Forschungsarbeit geht es dabei vor allem um die künstlerische und kunstpädagogische Auseinandersetzung mit dem, was „im kollektiven Miteinander erst entsteh[t]" (Heil 2015, 158). Von Kollaboration ist zu erhoffen, dass sich mit ihr ein Surplus für die beteiligten AkteurInnen ergibt. Dies umfasst eine neue grundlegende Haltung und

Perspektive des Lehrens und Lernens im künstlerischen Fach. Mittels einer kollaborativen Haltung könnten kunstpädagogisches Lehren und Lernen, künstlerischer Erkenntnisgewinn und Schöpfungsprozess zukünftig um die Perspektiven der Kollaboration ergänzt werden. Mark Terkessidis stellt mit seiner Überschau zum Begriff der Kollaboration (vgl. Terkessidis 2015) in Aussicht, dass die heterarchischen, horizontalen Sharing-Prinzipien, das heißt die kollaborativen Praktiken kultureller Produktion, das Potential besitzen, die vorrangigen Verfahren der Schule, z. B. die Disziplin (vgl. Terkessidis 2015, 10ff.), zu transformieren und damit die Bildungstechniken der Schulen in demokratischere, gemeinschaftlichere Verfahren zu überführen. Kollaboration ist kein Allheilmittel in globalen Krisen, aber sie besitzt „Potentiale“ (Terkessidis 2015, 325). Sie ist ein Mittel und Verfahren des Aushandelns der gemeinschaftlichen Imagination oder des Wissens. In diesem Sinne folgt die Exploration dieser Forschungsarbeit der Spur der Kollaboration.

2. Forschungsvorhaben

2.1 Forschungsimpulse

Gleichwohl Kollaboration[6] im Kontext digitaler Vernetzung, geteilten Wissens, geteilter Kreativität und in der Kunst zunehmend ein wichtiger Begriff wird, bleiben Konzepte zur Kollaboration im Bildungsbereich (vgl. Terkessidis 2015, 10), in der Kunst (vgl. Lind 2007b ff.) und in der Kunstpädagogik (vgl. Sowa 2015, 9) noch rudimentär (vgl. Schneider 2007, 249), werden diese nur implizit deutlich. Die Auseinandersetzung mit kollaborativen Formen spielt in diesen Bereichen keine zentrale Rolle. Es bleibt noch wenig erörtert und beforscht, was Kollaboration bedeuten könnte, wie sich Kollaboration in künstlerischen Verfahren zeigt und welche fachdidaktischen und theoretischen Überlegungen daran anzuknüpfen sind. Es drängt sich die Frage auf, ob Kollaboration im kunstdidaktischen Feld mehr meint als bestehende rein methodisch-praktische Verfahren der Arbeitsteilung oder Gruppenarbeit im bildnerischen Arbeitsprozess.

In der kunstpädagogischen Perspektive auf Kollaboration als implizite Praxis eröffnet sich ein multidisziplinäres Feld von Forschungsimpulsen. Einen wesentlichen Anstoß aus dem Fach Kunstpädagogik heraus auf Kollaboration zu schauen, geben die veränderten kollaborativen künstlerischen Praktiken und AkteurInnen in der Kunst selbst, die eine neues Verständnis von Autorschaft, Kunstproduktion und dem Kunstbegriff allgemein zur Folge haben. Hinzu kommt, dass in verwandten Bereichen bereits Forschung zum kollaborativen oder gemeinschaftlichen Lernen (vgl. Dillenbourg et al. 1996, 1; vgl. Lave/Wenger 1991, 29ff.) erfolgt oder die Forderung laut wird, Kollaboration in Kunstpädagogik und kultureller Bildung zu implementieren (vgl. Road Map for Arts Education 2006, 8ff.; Scott 2015).

Die für die vorliegende Forschungsarbeit konkreten Impulse und Dimensionen werden in den folgenden vier Teilkapiteln (2.1.1 bis 2.1.4) skizziert und zeigen multidisziplinär verortete Forschungsimpulse zu Phänomenen der Kollaboration. Impulse, im Kontext der Kunstpädagogik zur Kollaboration zu forschen entspringen maßgeblich dem fachlichen Bezugsfeld der Kunst selbst (vgl. Kapitel 2.1.1). Zudem wird Kollaboration aufgrund veränderter Formen im Umgang mit Wissenskomplexen durch die Bedingungen der digitalen Medienkulturen (vgl. Kapitel 2.1.2) neu wichtig. Drittens ist sie aufgrund eines starken Kollaborationsmangels im deutschen Bildungssystem angezeigt (vgl. 2.1.3). Zudem wird mit dem Bedingungsfeld aus

6 Noch einmal: Der Begriff Kollaboration wird hier zunächst ohne besondere Markierung, Kennzeichnung oder Hervorhebung gesetzt. Seine Verwendung und die Vorannahme dazu werden ausführlich in Kapitel 2.3 erläutert (vgl. hierzu Kapitel 2.3).

kollaborativen Tendenzen in Kunst und der digitalen Kondition und der neuen Sichtbarkeit unkollaborativer Praktiken im Bildungssystem die Frage nach kollaborativer Wissensproduktion und damit verbundenen Transformation und Dekonstruktion des Begriffs des singulären schöpferischen und erkennenden Subjekts wichtig (vgl. Kapitel 2.1.4).

2.1.1 Collaborative Turn[7] in der Bildenden Kunst

Im Feld der Bildenden Kunst lassen sich aktuell wesentliche Phänomene von Kollaboration beobachten. Maria Lind erschließt einen *collaborative turn* in der Kunst (vgl. Lind 2007b, 15). Holly Crawford beschreibt, dass *collaboration* zu einem *Buzz-Word* in der Kunst geworden ist (vgl. Crawford 2008, x). Mark Terkessidis stellt heraus:

> *„Konjunktur hatte der Begriff Kollaboration auch in der Kunst. Schon in den sechziger Jahren war die alte Vorstellung des genialischen Individuums, das aus sich selbst heraus schöpferisch und künstlerisch tätig ist, ad acta gelegt worden. Statt Objekten sind Prozesse des Austauschs relevant geworden – zwischen Künstlern, zwischen Künstlern und Publikum, zwischen unterschiedlichen Personengruppen." (Terkessidis 2015, 8f.)*

An Stelle des Konzepts des singulär-schöpferisch arbeitenden Künstlergenies treten neue Modelle, die „open, collective, horizontal and participatory" (Spampinato 2015, 7) erscheinen. Johannes M. Hedinger und Torsten Meyer sprechen von „gewandelten Bedingungen von Produktion, Distribution und Rezeption von Kunst in einem globalen Kontext" (Hedinger/Meyer 2013, 6). Im Vorfeld ihres Publikationsprojektes *What's Next I* fragen sie: „Wird Kreativität vollends kollektiv und partizipativ?" (Hedinger/Meyer 2012). Eine veränderte Situation, eine Schwellensituation wird sichtbar, die gekennzeichnet ist durch vielfältige kollaborative kreative Prozesse im Kunstfeld. In Folge dieser Bewegungen ist ein junger Theoriediskurs in der Auseinandersetzung mit Zusammenarbeitsformen auf künstlerischer Ebene entstanden. Da „Gegenwartskunst zum unerlässlichen anerkannten Bezugsfeld des Faches [Anm. der Verfasserin: gemeint ist die Kunstpädagogik] geworden ist" (Burkhardt 2007, 73), und da kollaborative Künste neue Zugangs- und Beteiligungsmöglichkeiten zum Kunstfeld eröffnen, ist eine kunstpädagogische Auseinandersetzung mit Kollaboration aufgrund der veränderten Handlungspraktiken in der Bildenden Kunst angezeigt und sind wichtige fachliche Impulse

7 Vgl. Lind, Maria (2007b): The collaborative turn. In: Billing, J./Lind, M./Nilsson, L. (Hg.): Taking the Matter into Common Hands: On Contemporary Art and Collaborative Practices. London, S. 15ff.

zu erhoffen. Die Transformationen auf künstlerischer Ebene, die gewandelte kreative[8] Arbeit und Zusammenarbeit gibt für die vorliegende Forschungsarbeit relevante Anstöße, um sich in einer weiteren Perspektive mit den Kollaborationskonzepten in der Bildenden Kunst im Hinblick auf die Kunstpädagogik zu befassen, da Kunstunterricht als Teilbereich der Kunstpädagogik es als eines seiner Ziel ansieht, SchülerInnen auf zukünftige Arbeits- und Entwicklungszusammenhänge in den so genannten kreativen Berufen vorzubereiten. Das neue Verständnis von kreativer und künstlerischer Arbeit als Kollaboration wird mehr und mehr sichtbar und stellt demnach eine fachdidaktische Herausforderung für die Kunstpädagogik und zugleich ein Desiderat innerhalb der kunstpädagogischen Forschung dar. Gerade weil die neuen sozio-kulturellen Praktiken (vgl. Koenig 2011) sich im Kontext der Ästhetisierung (vgl. Reckwitz 2012, 338) formieren, ist die Kunstpädagogik in der Auseinandersetzung mit den neuen Phänomenen der Kollaboration im künstlerischen Bereich das passendste Fachgebiet, um Implementationen im aktuellen Kontext zu entwickeln.
Neben der notwendigen fachinhaltlichen Auseinandersetzung mit Kollaboration in der Bildenden Kunst lässt sich von einer kunstpädagogischen Untersuchung von Kollaboration in der ästhetisierten Gesellschaft zudem eine Professionalisierung des Berufsfeldes von KunstpädagogInnen erhoffen. Hierbei sind wesentliche Impulse die Fragestellungen danach, wie KunstlehrerInnen in der Praxis Kollaborationen mit dem Kunstbetrieb verwirklichen und was sie darunter verstehen.

2.1.2 Digitale und postdigitale Kondition

Veränderte Bedingungen der „kollaborativen, verteilten sozio-technischen Praktiken" (vgl. Koenig 2011, 3) durch die Erweiterung computerbasierter Kommunikation haben auf alle Bereiche der Gesellschaft – so auch auf den Bildungskontext – maßgeblichen Einfluss (vgl. Meyer 2008). Die neuen Praktiken des geteilten Wissens in digitalen Medienkultur fordern für die Pädagogik eine Auseinandersetzung mit Kollaboration heraus. Zugleich wird deutlich, auf, wo sich in Bildungssystem oder Bildungstheorie extrem unkollaborative Formen und Konzepte etabliert haben. Dabei bilden die digitalen Bedingungen so etwas wie eine grundlegende Folie, auf deren Basis sich neue kollaborative Wissensstrukturen gerade erst herausbilden und entwickeln. Das Digitale strahlt mit kollaborativen Praktiken in alle Bereiche aus, sei es künstlerische Kollaboration, kollaborative Strategien in der Ökonomie

8 Ich setze hier bewusst den Begriff kreativ und nicht den der Kunst ein, da die kollaborativen Strategien einen Bedeutungswandel mitbedingen: Durch transdisziplinäre Kollaborationen wird der Kunstbegriff maßgeblich in Frage gestellt, so dass zeitgenössisch vielmehr von kollaborativer und transdisziplinärer ästhetischer Produktion als von Kunst die Rede sein kann. Gegebenenfalls eignet sich für diese Formen der Produktion der Kreativitätsbegriff, wie bei Johannes Hedinger und Torsten Meyer (vgl. Hedinger/Meyer 2012) deutlich wird.

oder kollaborative Bildungs- und Lerntheorien. Wie Praktiken der Kollaboration können angesichts der Herausforderungen einer sich durch die digitale Vernetzung wandelnde Welt und Gesellschaft für das Bildungssystem als wesentliches Potential begriffen werden (vgl. Cress/Hesse 2007, 169f.) gilt es zu klären. Die Folie der digitalen Kondition und mittlerweile postdigitalen Kultur (vgl. Schütze 2019) bildet damit einen der grundlegenden Impulse für die vorliegende Forschungsarbeit.

2.1.3 Fehlende Konzepte von Kollaboration im Bildungsbereich

Zu Kollaboration ist im Kontext der allgemein bildenden Schule in den letzten Jahren geforscht worden. Meist ist jedoch in Bezug auf Zusammenarbeitsformen in der Bildung von Kooperation die Rede. Zumeist werden kooperative Unterrichtsmethoden auf Ebene der Sozialformen oder das so genannte *kooperative LehrerInnenhandeln* im Berufsalltag erforscht. Die Studien zeigen auf:

> *„Zwar wird vielfach und immer wieder mehr oder weniger normativ-fordernd auf die Notwendigkeit von Kooperation hingewiesen, und ebenso werden ihre Vorteile und positiven Wirkungen mit empirischen Mitteln durchaus eindrucksvoll demonstriert; die gelebte Erfahrung in Schulen, die internen Berichte aus der Schulverwaltung, die älteren wie aktuellen empirischen Untersuchungen zeigen aber sehr deutlich, dass diese Kooperation entweder gar nicht oder nicht im notwendigen Maße bzw. nicht in anspruchs- und wirkungsvollen Formen stattfindet." (Terhart/Klieme 2006, 163)*

Bezogen auf Schule wird Zusammenarbeit stark auf LehrerInnen bezogen und auf deren Teamarbeit und Arbeitsteilung gedacht (vgl. Bastian/Seydel 2010, 6ff.). Häufig wird die Lehrperson als unkollaborativ herausgestellt (vgl. Terhart/Klieme 2006, 163). Diese Perspektive zeigt auf, dass die Forschungsfragen und Hypothesen zu Kollaboration im Bildungskontext extrem einseitig und begrenzt sind. Während man sich auf einzelne Individuen und deren Vernetzungsqualität in einem großen System stürzt, wird vergessen, dass sich LehrerInnen in einem hochgradig komplexen Gefüge von Bedingungen in der schulischen Institution befinden. Vielmehr sollte gefragt werden, wie überhaupt im System Schule kollaborariert wird und ob die bestehenden Strukturen für Formen und Praktiken des Teilens und der Kollaboration überhaupt geeignet sind, anstatt einzelne AkteurInnen darin als unkollaborativ herauszustellen. Kollaboration vielmehr als Aufgabe für alle Beteiligten und Ebenen des Bildungssystems, nicht nur als Interaktion zwischen LehrerInnen oder SchülerInnen im Unterricht, dargestellt werden.

Es wird deutlich: Während einerseits komplexe kollaborative Formen unseren Alltag vor allem katalysiert durch die digitalen Bedingungen (vgl. Kapitel 2.1.1) bestimmen, bestehen in dem weiterhin häufig noch sehr hierarchisch organisierten System wie der Schule noch wenig produktive Formen und Strategien der Kollaboration in der Bildungsarbeit. Dementsprechend gibt es den Forschungsimpuls, in Abgrenzung zu einseitigen Forschungsrichtungen, kollaborativen Formen nachzugehen, die umfassender gedacht werden als nur auf der Ebene von LehrerInnen- oder SchülerInnenkollaboration, die im Kontext eines die Kollaboration vernachlässigenden Systems strukturell kaum auftauchen und nach deren Beschaffenheit, den impliziten Praktiken und Bedingungen kaum geschaut wird.

Deutlich wird dabei das Ausmaß, mit der Kollaboration im Bildungsdiskurs und -system ausgegrenzt wird und nur implizit verhandelt wird. Das individuelle Lernen steht im Fokus und ist zu einem maßgeblichen theoretischen Grundkonstrukt unserer Bildungskultur geworden (vgl. Künkler 2011, 21f.). Diese Bildungsrealität steht in einem Widerspruch zu der Wirklichkeit des in einem sozialen Kontext stattfindenden Lernens und Handelns (vgl. Künkler 2011, 22).

Spezifisch für die Kunstdidaktik wird diese mangelhafte Auseinandersetzung mit Gemeinschaftlichkeit im Fachdiskurs explizit konstatiert. Frank Schulz stellt in dem Text *Über Methoden des Kunstunterrichts* die Marginalisierung und die Eindimensionalität hinsichtlich der Zusammenarbeit im Kunstunterricht (vgl. Schulz 1998, 91) dar.[9]

Entgegen dieser Marginalisierung wird Kollaboration im Diskurs der Kunstpädagogik jüngst in ersten Untersuchungen aufgegriffen (vgl. Sowa 2015, 9; Schmidt-Wetzel 2016, 15). Im kunstpädagogischen Diskurs deuten AutorInnen des Nürnberg-Papers an, dass sich die „Erzeugungspraxen in Kunst und Kultur" (Nürnberg-Paper 2013, 229) gerade was die globalen Zusammenhänge angeht, kollaborativ und entgegen eines eurozentristischen, genialisch-schöpferischen Starkults formulieren sollten.

Aktuell lassen sich neue Erkenntnisse zu Gemeinschaft, Lernen und Gestalten im Kontext von Lerntheorien und Schulentwicklung ausmachen. Der „Knowledge Community" (Cress/Hesse 2007, 169ff.), der „kollaborativen Wissensproduktion" (Schmalz 2007, 1) und der „kollaborativen Wissenserarbeitung" (vgl. Unesco 2011) wird für den Bildungsbereich viel Potential zugesprochen. Intelligente und komplexe Kollaboration in Knowledge Communities umfassend als Konzept für die Kunstpädagogik und die -didaktik zu denken steht allerdings noch aus (vgl. Cress/Hesse 2007, 172ff.). In der Forderung nach einer Bildung der Communities (vgl. Meyer 2008, 22) könnte dies heißen, die Hindernisse für Zusammen-

9 Schulz verweist in diesem Zusammenhang auf die Arbeit des Kunsterziehers Siegwart Rupp, der in *Die kunsterzieherische Gemeinschaftsarbeit als Integrierbarkeitstest* konstatiert: „Sind die Lehrpläne der Fächer Bewegungs- und auch Musikerziehung voll von Lehr- und Lernzielen, die gemeinschaftliches Handeln betreffen, findet sich das bei der Kunsterziehung nicht." (Rupp 1995, 131).

arbeit nicht bei einer homogenen Gruppe im Bildungsbereich, wie den LehrerInnen zu suchen, sondern systemisch auf ein Netz von beteiligten AkteurInnen zu schauen, um Potentiale und Hindernisse von Kollaboration speziell im Hinblick auf kunstdidaktische Handlungsfelder in der Schule zu analysieren. Der Kollaborationsmangel des deutschen Schulsystems ist offensichtlich. Die institutionalisierten Organisationseinheiten des Kunstunterrichts sind angesichts neuer Erkenntnisse zum gemeinschaftlichen Lernen aufgefordert, sich mit Kollaboration auf einer erweiterten Ebene auseinanderzusetzen. Kollaboration in der Kunstpädagogik könnte demgemäß weniger als reine didaktische Technik und Sozialform begriffen und vielmehr als Aufgabengebiet einer dynamischen Gruppe von Beteiligten werden. Für ästhetisch-reflexive und ästhetisch-produktive Verfahren und Lernsettings könnte dies einen produktiven Nutzen bedeuten.

2.1.4 Kreativität vom Individuum entkoppeln – Kollaborative Wissensproduktion

Die Verschiebung der Wissensformationen im Kontext der Digitalisierung hat nach Torsten Meyer im Bildungsbereich eine grundlegende „Umstrukturierung" (Meyer 2008, 13) zur Folge:

> *„Wenn das Individuum als erkenntnistheoretisches Paradigma an Bedeutung verliert zugunsten des Wissen schaffenden Projekts und der sich bildenden Community, kann oder muss dann gar über eine Grund legende »Theorie der Bildung der Communities« nachgedacht werden [...]?" [Hervorhebungen im Original] (Meyer 2008, 22)*

Mit der Sichtbarkeit von geteilter Produktion und Reproduzierbarkeit des Kunstwerks wird die Frage nach der Theorie des zu bildenden Subjekts laut. Das einzelne schöpferische Individuum kann als überholt gelten. Die Frage nach einem Konzept der Bildung der Communities wird von Meyer als Desiderat aufgezeigt. Dementsprechend wird diese Hypothese hier für die Kunstpädagogik weiterverfolgt. Das schließt die Frage danach mit ein, inwieweit sich bestehende Konzepte von Kreativität im kunstpädagogischen Sektor mit dem Begriff einer kollaborativen Bildung und Einbildung verbinden lassen. Möglicherweise wird die Forschung zu Kollaboration in der Kunst gerade deshalb marginalisiert, da sie lange gehegte und tradierte Konzepte von Schöpferkraft, Individuum und Kunst hinterfragen. In manchen Lesarten wird Kollaboration eine grundlegende Erschütterung des „genialischen Individuums" (vgl. Terkessidis 2015, 8) zugeschrieben. In diesem Sinne lässt sich vermuten, dass er auch als Gefahr für den bestehenden Kunstbegriff erachtet und dementsprechend die Marginalisierung vehement betrieben wird.

Eine dezidierte Forderung zur Hinterfragung und Transformation des etablierten Konzepts der Einzelkreativität – der Koppelung der schöpferischen Leistung an ein einzelnes Individuum – stellt Stephan Münte-Goussar auf. In seinem Text *Kreativität. Die Norm der Abweichung* (2008) stellt er dar, dass das Subjekt im Verständnis der Moderne in seiner Kreativität extrem an das Geniekonzept gebunden ist. Dem setzt er die Forderungen nach einer neuartigen Entkoppelung des Kreativitätsbegriffs im Hinblick auf die neuen Wissensformationen entgegen: „Man sollte Kreativität [...] auf der Grenze ansiedeln, an einer Schwelle, in einem Dazwischen. Das heißt zunächst, dass man sie vom Individuum, vom individuellen Selbst, ablöst und nicht weiter als ein Attribut des [...] selbstidentischen Selbst denkt" (Münte-Goussar 2008, 38). Im Sinne Münte-Goussars steht also eine Entwicklung eines kollaborativen Bildungsansatzes für den Bereich der Kunstpädagogik an.

2.2 Fragestellung

Die Forschungsimpulse machen deutlich, dass auf unterschiedlichen Ebenen Anlässe auftauchen, sich mit Phänomenen der Kollaboration im breiten Bezugsfeld der Kunstpädagogik auseinanderzusetzen. Es zeichnet sich bis hierhin ab, dass die neuen kollaborativen Formen und Strategien für den Kunstunterricht und seine organisationale Einbindung in der Schule eine maßgebliche und gewinnbringende Transformation darstellen können. Angesichts der Vielfältigkeit der Phänomene einerseits, der breiten Dimension des Themas andererseits und der Bekundung eines Desiderats erweckt der gewählte Forschungsgegenstand ein Bündel an Forschungsfragen, denn es bleibt insgesamt noch offen und unübersichtlich, was genau Kollaboration meint oder meinen kann.

- Welche Begriffsdefinitionen von Kollaboration herrschen aktuell in Bezug auf künstlerische Produktion und Ästhetik?

- Welchen Stellenwert besitzen kollaborative Strategien aktuell im Kunstbetrieb?

- Welche Strategien der Kollaboration lassen sich in theoretischen Diskursen und praktischen Handlungsfeldern in der Kunstpädagogik und den für die Kunstpädagogik relevanten Bezugsfeldern wie Bildende Kunst, Bildung und Pädagogik, digitale Kultur, Kunstvermittlung finden?

- Welche bestehenden Theorien und Konzepte der Kollaboration existieren bereits im kunstpädagogischen Bereich?

- Wo existieren Konzepte des kollaborativen Lernens, die bereits kunstpädagogische Anwendung finden oder zukünftig genutzt werden können?
- Wo wird Kollaboration vernachlässigt, marginalisiert oder bewusst verhindert?
- Wird Kollaboration als einseitige Zusammenarbeitstechnik definiert oder kann sie auch in einem erweiterten Sinne begriffen werden?

Aus den detaillierten Fragestellungen lässt sich eine übergeordnete Fragestellung für die vorliegende Forschungsarbeit herausstellen:

- Welche impliziten und expliziten Begriffe, Konzepte und Strategien von Kollaboration sind in der Kunstpädagogik und ihren Bezugsdisziplinen präsent?
- Welche Perspektiven lassen sich aus den Explorationen Begriff, Formen und Konzepten von Kollaboration für die Kunstpädagogik ableiten?

2.3 Kollaboration: Vorbemerkung zur Begriffsverwendung

Das Verständnis von Kollaboration ist im Wandel und damit auch das Begriffsverständnis. Spezifisch für das Kunst- und das Kunstpädagogikfeld sind Konzepte wenig geklärt und definiert. Aus den skizzierten Beobachtungen zu Kollaboration zeigt sich, dass diese Unschärfe dem geschuldet ist, dass Phänomene der Kollaboration in neuen Kontexten stehen, ihre Praktiken sich jüngst erst herausbilden und neu sichtbar werden. Wenn aus den für die hier durchgeführten Explorationen zu Grunde gelegten Korpora Begriffsdefinitionen zur Kollaboration herausgestellt werden, zeigen sich starke Unterschiede oder extrem unterschiedliche Begriffe für sowohl ähnliche als auch sehr unterschiedlicher Konzepte. Insofern bedarf es einer Vorbemerkung dazu, wie der Begriff angesichts der bestehenden Ungenauigkeit im Verlauf der vorliegenden Forschungsarbeit eingesetzt wird, wie nach Kollaboration gesucht wird und wie gekennzeichnet wird, von welcher Kollaboration im jeweiligen Zusammenhang die Rede ist. Die systematische Differenzierung der unterschiedlichen Bedeutungsebenen von Kollaboration wird in den kommenden Kapiteln sicher an Grenzen stoßen, gerade da Definitionsunschärfen bestehen. Final ist das Ziel gesetzt, eine klare Kennzeichnung des Begriffs der Kollaboration für die Kunstpädagogik aufzuzeigen.

Ungekennzeichnet, noch offen: Vorannahmen zur Kollaboration

Zunächst wird der ungekennzeichnete Begriff Kollaboration verwendet, ohne spezifische Kennzeichnung oder Hervorhebung. Unter Kollaboration sind dabei aktuelle Verfahren oder Konzepte des Miteinanders, der Zusammenarbeit, des Zusammendenkens und der Relationen gemeint, die mehr aufrufen als ein rein technisch oder methodisch begriffenes, arbeitsteiliges Handeln, wie Projektarbeit und Teamwork. Dem aktuell im Kontext von Bildung und Kunstpädagogik auftauchenden Begriff Kollaboration wird unterstellt, dass er verwendet wird, um einerseits diese bekannten, bereits bestehenden Konzepte der Zusammenarbeit zu betiteln. Zugleich deutet sich an, dass der Begriff Kollaboration besonders relevant wird, da man sich mit ihm auf erweiterte Praktiken im Kontext des Digitalen, der Kunst und der Bildung bezieht, die jedoch noch wenig expliziert sind.

Diese Vorannahme ist als eine reflektierte, transparent gemachte Auffassung und Vermutung zu verstehen, weniger als Hypothese, die im Sinne des zirkulären Forschungsprozesses (vgl. Mayring 2010, 228f.) eine theoretische Perspektive offenlegt, mit welcher der Forschungsgegenstand diskurstheoretisch inspiriert (vgl. Dzudzek et al. 2011) beforscht werden soll. Die Vorannahme basiert auf den beobachtbaren Phänomenen von Kollaboration, die in den vorangegangenen Ausführungen kurz beschrieben wurden und stellt sich im Forschungsprozess anhand von Erfahrungen im Feld sowie aus Basis der ersten Sichtung des Textmaterials heraus. Die Beschreibung der Vorannahme dient dazu, im Forschungsprozess selbstreflexiv implizite Hypothesen zu vermeiden (vgl. Flick 1991, 151). Entgegen einer häufig „postulierte[n] Offenheit" (Flick 1991, 151) verspricht diese Vorgehensweise die Reflexion einer fokussierten Forschungshaltung, mit welcher an den untersuchten Gegenstand herangetreten wird. Diese Herangehensweise lehnt sich an Poppers These – „Es gibt keine reinen Beobachtungen; sie sind von Theorien durchsetzt und werden von Problemen und Theorien geleitet." (Popper 1982, 76) – an. Jürgen Bortz und Nicola Döring stellen heraus, dass diese Vorgehensweise wesentlich für explorative Forschungsvorhaben ist, gerade wenn ein „theoretische[s] Vorverständnis noch nicht soweit elaboriert und fokussiert ist, dass sich operationale und schließlich auch statistische Hypothesen formulieren lassen, die einer Signifikanzprüfung unterzogen werden könnten." (Bortz/Döring 2002, 356).

Da kein vorhergehendes kunstpädagogisches Modell oder Konzept von Kollaboration besteht, ist diese Vorgehensweise der Vorannahme insofern notwendig, als mit ihr die theoretische Zugangsweise zum Forschungsgegenstand und den sich daran anknüpfenden Bestand von Theorien markiert wird, damit die Heuristik der diskursiven Exploration systematisch, theoriebasiert und empirisch nachvollziehbar ist. So kann transparent gemacht werden, warum und wie in den zu untersuchenden Quellen der Exploration in Studie I und Studie II nach kollaborativen Phänomenen gesucht wird. Dies wird gerade dann wichtig, wenn in Quellen der Begriff Kollaboration nicht explizit fällt, Kollaboration aber im Sinne der Vorannahme implizit auftaucht, die Quelle also für die Forschungsarbeit dadurch relevant wird, dass in ihr spezifische Kategorien, Merkmale, Bilder, Strategien, Techniken oder Verfahren auftauchen, die der hier beschriebenen Vorannahme von Kollaboration entsprechen.

Tradiert, veraltet: ›Kollaboration‹ als Zusammenarbeit mit dem Feind

Neben dem hier zu Grunde gelegten Vorannahme zu Kollaboration existiert die tradierte, lexikalische Version von Kollaboration, welche die Zusammenarbeit mit dem Feind meint. Ist von diesem Verständnis die Rede, wird der Begriff in eckige Klammern gesetzt: ›Kollaboration‹. In den für diese Forschungsarbeit ausgewählten untersuchten Feldern und Diskursen wird deutlich, dass sich mancherorts aber kaum mehr die lexikalische Variante der Kollaboration finden lässt. In den kommenden Ausführungen wird sich zeigen, dass sich dieses Verständnis von ›Kollaboration‹ überlebt hat, es abgelöst wird und sich in einem starken Veränderungsprozess befindet. Eine eklatante Erweiterung der lexikalischen Variante liegt vor und ein Definitionswandel kündigt sich an (vgl. Kapitel 3.1).

2.4 Forschungsziel: Exploration kunstpädagogischer Kollaboration

Ziel dieser Arbeit ist es, eine systematische Exploration von Phänomenen der Kollaboration für die Kunstpädagogik und deren Bezugsfelder durchzuführen, um den unübersichtlichen und offenen Gegenstandsbereich und die Begriffsdefinitionen von Kollaboration einzukreisen und kunstpädagogisch näher zu fassen. Hierbei geht es um die Beantwortung der Fragen danach, welche impliziten und expliziten Begriffe, Konzepte und Strategien von Kollaboration in den Bezugsdisziplinen der Kunstpädagogik bzw. im Diskurs der Kunstpädagogik selbst präsent sind. Daran knüpft sich das Ziel, im offenen, qualitativen Forschungsprozess Hypothesen zu generieren, mit denen weiter an Dimensionen und Perspektiven von Kollaboration für die Kunstpädagogik gearbeitet werden kann. Auf Basis der explorativen Forschung – deren methodische Rahmung im Kapitel 2.6 erläutert wird – wird erhofft, eine Basis zu schaffen, um bestehende Konzepte von Kollaboration, die für die Kunstpädagogik relevant sind, zusammen zu tragen, bestehende kunstpädagogische Konzepte zur Zusammenarbeit um neue Formen der Kollaboration zu erweitern. Final könnte ein Ertrag der explorativen Vorgehensweise sein, erste Begriffsbestimmungen, Theoretisierungen und Hypothesen zur Kollaboration für die Kunstpädagogik zu generieren, die für nachfolgende Forschungsprojekte dienlich sein können.

2.5 Stand der Forschung

Eine Vielzahl an Publikationen in unterschiedlichen Fachgebieten stößt im geisteswissenschaftlichen Bereich seit dem Jahr 2000 Auseinandersetzungen mit Formen der Kollaboration an. Die Texte eröffnen neue Perspektiven auf Zusammensein, Zusammenarbeit und Gemeinschaft, zeigen aber auch auf, dass es noch sehr wenig Forschung gibt und die Begriffsbestimmungen noch sehr vage sind. Florian Schneider merkt in *Collaboration, the dark side of the multitude* (2006) an: „There is very little research and theoretical reflection on it" [Anm. der Verfasserin: gemeint ist der Begriff der Kollaboration] (Schneider 2006). Zwar sind erste vertiefte Auseinandersetzungen geschehen, vielfach noch sehr jung und unausgereift oder auf metatheoretischer Ebene.

In der Kunstpädagogik ist der Begriff explizit noch wenig beforscht und stellt im kunstpädagogischen Forschungsdiskurs ein Desiderat dar[10], taucht aber dennoch in manchen Zusammenhängen namentlich auf. Er wird in der kunstpädagogischen Forschung in universitären Zusammenhängen von Lehre und Forschung als recht frischer und junger Begriff in ersten Einordnungen und Untersuchungen, zeitgenössischen Portfolios, Publikationen und in der ästhetischen oder vermittelnden Praxis verwendet. In jüngsten Forschungs- und Publikationsprojekten im kunstpädagogischen Diskurs findet sich die Beobachtung von Miteinander, Kooperation, Kollaboration wieder und wird reflektiert:

In der kunstpädagogischen Herausgeberschrift *Shift. Globalisierung. Medienkulturen. Aktuelle Kunst* (Heil, Kolb, Meyer 2012) befassen sich zwei Glossareinträge mit Kollaboration (vgl. Hennecke 2012, 121f.; Krebber 2012, 126f). Im Promotionsvorhaben „Interaktion und Kollaboration im Kunstunterricht. Qualitativ-empirische Praxisforschung zu den Wechselbeziehungen zwischen bildnerischen und sozialen Prozessen in Gruppen der Sekundarstufe II" von Miriam Schmidt-Wetzel (Schmidt-Wetzel 2015) wird Kollaboration anhand einer Evaluationsstudie der kunstdidaktischen Praxis in einer Kunstunterrichtreihe der Oberstufe nachgegangen. Die Kunstpädagogin Gila Kolb erforscht Zeichenprozesse von SchülerInnen qualitativ (vgl. Kolb 2015). Anhand ihrer genauen Beobachtungen von Zeichensettings kann sie implizite kollaborative Prozesse und Strategien herausstellen, die bisher noch wenig Berücksichtigung in der Kunstdidaktik erfahren haben.

Weniger der Begriff Kollaboration allein als vielmehr ein breiteres Themenfeld um Miteinander und Zusammenarbeit erfährt zunehmend Verwendung im kunstpädagogischen Kontext, zum Beispiel wenn es um die Bezeichnung von Tätigkeiten im divergenten Feld von

10 Das Ergebnis der stichpunktartigen Internetrecherche vom 30.07.2015 zu den Suchbegriffen „Kunstpädagogik + Kollaboration" zeigt zumindest für online erfasste Projekte und Texte, dass zu diesem Zeitpunkt Nadia Bader, Gila Kolb, Gesa Krebber, Nana Lüth und Miriam Schmidt-Wetzel in der gegenwärtigen kunstpädagogischen Forschung explizit mit dem Begriff der Kollaboration hantieren und diesem im kunstpädagogischen Forschungs- und Handlungskontext nachgehen.

KunstlehrerInnenbildung, künstlerischer Praxis und Kunstvermittlung als hybridem Feld geht. Nana Lüth etwa kategorisiert mit Kollaboration ihre Vernetzungs- und Zusammenarbeit im transdisziplinären Kunstvermittlungsbereich (vgl. Lüth 2014). Mit der Forschung zur Vernetzungstheorie und Netzkunst liefert Sara Burkhardt direkte Anknüpfungsmöglichkeiten zum Kollaborationsthema und fordert mit ihrer Position die Einbindung des Internets, Verfahren der Vernetzung und der Netzkunst in den Kunstunterricht. „Der Raum für Kunstunterricht mag in Zukunft als ein Raum zu denken sein, der seine Erweiterung im Netz findet, so dass Übersetzungen von dem einen Raum in den anderen zum zentralen Element kunstpädagogischen Handelns werden können" (Burkhardt 2009, 197). Christine Heil wiederum bezieht sich auf den Kontext kollaborativer Strategien der New Economy, die aus dem ökonomischen Bereich in die Kunst transformiert werden. Sie erprobt mit Studierenden im Rahmen der kunstpädagogischen Bildung *kollaboratives Prosuming* in der Aufbau- und Ausstellungssituation des Künstlers Attila Csörgő. Heil beschreibt ein transformatorisches Bildungsverständnis für die Kunstpädagogik, wobei Bildung gerade erst „im kollektiven Miteinander" (Heil 2015, 158) oder im „kollektiven Raum" (Heil 2015, 158) entstehe. Neu an diesem Verständnis der Kunstdidaktik ist, dass es

> *„nicht so sehr um die Strukturierung von Wissensinhalten und individuellen Handlungswegen als vielmehr um die Schaffung von Bedingungen [gehe], um im Modus des Kollektiven Erfahrungen mit Formen künstlerischen Schaffens der Gegenwart und Formen ihrer Vermittlung machen zu können." (Heil 2015, 173)*

Nora Landkammer reflektiert 2012 in dem Text *Vermittlung als kollaborative Wissensproduktion und Modelle der Aktionsforschung* Ansätze der Aktionsforschung und stellt für die Kunstvermittlung die Notwendigkeit heraus, vielmehr alle Beteiligten am Forschungsprozess mitwirken und dazugehören zu lassen und damit aktiv kollaborative Wissensproduktion zu betreiben (vgl. Landkammer 2012a).

Bei Hubert Sowas Position der „Geteilten Vorstellung" (2015) ist nicht explizit die Rede von Kollaboration, implizit tauchen die Themen von Zusammenarbeit im Konzept zu kooperativen und geteilten Vorstellungen im ästhetischen Prozess in kunstdidaktischen Praktiken auf. Sowa stellt Zusammenarbeit als ein Desiderat in der Pädagogik dar und gibt zu bedenken, dass sie in der Kunstdidaktik ein zu wenig bedachtes Thema ist und es der forschenden Auseinandersetzung bedarf (vgl. Sowa 2015). Andreas Brenne stößt die Auseinandersetzung mit künstlerischer Kollaboration im Kontext der Kunstpädagogik an und sieht in ihr eine Option für die inklusive Kunstpädagogik (vgl. Brenne 2018).

Es wird deutlich, dass bereits juvenile Forschungsansätze im Feld der Kunstpädagogik existieren, die neu mit dem Begriff hantieren und kollaborative Verfahren beforschen, benutzen, erproben oder systematisieren, an die hier angeknüpft werden kann.
Zum Forschungsstand sei abschließend angemerkt, dass die Auseinandersetzung mit Kollaboration in vielen Feldern und Diskursen derzeit rasant wächst. Während an der vorliegenden Dissertation gearbeitet wird, tauchen viele Publikationen auf, die sich mit neuen Phänomenen von Kollaboration im weitesten Sinne, aber auch in Bezug auf die Kunstpädagogik beschäftigen. Nicht alle diese Publikationen können im Rahmen des vorliegenden Forschungsvorhabens aufgegriffen werden. Die Analyse hier erhebt keinen Anspruch darauf, aktuell emergierende Positionen vollständig aufzugreifen. Angesichts der noch jungen Ansätze lässt sich dementsprechend für die Kunstpädagogik eine zukünftig noch stärkere Fokussierung und Vertiefung zu Konzepten und Ansätzen der Kollaboration vermuten und ein aktuell erwachsender Diskurs zur Kollaboration mit Spannung weiterverfolgen.

2.6 Methoden

Die Phänomene der Kollaboration von der Kunstpädagogik aus forschend anzugehen, stellt sich mit dem bis hierher umrissenen Forschungsfeld als Desiderat heraus (vgl. Kapitel 2.5). Aufgrund der sich verändernden Umrisse des Begriffs Kollaboration (vgl. Kapitel 2.3 und 3.1) und vor dem Hintergrund der sich wandelnden technologischen Möglichkeiten, die kollaborative Praktiken befeuern, zeichnet sich das Forschungsfeld als unübersichtlich, veränderlich und vor allem kunstpädagogisch noch wenig betreten ab. Diese Ausgangslage, bei welcher der „Forschungsstand zum Gegenstand noch so rudimentär ist" (Mayring 2010, 232), der Bereich „Neuland darstellt" (Mayring 2010, 232) und es sich „um ein Gegenstandsgebiet handelt, das dem sozialen Wandel stark unterliegt" (vgl. Mayring 2010, 232), ist die explorative Vorgehensweise angeraten.
Exploration, wortwörtlich die Erforschung und Erkundung von unbekanntem Boden oder Gelände (vgl. Duden 2007b), wird für die vorliegende Forschungsarbeit im metaphorischen Sinne verwendet. Die Vorgehensweise ähnelt dabei dem Vorgehen beim Betreten unbekannten Terrains, das von einem bestimmten Punkt ausgehend in unterschiedliche Richtungen beschritten und kartiert wird. Im vorliegenden Fall geht es darum, die Verfahren von Kollaboration zu explorieren, Konzeptionen abzuleiten und sie für die Kunstpädagogik nutzbar zu machen.
Den kollaborativen Phänomenen ist zu eigen, dass sich Individuen und Institutionen anders berühren und vermischen. Dies erzeugt neue Nachbarschaftsverhältnisse von vormals stark abgegrenzt agierenden Disziplinen. Da die Konzepte von Kollaboration im Kontext der Kunstpädagogik wenig scharf umrissen sind (vgl. Kapitel 2.5), sich aber in den an die Kunstpäda-

gogik angrenzenden Disziplinen verstärkt kollaborative Strategien und Phänomene und deren Besprechungen im jeweiligen Diskurs abzeichnen, heißt dies, dass der Fokus der Recherche sich mehreren Nachbardisziplinen öffnen muss. Jürgen Bortz und Nicola Döring verweisen im Fall einer solchen Ausgangslage im Forschungsprozess darauf, dass „explorative Voruntersuchungen dazu dienen, inhaltliche [...] Fragen zu beantworten." (Bortz/Döring 2002, 355). Diese Absicht verfolgt die vorliegende explorative Forschungsarbeit in Bezug auf die Phänomene von Kollaboration spezifisch für die Kunstpädagogik.

In diversen Diskursen findet sich ein Niederschlag zum Begriff „Kollaboration": in Texten zur digitalen Vernetzung, in der Pädagogik und den Bildungswissenschaften, in neuen Lerntheorien und neuen Wissensformationen sowie in der Kunst- und Kulturtheorie sowie im Wissen der Künste.

Das Untersuchungsfeld für die Exploration in der vorliegenden Arbeit wird dementsprechend breit abgesteckt. Die inhaltliche Erkundung von Kollaboration in unterschiedlichen Richtungen heißt im konkreten Fall, dass in die verschiedenen Disziplinen und ihre jeweiligen Diskurse geblickt wird. Die Vorannahme – Zusammenarbeit wird neu sichtbar und praktiziert, über Zusammenarbeitsverfahren neu nachgedacht, geschrieben und gesprochen (vgl. Kapitel 2.3) – wird dabei als theoretisches Setting begriffen, welches zu Beginn des Forschungsprozesses sichtbar gemacht werden sollte (vgl. Clarke 2012, 123). Anhand der breiten Erkundung der Forschungsarbeit wird zugleich Offenheit im Forschungsprozess zugelassen. Dank dieser minimal formulierten Hypothese wird der Fokus der Erkundung in den verschiedenen Bereichen transparent und nachvollziehbar (vgl. Mayring 2010, 225). Ziel der Beforschung ist es, die Äußerungen, Ideen und Konzepte zum Begriff Kollaboration zu sammeln, zu ordnen, bestehende Ordnungen und Theorien zu extrahieren und im Zusammenhang miteinander darzustellen (vgl. Bortz/Döring 2002, 354). Für die Beforschung und Erkundung der genannten Forschungsfragen (vgl. Kapitel 2.3.) werden zwei explorative Studien durchgeführt. Der zweiteilige Entwurf aus *Studie I* als theorie- und textbasierter Exploration sowie *Studie II* als empirisch-qualitative Exploration zielen darauf ab, zum einem den unterschiedlichen Diskursen gerecht zu werden, die das beforschte Thema mit berühren und aufrufen, sowie zum anderen die Prozesshaftigkeit des Erkenntnisgewinns während der Forschungszeit darstellen zu können. „Grundgedanke explorativer Studien ist, dass man dem Forschungsgegenstand möglichst nahe kommen will, um zu neuen, differenzierten Fragestellungen und Hypothesen zu gelangen." (Mayring 2010, 231). Anhand von Studie I und Studie II sollen erste Umrisse von Kollaboration bezogen auf Kunst und Kreativität für kunstpädagogische Arbeitsbereiche gezeichnet werden.

Mit der breiten Exploration leistet die vorliegende explorative Forschungsarbeit zunächst eine einkreisende Erkundung kollaborativer Strategien im interdisziplinären Feld von Kunstpädagogik, Kunst und Bildung. Die theoriebasierte Exploration in beiden Studien liefert

„Hypothesen und Konstrukte“ (Bortz/Döring 2002, 355), die im besten Fall für weitere Forschung zu Kollaboration im kunstpädagogischen Praxisfeld dienen können.

2.6.1 Studie I – Theoriebasierte Exploration

Die *Studie I* ist als *theoriebasierte Exploration* (vgl. Bortz/Döring 2002, 358ff.) angelegt. „Weil neue Theorien gewöhnlich an vorhandene Konzepte und Modelle anknüpfen, ist ein sorgfältiges Durcharbeiten der Fachliteratur der übliche Einstieg in ein Forschungsfeld.“ (Bortz/Döring 2002, 358). Es geht hierbei darum, die bereits in Ansätzen verstreut auftauchenden Andeutungen, Konzepte und Theorien zu Kollaboration in den aufgezeigten Feldern zu suchen, zu ordnen und darzustellen. Dabei erfolgt die Recherche nicht allein auf Basis von „Fachliteratur“ (vgl. Bortz/Döring 2002, 358). Speziell in Kapitel 3.4 werden künstlerische Arbeiten und weitere Dokumente wie Lehrpläne und Ausstellungskataloge in den Fokus der Exploration genommen. Insofern lassen sich die verwendeten Quellen – Texte und künstlerische Beiträge – als erweiterter Textkorpus bezeichnen, welche systematisch auf bestehende Konstruktionen zu Kunst und Kollaboration sowie immanente und sichtbar werdende Diskursordnungen ausgewertet werden. Das Explorieren erfolgt dabei als eine breite Erkundung in diesem Feld: Die Bereiche werden diskursiv abgegangen und auf den expliziten Begriff „Kollaboration“ hin untersucht sowie auf implizite kollaborative Strategien oder Konzepte im Sinne der Vorannahme abgeklopft. Darüber hinaus werden sowohl bestehende Konzepte der Zusammenarbeit aufgegriffen als auch die Verhinderungen von Zusammenarbeit berücksichtigt.

Der Fokus der *theoriebasierten Exploration* (Bortz/Döring 2002, 358f.) in Bezug auf kollaborative Phänomene und Begriffe von Kollaboration liegt auf Diskursen zum Begriff Kollaboration selbst (vgl. Kapitel 3.1), Texten zur digitalen Kultur (vgl. Kapitel 3.2), philosophischen Konzepten zur Zusammenarbeit (vgl. Kapitel 3.3), der zeitgenössischen Bildenden Kunst (vgl. Kapitel 3.4), der Kunstvermittlung (vgl. Kapitel 3.5), der Bildungs- und Lerntheorie und Pädagogik (vgl. Kapitel 3.6) sowie der Kunstpädagogik (vgl. Kapitel 3.7). In diesem breit abgesteckten Forschungsfeld wird nach vorhandenen bzw. nicht-vorhandenen, alltäglichen und wissenschaftlichen Theorien oder praktischen Verfahren gesucht, die Hinweise zu Phänomenen und Begrifflichkeiten der Kollaboration in Bezug auf Kunst und Kunstpädagogik geben.

Für die Beschreibung von Zusammenhängen in der Zusammenarbeit im Kunst-, Netz- oder Bildungskontext verwenden die AutorInnen der für die Exploration untersuchten Texte sowie die weiteren Quellen den Begriff Kollaboration keinesfalls einheitlich. Die Rede ist ebenso von Kollektiv, Gemeinschaft, Zusammenarbeit, Kollaboration, Collaboration oder Kooperation. Es existieren sehr unterschiedliche Bezeichnungen und unterschiedliche Konzepte (vgl.

hierzu Kapitel 3.1). Auch damit wird deutlich, dass Forschung und Exploration zum Begriff Kollaboration notwendig sind. Darüber hinaus unterstreicht diese Uneinheitlicheit auch, dass es hier im Sinne der Vorannahme der erweiterten Kollaboration (vgl. Kapitel 2.3) um erweiterte Formen und Verfahren der Zusammenarbeit und Mitarbeit geht und dass dieses Begriffsfeld veränderlich und beweglich ist. Es dreht sich im Folgenden wie sich andeutet weniger um ›Kollaboration‹ im Sinne der lexikalischen Definition als Zusammenarbeit mit dem Feind.

Die Ergebnisse der theoriebasierten Exploration werden in Form des Textes der hier vorliegenden Forschungsarbeit gesammelt, dokumentiert und systematisch zugänglich gemacht (vgl. Bortz/Döring 2002, 359ff.).

2.6.2 Studie II – Empirisch-qualitative Exploration

Die *Studie I* wird um die *empirisch-qualitative Exploration* (Bortz/Döring 2002, 380ff.) mit einer Datenerhebung – in Form leitfadenorientierter ExpertInneninterviews – in *Studie II* ergänzt. Die Studie II zielt darauf ab, vorhandene, aber tendenziell implizite Strategien der Kollaboration im kunstdidaktischen Praxisfeld von Kunstunterricht an Schulen zu erkennen, zu kategorisieren und ihre Bedingungen im Feld herauszustellen. Hierfür werden leitfaden-orientierte ExpertInneninterviews mit dem Ziel durchgeführt, die theoriebasierte Exploration um die Perspektive des Praxisfeldes zu erweitern. Dies wiederum dient – analog zu Studie I – „zur Orientierung in einem neuen Feld“ (Flick 2007, 216). „[O]ffene, nicht- standardisierte Interviewformen als »Exploration«“ [Hervorhebung im Original] (Bortz/Döring 2002, 357) bieten sich dabei als geeignete Methode an (Bogner/Menz 2002, 36-38), da diese besonders implizite Strategien im Praxisfeld rekonstruierbar machen. Die Studie II beabsichtigt, die Situation von Kunstunterricht sowie die Bedingungen der Praxis an der Schule in Bezug auf die Vorannahme von Kollaboration zu erfassen, zu untersuchen und daraus Rückschlüsse für eine kunstpädagogische Konzeption zu ziehen. Sie dient in Ergänzung zu Studie I dazu, die theoriebasierte Exploration um die gegenstandsorientierte Perspektive aus der kunstpädagogischen Praxis triangulierend zu erweitern und zu überprüfen. Die Bestandsaufnahme beruht auf der Vermutung, dass implizites Wissen über kunstdidaktische Praktiken oder kollaborative Verfahren im Arbeitsalltag von KunstpädagogInnen vorliegen. Mit dieser zweiten Studie werden die Stimmen der nicht im Zentrum des kunstdidaktischen Diskurses stehenden AkteurInnen festgehaltenen und als erheblich für die Forschungsarbeit begriffen, womit in der Forschungsmethodik Aspekte der Aktionsforschung (vgl. Landkammer 2012b) bzw. des *Participatory Action Research* (vgl. Kemmis/McTaggart 2005) anklingen.

In der Auswertung wird der Fokus auf die Texte der InterviewpartnerInnen gelegt, um Theorien und Konstrukte der ExpertInnen zu ermitteln. Mit den Texten der PraktikerInnen sollen eben jene Narrationen Bestandteil wissenschaftlicher Beschäftigung werden, die in vielen Fällen nur marginal behandelt und weniger an der Theorienbildung beteiligt werden. Das Ergebnis dieser Arbeit wird über die zwei komplementären Studien mehrperspektivisch generiert, wobei verschiedene AkteurInnenperspektiven im Sinne einer kollaborativen Wissensproduktion (vgl. Landkammer 2012a) mit in den Erkenntnisprozess integriert werden.

2.6.3 Alternative Wege

Neben der hier beschriebenen Methodik haben sich im Forschungsprozess alternative Forschungswege aufgezeigt, die im Verlauf des Forschungsprozesses aus guten Gründen zurückgestellt werden konnten. Aufgrund der Unübersichtlichkeit zum Gegenstand künstlerischer Kollaboration lag zu Beginn der Forschung nahe, Dimensionen kollaborativer (Kunst-) Begriffe in Bezug zur aktuellen Kunst aus kunstpädagogischer Sicht aufzubereiten. Da eine solche Forschung jedoch einerseits eine umfassende kunstwissenschaftliche oder -geschichtliche Aufgabe darstellt und nicht in das Fachgebiet der Kunstpädagogik fällt, fehlt eine Begründung, dies aus Perspektive der kunstpädagogischen Forschung zu bearbeiten. Es bleibt mit Spannung weiterzuverfolgen, wie das Desiderat zu kollaborativer Kunst und künstlerischen Praktiken im Bereich der Kunstwissenschaft und -geschichte zukünftig weiter erforscht und bearbeitet wird.
Ein weiteres naheliegendes Forschungssetting wäre eine explorative Interventions- oder Evaluationsforschung (Bortz/Döring 2002, 354), die man zur Kollaboration im Praxisfeld der Kunstdidaktik hätte durchführen können. Für ein solches Forschungsdesign stehen jedoch zum Zeitpunkt der Forschung nicht genügend kunstpädagogische Modelle zur Verfügung, die eine „Gestaltung und Bewertung einer solchen konkreten Interventionsmaßnahme erlauben" (vgl. Bortz/Döring 2002, 354). Aufgrund dieses bestehenden Desiderats zu Kollaboration stellt sich der vorab beschriebene explorative Ansatz als der zutreffendste heraus, auf deren Basis dann weitere qualitative Forschungsvorhaben anschließen können.

2.6.4 Qualitative Verortung des Forschungsvorhabens

Mit der methodischen Ausrichtung verortet sich das Forschungsvorhaben zur Kollaboration im qualitativen Forschungsbereich. Nach Flick, von Kardoff und Steinke ist „qualitative Forschung [...] immer dort zu empfehlen, wo es um die Erschließung eines bislang wenig erforschten Wirklichkeitsbereichs [...] geht" (Flick/Kardoff et al. 1995, 25), im vorliegenden Fall die Emergenz des künstlerischen und allgemeinen kulturellen Trends der Kollaboration und deren Konsequenzen für die Kunstpädagogik.

Der qualitative Schwerpunkt ermöglicht eine phänomenologische Offenheit. Sie bietet eine „Offenheit für Erfahrungswelten, ihre innere Verfasstheit und ihre Konstruktionsprinzipien“ (Flick/Kardoff et al. 1995, 17). Ausgehend von dieser Aufgeschlossenheit erfolgt eine „gegenstandbegründete Theorienbildung“ (Flick/Kardoff et al. 1995, 17) mit dem Anspruch der Genese von Theorien oder – wie hier der Fall – zur Genese von ersten Hypothesen zu Kollaboration für die Kunstpädagogik.
Gerade die zeitgenössischen, künstlerischen Prozesse, die in der Kunstpädagogik in vielen Arbeitszusammenhängen eine wesentliche Rolle spielen, teilen eben jene explorativen Arbeitsweisen. In beiden Feldern – Bildende Kunst wie Kunstpädagogik – ist das methodenplurale, prozessoffene Vorgehen eine der am gebräuchlichsten Arbeitsformen. Dieser offenen Haltung folgt das Forschungsdesign der vorliegenden Arbeit und ist passend für die Forschung im kunstpädagogischen Bereich, wie auch Andrea Sabisch (vgl. Sabisch 2009, 26f.) deutlich macht. Dabei wird der qualitative Standpunkt in dreifacher Weise dem Forschungsgegenstand Kollaboration in der Kunstpädagogik gerecht: Er berücksichtigt erstens die Kunstpädagogik in ihrer Anbindung an die Offenheit der Kunst, zweitens den noch unerforschten Gegenstand der neuen Phänomene der Kollaboration und drittens die demokratische, beteiligende Miteinbeziehung der subjektiven Sichtweisen von AkteurInnen in den Forschungsprozess anhand der gegenstandsorientierten Interviews in Studie II.

2.6.5 Erweiterung der methodischen Perspektiven: Subjektive Zugänge, Aktionsforschung

Die bis hierher beschriebenen methodologischen Überlegungen werden ergänzt durch eine erweiternde Perspektive. Die Forschungsarbeit ist geprägt von „Handlungserfahrungen“ (Altrichter/Posch 1998, 16) der Verfasserin der vorliegenden Forschungsarbeit, die im Kunstbetrieb, als Kunst- und Deutschlehrerin an Gymnasien und im Kontext der kunstpädagogischen Lehre in der Hochschulbildung aktionsbasiert Eindrücke und professionelles Kontextwissen gesammelt hat und daraus Vorannahmen für die Forschungsarbeit, spezifisch zu Phänomenen der Kollaboration, entwickeln konnte. In Anlehnung an die dynamische Haltung, wie sie Lenk und Wetzel (vgl. Wetzel/Lenk 2013) und aktuelle aktionsbasierte Forschungskonzepte (vgl. Mörsch 2018) beschreiben, begreift die Autorin dieser Forschungsarbeit diese Praxiserfahrungen an der Schule als ein weiteres wichtiges Element, das sich bei der Auswahl des Forschungsgegenstands und der Problemstellung bemerkbar macht. Die Forschungsimpulse für diese Forschungsarbeit entstehen und entstanden unmittelbar aus Praxisproblemen heraus. Die Alltagserfahrung als Kunstlehrerin an der Schule bilden den Nährboden für den Entdeckungszusammenhang (vgl. Bortz/Döring 2002, 353): In der Schulpraxis wurde der

Verfasserin zunehmend in Zusammenarbeitsprojekten mit KünstlerInnen und außerschulischen Kunstinstitutionen die Fragestellung nach einer neuen und verstärkten Perspektive auf Kollaboration als professionellem Verfahren für die Kunstpädagogik wichtig. Die Auffassung, Kollaboration im Kunstunterricht umfasse lediglich Partner- und Gruppenarbeit, ging der Autorin nicht weit genug.

Diesem subjektiven Zugang zu einer didaktischen Forschung folgt auch Ewald Terharts Forderung nach mehr forschenden LehrerInnen: „Wir brauchen eine forschende Fachdidaktik für jede wissenschaftliche Disziplin, in der Lehrer ausgebildet werden." (Otto/Terhart 2008). In der Arbeit als forschende Fachdidaktikerin wird deutlich, dass genau diese Verknüpfung von Praxis und Wissenschaft in Form einer Zusammenarbeit von PraktikerInnen und WissenschaftlerInnen oft fehlt. Diese Tabuisierung oder Marginalisierung des Wissens und der Explikation der Praxis erscheint wie der schwergewichtige Gorilla, der unverkennbar in der Forschungssituation herum hockt, aber souverän und bewusst übersehen oder tabuisiert wird (vgl. Clarke 2012, 123).

Im Verlauf des Forschungsprozesses erfährt die Transparentmachung und das Involvieren praktischer Erfahrungen im Forschungsprozess durch Theorien wie der *Participatory Action Research* (vgl. Kemmis/McTaggart 2005) oder der Aktionsforschung (vgl. Altrichter/Posch 1998) Bestärkung und macht zugleich eine kollaborative Strategie – durch Zusammenarbeit von Forschung und Praxis – im wissenschaftlichen Feld deutlich. Kollaboration als Phänomen und Gegenstand wird kollaborativ beforscht, indem unterschiedliche Perspektiven, Diskurse und SprecherInnen in den Korpus mit aufgenommen und analysiert werden. Dies stellt vor allem aus der Perspektive der Verfasserin der vorliegenden Schrift, als Kunstlehrerin und Forscherin zugleich, ein wünschenswertes Ziel dar.

STUDIE I

3. Theorie- und kunstbasierte Exploration zu Phänomenen der Kollaboration

In Studie I werden die Ergebnisse der systematischen theorie- und kunstbasierten Exploration (vgl. Bortz/Döring 2002, 358ff.) der Phänomene von Kollaboration[11] dargestellt. Im Sinne der kunstpädagogischen Herangehensweise an den Forschungsgegenstand und in Anbetracht dessen, dass die Kunstpädagogik selbst ein breites Bezugsfeld von Diskursen und Wissenschaften mit aufwirft (vgl. Kapitel 2.1 u. 3.7), ergibt sich eine multidisziplinäre Ausrichtung der Untersuchung. Das Explorationsterrain gliedert sich entsprechend in sieben Unterbereiche und -kapitel.

Das Kapitel 3.1 widmet sich dem Wandel des Begriffs Kollaboration, das heißt der Begriffsklärung, der Begriffsgeschichte und den Veränderungen der tradierten Begriffsdefinition. Neben dem tradierten Verständnis der ›Kollaboration‹ lässt sich aktuell eine Bewegung hin zu einer erweiterten Begriffsverwendung von Kollaboration verzeichnen. In Kapitel 3.2 werden kollaborative Konzepte im Kontext der digitalen Gesellschaft exploriert. In Kapitel 3.3 zeigt sich, dass für Phänomene der Kollaboration eine Auswahl metatheoretischer Bezüge wichtig sind, die sich insbesondere dem Thema des neuen Zusammenseins widmen. Wie sich speziell in der Kunst kollaborative Formen formieren, wird in Kapitel 3.4 geklärt. Gerade in der Bildenden Kunst zeichnet sich ein noch junger Diskurs um einen erweiterten Begriff der Kollaboration ab. Die Exploration in Studie I erfolgt – neben der Literaturrecherche und deren Auswertung – auch kunstbasiert. Der theoretische Textkorpus wird in Kapitel 3.4 erweitert und umfasst hier Werke von KünstlerInnen, die in der Exploration mit aufgegriffen werden. In Kapitel 3.5 wird auf Konzepte der Kollaboration im Kontext der Kunstvermittlung geschaut, die Vorbildhaft für die Kunstpädagogik dienen können. Anschließend werden in Kapitel 3.6 aktuelle Bildungs-, Medienbildungs- und Lerntheorien in Hinblick auf Kollaboration untersucht. Die Einbindung von Kollaboration in kunstpädagogische Konzepte – im theoretischen oder unterrichtspraktischen Bezug – wird schließlich in Kapitel 3.7 erörtert.

Das Ziel in den folgenden Teilkapiteln zu Studie I ist es, zu sondieren und zu erfassen, ob ein Diskurs aktueller Zusammenarbeitskonzepte vorhanden ist und ob sich neue oder erweiternde kunstpädagogisches Konzept von Kollaboration entwickeln und ableiten lassen. Für die Exploration in Studie I stellen sich folgende vertiefende Fragen, deren Beantwortung im Folgenden dargelegt wird:

11 Vgl. zur Verwendung des Begriffs Kollaboration Kapitel 1 und 2.3

- Tauchen Phänomene der Kollaboration im jeweiligen Feld auf und wenn ja, in welcher Form?

- Werden diese Phänomene im fachlichen, eventuell auch wissenschaftlichen Diskurs etabliert oder erfahren sie in praktischen Zusammenhängen konkrete Anwendung?

- Existieren für spezifische Zusammenhänge bereits ausformulierte Konzepte von Kollaboration, die extrahiert werden können?

- Welche Theorien oder Diskurse marginalisieren das Kollaborative?

Es wird also exploriert, ob dem jeweiligen Fachgebiet Konzepte zur Kollaboration inhärent sind bzw. ob entsprechende Trends aus anderen Fach- und Sachgebieten Resonanz erfahren, aufgenommen oder adaptiert werden. Dabei ist auch von Interesse, ob implizites Wissen zu Kollaboration existiert, ob bereits explizite oder nicht explizierte kollaborative Handlungsmuster, Situationen, Verfahren oder Kenntnisse vorliegen, die es für das hier zu entwickelnde Konzept und den Fokus der Exploration dieser Forschungsarbeit zu nutzen gilt.
Die intensive Exploration in der gesamten Studie I zielt darauf ab, Merkmale für ein kunstpädagogisches Konzept von Kollaboration zu entwickeln oder zumindest Hypothesen für ein Verständnis kunstpädagogischer Kollaboration aufzustellen, auf die weitergehende Forschung aufbauen kann.

3.1 Zum Begriff ›Kollaboration‹/Kollaboration

Das nun folgende Kapitel 3.1 widmet sich explizit der Exploration zur Kollaboration. Der Begriff wird im vorliegenden Text mit spitzen Klammern (Chevrons) – ›Kollaboration‹ – gekennzeichnet, wenn von ihm im lexikalischen Verständnis, als Zusammenarbeit mit dem Feind, die Rede ist. Wenn von Kollaboration auch im Sinne der Vorannahme (vgl. Kapitel 2.3) exploriert wird, dann wird der Begriff nicht speziell gekennzeichnet, außer wenn er im Text eine Hervorhebung bedarf.
Im Folgenden werden Begriffsdefinitionen zum Begriff Kollaboration anhand einer systematischen Analyse einer Reihe von lexikalischen Abhandlungen, Erkenntnissen zur Wortbildung sowie der Begriffsgeschichte näher analysiert werden. Die Vorgehensweise der Begriffsanalyse gliedert sich wie folgt: Unter 3.1.1 werden Grundlagen zum Begriff Kollaboration erörtert – seine Etymologie, die Wortbildung und die lexikalische Definition sowie spezifische Bedingungen für die Heuristik der Exploration. Es folgt unter 3.1.2 eine Darstellung des aktuell sich im Aufbruch befindenden Wortfeldes Kollaboration im aktuellen Kontext. Der

aktuelle Begriff Kollaboration, wie in der Vorannahme beschrieben, entfernt sich von dem lexikalischen Verständnis von ›Kollaboration‹. Neben das tradierte beziehungsweise lexikalisierte Verständnis ›Kollaboration‹ tritt ein erweitertes und neues Konzept von Kollaboration, das noch wenig fest zu fassen ist jedoch bestimmte Merkmale von Gemeinschaft in der Digitalisierung trägt.

3.1.1 ›Kollaboration‹ – Lexikalische Definitionen, Etymologie und Wortbildung

Die allgemeinen Wortschatznachschlagewerke, legen den Schwerpunkt der Definition von ›Kollaboration‹ und ›kollaborieren‹ auf das negative Verständnis der Zusammenarbeit mit dem Feind fest (vgl. Duden 2007; Kollaboration).

> „**Kollaboration**, *die; […]: gegen die Interessen des eigenen Landes gerichtete Zusammenarbeit mit dem Kriegsgegner, mit der Besatzungsmacht.*
>
> **Kollaboration**, *die; […] [aus fr. collaboration „Mitarbeit" zu collaborer, vgl. kollaborieren]: aktive Unterstützung einer feindlichen Besatzungsmacht gegen die eigenen Landsleute." (DUDEN 2007)*

Wie bei der Definition im *Duden* (2007) deutlich wird, liegen für den Begriff ›kollaborieren‹ zwei große Bedeutungszusammenhänge vor: Erstens die verräterische Zusammenarbeit mit dem Feind und zweitens die neutrale Form der Zusammenarbeit. In der ausführlicheren Beschreibung *Großen Wörterbuch der deutschen Sprache* (2011) sind zwei lexikalische Varianten – erstens die verräterische Zusammenarbeit mit dem Feind und zweitens die neutrale Form der Zusammenarbeit – genannt:

> „**Kollaboration**, *die; […] [französisch collaboration]: 1. gegen die Interessen des eigenen Landes gerichtete Zusammenarbeit mit dem Kriegsgegner, mit der Besatzungsmacht […]. 2. (bildungssprachlich) Zusammenarbeit: […]." (Duden 2011)*

In der Online-Datenbank der *Brockhaus Enzyklopädie* wiederum findet sich 2014 lediglich die Definition von ›Kollaboration‹ als Zusammenarbeit mit dem Feind, dem aktiven Verrat, die sich mit dem Nazi-Regime im besetzten Frankreich Mitte des 20. Jahrhunderts entwickelte:

> „**Kollaboration** *[…] die, […], Bezeichnung für die Zusammenarbeit von Einzelpersonen und Gruppen mit dem Kriegsgegner des eigenen Landes. 1940 in Frankreich*

geprägt, hatte dieser Begriff anfänglich im État Français – nach dem Treffen zwischen Hitler und P. Pétain (1940) – einen wertneutralen Sinn, gewann jedoch bald über Frankreich hinaus einen negativen Akzent im Sinn eines gegen elementare Interessen des eigenen Landes gerichteten Zusammenspiels mit dem Gegner des eigenen Staates.“ (Brockhaus 2014)

Das deutsche Wortfeld um den Terminus ›kollaborieren‹ hat seine Wurzeln im Französischen und basiert wiederum auf der lateinischen Sprache. Im Französischen verstand man unter „*‹fr. collaboration›*“ ganz allgemein eine wie auch immer geartete Zusammenarbeit (vgl. Wiktionary 2014). Etymologisch lässt sich aufzeigen, dass der Begriff ›Kollaboration‹ im 19. Jahrhundert aus dem Französischen in das Deutsche übernommen wurde (vgl. Wiktionary 2014). Erst seit der deutschen Besatzung Frankreichs durch die Nationalsozialisten jedoch ist mit ›Kollaboration‹ meist ausschließlich die verräterische Zusammenarbeit mit dem Gegner gemeint. Konkret referiert der Begriff auf die Zusammenarbeit von französischen BürgerInnen mit deutschen BesatzerInnen im Zweiten Weltkrieg während des Vichy-Regimes. Hierdurch erhielt der Begriff die dominierende negative Bedeutung, die sich bis heute als mächtige Bedeutungsvariante hält, wie die Wörterbuch-Einträge zeigen. Dieser negative Sinn, der in den deutschen Lexika vorwiegend benannt wird, ist das vorherrschende Verständnis von ›Kollaboration‹ in „Kontinentaleuropa“ (vgl. Terkessidis 2015, 7).
Neben der Bedeutungsvariante der feindlichen Zusammenarbeit und des aktiven Verrats steht jedoch auch die professionelle Zusammenarbeit in gegenwärtigen Arbeitsverhältnissen. In diesem Kontext wird der Begriff ›Kollaborateur‹ lexikalisch auch in seiner zweiten Bedeutung als „Mitarbeiter“ (Duden 2011) definiert. Die entsprechende Nutzung des Wortes *KollaborateurIn* für MitarbeiterInnen ist im Deutschen jedoch wenig geläufig, die Begriffe *Mitarbeiten* werden im Gegensatz dazu eher auch mit Kollaboration bezeichnet. Sie stehen zwar für eine hierarchisch strukturierte Zusammenarbeit von Personen in Unternehmen und Organisationen in demokratischen, liberalen Märkten, in denen den Individuen allerdings ein großes Maß an Rechten der Freiheit und Mitbestimmung zugesprochen wird.[12] Dennoch: Die vor allem lexikalisch gültige negative Bedeutung von ›Kollaboration‹ als der Zusammenarbeit mit dem Feind überwiegt größtenteils. Dies hat dazu geführt, dass der Begriff im deutschsprachigen Raum vermieden wird. Im alltäglichen wie im fachsprachlichen Gebrauch wird häufig auf den Begriff ›Kooperation‹ ausgewichen (vgl. Sonnenburg 2007, 90).

12 Im Hinblick auf die Institution Schule ist eine persönliche Beobachtung der Forscherin anzumerken: Der Begriff *MitarbeiterIn* findet für KollegInnen an deutschen Schulen – so die Beobachtung der Verfasserin – kaum Verwendung.

3.1.2 „Coole Kollaboration" – Neue Begriffsbestimmungen

Taucht man in aktuelle Diskurse zur digitalen Vernetzungs- und Zusammenarbeitskultur, oder in den Bereich neuer Wirtschaftsfachbegriffe, spezifisch der Kreativbranche ein, so wird eine neue, erweiterte und emphatische Verwendung des Begriffs Kollaboration deutlich. Ein extremer Kontrast zur negativen lexikalischen Definitionsfestschreibung wird insbesondere angesichts gängiger Wortwahl zur Bezeichnung von Praktiken im Netz deutlich.

Bei der deutschsprachigen Anwendung des onlinebasierten Präsentationswerkzeugs *prezi.com* wird man mit dem Schlagwort „Collaborate" (Prezi 2013) aufgefordert, Präsentationen mit anderen zu teilen und gemeinsam daran zu arbeiten. Auch der Filehosting-Dienst *dropbox.com* preist für seine deutschsprachigen Kunden eine neue Zusammenarbeitsfunktion mit dem Begriff „Kollaborationstool" (vgl. Abb. 1: Pop-Up-Werbebanner eines Filehosting-Dienstes: *Werbung für Kollaborationsfunktionen*) an, mit welcher NutzerInnen die Möglichkeit haben, synchron mit anderen Menschen auf der Plattform zusammenzuarbeiten.

Auch die jüngst beworbene Zusammenarbeit zwischen einem Popstar und einem schwedischen Modelabel wird als „Neue Kollaboration" (vgl. H&M 2017) bezeichnet. Im Kontext von Zusammenarbeit zwischen Markenunternehmen und Designerinnen ist die Rede von „Coole[r] Kollaboration" (Zalando Magazin 2012, 38; vgl. Abb. 2: *Coole Kollaboration* - Beitrag aus dem Zalando-Modemagazin, 2012).

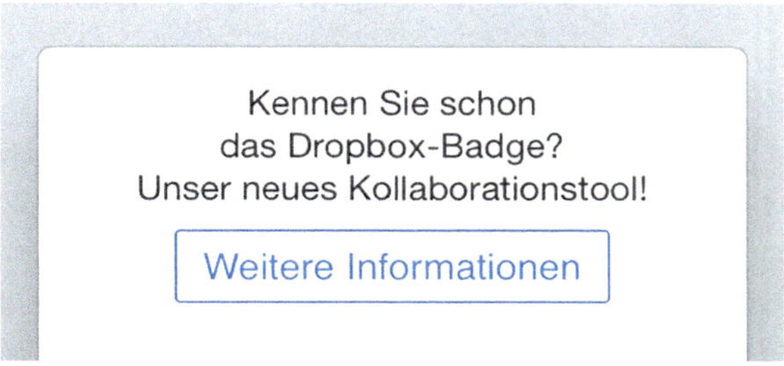

Kennen Sie schon
das Dropbox-Badge?
Unser neues Kollaborationstool!
Weitere Informationen

Abb. 1

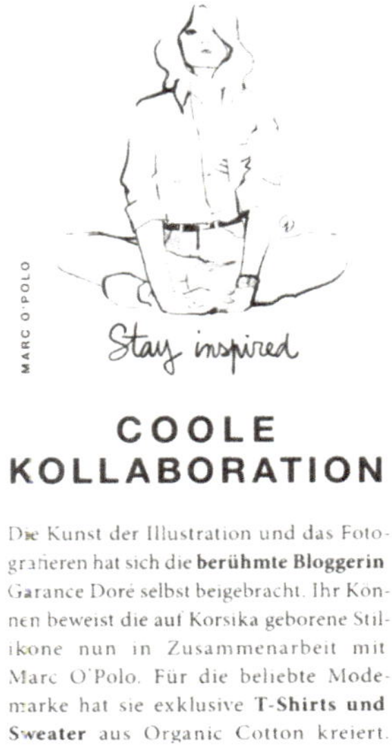

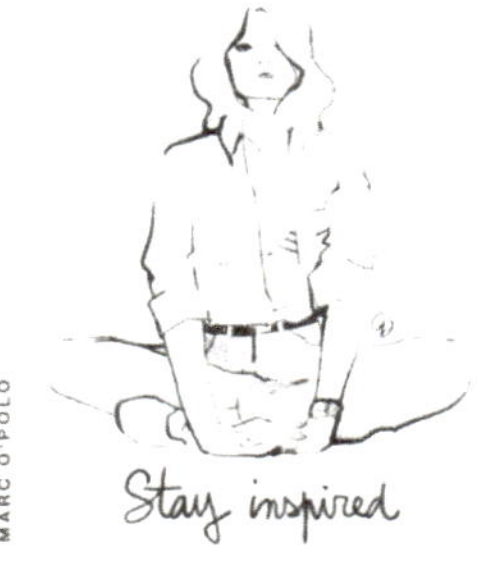

COOLE
KOLLABORATION

Die Kunst der Illustration und das Fotografieren hat sich die **berühmte Bloggerin** Garance Doré selbst beigebracht. Ihr Können beweist die auf Korsika geborene Stilikone nun in Zusammenarbeit mit Marc O'Polo. Für die beliebte Modemarke hat sie exklusive **T-Shirts und Sweater** aus Organic Cotton kreiert.

Abb. 2

Die Bandbreite der Verwendung aktueller Kollaborationsbegriffe reicht von der alltäglichen Beschreibung der Funktionen eines Onlineprogramms wie *prezi.com* bis hin zu komplexen Formen der kollaborativen Wissensproduktion, beispielsweise in Wikis (vgl. Schmalz 2007, 1f) und ließe sich aktuell nahezu unendlich ergänzen. An diesen Beispielen zeigt sich, dass der Begriff Kollaboration im alltäglichen wie auch im fachsprachlichen Wortgebrauch in der jüngeren Zeit eine gewandelte Bedeutung bekommt und eine Aufwertung sowie eine zunehmende Nutzung erfährt. Angesichts der Verwendung, wie etwa bei *Prezi* oder *Dropbox*, deutet sich an, dass unter anderem die digitalen Vernetzungsmöglichkeiten Strategien und Werkzeuge eröffnen, deren Ver- oder Anwendung als Kollaboration bezeichnet werden, die sich stark von der negativen lexikalischen Bedeutung abheben. Ebenso wird in der Orientierung an KünstlerInnen als Stars und am Kreativen ein neuer Begriff Kollaboration verstärkt für Unternehmensstrategien angewendet, wie bei *Zalando* und *H&M* deutlich wird.
Die vakante Begriffsklärung, der Wandel und die Aufbruchsstimmung für den deutschen Begriff ›Kollaboration‹ zeigt sich am deutlichsten in der Wikipedia. Der deutschsprachige Artikel „Kollaboration" (Wikipedia: Kollaboration 2017a) beginnt mit dem Hinweis: „Dieser Artikel befasst sich mit der Kollaboration in der Geschichte (Zusammenarbeit mit einem Bestatzungsregime). Weitere Bedeutungen für Kollaboration finden sich unter ‚Kollaboration (Begriffsklärung)' " (Wikipedia: Kollaboration 2017a).
Folgt man dem Link zu „Kollaboration (Begriffsklärung)" (ebd.), öffnet sich eine Begriffsübersicht, die mehrere Bedeutungsvarianten von Kollaboration aufzeigt, darunter das Begriffsfeld „Kollaboration (Zusammenarbeit)" (ebd.).
Rot markiert wird angezeigt, dass dieser Wikipedia-Eintrag noch nicht vollständig bearbeitet wurde und für diesen Artikel noch keine oder nicht ausreichend verifizierte Inhalte eingetragen wurden (vgl. ebd.). Angesichts dieser Vakanz wird offensichtlich, dass eine Begriffsveränderung von Kollaboration hin zu neuartigen Bedeutungskonzepten von *Kollaboration* angezeigt ist und sich die Bedeutung offensichtlich transformiert.

3.1.3 Synonymien: Kollaboration, Kooperation, Kollektiv und Partizipation

Neben der lexikalischen Dominanz negativer Bedeutungen in den traditionellen Nachschlagewerken zeigt sich in der Suche nach aktuell gültigen Bezeichnungen für Kollaboration eine stark unscharfe Begriffsverwendung, zum Beispiel wenn es darum geht, analoge und digitale Zusammenarbeit, Vernetzung und Mitarbeit zu bezeichnen. Im alltäglichen Wortgebrauch der jüngeren Zeit erfährt nicht nur der Begriff ›Kollaboration‹ eine neue, geänderte und verstärkte Nutzung in Richtung eines erweiterten Verständnisses von Kollaboration. Auch die Begriffe *kollektiv*, *kollaborativ*, *kooperativ* und *partizipativ* sind mit betroffen und erfahren einen zunehmenden Gebrauch, vorwiegend in den Bereichen Neue Technologien, globale Vernetzung, *Change Management* und *New Economy* (vgl. Schneider 2006; Laudenbach 2008; Herring 2010; Duden 2013). Dabei entsteht eine gewisse Unschärfe, denn der lexikalische Begriff der ›Kollaboration‹ und neue Konzepte von Kollaboration sind nicht deutlich von den Begriffen *Kollektiv*, *Kooperation* und *Partizipation* abgegrenzt. Sie stehen in einer starken Nähe zueinander oder werden synonym genutzt (vgl. Terkessidis 2015, 14f.). Besonders auffällig ist dies bei dem Wortpaar *Kollaboration* und *Kooperation*. Entsprechend schwierig gestaltet sich die systematische Exploration sowohl zu dem Begriff als auch zu dem Phänomen. Die Überschneidungen erscheinen als unübersichtliches Synonymiebündel. In Forschungsarbeiten, die mit den Begriffen *Kooperation* oder *Kollaboration* arbeiten, wird häufig auf die Unschärfe in der Abgrenzung dieser beiden Begriffe hingewiesen (vgl. Sonnenburg 2007, 90; Kienle 2003, 42). Ildikó Balázs etwa verweist mit Blick auf die Nutzung der Begriffe Kollaboration und Kooperation im Forschungsbereich der Lerntheorien auf diese Problematik: „Eine eindeutige Konvention zur Nutzung von kooperativem bzw. kollaborativem Lernen existiert allerdings nicht" (vgl. Balázs 2005, 32). Eine lexikalisch fundierte Abgrenzung scheint daher eine naheliegende Art und Weise zu sein, sich Klarheit über die Begriffe zu verschaffen (vgl. Balázs 2005, 32f.).

Kollaboration | Collaboration

Der Wandel hin zu einer neuen Bedeutung des Begriffs Kollaboration macht sich an dem im deutschen Sprachraum aus dem englischen entlehnten und vermehrt verwendetem Begriff *Collaboration* fest. Der neudeutsche Begriff wird maßgeblich im Kontext und in der Fachsprache der *New Economy* eingesetzt und meint digital vernetzte, globale Zusammenarbeit von Teams:

> „**Collaboration** *[engl. für: Zusammenarbeit] Collaboration steht für die Zusammenarbeit eines mitunter weltweit verstreuten Teams über das Internet, etwa in Großkonzernen (C-Commerce)." (Duden 2001, New Economy)*

Hieran wird deutlich, dass erstens ein neues Verständnis von Collaboration auf Basis digitale Regelungsoptionen erwächst und damit eine negativ konnotierte Bedeutungsvariante in Bezug zum Vichy-Regime in Frankreich verlassen wird. Der Anglizismus Collaboration, vorwiegend in der Wirtschaft verwendet, wird dabei auch in andere Kontexte übernommen. Das Szenesprachenwiki der Dudenredaktion verzeichnet einen aktuell abgewandelten Begriff von Collaboration, die so genannte *Collabo*, bei der es neben der ökonomischen Zusammenarbeit um eine gestalterische, kreative Zusammenarbeit geht:

> „**Collabo** *ist die Kurzform für Collaboration und meint eine Zusammenarbeit: entweder von zwei Unternehmen, die sich zusammenschließen, um ihre Kompetenzen*

zu nutzen und z.B. den ultimativen Skate-Schuh herstellen oder von zwei Spielern in Online-Games oder von zwei Musikern [...].“ (Duden 2013)

Die Transformation von ›Kollaboration‹ zu *Collaboration* zeigt sich sehr schön in der Gegenüberstellung der Assoziations-Graphen (vgl. Abb. 3) aus der *Wortschatz-Datenbank für die deutsche Sprache der Universität Leipzig* (Wortschatz 2014).

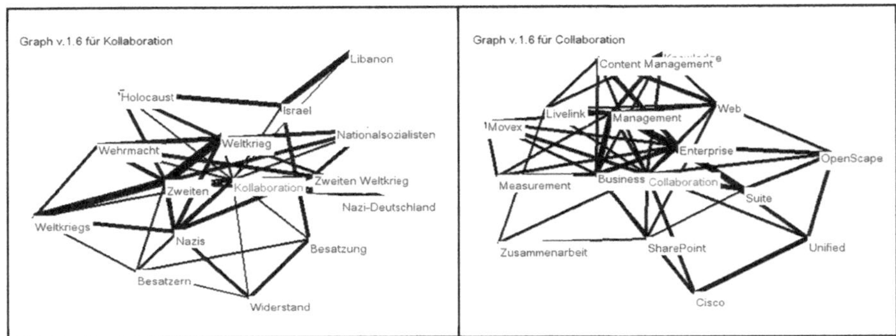

Abb. 3: Visuelle Darstellung der Kookkurenzen: *Vergleich Kollaboration und Collaboration*

Im Vergleich dieser zwei Graphen fällt auf, dass keine Überschneidung der kookkurenten Einheiten vorliegen. Der deutsche Begriff ist komplett im Bedeutungskontext des Nazi-Regimes, sprich im Sinne von ›Kollaboration‹, vernetzt. Der Anglizismus hingegen ruft neue ökonomische Zusammenarbeitsformen im digitalen Kontext auf, welche für die hier vorliegende Annahme von Kollaboration (vgl. Kap. 2.3) Impulsgeber und zugleich Grundlage für die aufgestellte Vorannahme erweiterter Kollaboration sind.

Die noch junge Wortverwendung und Semantik von *Collaboration* wird sicher noch weitere Auswirkungen auf die tradierte Begriffsdefinition von ›Kollaboration‹ haben. Die Vermutung liegt nahe, dass im Zuge der fortgesetzten Verwendungen allmählich ein massiver Prozess der Bedeutungsneuzuschreibung erfolgt, infolge dessen die Wortbedeutung des anglizistischen Begriffs *Collaboration* aus den Fach- und Szenesprachen weiter auf den deutschen Begriff *Kollaboration* übertragen wird.

Kollaboration | Kooperation

Im Abgleich der Begriffe *Kollaboration* und *Kooperation* zeigen sich Überschneidungen und Unschärfen. Der Begriff *Kooperation* wird im *Duden Fremdwörterbuch* definiert als „Mitwirkung“ (Duden 2007b), folglich eine abgeschwächte Form der Zusammenarbeit wie sie mit Kollaboration gemeint ist. Das Verb *kooperieren* wird jedoch erklärt als „1. Zusammenarbeit, bes. auf politischem od. wirtschaftlichem Gebiet“ und „2. zwischenbetriebliche

Zusammenarbeit, die eine Vorstufe der Unternehmenskonzentration darstellt" (Duden 2007b). Als Synonym für den Begriff *Kollaboration* wird *Kooperation*, neben *Teamwork* sowie *Zusammenarbeit*, genannt (vgl. Duden 2014a). Lexikalisch ist eine deutliche Abgrenzung folglich nicht gegeben und muss hier über die Exploration erfolgen, wie im Folgenden skizziert wird. Im Kontext der Digitalisierung erhält *Kooperation* eine Gewichtung auf dem Merkmal der reinen Arbeitsteilung (vgl. Schmalz 2007, 9). Mark Terkessidis grenzt *Kooperation* scharf von *Kollaboration* ab und unterscheidet:

> *„Kollaboration ist etwas ungleich Schwierigeres als Kooperation. Bei Kooperation treffen verschiedene Akteure aufeinander, die zusammenarbeiten und die sich nach der gemeinsamen Tätigkeit wieder in intakte Einheiten auflösen. Kollaboration meint dagegen eine Zusammenarbeit, bei der die Akteure einsehen, dass sie selbst im Prozess verändert werden [...]." (Terkessidis 2015, 14)*

Hier zeigt sich, dass ein Sprachgebrauch feststellbar ist, der eine gewichtige Unterscheidung vornimmt. Darin meint *Kooperation* eine eher technische Form der Zusammenarbeit, bei der sich alle Beteiligten arbeitsteilig einem Arbeitsfeld widmen, um eine gemeinsame Aufgabe zu lösen. Auch zeigt *Kooperation* eine eingleisige Form von Miteinander und Zusammenarbeit: Zwei Parteien tun etwas zusammen. Der aktuelle hier zu ermittelnde Begriff *Kollaboration* hingegen meint gemeinschaftliches Arbeiten, das eine Komplexität aufweist. Nicht nur zwei Parteien treten geregelt miteinander in eine Arbeitsarena. Vielmehr treten sehr unterschiedliche Subjekte in Kollaboration. Und es entstehen dabei Folgen durch die Zusammenarbeit, welche die beteiligten Subjekte verändert (vgl. Terkessidis 2015, 14). Mit dem Blick auf *Kollaboration* erweitert sich die Perspektive auf Zusammenarbeit, bei dem nicht nur auf den Mikro-Ausschnitt zweier kooperierender Parteien fokussiert wird, sondern das Bild des Ökosystems als eine Situation mit komplexesten und vielfältigen Zusammenhängen adäquat ist.

Kollaboration | Partizipation

Auch der Begriff *Partizipation* weist elementare Beziehungen zum Begriff *Kollaboration* im Sinne der Vorannahme auf. Unter Partizipation wird „Teilhaben, Teilnehmen, Beteiligtsein" (Duden 2015) verstanden. Beide Begriffe werden in Nähe zueinander verwendet, sei es in Texten zur demokratisch-mündigen Erziehung (vgl. Frank 2005), zum kollaborativen Lernen (vgl. Balázs 2005; Kienle 2003), zur Kunstvermittlung (vgl. Rogoff 2002) oder zu Kunsttheorie und -wissenschaft (vgl. Bishop 1991; Strunk 2000). Unter dem Begriff *Partizipation* wird „die Teilhabe einer Person beziehungsweise einer Gruppe an Entscheidungsprozessen oder Handlungsabläufen in übergeordneten Strukturen" (Wege 2002, 236) verstanden. Der Begriff hat seine Wurzeln in einem politischen Verständnis (vgl. Fach 2004,

197; Wege 2002, 236). Im Kunstbetrieb wird seit Ende der 1980er Jahre und Anfang der 1990er Jahre ein besonderer Trend zur Partizipation deutlich (vgl. Wege 2002, 236; Feldhoff 2009, 7). Während die Konzentration bei Kollaboration auf dem großen Miteinander arbeiten liegt, steht bei Partizipation das Beteiligt sein im Vordergrund, das im Kontext der Gestaltung der Demokratie ein wesentliches Ziel ist. Das Begriffspaar verhält sich dabei nicht wie analog zu dem Verhältnis *Kollaboration* und *Kooperation*, bei denen nahezu eine Synonymie vorliegt. Vielmehr rufen aktuelle Konzepte der *Partizipation* die *Kollaboration* mit auf und umgekehrt. Terkessidis analysiert Partizipation als Verfahren, das in jüngerer Zeit für demokratische Beteiligungsmöglichkeiten am Staat und an der Gemeinschaft neu entdeckt und „beschworen" wird (vgl. Terkessidis 2015, 12). Terkessidis stellt die partizipative Bewegung in einen engen Bezug zu seinem Konzept der Kollaboration und den von ihm analysierten kollaborativen Verfahren (vgl. Terkessidis 2015). *Partizipation* heißt in dieser Dimension beispielsweise verstärkte Teilhabe und Möglichkeiten des Mithandelns zum Beispiel im System „Kunst" und ist nicht synonym zu *Kollaboration* zu lesen. Mit Partizipation fragen wir nach den Möglichkeiten von Mitgestaltung von beispielsweise Kindern und Jugendlichen im Kunstbetrieb.

Kollaboration stellt folglich einen umfassenderen Begriff dar, der über *Partizipation* hinausgeht und komplexere Interaktionen und Formen meint, mit denen man wiederum Partizipation gestalten kann. Mit Kollaboration sind unterschiedliche Verfahren der Teilhabe und der Gestaltung des Miteinanders beschrieben, ob in künstlerischen oder politischen Situationen. Kollaboration meint ein Miteinanderarbeiten und Miteinandersein, eine Teilhabe sowie das gemeinsame an etwas Arbeiten und etwas Erarbeiten, das den Allmende-Charakter (vgl. Benkler 2006), die Idee der Polis (vgl. Fach 2004, 197) oder – angesichts der heutigen Heterogenität und Mobilität – der Parapolis (vgl. Terkessidis 2015, 9) aufgreift. Hier klingt bereits das Konzept der *Commons* (vgl. Benkler 2006, 24; Stalder 2016, 245ff.; vgl. Kap. 3.2) mit an. Mit Kollaboration fragen wir nach der umfassenderen Gestaltung eines von gemeinschaftlichen Verfahren. Dazu gehört auch die Transparentmachung und Aushandlung von Machtverhältnissen. Im Abgleich zu Partizipation meint Kollaboration also ein umfassendes Zusammenarbeiten an den sozialen, künstlerischen, politischen und unternehmerischen Aspekten eines Projekts oder einer Aufgabe in der komplexen Verwobenheit aller AkteurInnen.

Kollaboration | Kollektiv

In der Frage nach aktuellen Konzepten der *Kollaboration* im digitalen Kontext ist auch der Begriff des *Kollektivs* wichtig. Wie die lexikalische Definition aufzeigt, gibt es bei den Begriffen *Kollaboration* und *Kollektiv* Überschneidungen in Hinsicht auf die Arbeitsform der Zusammenarbeit:

„**Kollektiv, das; […] a)** *Gruppe, in der Menschen in einer Gemeinschaft zusammenleben;* **b)** *Gruppe, in der Menschen zusammenarbeiten; Team: solche Aufgaben lassen sich am besten im Kollektiv bewältigen.* **2.** *[russisch kollektiv] (in sozialistischen Staaten übliche) von gemeinsamen Zielvorstellungen und Überzeugungen getragene Arbeits- oder Produktionsgemeinschaft." (Duden 2015)*

Auch hier deutet sich an, dass in einem aktuellen Konzept von *Kollaboration* wesentliche Inhalte des Verständnisses von *kollektiv* mitschwingen, zugleich *Kollaboration* dennoch kein Synonym von *Kollektiv* ist. Mit *Kollektiv* sind vielmehr gemeinschaftliche Konzepte in einer politischen Dimension (Lind 2007a, 387f.) gemeint. In der lexikalischen Definition werden ein sozialistisch-gemeinschaftliches Zusammenleben sowie ideologisch ausgerichteten Formen von kollektiven Lebens- und Produktionsweisen genannt. Dieses Verständnis, das stark an kollektive Lebensentwürfe von Ideologien des 20. Jahrhunderts geprägt ist, befindet sich im Wandel. Holly Crawford, die sich in ihrer Doppelrolle als Kunsthistorikerin und Künstlerin mit der Publikation *Artistic Bedfellows* (2008) dem Trend künstlerischer *Kollaboration* widmet, markiert für die Zeit seit den 1990er Jahren eine deutliche Abgrenzung von einerseits neueren künstlerischen *Kollaborationen* und den unter dem Begriff *Kollektiv* erfassten künstlerischen Ansätzen. „Now it [gemeint ist das Konzept bzw. die Arbeitsweise der „Collaboration", Anm. der Verfasserin] has taken on a much more positive meaning, as it has replaced the word ›collective‹" [Hervorhebungen im Original] (Crawford 2008, ixf.). Der Begriff *Kollaboration* löst im ausgehenden 20. Jahrhundert den Begriff des *Kollektivs* in Teilen ab, weil sich die Zusammenschlüsse und deren Grundverständnis ändern (vgl. hierzu Kapitel 3.4).

3.1.4 Fazit – Von der ›Kollaboration‹ zur Kollaboration

Als Resümee der ersten Begriffsexploration zu Kollaboration ist herauszustellen, dass sich neue Phänomene der Gemeinschaftlichkeit und der Zusammenarbeit zeigen, die unter *Kollaboration* begrifflich gefasst werden können, wobei das tradierte negative Verständnis von ›Kollaboration‹ verlassen wird. Die herausgearbeitete neue Semantik von Kollaboration entspricht nicht mehr der lexikalischen Definition der Zusammenarbeit mit dem Feind. Ausgehend von der geleisteten Begriffsarbeit werden Umrisse und deutliche Trends in Richtung erweiterter Formen von Kollaboration deutlich, die für die weiterführende Exploration wichtig sind. Kollaboration ist, so konnte bis hier herausgestellt werden, weder als die neutrale, reine Mitarbeit in klassischen Arbeitssituationen zu verstehen, noch als die Zusammenarbeit mit dem Feind. Kollaboration meint Zusammenarbeitsform in und an Projekten, Ideen in komplex verwobenen Situationen im digitalen Kontext, die ein Versprechen an die Zukunft darstellen: Wir entwickeln im Tun neue gemeinschaftliche Praktiken der Demokratie, der Mitgestaltung, der Kreativität. Diese Phänomene der Kollaboration werden durch die Praktiken im Netz neu sichtbar und auffällig. Der Begriff Kollaboration bringt für die erweiterten und neuen Formen der Gemeinschaftlichkeit die nötige Offenheit mit, um die neuen Perspektiven zu beschreiben. In diesem Sinne bestätigt sich die Entscheidung für den Begriff *Kollaboration* als Basis für die vorliegende Forschungsarbeit in Abgrenzung zu *Kooperation*, *Kollektiv* oder *Partizipation*. Mit den bis hier erarbeiteten begrifflichen Sensibilisierungen heißt es nun, den impliziten Praktiken der *Kollaboration* in den weiteren Explorationsfeldern nachzugehen.

„Welche Existenz aus dieser Technik emportauchen wird, ist schon deshalb noch nicht abzusehen, weil es bei dieser Technik kein Subjekt gibt (keinen ›Autor‹), sondern nur ein vernetztes Projizieren, so daß das Wort ›Existenz‹ eine Bedeutung gewinnt, die wir erst zu ahnen beginnen. Wir werden anders ›da sein‹." (Flusser 1998, 144)

3.2 Neue Gemeinschaftlichkeit in der digitalen Medienkultur

Phänomene der Kollaboration und die damit verbundenen neuen Konzepte von Gemeinschaftlichkeit, Interaktion und Beteiligung formieren sich maßgeblich im Kontext digitaler Medienkultur. Wie in den Kapiteln zuvor bereits beschrieben, zeigen sich erweiterte Bedingungen der Kollaboration im Fokus auf die digitale Medienkultur auf unterschiedliche Weisen. Spezifisch katalysieren die digitalen Ströme erweiterte, neue sehr komplexe Formate von Kollaboration.
Die Folgen digitaler Medienkultur werden von Jean-Francois Lyotards in der vorausschauenden Ermittlung des postmodernen Wissens bezeichnender Weise wie folgt beschrieben: „Die Auswirkungen dieser technologischen Transformation auf das Wissen scheint erheblich sein zu müssen" (Lyotard 1986, 21). Aktuell bewahrheitet sich, dass sich die Bedingungen der Weitergabe von Wissen grundlegend verschoben haben. Damit einher gehen Transformationen von Machtverhältnissen in Bezug auf Wissensproduktion und -rezeption. Diese Veränderungen sind katalysiert durch die geänderten kulturellen Praktiken in der digitalen Medienkultur. Mit Informations- und Kommunikationstechnologien ist es möglich, in neuen Formen an Wissen interpretativ, kommentierend, bewertend und gestaltend teilzuhaben. Hierarchiearme Netzwerke versammeln unzählige Gemeinschaften von AkteurInnen. Für diesen kulturellen Wandel in Richtung kollaborativer, mediengestützter Interaktionsprozesse steht die Vielzahl an AkteurInnen, welche sich täglich wachsend in komplexen, sozialen Netzen, im digitalen Raum mittels neuer Technologien bewegen und darin respektive damit kommunizieren. Die digitalen Technologien können dabei nicht mehr als neu bezeichnet

werden (vgl. Wachtler 2016, 11; Meyer 2002, 13). Vielmehr bildet das Digitale eine grundlegende Basis, die insofern als Kultur beschrieben wird. Ihre Beschaffenheit wird nicht nur im Kontext der (Kunst-)Pädagogik mit vielfältigen Begriffen wie „neue Formen der Kommunikation“ (Brenne et al. 2012, 9), „Medienkultur“ (Brenne et al. 2012, 9), „digitale Medien“ (vgl. Wachtler et al. 2016) oder auch mit dem älteren Schlagwort „Neue Medien“ (vgl. Peez 2008, 102; Münte-Goussar 2008, 182; Meyer 2002, 13) beschrieben. Der Begriff der digitalen Medienkultur lässt sich mit der Theorie der „nächsten Gesellschaft“[13] (Baecker 2007, 7) des Soziologen Dirk Baecker fassen. Dominiert wird die Gesellschaft von der Einführung des neuen Verbreitungs- und Kommunikationsmediums des Computers (vgl. Baecker 2007, 7). Baecker beschreibt mit Rückbezug auf Luhmann eine extreme Situation, welche die *nächste Gesellschaft* kennzeichnet. Er zeigt auf, dass

> *„das Problem des Verweisungsüberschusses von Sinn der nächsten Gesellschaft [...] nicht mehr nur der Referenzüberschuss der Sprache (Verweise auf Abwesendes), der Symbolüberschuss der Schrift (Verweise auf Vergangenheit und Zukunft) und der Kritiküberschuss des Buchdrucks (Verweise auf jederzeit intervenierende Beobachtung zweiter Ordnung), sondern ein Kontrollüberschuss [sei], der dadurch entsteht, dass zunehmend jede denkbare Kommunikation mit Eingaben an und Ausgaben durch Maschinen kombiniert werden kann, deren Datenspeicher, Vernetzung und Algorithmen [...] einerseits undurchschaubar und unter der Bedingung der Beteiligung der Maschinen an Kommunikation anderseits nicht ohne Weiteres ablehnbar ist.“ (Baecker 2016, 13)*

Ausgehend von dem Verständnis der *nächsten Gesellschaft* (Baecker 2007, 7) werden die daraus erwachsenden Auswirkungen erörtert. Kristin Klein und Konstanze Schütze attestieren der nächsten Gesellschaft eine „unbeherrschbare Komplexität“ (Klein/Schütze 2015, 164). Dabei sind allerdings keine „Horrorszenarien in der fernen Zukunft“ (vgl. Klein/Schütze 2015, 164) gemeint. Das Verständnis der nächsten Gesellschaft als einer durch und durch von der Computertechnologie geprägten Gesellschaft hat sich vom marginalisierten Trend zur umfassenden Konstitution der globalen Gesellschaft gewandelt. Man bedenke: Ausführungen zum Digitalen wurden einst als „hippe Techno-Philosophie“ (Buchmann 1995, 80) abgestempelt. Im Sinne dieses umfassenden Wandels, in dem wir uns nun befinden, beschreibt Buchmann:

13 In Anlehnung an Peter F. Druckers „The Next Society“ (2001).

„Obwohl die Schriften von Jean Baudrillard, Jean-François Lyotard, Paul Virilio, Friedrich Kittler, Norbert Bolz, Vilém Flusser u.v.a. bestimmt nicht mehr die heißeste Theorieware sind, als die sie vielleicht einmal gehandelt wurden, haben sie doch ein gesellschaftliches (Vor-)Bewußtsein mitgeschaffen, das die Bedeutung der ›neuen Technologien‹ in einem absoluten Sinn begreift" (Buchmann 19995, 80).

Die digitale Medienkultur ist folglich die *absolute* Grundbedingung für die hier explorierten Phänomene der Kollaboration, insofern als aus diesem Kontext des neuen Verbreitungsmediums eine Vielzahl an umfassenden „kollaborativen, verteilten soziotechnischen Praktiken" (Koenig 2013, 3) emergieren. Wie mit Bildern vom „Mittendrin" (Klein/Schütze 2015, 164) oder dem „Fisch im Wasser" (Meyer 2014, 151) deutlich wird, handelt es sich bei Kollaboration im Kontext der *nächsten Gesellschaft* nicht um eine spezifische Handlungsform, die *auf* die digitale Konstitution reagiert. Kollaboration stellt vielmehr ein Agieren *innerhalb* dieser Komplexität und Pluralität digitaler Praktiken dar. Drei Dimensionen von Formen der Kollaboration (vgl. Vorannahme; Kapitel 2.3) in diesem digitalen Kontext werden dabei für die Exploration hier relevant und im Folgenden analysiert: Es wird aufgezeigt, dass Kollaboration einerseits als neue Regierungspraxis in der nächsten Gesellschaft dient, die Verschiebungen von Machtverhältnissen mit sich bringt (vgl. Kapitel 3.2.1). Zudem taucht Kollaboration im Trend des Sharing auf und steht für Bestrebungen einer gerechten Ressourcenverteilung und einem friedlichen Miteinander (vgl. Kapitel 3.2.2). In einem größeren Ordnungsrahmen wird Kollaboration als Grundlage für *Commons* beschrieben, mit denen eie neue Form der Gestaltung von Gemeinschaftlichkeit und Regierungspraxis in der digitalen Gesellschaft aufgezeigt wird (vgl. Kap. 3.2.3).

3.2.1 Kollaboration als Praxis der nächsten Gesellschaft

Die *nächste Gesellschaft* katalysiert neue Formen und spezifische Praktiken in der Gesellschaft des Computers, die als kollaborativ bezeichnet werden. André Reichel denkt neue ökonomische Strukturen ausgehend von Dirk Baeckers Überlegungen zur *nächsten Gesellschaft* als Netzwerk. Neue Formen der Arbeit, so zeigt er auf, sind dabei in Netzwerken durchweg als kollaborativ zu verstehen. Diese kollaborativen Praktiken der Wertschöpfung im Netzwerk kennzeichnet Reichel als heterarchisch, ko-kreativ, mobil und situativ:

„Der Bezug eines solchen heterarchen und ko-kreativen Netzwerks zum Produkt ist dann nicht in erster Linie die Frage nach dem Geschäft, sondern die Frage nach der Problemlösung. Die Antwort darauf motiviert erst die Teilnehmenden im Netzwerk mitzumachen und das Produkt, verstanden als Problemlösung, ko-kreativ zu erzeugen." (Reichel 2016)

Ökonomisches Handeln wird als Kollaboration ausgehend von der Problemlösung gedacht.

„In Netzwerken wird dann wiederum Arbeit anders gedacht, nämlich als durch und durch kollaboratives Unterfangen, im Rahmen dessen nicht einfach Technologien und Verfahren Anwendung finden, sondern Neuerungen technischer und sozialer Art in den Mittelpunkt rücken. Mit sozialen Innovationen sind dabei Neuerungen in sozialen Praktiken gemeint, die Zerstörung alter Gewohnheiten und die Erzeugung neuer Gewohnheiten – im Umgang miteinander, mit Produkten, mit Technologien. Der Gedanke des Sharing ist z. B. eine aktuelle Grundlage für vielfältige soziale Innovationen. Mit diesen Veränderungen lassen sich auch Vergleiche anstellen zwischen Unternehmen, die sich der Digitalisierung und Vernetzung stellen und solchen, die sich bislang eher verweigern." (vgl. Reichel 2016)

In der *nächsten Gesellschaft* erfolgt eine umfassende Veränderung der Gestaltung von Gemeinschaft. Sie schafft ein Vielfaches an komplexen Situationen im Miteinander, in denen Kollaboration eine wesentliche Praxis darstellt und als Fähigkeit vorausgesetzt wird. Kollaboration wird zum maßgeblichen Wissens- und Teilhabeverfahren. Christoph Koenig spricht in diesem Zusammenhang von soziotechnischen, kollaborativen Praktiken (vgl. Koenig 2013, 3). Diese neuen gemeinschaftlichen Logiken ökonomischer Kollaboration stellen neben den Gefahren der neoliberalen Vereinnahmung und Gouvernementalitätspraktiken, die das Individuum drohen auszubeuten, viele positive Strategien zur Verfügung, die kreative Problemlösungen und Gestaltung von Miteinander in pluralen Welten anbieten. Kollaboration als umfassendes Verfahren stellt zugleich tradierte Strukturen von Unternehmen, bekannte Arbeitsabläufe und -organisationen sowie deren Werte in Frage, wenn etwa mit *Sharing*-Prinzipien eine langfristigere Produktkultur entsteht oder wenn mit *Commons* die Führung der Institutionen von *bottom up* gedacht wird und Beteiligung sonst ausgegrenzter AkteurInnen angestrebt wird. Diese Prinizipen sind konträr Grundlagen des liberalen Kapitalismus. Die Praktiken der Kollaboration gilt es, intensiv kennenzulernen, insofern als sie in der Ausdifferenzierung der digitalen Medienkultur aktuell besonders wichtig wird.

3.2.2 Sharing – Allmende als neue Kollaboration

In den letzten Jahren wird der Begriff Kollaboration im Rahmen des *Sharing* verwendet. Sharing ist ein soziales und ökonomisches Prinzip. Der *Sharing*-Begriff wurde dabei von der Wirtschaft aufgegriffen und im Kontext der *New Economy* definiert (vgl. hierzu Schneider 2006; Laudenbach 2008; Herring 2010; Duden 2001). Der Begriff der *Sharing Economy* kann, so Oliver Bendel, für „das Teilen von Informationen und Wissen verwendet" (vgl. Bendel 2016) werden. Die neuen Dienstleistungen und ökonomischen Praktiken markieren darüber hinaus ein wirtschaftliches Miteinander und kollaborative Strategien, die digital bedingt sind und dem Wettbewerb eindeutig eine soziale Komponente an die Seite stellen.
Der Trend des *Sharing* geht über das wirtschaftliche Feld hinaus und umfasst Möglichkeiten der Gestaltung von Gemeinschaftlichkeit auf Basis sozialer, digitaler Vernetzung. In Abkehr von einem durchgehenden Optimierungsgedanken ökonomischer Prägung und im Sinne eines ressourcenschonenden Handelns entwickeln sich Modelle des Teilens, die abseits von dem Ziel der Gewinnmaximierung den Wert des freien Teilens an sich hochhalten und die Motivation des Allmende-Systems nutzen. Basierend auf dem Gedanken gegenseitigen Helfens werden *Sharing*-Plattformen errichtet, in denen man Haushaltsgegenstände, Werkstätten, Fertigkeiten, Büroplätze oder Autos teilen kann. So entstehen in den letzten Jahren zunehmend *Sharing Communities*, die den nachbarschaftliche Austausch von Geräten befördern, so über die Plattform *Pumpipumpe* (vgl. Utopia.de 2014) oder die Erzeugung und den Vertrieb ressourcenschonender Nahrungsmittel in FoodCoops organisieren.[14] „In den vergangenen zehn Jahren gab es zahlreiche Entwicklungen, die Bedingungen schufen, in denen sich neue Praktiken entfalten konnten und die Rolle des sozialen Zusammenhalts und des Teilens neu gesehen werden" (Sützl et al. 2012, 11). Das Teilen tritt dabei als ein besonderes Phänomen der nächsten Gesellschaft hervor, Volker Grassmuck spricht gar von einem „*Sharing Turn*" (vgl. Grassmuck 2012, 17), dennoch stellen Sützl et al. heraus: „Klar ist indessen, dass das Teilen als grundlegendes Sozialverhalten erneutes Interesse auf sich zieht und sich dabei Perspektiven der menschlichen Kultur und Geschichte sowie verschiedene Dynamiken der Gegenwart auftun, die weit über den digitalen Bereich hinausgehen" (Sützl et al. 2012, 11). Das *Sharing* kann als Teil einer Sehnsucht nach Gemeinschaft und geteiltem Leben angesehen werden. Trotz der pluralisierten Lebensweltgefüge – innerhalb der globalen, individualisierten Welt – in denen wir uns bewegen, entsteht aus den Lebensbedingungen in

14 Beispielhaft können hier die Projekte *Kleiderkreisel*, eine Plattform für Kleidertausch, die *Nippeser Dingfabrik*, eine Werkstatt in Köln-Nippes, in der Werkzeuge und Fähigkeiten ausgetauscht werden können, die Plattform Pumpipumpi, ein Netzwerk mit Markierungsoptionen für den Austausch alltäglicher Gebrauchsgegenstände in regionalen Nachbarschaften und *Cambio Carsharing*, ein Unternehmensnetzwerk zum gemeinsamen Nutzen einer Fahrzeugflotte, genannt werden.

der *nächsten Gesellschaft* die Frage nach neuen Vertrauens- oder Nachbarschaftsstrukturen. Der Soziologe Reinhard Kreissl beschreibt im *Glossar der Gegenwart* Beweggründe für das „Wiederaufleben kommunitärer Orientierungen" (Kreissl 2004, 38). In Bezugnahme auf Richard Sennett und Nikolas Rose postuliert Kreissl, dass das Revival der Teilhabe aneinander „mit dem Zerfall der modernen Öffentlichkeit und dem Tod des Sozialen in Verbindung" zu bringen sei. Volker Grassmuck teilt Jeremy Rifkins euphorische Sichtweise, der im *Sharing* beispielsweise die Grundlage für eine nächste industrielle Revolution sieht (vgl. Grassmuck 2012, 18). Die Merkmale neuer Zusammenarbeit innerhalb der Transformation der Ökonomie erreichen laut Rifkin gar die Stufe einer kollaborativen Revolution (vgl. Bauchmüller 2011; Rifkin 2011).

Der Begriff Kollaboration ist dabei im *Sharing* ebenso wie in der *New Economy* eine Beschreibung unterschiedlicher neuer Arbeitspraktiken in komplexen Netzwerken. Die digitale Vernetzung bringt ein extrem kollaboratives Angebot an Mitteilungsmöglichkeiten mit sich. Faßler spricht von „veränderte[m], kooperative[m], erzeugende[m] Beitragen" (Faßler 2012, 158).

3.2.3 Kollaboratives Produzieren und Kreieren in Commons

Kollaboration knüpft, wie bisher erörtert wurde, aktuell an *Sharing*-Prinzipien und die sogenannte *Sharing Economy* an und spielt darin eine wesentliche Rolle. Mit den neuen Prinzipien des gemeinschaftlichen Wirtschaftens tut sich ein Wertewandel auf, der tradierte Rollen von Produktion und Konsum durch Kollaboration aufsprengt und die Zusammenarbeit aller AkteurInnen beider Seiten wesentliches Handlungsprinzip ist. Der Jurist Yochai Benkler[15], dessen Forschungsfokus auf der geteilten Bewirtschaftung und Nutzung von Besitz sowie ideellen Ressourcen im Rahmen des Netzwerks liegt, postuliert in seinem Buch *The Wealth of Network* (2006) neue Rahmenbedingungen von Gemeinschaftlichkeit im globalen Netz. Den Handlungspraktiken sind dabei insbesondere kollaborative Merkmale inhärent:

> *„A series of changes in the technologies, economic organization, and social practices of production in this environment has created new opportunities for how we make and exchange information, knowledge, and culture. These changes have increased the role of nonmarket and nonproprietary production, both by individuals alone and by cooperative efforts in a wide range of loosely or tightly woven collaborations. These newly emerging practices have seen remarkable success in areas as diverse as software*

15 Mein Dank gilt an dieser Stelle Wey-Han Tan (Universität Hamburg), der mich im Rahmen des Forschungskolloquiums bei Torsten Meyer auf Benklers Theorien gestoßen hat.

development and investigative reporting, avantgarde video and multiplayer online games. Together, they hint at the emergence of a new information environment, one in which individuals are free to take a more active role than was possible in the industrial information economy of the twentieth century. This new freedom holds great practical promise: as a dimension of individual freedom; as a platform for better democratic participation; as a medium to foster a more critical and self-reflective culture; and, in an increasingly information-dependent global economy, as a mechanism to achieve improvements in human development everywhere." (Benkler 2006, 4)

In der digitalen Medienkultur werden mit geteilten Informationen und dem geteilten Wissen im Netz neue Bereiche der Zusammenarbeit zu Wissen und Waren generiert. Benkler zeigt hierbei besonders die Transformation hin zu nichtkommerziellen Produktionszusammenhängen und der damit verbundenen Emergenz von losen wie festeren Kollaborationen innerhalb von Produktionszusammenhängen auf. Die digitale Medienkultur macht neue gemeinschaftliche Formen zum Teil erst möglich und zugleich besonders sichtbar. Als übergeordnetes Prinzip der kollaborativen Praktiken schlägt Benkler so genannte *Commons* (Benkler 2006, 24; Stalder 2016, 245ff.) vor. Die *Commons* sind selbstorganisierte Zusammenarbeitsformen, die weder marktwirtschaftliche noch staatlich-administrative Ziele verfolgen. Felix Stalder beschreibt in Anlehung an Benkler Commons als neuartige „gemeinschaftliche Formationen" (Stalder 2016, 246) in der transformierten digitalen Medienkultur. Was sind Commons? „Grundsätzlich Gleichberechtigte schließen sich freiwillig zusammen, um gemeinsame Ziele zu verfolgen" (Stalder 2016, 246). Die neuen Werte in dieser Gemeinschaftsform unterscheiden sich von „marktorientierten Institutionen" (Stalder 2016, 247) und „Bürokratien"(Stalder 2016, 247), sondern betonen das gemeinschaftliche Besitzen, das gemeinsame „herstellen, nutzen und pflegen [der Ressourcen]" (Stalder 2016, 246). „Teilen ist das neue Besitzen" (vgl. Fiedler 2013). Diese Phänomene emergieren, so Benkler, vor der Folie einer neuen Informations- oder Wissensumgebung (Benkler 2006, 4). Das Teilen, die kollaborative Produktion oder auch das Konsumieren im Netz geschieht im Rahmen eines neuen geteilten Wissens, das erst durch die Digitalisierung möglich wird. Benkler zufolge werden im ökonomischen Feld durch die Strukturen und Strategien der digitalen Vernetzung neue Modelle erzeugt, die verstärkt Teilhabe- und Beteiligungskulturen sowie -praktiken ermöglichen. In diesem Rahmen werden Begriffe wie *Sharing*, *Shareconomy*, *Prosuming* oder *Collaborative Consumption* katalysiert – Begriffe, an welche sich auch neue Hoffnungen auf Perspektiven von Freiheit, Autonomie, Antidiskriminierung und Demokratiegestaltung knüpfen.

Zugleich zeichnen sich die Kehrseiten der scheinbar gemeinschaftlichen Strukturen der globalen, liberalen Märkte ab. Mit Firmen wie *Airbnb* werden mit vermeintlich auf Gemeinschaftlichkeit beruhenden geteilte Unternehmungen Werte erwirtschaftet, die als finanzieller Gewinn einer rein neoliberalen Wachstumsstrategie entsprechen und deren Gewinn nur Wenigen zugutekommen, also nicht gerecht mit den TeilhaberInnen der Gemeinschaft ausgeschüttet werden. Es wird sich dabei nicht um ein Gemeinwohl gekümmert. *Airbnb* funktioniert demnach nicht nach dem Prinzip der Commons.

Andere Unternehmensstrategien beruhen komplett auf den Formen der Teilhabe wie dem *Prosuming*. Hierbei werden Verfahren der kollaborativen Produktentwicklung generiert, die auch in der Bildenden Kunst Anwendung finden (vgl. Nakajima 2011). Die Sozialwirtin Heidemarie Hanekop und der Soziologe Volker Wittke analysieren, dass sich *Prosuming* an den Formen der „Selbstbedienung im Internet" und der „Aktivierung des Konsumenten" (Hanekop/Wittke 2010, 101) festmachen lässt. „Der Kunde ist in den vom Unternehmen organisierten (webbasierten) Prozeß der Leistungserstellung eingebunden." (Hanekop/ Wittke 2010, 101). Ein Beispiel ist der T-Shirt-Hersteller *Spreadshirt*, ein Unternehmen, das Kollaboration in Form von „Co-Design" und „Co-Produktion" (Blättel-Mink 2010, 7) betreibt. Das Unternehmen aus Leipzig verkauft T-Shirts, Pullover und andere Basic-Bekleidungsteile, deren Aufdruck individuell von KundInnen gestaltet wird. Letztere werden aktiv am Design-Prozess und am Profit beteiligt, zudem können sie ähnlich wie bei einem Franchise-Verfahren einen Online-Shop innerhalb von *Spreadshirt* eröffnen und eigene Designs über die Plattform verkaufen. Zwar folgt das Prosuming nicht in allen Merkmalen der Definition der Commons, ist aber insofern eine sichtbare Kollaboration, die auch eine kollaborative Ästhetik sichtbar macht, insofern als die Gestaltung der Vielen honoriert wird indem sich dem Prinzip der genialen Überhöhung einzelner Super-T-Shirt-Marken widersetzt wird.

3.2.4 Fazit zu 3.2 – Kollaboration in Commons der digitalen Gesellschaft

Mit der Exploration zu Praktiken der Kollaboration im Bereich der digitalen Medienkultur wird deutlich, wie sehr diese bestimmend für neue Formen der Gemeinschaftlichkeit ist. Neue komplexe Formen der Kollaboration werden sichtbar, die besonders in wirtschaftlichen Zusammenhängen hervorstechen und auf die Kunst wesentlichen Einfluss nehmen. Denkt man die hier vorgestellten kurzen Analysen zu kollaborativen Praktiken in den Konzepten von *Sharing*, *Commons* und *Prosuming* in Bezug zum Bildungsbereich und die Kunstpädagogik weiter, wird bestehende Lern- und Bildungskultur in der Ausrichtung auf das Individuum und der fehlenden Ausgestaltung gemeinschaftlicher Prozesse in Frage gestellt.

Die Institution Schule, soviel wird deutlich, ist diesem kollaborativen Handeln nicht gewachsen. Sie steht vielmehr in einem extremen Kontrast zu dem, was Reichel als kollaboratives Unterfangen benennt. Man bedenke beispielsweise die aktuelle Betonung des individuellen Lernens und die hierarchischen, intransparenten Strukturen des Systems der Schulverwaltung, die noch lange keine Prosuming- oder Sharingstrategien für die Ausgestaltung von Unterricht oder die Zusammenarbeit verschiedener Schulformen flächendeckend und strukturell verankert aufgreifen geschweige denn an die Gestaltung von Commons denken. Insofern gestaltet sich der Wunsch nach einer Digitalisierung der Bildungslandschaft als ein widersprüchliches Unterfangen, wenn sich mit den kollaborativen Strategien der digitalen Medienkulturen Praktiken etablieren, die einem Großteil des Apparats der Bildungsexekutive entgegenstehen.

Schule bietet als Institution, die sehr viele unterschiedliche Menschen zusammenbringt, viel Angriffsfläche, da sie Hierarchisch organisiert ist, aber zugleich das Potential für die Erprobung und Neugestaltung von gemeinschaftlichen Praktiken. Zukünftiger Kunstunterricht könnte nicht nur die Beispiele des *kollaborativen Prosuming* (vgl. Heil 2015) oder des *participatory design* (vgl. Armstrong/Stojmirovic 2011) aufgreifen, um sie im Unterricht in Produktion und Reflexion als Handlungsprinzip zu implementieren. Vielmehr ginge es im Sinne des durchkreuzenden Prinzips der Kollaboration darum, Situationen der Kunstdidaktik zu schaffen, in denen kollaborative Wissensproduktion mit allen Beteiligten tatsächlich aktiv betrieben wird. Es ist eine Chance, den digitalen Bewegungen zu folgen, als in diesem Paradigma Lernen und Lehren als komplexes Netzwerk und als Zusammenarbeit verstanden werden kann und darf.

3.3 Erkenntnistheoretische Perspektiven auf Kollaboration

Die Grundfesten, anhand derer Organisation und das Verständnis von menschlichem Wissen und Erkenntnis bisher erklärt wurden, wanken. Jean-François Lyotard weist bereits vor der globalen Ausweitung des digitalen Netzes mit dem Konzept des „postmodernen Wissens" (vgl. Lyotard 1986) auf immense Veränderungen hin, die das Digitale mit sich bringen werden: „Die Auswirkungen dieser technologischen Transformation auf das Wissen scheint erheblich sein zu müssen" (Lyotard 1986, 21). Neu und kollaborativ ist, dass das Wissen „frei verfügbar[...]" (Ernst 2001, 26) ist. Dieser neue Zugang stellt bekannte Grenzen in Frage und bringt neue Zusammenhänge und ein neues Miteinander an die Oberfläche. Die philosophisch-wissenschaftliche Auseinandersetzung mit Phänomenen der Kollaboration in der Kondition des postmodernen Wissens (vgl. Lyotard 1986) lässt sich über verschiedene erkenntnistheoretische und philosophische Teilbereiche skizzieren. Eine Reihe erkenntnistheoretischer Positionen beleuchtet Kollaboration, greift mit unterschiedlichen Begriffsverwendungen – Kollektiv, Kollaboration, Kooperation, Miteinander – das Thema „Zusammenarbeit" im aktuellen Kontext auf und verdeutlicht seine gesteigerte Relevanz. Gleichzeitig unterliegt das Kollaborative einer Marginalisierung angesichts eines Vormarschs des „Besonderen", der „Singularitäten" und der „Vereinzelung" (Reckwitz 2018, 8ff.). Richard Sennett merkt an,

dass die „Kooperationsfähigkeit der Menschen [...] weitaus größer und komplexer [ist], als die Institutionen dies zulassen“ (Sennett 2012, 49). Er zeigt die Notwendigkeit auf, dieser „Dequalifizierung“ (Sennett 2012, 22) von Zusammenarbeit entgegenzutreten.
Innerhalb der Exploration zu Kollaboration im Rahmen dieser Forschungsarbeit wird eine Auswahl[16] an Positionen und Theorien aus diesem Bereich essentiell. Die Überlegungen hierzu gliedern sich entlang folgender Bereiche: Der erste Blick richtet sich auf die Emergenz des Themas Kollaboration und die damit verbundene Tropenfülle in theoretischen Texten, die das Thema neuer Vernetzung und Zusammenarbeit aufgreifen (vgl. Kapitel 3.3.1). Es folgt ein Exkurs zur kollaborativen Grundkondition des Menschen (vgl. 3.3.2). Desweiteren inspirieren die Ideen des Philosophen Jean-Luc Nancy, der neue Denkfiguren für ein Miteinandersein individualisierter Menschen in der pluralisierten Welt entwirft (vgl. 3.3.3). Seine Überlegungen stützen die hier aufgestellte These, dass eine Marginalisierung von Kollaboration vorherrscht. Mit dem Philosophen Pierre Lévy (vgl. 3.3.4) begegnen wir einer euphorischen Theorie zur kollektiven Intelligenz des digitalen Raumes und des geteilten Wissens sowie zu den Auswirkungen des Cyberspace auf Soziales, Ästhetik, Politik und das Bildungssystem. In der Auseinandersetzung mit Lévy zeigen sich konkret Verfahren der Kollaboration in der virtuellen Welt. Hier knüpfen Ideen der Akteur-Netzwerk-Theorie Bruno Latours an. Auf Latours Überlegungen hinsichtlich einer neuen Wissenschaftstheorie wird abschließend ein kurzer Blick geworfen (vgl. 3.3.5). Er zeigt ein neues Verständnis von Miteinander und von Kollaboration auf, indem er die Barriere der Moderne, die künstliche Trennung zwischen Natur und (Natur-) Wissenschaft, aufgehoben sehe möchte.

3.3.1 Emergente Kollaboration: Weben, Schwimmen, Surfen

In den Beschreibungen und Analysen der Emergenz neuer, kollaborativer Phänomene im Kontext der digitalen Kondition (vgl. Kapitel 3.2) in metatheoretischen Abhandlungen werden eine Vielzahl an Metaphern verwendet, welche die Fülle der Erscheinungen unterschiedlicher Formen und Konzepte von Kollaboration bildlich zu fassen versuchen. Neben den vielzähligen Raummetaphern, welche die virtuelle Sphäre, den Cyberspace bzw. die digitale Umgebung[17] seit den 1990ern zu umschreiben versuchen, zeichnen sich auch in einer breiten Perspektive auf Zusammenarbeit und Zusammensein vielfältige Kollaborationstropen ab.

16 Die Lesenden dieser Forschungsarbeit bitte ich dabei um Nachsicht ob der knappen Auswahl. Während des Forschungsprozesses emergieren allerorten Texte, darunter auch metatheoretische Abhandlungen, zum Thema neuer Zusammenarbeit. Daran zeigt sich, dass das Thema „Kollaboration“ Aktualität besitzt und der Gegenstand ein Desiderat ist. Angesichts der kunstpädagogischen Ausrichtung dieser Arbeit und aufgrund des begrenzten Rahmens der Forschungsarbeit kann nur eine Auswahl erfasst und untersucht werden.

17 Vgl. eine Vielzahl an Raummetaphern für die virtuelle Realität, u. a. Faßlers Begriff des sozialen Zusatzraumes für das Internet (FAßLER 1999, S. 49-74).

Mit der Entropie des Internets und den darin sich immer stärker abzeichnenden kollaborativen Wissenspraktiken werden beständig neue Begrifflichkeiten ins Spiel gebracht. *Netz, Relation, Konnektivismus, Kollektiv, Netzwerk, Camp, digitale Allmende, Schwarm* – diese Schlagworte zeugen beispielhaft von einer Suche nach passenden Bezeichnungen der juvenilen Phänomene neuer Konglomerate, Vermischungen sowie hybrider Zusammenarbeit. Anhand von Bildern, Analogien und Tropen wird versucht, das neue Zusammensein im Hybrid des Analogen und Digitalen zu fassen.
Pierre Lévy spricht von der „kollektiven Intelligenz" des Cyberspace und macht für die zukünftige vernetzte Welt, für Lern- und Bildungsräume das Nomadische, das Mobile, das Camp zum Vorbild (vgl. Lévy 1997). Peter Kruse spricht in Bezug auf den kulturellen Wandel und kollaborative, mediengestützte Schaffensprozesse von der „ersten großen Völkerwanderung des digitalen Zeitalters" (Kruse/Raßdorfer 2010). Die Rhizom-Metapher von Deleuze und Guattari, die das hierarchische Baummodell der Wissensverwaltung ablöst, wird zum Modell für neue Organisationsformen von Wissensbeständen, für heterarchische Zugänge zu Wissen und für die vernetzte, verzweigte Kommunikation (vgl. Deleuze/Guattari 1977). Eine Fülle von nautischen Metaphern (vgl. Jungen 2010) tauchen in Bezug auf die komplexe Kommunikation im Internet und die Bewegungen in den neuen Wissensräumen auf und vergleichen die komplexen neuen Verbindungen mit den liquiden Bewegungen des Wassers und der scheinbaren Unendlichkeit der Meere. Peter Kruse spricht vom „Schwimmen" (Kruse/Rassdorfer 2010) im großen Datenstrom und grenzt sich vom Prinzip des Filterns ab. Eva Horn und Lucas Marco Gisi evozieren den Schwarm (vgl. Horn/Gisi 2009, 7) als Bild für aktuelle Wissensorganisation, der veränderten Lokalisierung von Intelligenz in den globalen Praktiken des Regierens und in hyperkomplexer Unternehmens- und Staatenführung. Latour wiederum bedient die Analogien des Webens, der Gewebetextur und des feinen Netzes (vgl. Latour 2008/1991), die sich ihrerseits an die Etymologie des Begriffs *Text – lateinisch texere*, was ‚weben' oder ‚knüpfen' bedeutet – anlehnen. Manfred Faßler beschreibt „granulare Zustände" (vgl. Faßler 2012), Mikroformate, die aus zerstreut kooperativen Strukturen bestehen. Mit Tomás Saracenos begehbaren Netzwerken und kollaborativ von unterschiedlichen Spinnen gewebten Netzen wird in der Kunst das Bild des Spinnennetzes aktiviert, welches in der Ausstellungssituation zu einem unmittelbaren, für Menschen begeh- und begreifbarem Netz wird (vgl. Keil 2014). Surfendes und nomadisches Navigieren in den digitalen Datenpools der Welt ersetzt das Verständnis von hermeneutisch-linearer und umfassender Datenauswertung, Ergebnissicherung und Wissenschaft.
Wie wir sehen, existieren eine ganze Reihe metaphorischer Wendungen für die Beschreibung aktueller Kollaboration. Die Metaphern stellen den Versuch dar, die hybriden, flüchtigen Bewegungen und mobilen Räume begrifflich zu fassen. Sowohl traditionelle Arbeitskontexte wie das Handwerk des Webens oder die Seefahrt, aber auch Bezugsrahmen aus der Natur sowie

Tier- und Pflanzenwelt werden bevorzugt als Quellgebiet für die metaphorische Erläuterung aktueller kollaborativer Phänomene im digitalen Kontext benutzt. Die Metaphernfülle und -vielfalt verdeutlicht, dass im aktuellen Kontext von Digitalisierung, Pluralität und Globalisierung ein neues Verständnis von Kollaboration entsteht, woraus wiederum eine neue und relevante Herausforderung für die konkrete Ausgestaltung dieses Miteinanders erwächst. Die Analyse zeigt den noch in der Schwebe befindlichen, suchenden Status in Bezug auf die kollaborativen Praktiken in diesem neuen Miteinander.

3.3.2 Kollaboration als menschliche Grundkondition

Zusammenarbeit und Mitarbeit unter Zuhilfenahme digitaler Werkzeuge stellen zwar in der Gestaltung globaler Kohorten eine Neuigkeit dar, an sich ist komplexe Zusammenarbeit jedoch keine neuartige menschliche Strategie, kein neues menschliches Werkzeug oder Verfahren. Die Fähigkeit zur Kollaboration wird als ein lange tradiertes und evolutionär bedingtes Verhalten des Menschen beschrieben. Jüngste Forschungsergebnisse wollen deutlich machen, wie sehr Zusammenarbeit als Arbeitsstrategie eine unverrückbare, menschliche Grundkondition ist. Der Anthropologe Michael Tomasello zeigt anhand seiner Vergleichsstudien zwischen Primaten und Menschen auf, dass Zusammenarbeit ontogenetisch als sehr frühes Bestreben im Menschen verankert ist (vgl. Haun/Rekers/Tomasello 2011; Tomasello/Hamann 2012). Neueren Studien des Max-Planck-Instituts für evolutionäre Anthropologie in Leipzig zeigen, dass Kinder sehr nach Zusammenarbeit streben und dass sie dieses Verhalten dem individuellen vereinzelten Handeln vorziehen. Die Motivation zu helfen und zusammenzuarbeiten sei bei Kindern – auch ohne das Vorbild der Eltern – von Grund auf angelegt und stark ausgeprägt (vgl. Tomasello/Siefer 2011, 18).

Zusammenarbeit kann demnach als eine Grundbedingung menschlichen Handelns betrachtet werden. Sie macht uns fähig, komplexe Problemlösungen anzuvisieren und wird als Strategie bereits im frühesten Kindheitsalter eingesetzt. Richard Sennet schlägt in Bezug auf diese menschliche Grundkondition die Brücke zu Eriksons These, „Kooperation [gehe] der Individuation voraus [...]“ (Sennett 2012, 27) vor. Eine solche Betonung von Kooperationsfähigkeit des Menschen stand lange nicht im Fokus der Forschung.

Ausgehend von diesen Erkenntnissen beschreibt Tomasello die globale, digital-vernetzte Gesellschaft als neue Herausforderung zur Kollaboration, in der neue Verfahren der Zusammenarbeit notwendig werden. (vgl. Tomasello/Siefer 2011, 18). Der Forscher und sein Team verdeutlichen, dass durch die Anforderung zur hochkomplexen Kollaboration eine Überforderung der bisher vom Menschen erarbeiteten Zusammenarbeitsstrategien entstehe. Tomasello betont in diesem Zusammenhang, dass die Idee der Überstaatlichkeit „noch sehr, sehr jung“ sei und es dauern werde, „bis sich Menschen geistig darauf eingestellt haben“

(Tomasello/Siefer 2011, 18). Die vielfältigen Formen aktueller Kollaboration in der digitalen Gesellschaft – kollaboratives Prosuming, Sharing, Wikis – lassen sich demnach als urmenschliches Bestreben verstehen (vgl. Grassmuck 2012, 18f.), machen jedoch im Kontext der digitalen Gesellschaft neue Verfahren von Kollaboration notwendig. Die Herausforderungen, die Kollaboration im komplexen globalen Kontext mit sich bringt, ist ein großes Lernfeld, ein Projekt und ein Desiderat. Für die Zukunft wird deutlich, dass für die extrem komplexen gesellschaftlichen Zusammenhänge (vgl. Tomasello/Siefer 2011) das Aushandeln und Entwickeln spezifischer kollaborativer Praktiken für das menschliche Sein notwendig sind.

3.3.3 Singularisierung in der Pluralisierung

Angesichts stark singularisierender Prozesse (vgl. Reckwitz 2018, 8) in der neokapitalistischen Gesellschaft steht im höchsten Maße zur Debatte, was Gemeinschaft angesichts der Überbetonung des Individuellen überhaupt bedeutet und ob sich Kollaboration tatsächlich als Wert in der pluralisierten Gesellschaft halten kann. Der Philosoph Jean-Luc Nancy beschäftigt sich mit der Ontologie der Gemeinschaft und zeigt aktuelle gemeinschaftliche Formen in der Welt des neuen Wissens und der Vereinzelung im Kontext der Idee subjektiver Konstruktionen von Wirklichkeit auf. Dabei verweist er emphatisch auf das Miteinander-Sein als Geheimnis menschlicher Verbindungen. Trotz oder gerade angesichts von Zeiten, in denen die Betonung auf individuell konstruiertem Sinn liegt, schafft er Grundlagen für eine Wir-Konzeption als Plädoyer für einen Gemeinsinn und damit gleichzeitig für einen Friedenssinn und gegen Ausgrenzung. Mit diesen theoretischen Konzeptionen stellt er zugleich praktische Ideen zur Debatte, wie Unterschiede und Vielheit im Pluralismus miteinander bzw. nebeneinander existieren können. Der herrschenden Hyperindividualisierung stellt er das Konzept des singulären Pluralseins entgegen: „Das Sein kann nur als Mit-ein-ander-seiend sein, wobei es im Mit und als das Mit dieser singulär-pluralen Ko-Existenz zirkuliert“ (Nancy 2004, 21). Der Zirkulationsgedanke wird zum wesentlichen Bild für die neue Gemeinschaft. Nancy stellt dar, dass unser Ursprung bereits durch das Wir-Sein mit der Mutter während der Zeit der Schwangerschaft und dem Sein im Mutterleib ein Plural sei. Dennoch sei gemeinschaftliche Sein eine Koexistenz von einander fremden Individuen (vgl. Nancy 2004, 21). Zusammensein und sich Fremdsein sind Nancy folgend zugleich kennzeichnend für Gemeinschaft.

Mit Hilfe dieses Ansatzes macht sich Nancy auf die Suche nach Bedeutungskonstruktionen im Miteinander von Individuum und Gemeinschaft. Sinn entsteht ihm zufolge im neuen Kontext globaler Kollaboration anhand von Sinn-Zirkulation in Form einer beständigen Umkreisung als Bedeutungssuche. Dies passt als Beschreibung für ein aktuelles Konzept von Kollektiv und Gemeinschaft als einem komplexen Menschen-Maschinen-Konglomerat, das sich auszeichnet durch eine Gleichzeitigkeit zahlreicher Interaktionsperformances und eine

Potenzierung digitaler Berührungen. Nancys Zirkulation referiert auf Foucaults und Barthes Verständnis von Bedeutungskonstruktion. So wie ein einzelner Text immer eine Vielzahl andere Texte mit aufruft, referiert ein Mensch auf andere Menschen. Diese Wir-Erzeugung in der gleichzeitigen Weiterentwicklung individueller Konzepte beschreibt Nancy sehr passend für das aktuelle Geschehen kollaborativer Wissenspraktiken in der digitalen Kondition. Festzuhalten ist ein Denkmodell, das ein Miteinandersein im Pluralen nicht als Dualität – zwischen Fremdem und Ich – betrachtet und damit ein Miteinander der Diversität propagiert. Das Individuelle und das Pluralistische werden nicht in ihrer Polarität bemängelt, sondern ein Miteinander beider wird behauptet. In Anlehnung an Nancy kann Kollaboration als das Aushandeln dieses Miteinanders in der digitalen Gesellschaft verstanden werden, bei der das Wissen um gemeinschaftliche Prozesse aufgewertet und zugleich das Individuelle nicht abwertet oder ausblendet wird.

3.3.4 Visionen kollektiver Intelligenz

Dass die Aspekte des global vernetzten Handelns „in den nächsten Jahrzehnten noch mehr spürbar" (Lévy 1997, 7) werden würden, wie der französische Philosoph Pierre Lévy 1997 ankündigte, klingt aus Sicht der heutigen Alltagspraxis allgegenwärtiger Vernetzung und Zusammenarbeit via smarter Werkezuge, sozialer Medien und Online-Anwendungen schlicht untertrieben. Der Wandel erfolgt gegenwärtig dank der schier unendlich erscheinenden Möglichkeiten von Cloudcomputing, Big Data und kreativen Alltagspraxen im Internet. Im Jahr 2012 wurden insgesamt 1,3 Milliarden einzelne aktive Endgeräte im Netz gezählt (vgl. Howard 2015). Die Zahl der Menschen, die weltweit Zugang zum Internet hat, steigt beständig und rasant an (vgl. Löffler 2017). Lévy betont, dass „neue Techniken zur Kommunikation durch virtuelle Welten [...] die Frage nach den sozialen Bindungen neu [stellen]" (Lévy 1997, 11). Insbesondere hebt er hervor, dass mit diesem neuen Medium – er spricht 1997 meist noch vom Cyberspace – neue Aushandlungsprozesse zur Gestaltung von Gemeinschaft und Verwaltung anstehen. Durch die globale Vernetzung verändern sich menschliche Beziehungen eklatant. Es gelte dabei, eine kollektive Intelligenz zu gestalten und „uns als Gattung im Kollektiv zu erfinden" (ebd., 14).

Pierre Lévy definiert kollektive Intelligenz als eine,

> *„die überall verteilt ist, sich ununterbrochen ihren Wert erschafft, in Echtzeit koordiniert wird und Kompetenzen effektiv mobilisieren kann. Dazu kommt noch ein sehr wesentlicher Aspekt: Grundlage und Ziel der kollektiven Intelligenz ist gegenseitige Anerkennung und Bereicherung und nicht ein Kult um fetischisierte, sich verselbständigende Gemeinschaften." (ebd., 29)*

Diese liquide Verteilung des Wissens, die im Jetzt vollzogene beständige komplexe Kommunikation macht zugleich erforderlich, die Werte der Community neu festzulegen. Lévy betrachtet den Aufbruch in das digitale Zeitalter geradezu euphorisch und visionär. Blendet man jedoch die Tendenz zur esoterischen Affirmation digitaler Kultur aus, wird eine pragmatische Perspektive deutlich, mit welcher er gerade in Hinsicht auf die modernen menschenlos erscheinenden Institutionen und Industrien neue Ideen für das Zusammensein, Lernen und gemeinsames Leben im digitalen Kontext auslotet: „Die Koordination der Intelligenzen in Echtzeit erfordert Kommunikationsstrukturen, die ab einer gewissen rein quantitativen Grenze nur mittels digitaler Informationstechnologien aufgebaut werden können" (ebd., 30).

Lévy schlägt für eine solche kollektive Intelligenz spezifische Möglichkeitsräume – Ethik, Ökonomie, Technologie, Politik, Theologie und Ästhetik – vor, in denen er das Denkmodell der kollektiven Intelligenz durchspielt. Dabei macht der Blick vom Standpunkt der Kollektivität aus sichtbar, dass die einzelnen modernen Institutionen sowohl hierarchisch als auch auf stark voneinander getrennten Wegen agieren. Pierre Lévy kritisiert dieses in seinen Augen herkömmliche Denken in „Kategorien [von] voneinander getrennte[n] Institutionen, die obendrein die einzelnen Intelligenzen ersticken und trennen" (ebd., 14). Er spricht hingegen von der Chance, als Gesamtheit intelligent zu werden (vgl. ebd., 16), indem wir uns auf neue Art miteinander verbinden. Zu den elementaren Bedingungen einer kollektiven Intelligenz gehöre es, „Wissen allgemein zugänglich zu machen und alle anderen auf dieses Wissen auch hinzuweisen" (ebd., 16). Für dieses globale kollektive Wissen, die kollektive Intelligenz strebt Lévys ein „Jenseits der Sprache" (ebd., 15) an, „damit die Verarbeitung von Information [...] nicht länger als Privileg getrennter Organe bleibt, sondern sich auf natürliche Weise in alle menschlichen Aktivitäten integriert [...]" (ebd.).

Der pädagogische Bereich und die sozialen Berufe, die „Kohorten von Lehrern, Erziehern, Professoren, von in der Bildung Tätigen aller Art" (ebd., 50) geraten für Lévy im Cyberspace in die Position der „Kohlenschlepper" (ebd.) der heutigen Zeit, an deren Arbeitsfeld sich die Dichotomie zwischen disziplinierten, digital nicht vernetzten AkteurInnen in tradierten, hierarchischen Formen der Wissensweitergabe und der neuen, vernetzten Welt mit kollaborativer Wissensproduktion kaum kontrastreicher zeigen könnte. Im Wandel hin zu einer digitalen Wissenskultur nimmt die klassische Bildungsdomäne einen zunehmend marginalen Anteil an der Arbeit ein, in der es vielfach um harte Beziehungsarbeit im Direktdialog und beziehungsreiche komplexe Kommunikation zwischen körperlich anwesenden Menschen dreht. Im Abgleich zu dem Gros von digitalisierten Arbeitswelten, sind die sozialen Berufe in relativ großen Gruppen analog, körperlich präsent und treffen nah aufeinander, wodurch Reibungen in dieser Differenz entstehen. Am LehrerInnenmangel wird die Tendenz zur Marginalisierung dieser Arbeit besonders deutlich. Bildungsarbeit, so der Vorschlag Lévys im Angesicht dieser Herausfor-

derung, müsste im Rahmen der kollektiven Intelligenz in eine nomadische Form transformiert werden (vgl. ebd., 51). Er fordert die Berufsgruppen aus den sozialen Bereichen auf, sich nicht als festes Gefüge mit festem Auftrag zu sehen, sondern selbst zu Nomaden zu werden. Den neuen Nomaden – und das umfasst ausdrücklich auch die Schülerinnen und Schüler – sollen passierbare Räume eröffnet werden, was im Hinblick auf eine Pädagogik in der heterogenen oder migrantischen Gesellschaft einen konkreten Handlung- und evtl. Lösungsansatz darstellt. Daran gekoppelt fordert Lévy eine geänderte Perspektive auf Identitätskonzepte: Identität müsse als eine „dynamische, mutierende Subjektivität" (ebd., 51) betrachtet werden.
Konkrete Auswirkungen der kollektiven Intelligenz auf den künstlerischen Bereich stellt Lévy in Kapitel sechs heraus. Er äußert hierin die Vermutung, dass die Sprache ihre „Vorherrschaft" (ebd., 126) zugunsten anderer, wesentlich komplexerer Gefüge von Kommunikation verlieren werde. Damit einhergehend bringe der Cyberspace unmittelbar Folgen für die künstlerische Arbeit mit sich, die Lévy an drei Punkte festmacht: Erstens rücke der Rezipient ins Zentrum aller Kommunikationsprozesse (vgl. ebd., 127f.), eine Perspektive, die analog in den Grenzgängen der Bildenden Kunst seit Duchamp, Dada, und Fluxus zu beobachten ist, insbesondere aber seit den 1990er Jahren eine bedeutsamere Rolle spielt. Zweitens

> *„[verwischt] die Unterscheidung zwischen Autor und Leser, Produzent und Zuschauer, Schöpfer und Interpret [...] zugunsten eines Lese-Schreibe-Kontinuums, das bei den Entwicklern von Maschinen und Netzen beginnt und beim Empfänger endet, wobei jeder im Gegenzug die Aktion des anderen beeinflußt." (ebd., 128)*

Drittens „[verschwimmt] die Trennung zwischen Botschaft und *Werk*, das heißt jenem Mikroterritorium, das einem *Autor* zugewiesen wird [...]" [Hervorhebungen im Original] (ebd., 128). Lévy schlussfolgert daraus: „Es ist daher nur verständlich, daß sich das kreative Schaffen von den Botschaften hin zu den Dispositiven, Prozessen, Sprachen, dynamischen *Architekturen* und Umgebungen verlagert" [Hervorhebungen im Original] (ebd.). Mit Pierre Lévys Perspektive auf kollektive Intelligenz sticht das Geniekonzept umso deutlicher heraus und erscheint als ein Konzept, in der digitalen Kultur abgelöst werden kann von neuen „Kunstformen, bei denen die Trennung zwischen Sender und Empfänger, zwischen Herstellung und Interpretation nicht mehr gültig ist" (ebd., 129). Ziel des gegenwärtigen künstlerischen Arbeitens sei es, „eine Umgebung und Struktur für Kommunikation und Produktion zu schaffen, ein den Empfänger mit einschließendes kollektives Ereignis, das den Hermeneuten zum Handelnden macht und Interpretation und kollektive Aktion in einer Schleife verbindet" (ebd.). Diese Verschiebung der Fokussierung vom einzelnen Autorschaftsindividuum hin zur kollaborativen Urheberschaft, vom Werk zum Prozess also, wird in den künstlerischen Positionen der Bildenden Kunst seit den 1960er Jahren mit großer

Emphase vorangetrieben. Diesen neu sichtbaren Kunstformen und ihrer Einordnung widmet sich die Exploration in Kapitel 3.4.
Sowohl in Hinblick auf seine durchweg utopische Haltung als auch angesichts eines alltäglich gewordenen allgegenwärtigen Cyberspace werden Schwachstellen in Lévys Ausführungen offensichtlich, insbesondere wenn er postuliert, „dass sich die kollektive Intelligenz als das Endprodukt schlechthin durchsetzt“ (Lévy 1997, 49). Trotz seines antihierarchischen Denkens formuliert er seine Gedanken als ultimativ gültig und mit prophetischer Emphase. Zudem entbehrt der Begriff der kollektiven Intelligenz einer notwendigen weiteren Schärfung (vgl. Ghanbari et al. 2013, 145).
Dieser Kritik zum Trotz bietet Lévy eine transformierte Narration und bietet Kategorien für kollaborative Wissensformaten oder Werke kollaborativer Kunst an. Damit liefert er eine wesentliche Grundlage für neue kollaborative Begriffe im Hinblick auf Bildung, Kunst und Gesellschaft. Lévys Ansätze sind für konkrete Transformationen in der Bildungslandschaft eine anregende Lektüre und schaffen Voraussetzungen für einen Diskurs um die hierarchische Ausrichtung des Kontexts „Schule“, der so noch zu wenig beschrieben und vor allem kaum mit Hilfe der Vernetzungsmetapher erforscht wurde. Insbesondere wird deutlich, wie konträr Cyberspace und Bildungsbereich zueinanderstehen. Mit der Aufforderung zu einem nomadischen Selbstverständnis und dem Blick auf Lehrkräfte propagiert Lévy Veränderungen der üblichen Formate und Rollen, die produktiv für kollaborative Strategien in der Kunstpädagogik aufgegriffen werden sollten.

3.3.5 Bruno Latour: Akteur-Netzwerk-Theorie

> *„Die Natur dreht sich, aber nicht um das Subjekt/die Gesellschaft. Sie dreht sich um das Dinge und Menschen produzierende Kollektiv.“ (Latour 2008/1991, 106)*

Bruno Latours Überlegungen zu Kollektivität heben die künstliche Trennung zwischen Natur und Gesellschaft auf. Der Polarität, die Latour angreift, liegt die „objektive[...] Wissenschaft“ (Belliger/Krieger 2006, 22) zugrunde, die von „Natur und Gesellschaft“ (Belliger/Krieger 2006, 22) getrennt aufgefasst wird. Mit dieser Setzung werde überhaupt erst das „autonome rationale Subjekt der modernen Erkenntnistheorie geboren“ (Belliger/Krieger 2006, 22). Das Vermischen und das Miteinander-Denken von Maschine und Mensch wird in der Tradition eines modernen Denkens, das Latour untersucht und entlarvt, abgelehnt. In der Tradition dieses Denkens in Einzeldisziplinen steht die Entwicklung fest tradierter Wissenschaftsdisziplinen oder Institutionen sowie die moderne Subjekt-Objekt-Trennung, die auch in der Kunst manifestiert sind. Latour zeigt mit Hilfe von Theorien der Relationen und Vernetzung alternative Sichtweisen für die künstliche Trennung von Natur/Sozialem einerseits und

Technik andererseits auf. Mit allen hier explorierten kollaborativen Konzepten – beispielsweise in der Kunst (vgl. Kapitel 3.4), der Kunstvermittlung (vgl. Kapitel 3.5) und in der digitalen Kultur (vgl. Kapitel 3.2) sowie im kunstpädagogischen Feld (vgl. Kapitel 5.) – finden sich Bestätigungen dafür, was Latour mit seinem Konzept der Akteur-Netzwerk-Theorie beschreibt (vgl. Mader 2012, 8f.). Dem Trennungsprinzip der Moderne hält Latour das Denken in Kollektiven und Netzen entgegen. Die Überlegungen Maders, auch in der Kunst Verbindungen zwischen getrennten Bereichen herzustellen, lehnen sich an Latour an, der dazu auffordert „den Netzen [zu] folgen" (Latour 2008/1991, 14). Es wird deutlich, dass sich bei ihm in Hinblick auf die hier zu entwickelnden Konzepte und Thesen zur Kollaboration sehr passende Ansätze finden lassen. Die hier explorierten Formen der Kollaboration als einer neuartigen Zusammenarbeit, die ein komplexes, hybrides, flottierendes Miteinander menschlicher und nicht-menschlicher AkteurInnen meint, findet bei ihm eine theoretische Entsprechung. In Hinblick auf die Relationen zwischen Sozialem und Wissenschaftlichem schlägt Latour ein vernetztes Modell vor, mit dem die aktuelle Gesellschaft beschrieben und Erkenntnisprozesse, Lernen sowie Kunst zukünftig im Kollektiv gedacht werden können. Latours Vorstellungen von der Akteur-Netzwerk-Theorie liefern demzufolge maßgebliche Denkkonzepte für die Phänomene von Kollaboration, die auch im Feld von Kunst und Bildung im Kontext der digitalen Kondition wichtig werden und in zukünftigen kunstpädagogischen Untersuchungen aufgegriffen werden sollten, an die sich hier für die Definition (vgl. Kapitel 4) lediglich angelehnt wird.

3.3.6 Fazit zu Kapitel 3.3 – Herausforderung zur Gestaltung von Kollaboration

Mit der Exploration der theoretischen Ausführungen zum Gegenstand aktueller Kollaboration zeigt sich anhand der Auswahl der Positionen, dass eine Vielzahl von Perspektiven den Blick auf Kollaboration richten und diese gerade im Hinblick auf die digitale Kondition untersuchen. Die Untersuchung der Konzepte liefert kein einheitliches Konzept oder eine allgemeine Definition der Kollaboration im aktuellen Kontext. Vielmehr lassen sich kaleidoskopartig Analysen zu einer rasant weiter verlaufenden digitalen Entwicklung festhalten. Abzuleiten ist der Auftrag, neuen Formen der Aushandlung und Gestaltung von Bildung im geänderten Kontext zu entwickeln.

Die Metaphernfülle macht deutlich, dass auch in theoretischen Diskursen nur wenige einheitliche Begriffe zu den Formen des Kollaborativen existieren. Wie mit Tomasello deutlich wird, stellt ein aktuelles Paradigma des Kollaborativen zwar nichts Neues, aber angesichts der Komplexität globaler Gestaltung von Demokratie im Kontext von Vereinzelung eine große Herausforderung dar. Nancy bricht angesichts der Herausforderungen von Individualität als

Wert an sich dennoch eine Lanze für die Möglichkeit, im Zusammenspiel von Vielfalt und Individualität ein Miteinander zu gestalten. Lévy entwickelt in Hinblick auf die Bedeutung der virtuellen Realität Visionen für zukünftige Bildungsräume, geänderte LehrerInnenrollen und neue Institutionen für die kollaborative Wissensverwaltung. Von Latours Aufhebung der Trennung zwischen Wissenschaft und Sozialem rückt in der spezifischen Perspektive die Bedeutung von Kunst als kollaboratives Phänomen verstärkt Fokus.

Die Erkenntnis- und Wissenstheorien bringen Kollaboration als Paradigma zutage, das die Erkenntnis-, Führungs- und Kommunikationsprozesse im Bildungssystem hinterfragt. Die Theorien geben Impulse und Ideen zur Entwicklung konkreter kollaborativer sowie vernetzter Handlungskonzepte und Strukturen für die pädagogische und didaktische Praxis. Übertragen auf die konkrete Situation an der Schule wäre zu überlegen, ob es den Institutionen gelingen kann, zum Kollektiv werden kann; ob es gelingen kann, Schulen in einen Ort des hybriden, interdisziplinären, kollaborativen Lernens in nomadischen Strukturen zu transformieren.

Für die Kunstpädagogik ist aus den Theorien abzuleiten, dass die prozessorientierten hybriden Erscheinungen künstlerischer Artefakte wesentlichen fachinhaltlichen Impuls bieten und stärker in das Zentrum der Beschäftigung gerückt werden sollten. Das Konzept des abgeschlossenen Werks, der einzelnen, genieartigen Künstlers wird verabschiedet. Mit Bruno Latour gesprochen könnte der Kunstunterricht sich auf diese Weise „um das Dinge und Menschen produzierende Kollektiv [drehen]" (Latour 2008/1991, 106). Eine Umsetzung der Kunstpädagogik könnte dabei sein, sich des netzwerkartigen, kollaborativen Erkenntnis- und Schaffensprozesses bezogen auf Wissen und Kunst bewusst zu werden. Damit würde Kunstunterricht spürbar aus den hierarchischen Strukturen des von oben herab gesteuerten Schulsystems herauskatapultiert und damit gestärkt und ausgestattet werden für neue lokal organisierte und autonome Bildungs- und Lernräume mit neu erfassten mitwirkenden AkteurInnengemische, die auf diese Weise kollaborativ ästhetische Bildungsräume erschaffen. Hier klingen die *Communities of Practice* von Lave und Wenger (vgl. Kapitel 3.6) oder die *Commons* (vgl. Benkler 2006; Stalder 2016) an. Die Grundkonzeptionen der Bildungsinstitutionen müssen sich ändern, indem neue Kollaborationsformen gefunden und gestaltet werden und alle in der Situation befindlichen AkteurInnen sichtbar und beteiligt werden. Diese Herausforderung und die Fragestellung nach der konkreten Ausgestaltung dieser Formen der Kollaboration in den betroffenen Teilbereichen wird in der Fokussierung der vorliegenden Forschungsarbeit in den kommenden Kapiteln zu Kunst (vgl. Kapitel 3.4), Kunstvermittlung (vgl. Kapitel 3.5), Bildungstheorien (vgl. Kapitel 3.6), Kunstpädagogik (vgl. Kapitel 3.7) sowie in Studie II (vgl. Kapitel 5.) vertieft untersucht.

3.4 Künstlerische Kollaboration

Seit Jahrhunderten sind Zusammenarbeitsformen Bestandteil von Kunst. Phänomene der Kollaboration in der Kunst sind nichts genuin Neues. Sie sind in den Meisterwerkstätten der Renaissance ebenso zu beobachten wie bei Hans Arp und Max Ernst in der Moderne, aktuell in der Studioarbeit bei Ólafur Elíasson oder Jeff Koons sowie in komplexen Teams und Projekten wie bei DIS, improv everywhere oder Reena Spaulings. Im zeitgenössischen Kontext wird deutlich, dass zwar die Idee der Künstlergruppe „as old as human history" (Spampinato 2015, 7) ist, jedoch neue Phänomene künstlerischer Arbeit auftauchen, die das grundlegende Verständnis von Kunst sowie die bekannten Konzepte von Zusammenarbeit in der Kunst um neue Strukturen, Methoden, Haltungen erweitern. Spezifisch in zeitgenössischer Kunst der letzten zehn, zwanzig Jahre wird Kollaboration immer häufiger in spezifisch erweiterten Konzepten oder Formen sichtbar und zeigt und sich nicht mehr nur in den bekannten Kategorien wie *Künstlergruppe*, *Kollektiv* oder *Künstlerteam*. Johanna Billing, Maria Lind und Lars Nilsson beleuchten diese Akzentuierung künstlerischer Strategien der Kollaboration:

> *„During recent years we have seen renewed interest in collective activities throughout the artworld. [...] Various kinds of collaboration [...] are once more appearing and seem to be an increasingly established working method." (Billing et al. 2007, 8)*

Billing, Lind und Nilsson gehen von einem erneuten Interesse an kollaborativer Arbeit in der Kunstwelt aus und verweisen auf die Heterogenität, welche die aktuellen Formen der Kollaboration kennzeichnen (vgl. Billing et al. 2007, 8f.). Die neuartigen Kollaborationen macht Claire Bishop an einer Vielzahl künstlerischer Werke der letzten Jahre fest, wie beispielsweise die von Atelier Van Lieshout, Lucy Orta, Pawel Althamer oder Jens Haaning (vgl. Bishop 2006, 178) und folgert: „This catalogue of projects is just a sample of the recent surge of artistic interest in collectivity, collaboration and direct engagement with specific social constituencies" (Bishop 2006, 178).
Mark Terkessidis bekräftigt gleichermaßen die Zunahme des kunsttheoretischen Interesses an Kollaboration in der Kunst. „In der Kunsttheorie werden seit den neunziger Jahren neue Positionen formuliert, die von Kollaboration aus denken" (Terkessidis 2015, 174f.). Die Künstlerin und Kunsthistorikerin Holly Crawford schreibt: „And right now it is a buzz word in art. Everyone in art is collaborating with someone, or has done so in the past." (Crawford 2008, ixf.). Auch eine Vielzahl an KuratorInnen im Kunstbetrieb widmet sich mit zunehmendem Interesse neuen Formen kollaborativer künstlerischer Arbeit (vgl. Block/Nollert 2005, 5; Ayas/Pirotte 2012, 15). Von verschiedenen Perspektiven also wird die Etablierung neuartiger Formen der Kollaboration in der Kunst beschrieben.

Die kunstwissenschaftliche Einordnung des Themas der kollaborativen Erweiterung in der Kunst und damit des Verständnisses künstlerischer Kollaboration gewinnt erst in den letzten Jahren an Fahrt (vgl. Stimson/Sholette 2007). Genaue Umrisse eines neuen Verständnisses von Kollaboration in der Kunst sind dementsprechend kaum kategorisiert und definiert, weshalb Exploration die angemessene Forschungsherangehensweise ist. Kollaboration erscheint weniger als Begriff für eine spezifische Handlungsweise, sondern steht für multiple gemeinschaftliche Konzepte oder Strategien, die auch das Kollektiv, Kooperation oder Partizipation mit umfassen (vgl. Kapitel 3.1.3). Mit Blick auf die gewandelte und sich wandelnde Kollaboration in der Kunst eröffnet sich ein Feld tiefer gehender Fragestellungen: Welche zeitgenössischen Begriffe und Ordnungen der kollaborativen Kunst lassen sich konkret eingrenzen und fassen? Von wem und in welchen Texten wird von/über Kollaboration in der Kunst gesprochen/geschrieben? In welchem Verhältnis stehen explizite und implizite Beschreibungen kollaborativer Praktiken? Welche Praktiken in der Kunst lassen sich als erweiterte Kollaboration herausstellen, auch wenn nicht explizit von Kollaboration gesprochen wird? Ist Kollaboration ein umfassendes Konzept oder ist sie das bekannte Verfahren von Zusammenarbeit, das in einem neuen Kontext verändert wird? Welche Merkmale lassen sich in Bezug auf die Strategien kollaborativer Kunst ableiten? Wie werden Begrifflichkeiten zur kollaborativen Kunstpraxis verhandelt? Wie kann man mit den begrifflichen Unschärfen umgehen?
Um diesen Phänomenen der Kollaboration in der Kunst genauer nachzugehen, folgt hier eine vertiefte Exploration im Feld der Bildenden Kunst in neun Schritten. In Kapitel 3.4.1 erfolgt eine Verortung zur Verwendung des Begriffs Kollaboration im Kunstfeld. Die neuen Phänomenen kollaborativer Kunst werden in Kapitel 3.4.2 zeitlich eingeordnet. In Kapitel 3.4.3 wird anhand einer Auswahl künstlerischer Arbeiten und Projekte beispielhaft Phänomene kollaborativer Kunst präsentiert. In 3.4.4 werden konkrete Taxonomien und Kategorisierungen zu kollaborativer Kunst aufgezeigt. Hier dient das wachsende Theoriefeld zu zeitgenössischen kollaborativen Kunstpraktiken (u.a. Bishop 2006; Billing et al. 2007; Stimson/Sholette 2007; Mader 2012; Spampinato 2015) als Korpus, in welchem sich Perspektiven und Ansätze für das Konzept neuer Kollaboration finden. In der Heuristik lehne ich mich an junge Theorien zum Kollaborativen in der Kunst an. In 3.4.5 werden aus besagtem Korpus Ansätze von Dekonstruktionen des Geniekonzepts herausgearbeitet. In 3.4.6 wird die Bedeutung der Kommunikation für Strategien der Kollaboration in der Kunst aufgezeigt. Theorien der pluralen Bildanthropologie in Kapitel 3.4.7 bieten Grundlagen für neue gemeinschaftliche Konzepte in der Kunst. Insbesondere kunstsoziologische Theorien, wie in Kapitel 3.4.8 dargelegt, stützen einen Paradigmenwechsel hin zu einem Verständnis der Kunst als Netzwerk. In Kapitel 3.4.9 werden Kollaborationszwänge im Kunstbetrieb kritisch analysiert.

3.4.1 Kollaboration in der Bildenden Kunst – Begriffsbestimmungen

Wie bereits aufgezeigt, wird künstlerische Kollaboration unter verschiedenen Gesichtspunkten und in unterschiedlichen Argumentationen als neu, reaktiviert, wiederbelebt oder erweitert herausgestellt. Erst jüngst taucht der Begriff *Kollaboration* im breiten Kontext der Kunst für neue, komplexe Formen der Zusammenarbeit auf.

Maßgeblich führt Maria Lind den Begriff „Kollaboration" (Lind 2007a, 387f.) ins Feld. Sie beschreibt ihn für den Kunstkontext als „ein offenes Konzept, das zu einem Oberbegriff für die verschiedensten Arbeitsmethoden geworden ist, die mehr als einen Beteiligten erfordern" (ebd., 388).

Unter dieser Kollaboration in der Kunst werden spezifische Arbeitsweisen und künstlerische Positionen bezeichnet, die ein komplexes gemeinsames Handeln meinen (vgl. Spampinato 2015, 7f.), die nicht abzugrenzen sind von dem traditionellen Verständnis der Künstlergruppe oder dem Künstlerkollektiv (vgl. Crawford 2008, ixf.), dieses Verständnis jedoch erweitern. Holly Crawford beschreibt, dass der Begriff *collaboration* im Feld der Kunst den Begriff *collective* (vgl. Crawford 2008, x) ablöst.

Neu ist an der Kollaboration, dass sie sich innerhalb der Bildenden Kunst als offeneres Zusammenspiel von allen und von allem am künstlerischen Schaffensprozess Beteiligten etabliert, womit sich auch zeigt, dass kommunikatives oder technologisches Material eine Rolle spielen.

Zusammenarbeit basiert im Sinne des herkömmlichen Verständnisses von Künstlergruppe oder Künstlerkollektiv noch auf einer wesentlich festeren Übereinkunft oder auch ideologischen Ausrichtung (vgl. Strunk 2000, 126) mit einem Fokus auf singulären künstlerischen Subjekt und der Koppelung an das einzelne schöpferische Individuum. Die Vorläufer der aktuell als neu herausgestellten, kollaborativen Tendenzen in der Kunst werden in den 1960er Jahren verortet (vgl. Wulffen 1994, 51), u.a. von Marion Strunk:

> *„Im Kunstkontext sind immer wieder Kollektive gebildet worden. Dies geschah zumeist unter dem Begriff der Avantgarde, mit dem Ziel, über die Kritik an der Kunst und Kultur ein Gegenmodell zu entwickeln (Dada, Fluxus, Warhols Factory, Performance Art usw.). Im Unterschied dazu haben die gegenwärtigen Kollektive keine derartige Absicht mehr. Sie handeln situationsspezifisch im Sinne lokaler Interventionen, mit den Situationisten aus den 60ern verwandt, und haben ein anderes Kollektivsubjekt gefunden: die Projektgruppe." (Strunk 2000, 126)*

In den kollaborativen künstlerischen Phänomenen wird also die Abkehr von Materialität und die Betonung des Prozesses wie bei Fluxus oder der Konzeptkunst (vgl. Lind 2007b, 27) zum wesentlichen Bestandteil. Strunk spricht den sich unideologisch formierenden Teams und Projekten einen kollaborativen Subjektcharakter zu.
Der Kunstwissenschaftlerin Rachel Mader zufolge erweitern sich in den letzten Jahren die kollektiven Strategien in der Kunst, weil insbesondere geänderte Bedingungen sozial-digitaler Vernetzungspraktiken und neue Konglomerate aus menschlichen und nicht-menschlichen Akteuren mit einer geänderten und neuen „Selbstverständlichkeit" (Mader 2012, 7) für das ästhetische Schaffen konstituierend sind. Kollektivität definiert Mader „nicht in einem engen Verständnis als soziales, gezielt gemeinsam agierendes Vielfaches" (ebd., 8), sondern sie stellt eine notwendige neue „Denkfigur" (ebd.) heraus, mit der „künstlerische Produktion bzw. der kreative Prozess als Ergebnis einer Kette von Handlungen, Entscheidungen, Zufällen und Einwirklungen" (ebd.) verstanden wird, „an denen im Sinne Latours eine Vielzahl von Personen und Nicht-Personen beteiligt sind" (ebd., 8f.) In diesem erweiterten Verständnis von Kollaboration in der Kunst werden Begriffe und Konzepte wie *KünstlerIn*, *RezipientIn*, *KritikerIn*, *Form*, *Material* im Kontext digitaler Vernetzung, Virtualität und Interaktivität (vgl. Warnke 2011, 459ff.) transformiert. Das Kunstschaffen kann darin als ein neues netzwerkartiges Miteinander begriffen werden, als kollaborative Kunstproduktion. Alles, was ehemals als marginal konstituierend für den schöpferischen Prozess der Kunst begriffen wurde, gilt nun als daran beteiligt. Der Prozess des Schöpferischen kennt nicht länger nur Beteiligte, sondern nun auch Beteiligtes. Mit diesem erweiterten Verständnis von Kollaboration in der Kunst wird deutlich, dass das bildende, schöpferische Erkenntnisinteresse ein gemeinschaftlicher Erkenntnisprozess ist.

3.4.2 Zeitliche Dimension der Kollaboration in der Kunst

Zeitlich einzuordnen sind die ersten kollaborativen Phänomene in der Kunst Ende der 1990er Jahre auftauchen. Kollaboration als künstlerische Praxis wird in den Auseinandersetzungen der 1990iger mit dem entstehenden Diskurs um Kunst als Prozessualität und Kommunikation vorbereitet. Im Rahmen von Konzepten der *Kontext Kunst* (vgl. Weibel 1994) oder dem *Betriebssystem Kunst* (vgl. Wulffen 1994) wird Kunst im sozialen Kontext und als Kommunikation definiert. Sie wird damit nicht mehr der eindeutigen Zuordnung zu UrheberIn oder AutorIn gerecht und ist nicht mehr unweigerlich gekoppelt an eine individuelle Person lesbar. In diesem Verständnis – Kunst als dynamische Interaktion und Kommunikation – deutet sich an, was in jüngster Zeit unter dem breiten Begriff der Kollaboration in der Kunst zu fassen ist. Im angloamerikanischen Raum werden die kunsthistorischen Einordnungen kollaborativer Kunst häufig mit Begriffen wie „dialogical art practice" (vgl. Kester 1998, 1f.)

bezeichnet (vgl. Kapitel 3.4.4.6). Dieses kommunikative Verständnis von Kunst macht sich an Überlegungen zu Ausstellungspraktiken und Kontexten fest, die zunehmend als Bestandteil der Kunst begriffen werden. Michael Lingner verdeutlicht diese Bewegung hin zur „Kunst als Kommunikation" (Lingner 1994, 185). Dieses kommunikative Verständnis ist eine der Grundsteine für die Abkehr vom Geniekonzept und bereitet dem Konzept der Kollaboration in der Kunst den Weg.

Eingang in den internationalen, englischsprachigen Kunstdiskurs findet der Begriff der kollaborativen Kunst bzw. der „artistic collaboration" (Lind 2007b, 16) zu Beginn des 21. Jahrhundert durch die Diskussion neuer selbstverständlich werdender Strategien von KünstlerInnen, in kuratorischer Praxis und den entsprechenden Diskursen. Maria Lind zeigt in ihren Beschreibungen und Erkundungen zu neuen Phänomene kollaborativer Kunst besonders Projekte, Werke und Positionen nach Mitte der 1990er Jahre auf (vgl. Lind 2007b, 16 u. 25). Der Zuwachs an Ausstellungen oder Symposien zu dem Thema beginnt Ende der 1990er Jahre (vgl. Kapitel 3.4.3). Kollaborative Praktiken gehören jedoch nicht zum „Mainstream" des Kunstfeldes (Lind 2007b, 16). Prozesse der theoretischen Einbettung und eine erste Etablierung des Kollaborationsbegriffs im Kunstfeld selbst sowie in Kunstwissenschaft und -theorie setzen ungefähr ab 2000 ein, um dann deutlich zuzunehmen (vgl. Kapitel 3.4.4.2). Angesichts einer Reihe von Arbeiten und Projekten, die Lind beschreibt, wird deutlich, dass sich spezifische künstlerische kollaborative Praktiken herausstellen lassen, auch wenn der Begriff Kollaboration nicht unbedingt für diese verwendet wird. Dies macht die hier dargelegte Exploration um so notwendiger.

3.4.3 Beispiele kollaborativer Kunst – Crowds, Collaborators, Teams und Netzwerke

Cosima von Bonin mit ihrer Arbeit *Krebber über Krebber* (vgl. Bonin/Goldstein 2007, 19 und 144f.), die !Mediengruppe Bitnik mit ihrer Intervention *Delivery for Mr. Assange* (vgl. !Mediengruppe Bitnik 2013), Pierre Huyghes und Philippe Parrenos *AnnLee – No Ghost Just a Shell* (vgl. Lind 2007b, 15.f.), Com&Coms *Bloch* als globalisiertes und transformiertes Brauchtum mit vielen „Collaborators" (COM&COM 2011a), Theaster Gates mit seiner kollaborativen Installation *12 Ballads for the huguenot house* auf der documenta 13 (vgl. Scharrer 2012, 430), das performative Label geheimagentur mit seiner Urheberschaftshinterfragung in *The most wanted works of art* (geheimagentur 2017), das interdisziplinäre New Yorker Studiokollektiv *Project Projects* mit Designkonzepten oder Kunstvermittlungsaktionen (Spampinato 2015, 152ff.) – diese längst nicht vollständige Liste von KünstlerInnen, künstlerischen Positionen, Projekten und Institutionen ist ein Resultat der Recherche zu zeitgenössischen Strategien der Kollaboration im Feld der Kunst.

Dynamische Arbeitsteams bilden sich, deren Werke auf einer Stockfotografie-Plattform in Form eines Online-Magazins präsentiert werden, wie bei DIS Magazine (vgl. Spampinato 2015, 74ff.). KünstlerInnen bringen in ihren Studios hochqualifizierte und spezialisierte Fachkräfte aus sehr unterschiedlichen Disziplinen an einen Tisch, um miteinander zu arbeiten, wie bei Ólafur Elíason (vgl. Hyde 2009). Mittels Crowdfunding und anderen Beteiligungsaktionen erproben KünstlerInnen, wie Kunstprojekte aus einem Schwarm an Beteiligten heraus entstehen, so wie bei dem Projekt *Art made by the crowd* von Nadine Freischlad und Anna Theil (vgl. Pelzer 2011) auf den Crowdsourcing-Plattformen *Jovoto.com* und *Startnext.com* im Jahr 2011. Andere Teams stellen Projekte und Choreographien für Kunstaktionen zur Verfügung, an denen sich Laien und Spezialisten beteiligen können, wie in dem Projekt *Bloch* on Com&Com, das 2015 startete und mit Hilfe der „Collaborators“ (vgl. COM&COM 2011a) die künstlerische Unternehmung rund um die Welt bringt. Vorhaben werden nach dem Open-Source-Prinzip realisiert: Die Kunstwerke werden unter einem Label oder temporären Vorhaben zum kollaborativen Projekt, wie bei geheimagentur (Ziemer 2013, 147ff.).

Es wird deutlich: Erweiterte Formen der Kollaboration machen sich in der Kunst breit. Komplexe Vermischungen von digitalen Werkzeugen und Plattformen mit künstlerischen AkteurInnen bilden neue hybride Zusammenarbeitsformen, die nicht länger unter dem Begriff der Künstlergruppe oder des Künstlerkollektivs, und ebenso wenig als „soziales, gezielt gemeinsam agierendes Vielfaches“ (Mader 2012, 8) zu fassen sind. Die neuartigen Zusammenarbeitsformen sind von Dynamik und Komplexität gekennzeichnet. Sie sind abzugrenzen von den bekannten und tradierten Konzepten künstlerischer Gruppenformen, erweitern und ergänzen aber die bekannten Konzepte wie *KünstlerInnengruppe*, *KünstlerInnenkollektiv*, *Künstlerpaar* oder *KünstlerInnenduo*.

Die Themen neuer Kollaboration (vgl. Block/Nollert 2005; Herring/ADKV 2010; Ayas/Pirotte 2012) werden nicht nur den Arbeitsweisen und Werken von KünstlerInnen deutlich und verhandelt. In Kunstausstellungen wird die Thematik von Kollaboration sowie komplexer Vernetzung und geänderter Zusammenarbeit in der Kunst in unterschiedlichen Formen aufgegriffen. Zu nennen wären beispielhaft die Ausstellungen *get together. Kunst als Teamwork* 1999 in der Kunsthalle Wien, kuratiert von Marion Piffer Damiani (vgl. Piffer et al. 1999); *My world is not enough* 2000 in der Kunsthalle Fridericianum Kassel, kuratiert von Tobias Berger (vgl. BERGER 2001); *Kollektive Kreativität* in der Kunsthalle Fridericianum in Kassel 2005, kuratiert von René Block und Angelika Nollert (vgl. Block/Nollert 2005); *Spinnwebzeit* 2005 im Museum für Moderne Kunst in Frankfurt, kuratiert von Udo Kittelmann (vgl. Kittelmann 2005) sowie *Surplus Authors* in den Jahren 2012–2013 im Witte de With Center for Contemporary Art in Rotterdam, kuratiert von Defne Ayas und Philippe Pirotte (vgl. Ayas/Pirotte 2012).

Beispiele kollaborativer Praktiken in der Kunst

Welche Praktiken in der Kunst und welche künstlerischen Positionen stehen beispielhaft für das erweiterte, kollaborative Arbeiten? Nachfolgend wird im Sinne des explorativen Charakters der Studien ein Einblick in künstlerische Arbeiten gegeben, die im Forschungs- und Suchprozess der Vorannahme von Kollaboration (vgl. Kapitel 2.3) zugeordnet werden können. Sie dienen dazu, die explorativ gesammelten Ergebnisse zu dokumentieren und eine Vorstellung von unterschiedlichen erscheinenden kollaborativer Praktiken in künstlerischen Handlungsfeldern zu entwickeln. Diese Sammlung dient wiederum als als Grundlage und Bezugspunkt für weitere Überlegungen. Die Auswahl dieser Beispiele ist exemplarisch.

Die künstlerischen Beispiele werden schematisch und in kurzen Abstracts besprochen, die sich grob an der Schematisierung von Silke Feldhoff orientieren (vgl. Feldhoff 2009). Das Schema soll deutlich machen, welche spezifischen Merkmale neuer Kollaboration anhand des Beispiels in Erscheinung treten. Dabei ist nicht ausgemachtes Ziel, ein umfassendes und aktuell repräsentatives, schon gar nicht vollständiges Nachschlagewerk kollaborativer Kunst zu erstellen[18], sondern vielmehr aus der Exploration heraus exemplarisch künstlerische Arbeiten herauszustellen, in denen erweitertes kollaboratives Arbeiten im Sinne der hier entwickelten Vorannahme beobachtet werden kann. Mit dieser Auswahl wird aufgezeigt, welche Merkmale für Kollaboration kennzeichnend sind und welche Vielfalt Kollaboration dabei umfasst.

Die Kurzvorstellungen künstlerischer Beispiele erfolgt anhand einer achtschrittigen Systematisierung[19]. Zunächst erfolgt die Nennung beteiligter **KünstlerInnen sowie weiteren AkteurInnen (1)**, **Titel (2)** und **Erscheinungsjahr (3)**, danach wird die **Zuordnung zu einer Kunstrichtung bzw. künstlerischen Form (4)**, wie beispielsweise *Appropriation*, vorgenommen. Es erfolgt eine Klärung der **Vernetzungswerkzeuge (5)**, die für das Werk genutzt wurden bzw. die konstitutiv für das Werk sind. Im nächsten Schritt folgt eine **Kurzbeschreibung der Arbeit (6)** sowie eine Einordnung in **Art und Qualität der Kollaboration (7)**, wobei sich hier der Begrifflichkeiten bedient wird, die in der Literaturrecherche zu dem jeweiligen Kunstwerk vorzufinden sind. Abschließend folgen die **Quellenangaben (8)**. Die schematische Darstellung sieht konkret folgendermaßen aus:

18 Eine großartige zeitgenössische Bestandsaufnahme kollaborativer Kunst und Gestaltung hat beispielsweise Francesco Spampinato grandios in seiner Publikation *Come together* erstellt (vgl. Spampinato 2015). Diese sollte, z. B. mit Hilfe der Kategorisierungen von Bishop und Lind, noch umfassender fortgeführt werden.

19 Inspiriert wurde diese schematische Darstellung der künstlerischen Beispiele zum einen von der Darstellung in Spampinatos Publikation *Come together* (vgl. Spampinato 2015), mehr aber noch von der Dissertation Silke Feldhoffs (vgl. Feldhoff 2009), die zum Phänomen der Partizipation eine sehr umfassende und wertvolle Kategorisierung künstlerischer Werke erstellt hat und ähnlich wie Spampinato Kurzbeschreibungen von künstlerischen Projekten liefert (Feldhoff 2009, K-07ff.). Die LeserInnen dieser Arbeit sind angeregt, die Sammlung fortzuführen.

[K-0X] Künstler_innen (1) | *Titel (2)* Erscheinungsjahr (3)

4 ▶ Allgemeine Beschreibung der Kunstrichtung/Kunstform

5 ▶ Vernetzungswerkzeuge

6 ▶ Kurzbeschreibung der Arbeit

7 ▶ Form, Art, Qualität der Kollaboration

8 ▶ Quellenverweis

Mit den unter Punkt 5 in diesem Schema aufgeführten Vernetzungswerkzeugen sind diejenigen Techniken oder auch Technologien gemeint, je nach Anwendung im Projekt oder im langzeitigen Gruppenmodell, die für die künstlerische Kollaboration unabdingbar sind, sprich konstituierend für das künstlerische Vorhaben. Das Vernetzungswerkzeug weist zumeist auf die Relationen und Beteiligung eines Vielfachen am Kunstwerk hin. Es ist je nach Kollaborationsform im jeweiligen Beispiel ein Werkzeug für eine temporäre Aktion oder ein einzelnes Werk, kann aber auch eine grundlegende Technologie für die langzeitige kollaborative Arbeit sein. Zum Teil fallen in der Phänomenologie einige Kunstwerke heraus, da sie nicht dezidiert Vernetzungstools nutzen, sondern Vernetzung thematisieren, aber tradierte Werkzeuge nutzen. Der unter 7 aufgeführte Punkt „Form der Kollaboration" entspringt der Kategorisierung, die Maria Lind in *The collaborative turn* (Lind 2007b, 25ff.) vorschlägt. Dabei liefert sie in Ansätzen konkrete Kategorisierungen von künstlerischer Kollaboration, an die sich hier in vielen Punkten angelehnt wird.

[K-01] LOUISE LAWLER I *Birdcalls*, 1972

- Appropriation Art, Neue Institutionskritik, Kontextkunst
- Nennung von Künstlernamen, ungefragte Kollaboration, Ironisierung einer männlichen Künstlergenealogie
- Im Zentrum der Arbeit *Birdcalls* stehen 24 ausgewählte Namen ausschließlich männlicher bildender Künstler, wie Vito Acconci, Joseph Beuys, Lawrence Weiner, Donald Judd, Sigmar Polke, die Anfang der 1970er Jahren den westlich-nordamerikanischen Kunstdiskurs beherrschen. Louise Lawler intoniert in einer Audio-Aufnahme diese Künstlernamen, indem sie sie wie Vogelrufe klingen lässt. Beim ersten Hören der Arbeit meint man, tatsächlich einer Vogelruf-Sammlung zuzuhören. Die vogelartig intonierten Namen werden zum Teil rhythmisch wiederholt. Die Arbeit besitzt eine sehr witzige Bedeutungsebene, wenn die großen Namen der Kunstszene als Vogelrufe vertont werden. Die Künstlerin macht mit dem Werk darüber hinaus den herrschenden patriarchalen Diskurs um männliche Vorherrschaft von Künstlerstars zum Gegenstand, wobei sie sich in die Nennung der Künstlernamen an eine Strategie des Kunstmarktes koppelt. In der Wiederholung der Vogelrufe wird der Erfolg der einzelnen individuellen Künstlerstars entlarvt und persifliert. Lawler macht die männlichen Künstler zu Mitspielern in ihrem Werk, ohne dass diese gefragt werden. (vgl. Goldstein 2007, 145)
- Künstlerkollaboration über künstlerische Aneignungsstrategien, Verortung in patriarchalem, künstlerischem Netzwerk, ungefragte Zusammenarbeit, Hinterfragung von Machtstrukturen im Kunstbetrieb
- Literatur/Quellen: (Bonin/Goldstein 2007; Goldstein 2007)

[K-02] LYNN HERSHMAN | *Forming a Sculpture Drama in Manhattan*, 1974

Abb. 4: Lynn Hershman: *Forming a Sculpture Drama*, 1974, TV-Film, Varbiable Dimensionen

- Filmkunst, Fictional-Artist-Projekt
- Werbespot, TV-Ausstrahlung, die Künstlerin doubelt sich und die Individuen werden zum Fake, zum „Intermedium“ (HEEG 2004, 339) bzw. Hershman erprobt „dynamische, mutierende Subjektivität“ (Lévy 1997, 51)
- Im Oktober 1974 strahlt der US-amerikanische Fernsehsender ABC fünf TV-Spots aus, in denen Werbung für die Ausstellung *Forming a Sculpture Drama* in Manhattan gemacht wird. Innerhalb des Spots tauchen in rascher Abfolge SprecherInnen unterschiedlicher Herkunft, unterschiedlichen Alters und Geschlechts auf, die alle den gleichen Einladungstext sprechen. All diese heterogenen Personen geben sich in ihrem jeweiligen Sprechpart als Lynn Hershman aus, die Künstlerin der dreiteiligen Installation. Sie laden alle mit dem Text „ Hello, my name is Lynn Hershman“ zu diesem Event ein. Das Kunstwerk verhandelt Kollaboration anhand der Darstellung eines wandelbaren KünstlerInnensubjekts, das entkoppelt wird von der individuellen Person (vgl. Re:Act Feminism 2015).
- kollaborative Identitätsprozesse, Hinterfragung des Geniekonzepts
- Literatur/Quellen: (Re:Act Feminism 2015)

[K-03] COSIMA VON BONIN I *Ohne Titel (Krebber über Krebber)*, 1990

Abb. 5: Cosima von Bonin: *Ohne Titel (Krebber über Krebber)*, 1990, ca. 95 x 34 cm, Schwarzweißfotografie

- Appropriation/Aneignung (vgl. Goldstein 2007, 144), Feministische bzw. Neue Institutionskritik, Intervention
- Nennung von Künstlernamen, Ironisierung einer Künstlergenealogie
- Die Arbeit aus dem Jahr 1990 zeigt eine Schwarzweißfotografie, auf der eine Frau in der Totale mit nacktem Oberkörper zu sehen ist. Auf dem Torso der Frau stehen achtzehn Nachnamen namhafter männlicher Künstler, von Duchamp und Picabia über Arman bis hin zu Spadari. Darunter taucht auch der Nachname von Bonins Mann, Michael Krebber, auf. Neben der Frage nach der geschlechtlichen Verortung der Frau im Kunstbetrieb stellt Bonin etwas Grundsätzliches aber Implizites zur Disposition: Sie stellt die Verortung in einem kollaborativen Rahmen des Kunstsystems überhaupt zur Debatte. Einzelnamen und wie oft sie im Diskurs genannt werden stellen wesentlich Faktoren in der Laufbahn von KünstlerInnenkarrieren dar. Die Frage ist, ob KünstlerInnen in diesem Netz überhaupt genannt und sichtbar sind oder nicht. Die Nennung der Namen wirft die Frage nach den Vorstellungen vom Subjekt des Künstlers bzw. der Künstlerin und dem Star- und Geniekult auf. In Form der körperlichen Präsentation der Namen auf dem nackten weiblichen Oberkörper schreibt die Künstlerin die patriarchale Genealogie auf die Haut, schreibt den weiblichen dabei aber auf eine nicht-sprachliche Weise in den Diskurs ein und macht zugleich auf der Haut die Konstruktion von Genialität deutlich (vgl. von Bismarck 1996). Cosima von Bonin thematisiert das grundsätzliche Verwobensein im Kunstbetrieb innerhalb der Arbeit.
- KünstlerInnenkollaboration über künstlerische Aneignungsstrategien, ungefragte Zusammenarbeit, thematisiert patriarchale Machtstrukturen im Kunstbetrieb
- Literatur/Quellen: (Bonin/Goldstein 2007; Goldstein 2007; von Bismarck 1996)

[K-04] PIERRE HUYGHE & PHILIPPE PARRENO I *AnnLee – No Ghost Just a Shell*, 1999-2002

- Appropriation, Second Identity, Avatar, Kollaborative Identität, Virtual Reality
- Weiterbearbeitung eines Manga-Charakter von K Works, Weitergabe von AnnLee wie Open Source, Sample-Charakter
- Im Jahr 1999 kaufen die französischen Künstler Pierre Huyghe und Philippe Parreno einen vorgefertigen Manga-Charakter der japanischen Design-Agentur K Works. Mit dem Kauf des Charakters erhalten sie umfangreiche Copyright-Rechte und können mit dem dreidimensionalen fiktionalen Wesen umfassend agieren. Parreno und Huyghe geben dem Charakter den Namen *AnnLee*, halten die Persönlichkeitsrechte für *AnnLee* vertraglich fest und transformieren die virtuelle Figur in den Kunstbetrieb, indem sie ein Netzwerk von FreundInnen und KünstlerInnen einladen, die vorgegebene Hülle von AnnLee weiter zu nutzen und auszufüllen. Vom Jahr 1999–2002 nehmen ca. 30 KünstlerInnen und andere Beteiligte an der AnnLee-Aktion teil, u. a. Liam Gillick, Angela Bulloch und Rirkrit Tiravanija. Es entstehen unterschiedliche Beiträge, die alle an den gekauften Manga-Charakter anknüpften. (vgl. Lind 2007, 15).
- gemeinsame Arbeit an einem temporären Projekt, Open Source, Freundschafts- und KünstlerInnennetzwerk, kollaborative Subjektproduktion anhand eines Avatars; freiwillige lose Zusammenarbeit
- Literatur/Quellen: (Lind 2007b)

[K-05] GEHEIMAGENTUR | Open Source Performancekollektiv, seit 2003

Abb. 6: geheimagentur: *The Art of Being Many*, 27.-28. September 2014, Zeichnung von Enrique Flores zur Versammlung der Kollektive, Hamburg/Kampnagel

- Performance, Theater, Intervention, Kontext Kunst
- Vernetzungstools: Internetauftritte mit individuellen Ausschreibungen für Partizipation an Projekten
- Das Projekt geheimagentur ist ein Performancekollektiv (vgl. Ziemer 2013, 147) das von sich behauptet, selbst nicht zu wissen, „wer und wie viele ihm angehören" (ebd.). Durch die frei zur Verfügbarkeit gestellten künstlerischen und kulturellen Aktionen nach dem Prinzip von Open Source und kollaborativer Kulturproduktion wird Zusammenarbeit erprobt. Die geheimagentur verortet sich zwischen Kunst- und Theaterkontext und bezeichnet sich selbst als „freies Label, ein offenes Kollektiv" (vgl. geheimagentur 2010), das jeder für eigene weitere Aktionen und kulturelle Interventionen nutzen kann. Jedes Projekt oder Werk entsteht aus nutzergeneriertem Inhalt, jeder kann Teil des KünstlerInnenkollektivs geheimagentur werden. Für das Projekt *The most wanted works of art* werden im Jahr 2010 (vgl. geheimagentur 2010) chinesische Kopisten eingeladen, die auf Wunsch von AusstellungsbesucherInnen hochdotierte Kunstwerke kopieren. Die kopierten Werke wurden ausgestellt und versteigert. Wie in diesem Beispiel das Prinzip des Nachmachens in den Fokus rückt, so erzeugt die geheimagentur Situationen, „die wie Fiktionen erscheinen und dann doch die Realitätsprüfung bestehen" (vgl. ebd.) müssen. Die Struktur des offenen Labels unterminiert das genialische Werks-, Schöpfer- und Starprinzip. Künstlerisches Arbeiten wird nicht mehr an das Paradigma der Einzel- und Individualnamen bzw. des KünstlerInnenstars gebunden, sondern im Handeln in ein Referenznetzwerk überführt.
- Open-Source-Praktiken und -Kunstwerk, Konstruktion fester KünstlerInnenidentität(en) wird durch kollaborative Beteiligungsmöglichkeit aufgesprengt
- Literatur/Quellen: (Ziemer 2013; geheimagentur 2017; Keim 2015)

[K-06] PROJECT PROJECTS I Design Studio spezialisiert auf Kunst, Architektur und Bildung, gegründet 2004

Abb. 7: Project Projects: *Filmstill aus der Filmdocumentation von Aline d'Auria,* Directed and edited by Aline d'Auria, 2013„Curating, Design, Edition, Performance, Photography, Publishing, Recording, Research, Teaching, Writing Etc." (vgl. Spampinato 2015, 152)

Abb. 8: Project Projects: *Productive Posters*, Wandinstallation, ca. 5 x 3 m

- Transdisziplinäres Studio mit traditioneller Unternehmensstruktur
- Project Projects verstehen sich als ein Designstudio, das als Unternehmen mit Angestellten strukturiert ist. Designarbeit versteht das Unternehmen grundsätzlich als kollaborativ. In der Art, wie die leitenden Personen von Project Projects dabei an Projekte herangehen und die transdisziplinären Gestaltungsaufgaben in den o. g. sehr unterschiedlichen Bereichen erfüllen, gleicht einer Art kollaborativen heterogenen Team im digitalen Zeitalter. Die Mitglieder bringen alle sehr unterschiedliche Expertisen in das Führungsgremium mit, was sich wiederum in der gemeinsamen vielfältigen Arbeit niederschlägt. Herauszustellen ist dabei, dass Project Projects neben dem Kuratieren und Gestalten auch pädagogische Settings und Lehre in den Fokus rückt. Design und Kunst transformiert so auch eine Didaktik (vgl. Spampinato 2015, 152).
- Komplexe Zusammenarbeit eines hybriden Teams in unterschiedlichen Gestaltungsaufgaben
- Literatur/Quellen: (Spampinato 2015, 152 ff.)

[K-07] DIS COLLECTIVE| INTERNET ART, Performance, Photography, Red Carpet Service, Video, seit 2010

Abb. 9: DIS Magazine editors, v.l.n.r: Lauren Boyle, David Toro, Solomon Chase and Marco Roso and a friend, Fotografie des Teams, 16.11.2012, The New York Times, New York

- Multimedia-Kollektiv, Metakommerzielles Unternehmen, Kreativagentur
- Websites, Fotografie, Virtual Design, Internet Art, Mode, Aktionismus und Lehrformaten auf Social-Media- und Video-Plattformen
- DIS ist Multimediakollektiv und Agentur zugleich und hat sich auf die Produktion und Vernetzung von Bildern im Netz spezialisiert. Das New Yorker Kollektiv, das 2016 die Berlin Biennale kuratierte, betreibt mehrere Internetauftritte, zu denen u.a. das Magazin dismagazine.com sowie die Bildplattform disimages.com gehören. In den Foto- und Videostrecken, die das Kollektiv in Zusammenarbeit mit der um sie herum wachsenden Community erstellt, werden aktuelle Marketingstrategien hinterfragt und der bestehende ästhetische Mainstream mit Mitteln der Bildenden Kunst reflektiert und in Relation gesetzt. Das Kollektiv agiert interdisziplinär in den Bereichen Fotografie, Virtual Design, Internet Art, Mode, Aktionismus und Lehrformaten. Es thematisiert dabei kollaborative Formen der Kunst auf diversen digitalen Plattformen und formuliert explizit edukative Absichten. Es nutzt insbesondere Social-Media- und Video-Kanäle zur Verbreitung der Inhalte und verkauft die digitalen Produkte teilweise online. Die künstlerische Kollaboration wird zum positiven Element zeitgenössischer künstlerischer Arbeit erhoben; die einzelnen Mitglieder lassen sich nicht explizit einer Idee zuordnen. „We probably do hide behind the anonymity of DIS. We like that most people don't know who's behind it" (Spampinato 2015, 78).
- Freundeskreis, KünstlerInnenkollektiv, kollaborative Form der künstlerischen Arbeit im digitalen Zeitalter, kollaborative Produktion künstlerische Lehrformate
- Literatur/Quellen: (Spampinato 2015)

[K-08] ANONYMOUS/CREATIVE COMMONS I *Collaborative Futures Book Sprint*, 2010

Abb. 10: Transmediale: *Collaborative Futures Book Sprint*, Fotografie der Collaborators, 18.-22.01.2010, Courtesy of Michael Mandiberg, New York/Berlin

- ▶ Internetphänomen, Creative Commons Projekt, Kollaboratives Schreiben, Mass Collaboration
- ▶ virale Struktur; Mix aus analogen und digitalen Formen, kollaborative Arbeitsplattform „BOOKI"
- ▶ Im Jahr 2010 trifft ein Team mehrerer AutorInnen in Berlin im Rahmen der Transmediale zusammen, um in fünf Tagen kollaborativ auf Basis der Anonymous-Haltung (vgl. Anonymous 2018) ein Buch zu schreiben. Die zunächst fünf beteiligten Personen kennen sich vorher nicht und werden mit der Zeit durch weitere Collaborators – Mushon Zer-Aviv, Mike Linksvayer, Michael Mandiberg, Marta Peirano, Alan Toner, Aleksandar Erkalovic, Adam Hyde, Ela Kagel, Michelle Thorne, Mirko Lindner, Sophie Kampfrath, Jon Cohrs, Andrea Goetzke, Patrick Davison, Jonah Bossewitch, Sissu Tarka, kanarinka, a.k.a. Catherine D'Ignazio, Astra Taylor – ergänzt. Vorab wird lediglich der Titel – Collaborative Futures – und der sehr offen formulierte Arbeitsauftrag – „speculative narrative" – bekannt gegeben. Die genauen Rahmenbedingungen und die Form der Generierung von Inhalten diskutiert das Team am ersten Tag des Aufeinandertreffens. Die kollaborative Arbeit wird von einem der Softwareentwickler begleitet, welcher das benutzte kollaborative Schreibtool Booki je nach Bedarf laufend im Schreibprozess anpasst (vgl. Hyde et.al. 2010, 9). Das Buch ist bezogen auf seine Entstehung und seines Inhalts kollaborativ: Es entsteht konsequent im kollaborativen Schreibprozess und ist zugleich eine wundervolle Exploration zu aktuellen kollaborativen Arbeitsweisen im digitalen Zeitalter.
- ▶ Open Source Kunstwerk, unhierarchische Netzwerkarchitektur, Dekonstruktion fester KünstlerInnenidentitäten, Erprobung und Entwicklung von Verfahren kollaborativer künstlerischer Arbeit und Kreativität im digitalen Zeitalter
- ▶ Literatur/Quellen: (Hyde et al. 2010; Anonymous 2018)

[K-09] COM&COM | *Bloch*, seit 2011

Abb. 11: Com&Com: *Bloch*, Fotografie der Aktion in Urnäsch/Herisau, am 07.03.2011

- Konzeptkunst, Partizipation, Site Specific Art, Konzeptkunst, Betriebssystem Kunst
- Internetseite, Crowdfunding und -sourcing, Social Media
- In Appenzell in der Schweiz wird jedes Jahr in der Fastnachtszeit der letzte Fichtenstamm des Winters von zwanzig ortsansässigen Männern umrahmt von jeder Menge traditionellem Brauchtumsgeschehen von Urnäsch nach Herisau und wieder zurückgezogen. Der Stamm wird in der Regel von einem Einheimischen ersteigert. Das Material hat vor allem symbolischen Wert für die Ortsansässigen. Der Mann, der den Zuschlag erhält, fertigt aus dem Holz des sogenannten Bloch zumeist Schindeln für sein Haus. Am 07.03.2011 ersteigert das Künstlerduo Com&Com den Bloch und setzt mit dieser Ersteigerung den Startpunkt für eine komplexe Transformation des regionalen und urtümlichen, patriarchalen Brauches in globale, künstlerische Zusammenhänge. Der Bloch wird von dem Künstlerduo seither mit zahlreichen Rahmenveranstaltungen um die Welt geschickt. Im Kunstkontext lassen sie neue Bräuche an die alten Riten andocken, schaffen so Erweiterungen und neue Narrative zum Bloch. Wesentlicher Bestandteil ist Darstellung des Projekts in einer Vielzahl digitaler Plattformen, wo wesentliche Ereignisse, Kollaborationen zum Beispiel als Video dokumentiert sind oder zu neuen Aktionen aufgerufen wird. Die Finanzierung des Projekts wird nach dem Crowdfunding-Prinzip ermöglicht. Teilhabende AkteurInnen an diesem Projekt werden als sogenannte Collaborators bezeichnet. (vgl. Com&Com 2011a). Die Künstler selbst sehen ihre Kunst als „partizipatorische, kollaborative und kuratorische Prozesse" sowie als „Socially Engaged Art" (vgl. Com&Com 2011b).
- temporäres kollaboratives Kunstprojekt, Beteiligungsmöglichkeit über Crowdfunding, Erprobung kollaborativer künstlerischer Verfahren im globalen Kontext
- Literatur/Quellen: (Com&Com/Hedinger/Gossolt 2011a; 2011b)

[K-10] NADINE FREISCHLAD UND ANNA THEIL I *Art Made by the Crowd*, 2011

Abb. 12: Nadine Freischlad/Anna Theil: *Art Made by the Crowd*, Grafik der Initiatorinnen für die Bewerbung des Projekts auf den Crowdfundingplattformen, 19.-23.09.2011, Berlin

- Konzeptkunst, Art made by the crowd
- Crowdsourcing-Internetplattformen jovoto.com und die Crowdfunding-Internetplattform startnext.com
- Im Rahmen der Social Media Week Berlin 2011 führen Nadine Freischlad (Jovoto) und Anna Theil (Startnext) das temporäre Projekt und Experiment *Art made by the crowd* durch, bei dem ein Kunstwerk komplett kollaborativ ensteht. Ziel dieses Projekts ist es, ein Kunstwerk grundlegend auf Basis von kollaborativen Verfahren und mit Hilfe von Plattformen des Crowdsourcing und Crowdfunding entstehen zu lassen. Final werden die von der Crowd diskutierten und eingereichten Konzepte in dem gemeinsamen Projekt Praktikum Lab verwirklicht. (vgl. Freischlad/Theil 2011)
- Partizipatives Kunstprojekt, einmaliges Kunstprojekt mit Aufforderung zur Beteiligung, Mass Collaboration, Art made by the crowd, Co-Creation
- Literatur/Quellen: (Freischlad/Theil 2011; Pelzer 2011)

[K-11] IMPROV EVERYWHERE I *The Mp3 Experiment Eight*, 2011

Abb. 13: Improv Everywhere: *The Mp3 Experiment Eight*, Fotografie der Aktion im Nelson Rockefeller Park, New York, (Fotografie: Arin Sang-urai), 16.07.2011, New York.

- Art made with the crowd, Mass Art, Kunstprojekte mit riesigen Mengen an beteiligten Personen
- Netzbasierte Beteiligungsformen, Online-Plattformen; Apps; MP3-Dateien
- Das Kollektiv Improv Everywhere, das von New York aus agiert, verwirklicht performative Kunstwerke mit immens vielen beteiligten Menschen. Dabei werden digitale Kommunikationswerkzeuge, dateien und -plattformen genutzt, um ästhetische Interventionen im öffentlichen Raum zu verwirklichen. Über das Netz werden, wie im Beispiel der MP3-Reihe, kleine Audio-Tools oder Apps veröffentlicht, mit denen die Masse dann zu bestimmten Zeiten und spezifischen Orten eingeladen wird, dort nach Anweisung zu agieren. Dabei entsteht beispielsweise in *The Mp3 Experiment Eight* eine große bewegte Lichtperformance. Die Ideen von Improv Everywhere werden von Teamchef Charlie Todd kuratorisch entwickelt. Er entscheidet final über die Abläufe, Choreographien und ästhetischen Formgebungen der Performances. Er arbeitet dabei eng mit einem professionellen Team von FotografInnen, FilmerInnen und SchauspielerInnen zusammen.
- Art made by the crowd, Neue kollaborative künstlerische Arbeit mit Massen über das Internet, kuratierte künstlerischer Kollaboration
- Literatur/Quellen: (Spampinato 2015, 124ff.; Todd 2011)

[K-12] !MEDIENGRUPPE BITNIK I *Delivery für Mr. Assange*, 2013

Abb. 14: !Mediengruppe Bitnik: *Delivery for Mr. Assange*, 2013, two channel video installation, exhibition view, Helmhaus Zurich, 04.02.-06.04.2014, Fotografie FBM Studio

- Digitale Mailart, Intervention, Hacking Institutions
- Komplexe Technologie-Kollaboration: GPS, Twitter, Wireless-Video-Kamera, Youtube
- 2013 gelingt es dem Künstlerduo !Mediengruppe Bitnik dem in der ecuadorianischen Botschaft in London lebenden Hackeraktivisten Julian Assange ein Paket zukommen zu lassen. Die Sendung enthält eine Kamera, die durch ein Loch im Karton beständig Live-Bilder an die Webseite der Künstlergruppe und an einen Twitter-Account sendet. Zudem ist das Paket mit einer GPS-Tracking-Technik ausgestattet, so dass die beiden KünstlerInnen Carmen Weisskopf and Domagoj Smoljo die genauen Lagedaten des Päckchens in Echtzeit nachverfolgen können. Mit diesem komplexen Netz-Art-Projekt macht die Künstlergruppe u.a. den Weg des Päckchens öffentlich und transparent. Die Spannung in diesem Projekt liegt dabei in der Frage, ob und wie diese Sendung die Botschaft und Assange erreicht. Final sendet das so ausgestattete Päckchen Bilder von insgesamt 32 Stunden, in denen die Stationen der Lieferung, das Paketcenter, die Botschaftsräumlichkeiten und schließlich ein kurzer Auftritt Julian Assanges dokumentiert werden. Assange hält mit Hilfe der dem Paket beigelegten Karteikarten und einem Edding schriftliche Botschaften in die Kamera, die diese Bilder für die KünstlerInnen verfügbar macht. Die Bilder sind wiederum Grundlage für die Videoarbeit (vgl. !Mediengruppe Bitnik 2013).
- komplexe Kollaboration von Menschen, Technologien und Materialien
- Literatur/Quellen: (!Mediengruppe Bitnik 2013; Landwehr 2013)

[K-13] CANDICE BREITZ | *Legend*, 2005

- Videokunst, Installation
- Akquise von ExpertInnen, Nutzung von KunstrezipientInnen für künstlerische Produktion
- Für die Arbeit *Legend* akquiriert Candice Breitz in einem aufwendigen Authentifizierungsverfahren Fans von Bob Marley für ein Aufnahmeprojekt. In verschiedenen Anzeigen ruft die Künstlerin extreme Bob-Marley-Fans zur Beteiligung an dem Kunstprojekt auf. Beim Casting zählt lediglich die Kategorie „Extremer Fan", alle anderen Merkmale, wie Auftreten, Stimmqualität etc. werden nicht berücksichtigt. Die 30 ausgewählten Fans erhalten die Möglichkeit, das Album *Legend* von Bob Marley in einem Studio selbst aufzunehmen. Dabei wird eine Audio- und Video-Aufnahme erstellt. Die Aufnahmen erfolgen mit jeweils den exakt gleichen Rahmenbedingungen, wie beispielsweise demselben blauen Hintergrund. Zudem lautet die Vorgabe, das komplette Album einzusingen. Andere Parts wiederum waren freigestellt, zum Beispiel die Auswahl der Kleidung oder die Art und Weise der Performance. Final mündet die Arbeit in einer 30-Channel-Video-Projektion, bei der alle einzelnen, individuellen Albumaufnahmen zeitgleich abgespielt werden. Kollaboration wird bei dieser Arbeit über mehrere Wege thematisiert und ausgeführt: Die Arbeit von Breitz macht sichtbar, dass Fandom als eine Kultur der Partizipation verstanden werden kann, bei dem der Fan mit dem künstlerischen Material seines Vorbilds kollaboriert und daran weiterarbeitet. Zugleich erhält die Kollaboration eine weitere Ebene in der Zusammenstellung eines künstlichen Chors von SängerInnen auf einzelnen Monitoren.
- Remix- und Appropriationskultur, Fandom als Kollaboration zwischen RezipientInnen und Kunstwerk, KonsumentInnen-Kollaboration in der Aneignung von künstlerischem Material
- Literatur/Quellen: (Zaya/Breitz 2007)

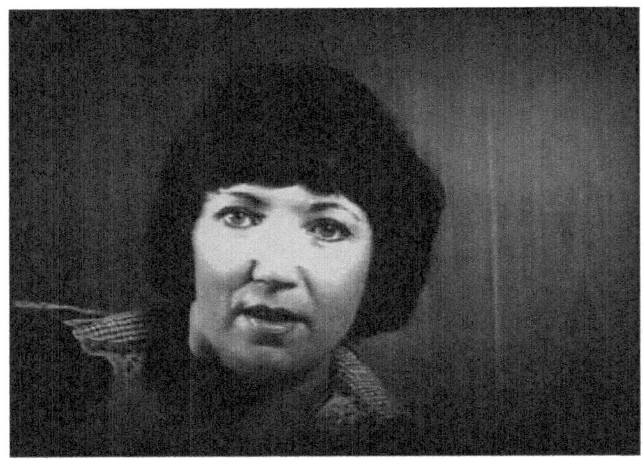

Abb. 4

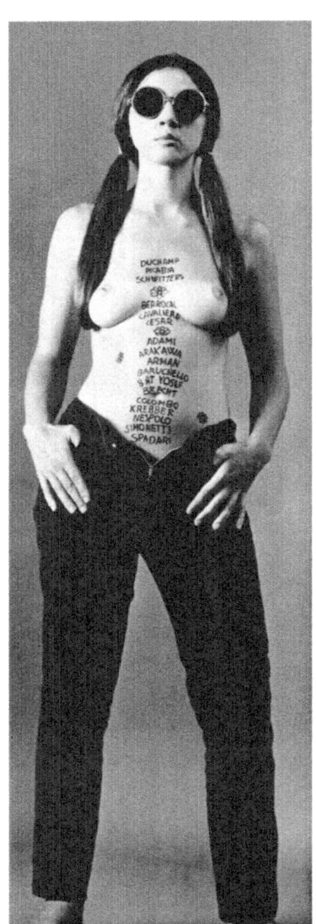
DUCHAMP
PICABIA
SCHWITTERS
BERROCAL
CESAR
ADAMI
ARAKAWA
ARMAN
BARUCHELLO
BAT YOSEF
COLOMBO
KREBBER
NESPOLO
SIMONETTI
SPADARI

Abb. 5

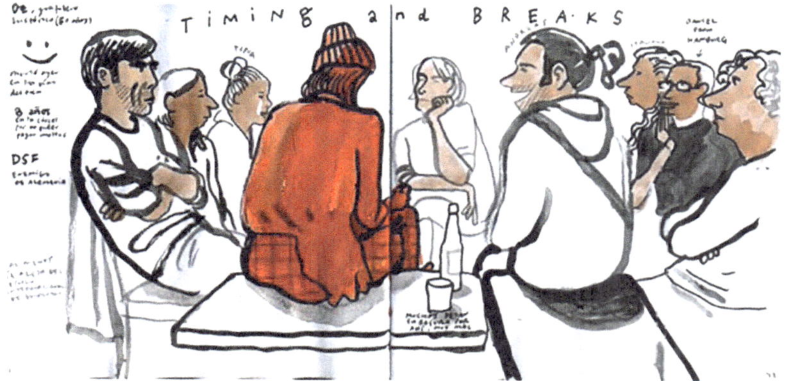

Abb. 6

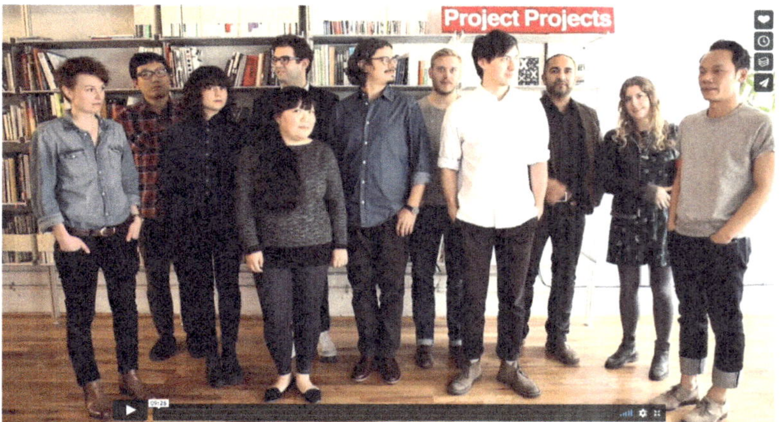

Abb. 7

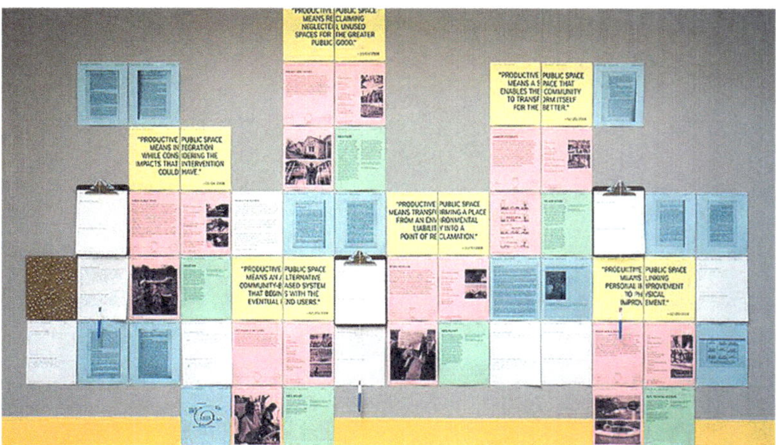

Abb. 8

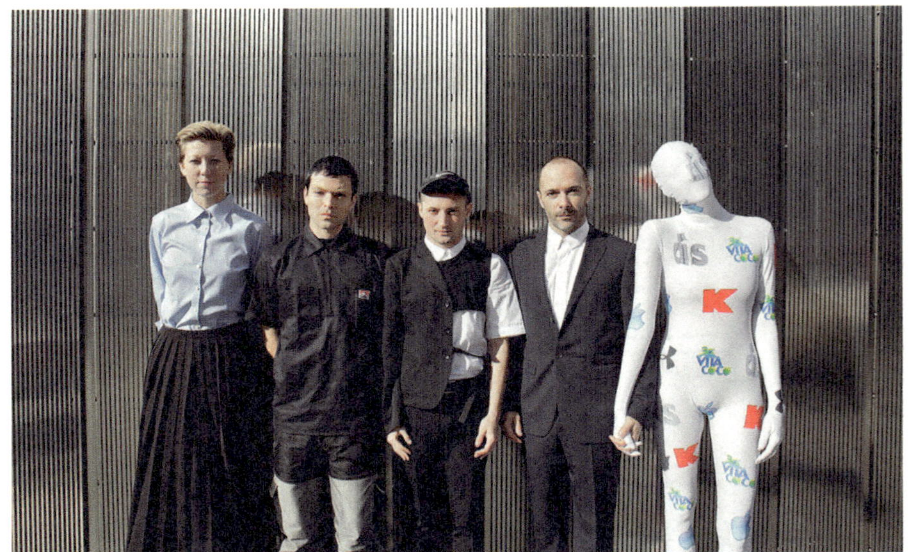

Abb. 9

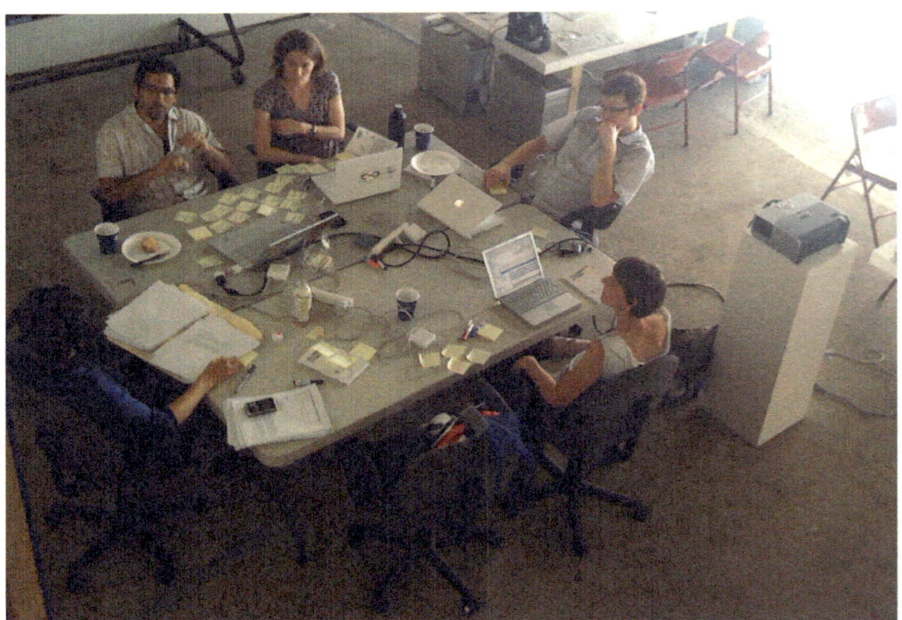

Abb. 10

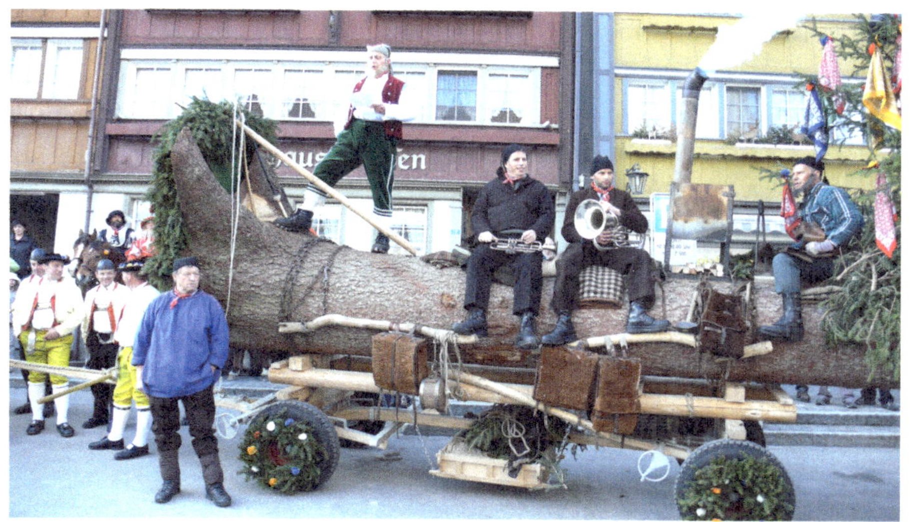

Abb. 11

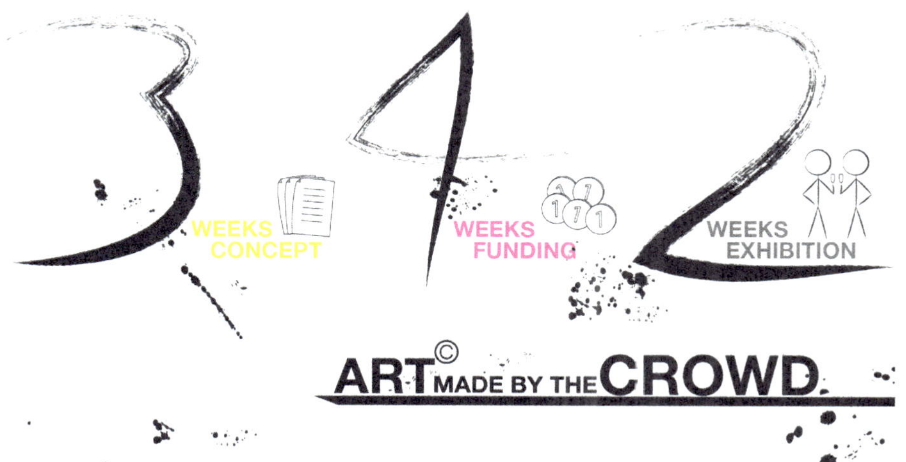
3
WEEKS
CONCEPT
1
WEEKS
FUNDING
2
WEEKS
EXHIBITION
ART© MADE BY THE CROWD.

Abb. 12

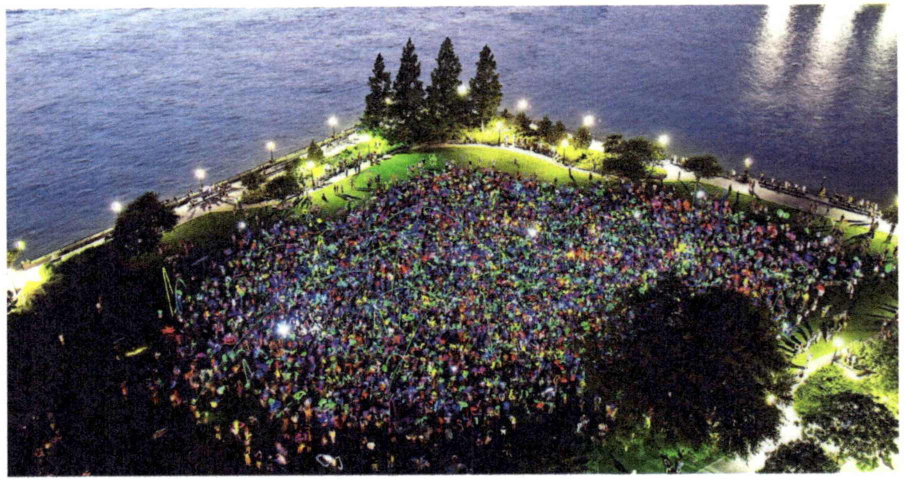

Abb. 13

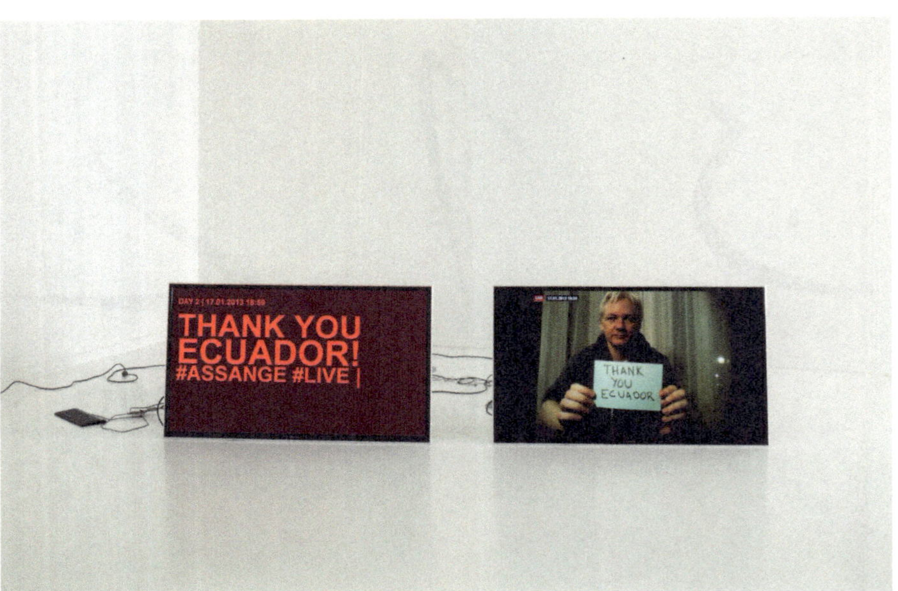

Abb. 14

Die Liste dieser kleinen Phänomenologie stellt eine konzentrierte Auswahl dar. Sie bietet einen begrenzten Ausschnitt, mit dem in den folgenden Explorationen hantiert wird. Sie dient als Beispielliste für die Verdeutlichung des hier behandelten Forschungsgegenstands und zeigt ein erstes, minimales Repertoire künstlerischer Positionen von Kollaboration, damit eine Vorstellung davon entsteht, was genau Kollaboration im aktuellen Kontext künstlerischer Praktiken bedeuten oder umfassen kann. Insbesondere gilt es eine Vielfalt künstlerischer Kollaborationsformen herauszustellen und deren Arbeitsweisen intensiver zu betrachten. Sowohl in Arbeitsformen von als EinzelkünstlerInnen rezipierten Positionen als auch in Kollektivpositionen werden künstlerische Formen der Kollaboration sichtbar. Für die weitere Forschung lässt sich die erste Sammlung von Beispielen kollaborativer Kunst um ein Vielfaches erweitern. Zu nennen wären hier beispielsweise KünstlerInnenformationen wie AAS, Christopher Kulendran Thomas, Group Material, inges idee, The Atlas Group, Reinigungsgesellschaft, The Yes Man, Raqs Media Kollektive, Okwui Okpokwasili & Peter Born oder Claudia & Julia Müller, ruangrupa oder Reena Spaulings. Diese Liste gilt es, fortlaufend zu erweitern und zu ergänzen.

3.4.4 Kategorisierung kollaborativer Kunst

Im kunsttheoretischen und wissenschaftlichen Diskurs zeigen sich jüngst viele Perspektiven auf und Konzepte zu künstlerischer Kollaboration. In dem folgenden Teilkapitel werden die Ergebnisse aus der literaturbasierten Exploration zu Konstruktionen von kollaborativer Kunst dargelegt. Neben der Auswertung der Texte wird im Folgenden ein Schwerpunkt auf Maria Linds Taxonomien und Typologien zur Kollaboration in der Kunst (vgl. Lind 2007a; 2007 b) gelegt.

3.4.4.1 Wachsender Diskurs zu künstlerischer Kollaboration

Im Gegensatz zu den vielfältigen Beispielen künstlerischer Praxis, den Ausstellungen oder Publikationen, die sich dem Thema Kollaboration widmen, ist es bezeichnend, dass das Kollaborative wenig Achtung in der Kunstwissenschaft und -theorie erfährt. Dementsprechend jung sind die Konzepte und Begrifflichkeiten, die proaktiv mit dem Diskurs zur kollaborativen Kunst beginnen (vgl. Stimson/Sholette 2007).

> *„While there were plenty group exhibitions, ersatz and real professional organizations [...] that helped to make the likes of abstract expressionism, happenings, Fluxus, pop art, minimalism, conceptual art, and others over into art-historical solution, none of these brought the question of collective voice to the fore in the same war, none saw collectivization itself as a vital and primary artistic solution [...]" (Stimson/Sholette 2007, xi)*

So wie Stimson und Sholette zeigen, wie das Kollektive an sich nicht in den Fokus kunstgeschichtlicher und -wissenschaftlicher Auseinandersetzung gerückt wird. Dementsprechend fordern sie ebenso wie eine kleine aber stetig wachsende Anzahl von AkteurInnen, dass überhaupt eine geschichtliche Einordnung, Kategorisierung und Periodisierung für die erweiterten Positionen des Kollaborativen in der Kunst beginnen sollte, darunter Rachel Mader, Claire Bishop, Clegg & Guttmann, Holly Crawford und Maria Lind (vgl. Mader 2012, Bishop 2006; Clegg/Guttmann 2007; Lind 2007b). Mader zeigt die widersprüchliche Kluft zwischen dem Ausbleiben einer Kunstgeschichte zur kollektiven künstlerischen Praxis einerseits (vgl. Mader 2012, 10) und der stetigen Zunahme kollektiver Positionen andererseits (vgl. Mader 2012, 11) auf:

> *„Dennoch scheint sich gerade bei der Frage nach einer Theoretisierung kollektiver Kreativität eine erstaunliche Lücke zu offenbaren, bzw. bezieht sich nahezu jede*

Reflexion auf die gesellschaftskritischen Komponenten eines solchen Handelns, ohne das Potential dieser Sichtweise auf den kreativen Prozess und dessen Konstruktion im Rahmen der kunstwissenschaftlichen Narration selbst zu lenken. Dies ist umso erstaunlicher, als dass in den letzten Jahren eine Vielzahl von bildstarken Entwürfen aus der Kulturphilosophie ihren Niederschlag in Kunst und Kunsttheorie gefunden haben, deren Stoßrichtung auf eine Relativierung und/oder Kontextualisierung der Kategorie Autorschaft zielten." (Mader 2012, 13)

Sie sieht das Ausbleiben einer kunstgeschichtlichen Einbettung kollaborativer Konzepte begründet in der „in den letzten Jahren enorm intensivierten Diskussion um die Figur des Künstlers bzw. der Künstlerin als Autor" (Mader 2012, 10). Einem regelrechten Trend zur künstlerischen Kollaboration und einer selbstverständlichen Erweiterung der Konzepte künstlerischer Strategien und Formen der Kollaboration steht demnach eine Marginalisierung in der Kunstgeschichte entgegen, die das einzelne, authentische KünstlerInnenindividuum hochhält.

3.4.4.2 Kollaboration in der Kunst – Positionen, Texte und Konzepte

Die stetige Zunahme des Interesses an komplexer Kollaboration im künstlerisch-praktischen Feld sowie im Diskurs zur Kunst schlägt sich in spezifischen Publikationen nieder, die im Rahmen der vorliegenden Arbeit für die Exploration der Genese kollaborativer Kunst gesichtet wurden. Im Folgendem werden Positionen daraus kursorisch vorgestellt, die für die Exploration zur kollaborativen Kunstpraxis wesentliche Beobachtungen und Erkenntnisse liefern. Diese Auswahl dient hier als Korpus für die Exploration künstlerischer Kollaboration, der sich in der Recherche nach einem kollaborativen Verständnisses von Kunst während der Arbeit an der vorliegenden Dissertation stetig um neue Textpositionen erweitert.[20] Die Übersicht hier stellt eine Auswahl an Texten vor.

Als Auftakt der expliziten Verwendung des Kollaborationsbegriffs zeigt sich Beatrice von Bismarcks, Diethelm Stollers und Ulf Wuggenigs Publikationsprojekt *Games Fights Collaborations. Das Spiel von Grenze und Überschreitung – Art und Culture Studies in the 90ies* (1996), in dem das Vermittlungskonzept des Kunstraums Lüneburg beschrieben wird, das in seiner Grundkonzeption Kollaborationen zwischen Studierenden der Kunst- und Kulturwissenschaft sowie AkteurInnen aus dem Kunstbetrieb als Basis kuratorischer, künstlerischer und zugleich vermittelnder Arbeit begreift. Ausgangspunkt ist dabei die Ausstellungssituation

20 Während der Arbeit an dieser Dissertation werden immer mehr Quellen zum Thema der Kollaboration in der Kunst sichtbar, die auch Relevanz für den hier explorierten Gegenstand besitzen, die aber nicht alle intensiv in die Exploration eingebunden werden konnten, wie zum Beispiel die Texte von Charles Green (2001), Suzanne Lacy (1995), Stuart Tait (2009) oder Suzi Gablik (1995).

und der Raum selbst, von dem ausgehend Howard S. Beckers Konzept der *„art worlds"* (Becker 1982, 194) erprobt wird. Grenzüberschreitend ist dabei das transdiziplinäre Zusammenarbeiten der unterschiedlichen ausdifferenzierten Fachgebiete miteinander. Indem die Situation des Ausstellungsraumes heterogene AkteurInnen zusammenbringt und miteinander kommunizieren lässt, wird eine vernetzte Projektkultur deutlich, die sich an der zeitgenössischen Kunst selbst orientiert. Dieses Bildungskonzept stellt ein Kollaborationsmodell dar, bei dem AkteurInnen aus der Kunst und der Wissenschaft miteinander agieren und dadurch eine neue Form der aktionsbezogenen, situativen Bildung verwirklichen (vgl. Bismarck et al. 1996, 9).
Als weitere Wegmarke im Diskurs um kollaborative Kunstpraktiken und den AutorInnenbegriff kurz vor Beginn des 21. Jahrhundert steht Marion Strunks Text *Vom Subjekt zum Projekt. Kollaborative Environments*, der 1999 im Kunstforum-Band 152 *Kunst ohne Werk* publiziert wird. Darin skizziert Strunk wesentliche Denkstrukturen zur kollektiven AutorInnenschaft anhand von Barthes und Foucault, die sie mit Beispielen aus der Kunst verknüpft. Sie setzt in Bezug auf neue Projektformen in der Kunst den Begriff der Kollaboration ein. Strunk bezieht sich in dieser Phänomenologie vor allem auf künstlerische Positionen der Ausstellung *get together. Kunst als Teamwork*, die 1999 im Diskurs um künstlerische Zusammenarbeit in der Kunsthalle Wien eine Vielzahl an kollaborativen Positionen zeigt. Sie geht auf Künstlerkollaboration wie das Projekt *@home*, die Zusammenarbeit von Vanessa Beecroft oder Kollaborationen von Carsten Höller, Rirkrit Tiravanija und Philippe Parreno ein. Mit dem kunstwissenschaftlichen Diskurs zu kollaborativen Kunst, einer Dekonstruktion des klassischen genialen AutorInnenbegriffs und der Anbindung kollaborativer Praxisphänomene an vorhandene theoretische Diskurse liefert Strunk eine wesentliche Vorarbeit für die aktuelle Fokussierung der Kollaboration in Bezug auf Bildende Kunst (vgl. Strunk 1999).

Mit *Relational Aesthetics* (2002) entwirft Nicolas Bourriaud eine Theorie, die das Relationale der Kunst in den Vordergrund stellt. Seinen relationalen Kunstbegriff macht er an spezifischen Kunstpositionen wie beispielsweise Rirkrit Tiravanija oder Dominique Gonzales-Foerster fest, also VertreterInnen der Kunst der späten 1980er bzw. 1990er Jahren, die auch als kommunikative, partizipative oder soziale Praxis beschrieben werden. Diese Kunst entfernt sich zumeist explizit von einem klassischen Werk- und Objektverständnis und proklamiert eine dialogische Konsistenz. Anknüpfend an diese Arbeiten macht Bourriaud den Wandel hin zu einer spezifischen Kunstsparte deutlich. Sein relationales Konzept fokussiert das Kommunikative und Zwischenmenschliche des Kunstwerks. Das, was er unter der relationalen Ästhetik fasst, sei nicht mehr durch Stil oder Ideologie verbunden, sondern vielmehr darüber, dass KünstlerInnen mit der „relational sphere" (Bourriaud et. al. 2002, 43) arbeiten und diese Sphäre als ihr Material begreifen. Die Erweiterung des Kunstbegriffs umfasst nun auch

Kontext und Netzwerk der Menschen und Dinge um das Kunstwerk oder um KünstlerInnen herum, als ein Gesamtkonglomerat von Kunst. Mit diesem neuen Blick auf Kunst und ihre Ränder und Grenzgänge steht Bourriaud in der Nähe zu Peter Weibels Begriff der *Kontext Kunst* (vgl. WEIBEL 1994), Grant Kesters Analyse der „dialogical art" (vgl. Kester 2011) oder Christian Kravagnas *Partizipativer Praxis* (vgl. Kravagna 1998). Seine Theorie ist für die Suche nach kollaborativen Kunstpraktiken wichtig, da er einen wesentlichen Aspekt kollaborativer Kunstpraxis analysiert und seine Theorien der Relationalität zur theoretischen Basis und Legitimation der AkteurInnen wird, die sich mit kollaborativer Kunst bzw. kollektiver Autorschaft beschäftigen (vgl. Bourriaud et al. 2002).

Aus dem Blickwinkel der Kunstkritik debattiert Claire Bishop in *The social turn. Collaboration and its discontent* (2006) kollaborative Kunstpraktiken. Sie begreift diese tendenziell als soziale Praxis und als notwendige Form des künstlerischen Widerstandes. Sie schreibt den kollaborativen Praktiken grundsätzlich eine soziale oder agitative Komponente zu und wählt für ihre Diskussion fast ausschließlich KünstlerInnenbeispiele, die in diesem Sinne agieren. Mit dem Text bricht Bishop eine Lanze für kollaborative Kunstpraktiken, wirft jedoch zugleich die Frage auf, wie von Seiten der Kunstkritik sozial engagierte Kunst einzuordnen sei und ob es sich dabei überhaupt um Kunst handelt. Zukunftschancen für ihr Verständnis von „Social Art" sieht sie trotz kritischer Einwände in der Eigenschaft der Kunst, das Widersprüchliche gemeinsam denken zu können. Das Widersprüchliche, etwa zwischen Kunstautonomie und Kunst mit Lebensweltbezug, kann im Wesen von Kunst gemeinsam existieren: „The best collaborative practices of the past ten years address this contradictory pull between autonomy and social intervention, and reflect on this antinomy both in the structure of the work and in the conditions of its reception" (Bishop 2006, 183). Ihre Analysen bleiben dem engen Konzept einer modernen Kunst und einer Kunstkritik verhaftet. Zwar sind Bishops Thesen wichtig, da sie die Rezeption und Diskussion um kollaborative Kunst im kunstwissenschaftlichen Diskurs vorantreiben. Die Beispiele kollaborativer Kunst (vgl. Kapitel 3.4.3) zeigen im Kontrast zu Bishops Beispielen, dass Kollaboration gerade auch diejenigen künstlerischen Strategien umfasst, die nicht unter dem Begriff von Agitation oder Sozialem gefasst werden können – eine Perspektive, die Bishops Ansatz erweitern könnte (vgl. Bishop 2006, 178ff.)

In dem Kunstband *Double Act. Künstlerpaare* fechtet Mark Gisbourne den sehr haltbaren Mythos und die formelhafte Vorstellung an, Kunst lasse sich immer auf ein singuläres Künstlerindividuum, ein Genie zurückführen. Diesen Allgemeinplatz betitelt das Künstlerduo Clegg & Guttmann in Gisbournes Band mit dem Begriff „Pseudoexpressionismus" (Clegg/ Guttmann 2007, 8). Anhand des Paradigmas des Künstlerpaars rechnen die AutorInnen der Publikation mit der gängigen Vorstellung von individueller Kunstproduktion ab. Dem historisch gewachsenen Konzept der Betonung von künstlerischer Einzelleistung stellen sie das Konzept des Künstlerpaars entgegen, das von vierzehn Beispielen zu Künstlerpaaren illustriert wird. Vor allem Gisbournes einleitender Text berührt intensiv die Thematik des Kollaborativen in der Kunst. Er betont die explizite Forderung, kollaborative Kunstproduktion als erweiterte Implikation künstlerischen Schaffens mitzudenken (Gisbourne/Meyer/zu Kueingdorf 2007, 16). Die Forderung nach einer Verschiebung hin zu einem Fokus auf kollaborative Phänomene wird betont. Kategorien der Kollaboration werden als graduell und in einer Vielfalt betrachtet, die vermehrt besprochen und in den Fokus gerückt werden sollen. Als wesentliches Konzept der Kollaboration wird in dem Band allerdings allein das Gemeinschaftskonzept des Künstlerduos vorgestellt, ein Arbeitskonzept für KünstlerInnen, das seit den 1970er Jahren eine stärkere Positionierung erfahren hat (vgl. ebd.), das aber nur einer von vielen Kategorien künstlerischer Kollaboration entspricht.

Blake Stimson und Gregory Sholette bringen in ihrer Herausgeberschrift *Collectivism after modernism* (2007) kollektive KünstlerInnenpositionen in den Diskurs und möchten damit der von ihnen konstatierten herrschenden Marginalisierung kollektiver Kunstpraktiken entgegenwirken. Die Gründe in der schwachen Aufnahme kollaborativer Kunstpraktiken in den Kunstwissenschafts- und Kunstdiskurs sehen sie politisch-ideell motiviert als Abkehr von sozialistischen und/oder kommunistischen Ideen. Mit der Publikation treten sie der fehlenden Kunstgeschichtsschreibung zu kollektiven Kunstpraktiken entgegen und lassen auf kunsthistorischer Perspektive mit enger Verknüpfung zur Praxis bisher wenig laute Stimmen zur Wiedergeburt kollektiver Ideen in der Kunst zu Wort kommen. Sie stellen in ihrer Einleitung die Beschaffenheit und die Gründe des Hiatus in der Geschichtsschreibung zu kollektiver Kunstpraxis heraus. Erst mit Ende des Kalten Krieges und dem offensichtlichen Scheitern sozialistischer kollektiver Ideen konnten kollektive Gedanken überhaupt wieder in den Mittelpunkt kunstwissenschaftlicher Arbeit kommen. Der Band liefert wesentliche Ansätze zu Beispielen diskursiver Praktiken kollektiver Kunstprojekte. Das Autorenteam der Herausgeberschrift stellt nicht nur westliche, sondern global orientierte politisch-kollektive Künstlerpositionen vor. Ihr Schwerpunkt liegt auf kollektiven Praktiken, die häufig politisch motiviert sind und sich im Bereich von Aktionismus, von ausgegrenzten AkteurInnen der globalen Gesellschaft bewegen (vgl. Stimson/Shollette 2007).

In dem Tagungsband *Taking the matter into common hands. On contemporary art and collaborative practices* (2007), der im Anschluss an das gleichnamige Symposium erschien, das im Jahr 2005 im Projekt-Studio des Swedish Arts Grants Committee's international programme for Visual and Applied Artists (IASPIS) in Stockholm stattfand, versammeln die HerausgeberInnen Johanna Billing, Maria Lind und Lars Nilsson essentielle Positionen zur zeitgenössischen kollaborativen Kunstpraxis und der jungen Theorie dazu, unter ihnen Positionen wie die von Marion von Osten, Simon Sheikh, Katharina Schlieben, Copenhagen Free University und Brian Holmes (vgl. Billing et al. 2007). Das Buch versammelt und konzentriert Analysen, Praxisbeispiele und Einschätzungen zu zeitgenössischer kollaborativer Kunstpraxis und liefert Ansätze für eine theoretische Einordnungen. Maria Lind geht in ihrem Text *Collaborative Turn* (Lind 2007b, 15ff.) sowie in einem Glossareintrag in einem Ausstellungskatalog zu *Skulptur Projekte in Münster* (vgl. Lind 2007a, 387f.) vertieft auf kollaborative Kunstpraktiken ein und entwickelt eine neue Taxonomie kollaborativer Kunstpraktiken. Da in diesen Analysen die Beschaffenheit eines erweiterten Begriffs kollaborativer Kunst vertiefend beobachtet, beschrieben und analysiert wird, lehnt sich die Exploration hier in vielen Punkten an Linds Theorien an. Ihre Vorarbeit wird im weiteren Verlauf dieses Kapitels genauer herausgearbeitet (vgl. Kapitel 3.4.4).

Rachel Mader versammelt in der Publikation *Kollektive Autorschaft. Alternatives Handeln und Denkmodell* (2012) AutorInnen, die wesentliche Beiträge zum kunstwissenschaftlichen Diskurs und zur Theoriebildung der erweiterten Kollaboration leisten. Ihr einleitender Text zu den AutorInnenbeiträgen ist eine markante Analyse mit dem Fazit, dass sich erweiterte kollaborative Kunstpraktiken in der „Organisationsform der komplex verzweigten Kooperationen oder Netzwerke" (Mader 2012, 7) im Kunstfeld beobachten lassen. Diese Erweiterung und Verschiebung der kollaborativen Praktiken knüpft sie an den AutorInnenbegriff, speziell den Begriff der kollektiven AutorInnenschaft, wobei sie aber nicht polarisiert, sondern graduelle Verschiebungen und Erweiterungen vorschlägt:

> *„Das Konzept der Autorschaft wird also nicht prinzipiell zurückgewiesen, vielmehr geht es darum, die Vorstellung seiner singulär strukturierten Produktivkraft, über die es zweifelsohne und effektvoller denn je verfügt, durch eine Sicht auf die ihm zur Seite stehenden Mechanismen zu ergänzen." (Mader 2012, 9)*

Sie liefert anhand genauer Analysen des kunstwissenschaftlichen Diskurses zum Konzept des Autors im Verweis auf Bruno Latour und die postmodernen Theorien zum AutorInnenbegriff die Möglichkeit einer neuen „Denkfigur" (ebd., 8) in Bezug auf künstlerisches Arbeiten und das Konzept des künstlerisch agierenden Individuums. Mader unternimmt mit ihrer Analyse zugleich eine Abkehr von einem Verständnis von Kollaboration in der Kunst, das an ein rein quantitatives Konzept gebunden ist. Sie stellt ein breites Verständnis in Aussicht, das, wie sie in Bezug zu Bruno Latour darlegt, eine erweiterte neue Definition des Kollaborativen „als soziales, gezielt gemeinsam agierendes Vielfaches" (ebd.) umfasst. Mader verweist hierbei auf Wolfgang Kemp, welcher einen zu engen Blick auf die „Idee der Intentionalität" kritisiert, und für eine Erweiterung dieses Konzepts plädiert. Er schlägt hierfür das Modell „dynamischer Komplexität“ (Kemp 1991, 89) vor, das Mader wiederum in zeitgenössischer, kollektiver AutorInnenschaft praktiziert sieht. Mader schlägt darüber hinaus eine Abkehr von der Idee vor, kollaborative Kunst mit Sozialorientierung gleichzusetzen. Produktion und Innovation begreift sie als erweitertes, vernetztes Schaffen (vgl. Mader 2012). In eben diesem Sinne versteht sich die der vorliegenden Arbeit zugrundeliegende Vorannahme, das heißt Kollaboration in der Kunst wird als komplex vernetzte Zusammenarbeitsform verstanden, die weder bezogen auf das Individuum quantitativ zu beachten ist, noch graduelle Unterschiede von Vernetzung und Relation bedeuten muss.

Mit dem Begriff der Komplizenschaft deutet Gesa Ziemer die strafrechtliche Bedeutung des Begriffs um und macht ihn für das Feld kollektiver Praxis in Arbeit, Alltag und Kunst der Gegenwart wirksam (vgl. Ziemer 2013). In *Komplizenschaft. Neue Perspektiven auf Kollektivität* exploriert sie auf Basis von 60 Interviews zu ihrer Hypothese, zeitgenössische Zusammenarbeit in Kultur und Kunst vollziehe sich in vielfältigen, vor allem kreativen Handlungspraktiken als kollektive oder vielmehr komplizenhafte Angelegenheit. Sie leitet den Begriff der Komplizenschaft kategoriengeleitet und unterstützt durch gegenstandorientierte Forschung her. Dabei kommt sie zu der Feststellung, dass das Zusammenfinden für kreative Zusammenarbeit zunächst Impuls einer wesentlichen ästhetischen Erfahrung ist, womit sie künstlerischer Zusammenarbeit den Beigeschmack des rein methodisch-funktionalen nimmt, wird Teamwork doch häufig ausschließlich als unästhetische, eben soziale Form wahrgenommen. Das Konzept von Komplizenschaft hält Ziemer als wesentliche Arbeitsstrategie aktueller Kreativität hoch, ganz im Gegensatz zu den Konzepten der Avantgarde, die um einzelne Individuen kreisten. Sie betont, dass die ausbeuterische Funktionalisierung der Zusammenarbeit in vielen Arbeitsfeldern eine Kehrseite aktueller Formen der Zusammenarbeit mit erzeuge, zum Beispiel durch den Effekt des Teamdrucks im Kulturbetrieb, bei dem dennoch am Ende oft einzelne Individuen gewinnen. Ihre Analysen sind für die Forschung zum Begriff der Kollaboration wichtig, da sich methodische und fachliche Verwandtschaften andeuten. Sie liefert, ähnlich wie es hier für den Begriff der Kollaboration getan wird, eine Charakterisierung bzw. Taxonomie der Komplizenschaft, die in fünfzehn Punkten deren Beschaffenheit systematisiert (vgl. ebd., 167ff.).

Francesco Spampinatos jüngst erschienener Band *Come together. Cooperative Art and Design* arbeitet phänomenologisch und gegenstandsorientiert die aktuell transformierte Rolle der AutorInnenschaft in der Kunst und im Design auf. In einem Katalog sammelt er Informationen über aktuelle KünstlerInnengruppierungen und ergänzt die Anthologie um Interviews mit zeitgenössischen AkteurInnen der von ihm ausgewählten 40 unterschiedlichen

Kunst- und Designkollektive und -gruppen. Sie geben Antworten auf die Fragen nach der Beschaffenheit von kollaborativer Gestaltungsarbeit, Grundlagen für das Miteinander, die Rolle von Technologien für die Zusammenarbeit und die Fragen nach geänderten Bedingungen für das Publikum von kollaborativer Kunst. Spampinato stellt den neuartigen, komplexen Charakter kollaborativer künstlerischer Praktiken heraus: „open, collective, horizontal, and participatory" (Spampinato 2015, 7). Er verknüpft dieses Konzept mit lange bekannten Mustern kollektiver Kunstpraxis und kategorisiert juvenile Bedingungen und Beschaffenheit künstlerischer Kollaboration in der digitalen Kondition (vgl. ebd.).

Der Überblick über die Publikationen verdeutlicht die Zunahme der Beachtung des Kollaborativen im künstlerischen Feld. Mit diesen Stimmen wird zugleich die Betonung einer neuen Qualität und einer neuen Bedeutungsebene von Zusammenarbeitsformen und Interaktionen hervorgehoben, die jedoch in vielerlei Hinsicht eine Erweiterung bestehender Formen von Kollektivität darstellt. Teambasierte Kunstproduktion, so zeigt sich immer wieder, ist nichts Neues in der Bildenden Kunst, wie auch Francesco Spampinato bekräftigt (vgl. Spampinato 2015, 7). Jedoch sind abseits vom tradierten Verständnis kollektiver Kunst im Sinne des Künstlerpaars oder der Künstlergruppe aktuelle, neue Formen und Charakteristika der kollaborativen Kunst festzustellen, die sich in komplexer Weise von dem herkömmlichen Verständnis der künstlerischen Teamarbeit unterscheiden bzw. diese Form der Kollaboration durch die Strategien der Vernetzung in der digitalen Kondition ergänzen. Sichtbar werden Formen der Kollaboration, die sich in komplexer Weise und auf vielfältigen Ebenen kollaborativer Strategien – ob im Netz oder im unmittelbaren Miteinander von KünstlerInnen – selbstverständlich bedienen, wie beispielsweise bei DIS oder im Projekt geheimagentur deutlich wird.
Zugleich lässt sich die zeitliche Dimension einer Auseinandersetzung mit neuer erweiterter Kollaboration in der Kunst festmachen: Die erste Welle der Publikationen und künstlerischen Arbeiten setzt Mitte der 1990er Jahre ein und erhält besonders seit Anfang der 2010er Jahre eine starke Ausprägung. Eine kunstwissenschaftlich und -theoretisch fundierte Einordung in spezifische zeitliche Phasen bleibt noch aus bzw. ist unvollständig
Diese Auswahl an wesentlichen Texten zu dem Phänomen der Kollaboration in der Kunst bildet den wesentlichen Korpus für die Exploration hier.

3.4.4.3 Begriffsemergenz und Begriffsunschärfen

Es herrscht eine große Begriffsvielfalt, wenn es darum geht, kollaborative Kunst zu bezeichnen. Von Seiten der Kunstwissenschaft wird darauf hingewiesen, dass eine fachsprachliche Entwicklung ausbleibt, analog zur fehlenden kunstwissenschaftlichen Bearbeitung des Feldes zeitgenössischer künstlerischer Kollaboration. Claire Bishop zeigt konkret das entstehende breite, aber unscharfe Begriffsfeld in der Kunstwissenschaft, -theorie und unter KuratorInnen auf: „This expanded field of relational practices currently goes by a variety of names: socially engaged art, community-based art, experimental communities, dialogical art, littoral art, participatory, interventionist, research-based or collaborative art" (Bishop 2006, 179). Zeitgleich entstehen ähnliche Begriffsfelder, wie Silke Feldhoff darlegt:

> *„In etwa zeitgleich waren für solche künstlerischen Phänomene auch die Begriffe New Genre Public Art, Littoral Art, Conversational Art und Dialogue-based Public Art in Umlauf, Grant Kester fügte dieser Begriffsvielfalt 2004 die Wendung Dialogische Kunst und das Konzept seiner Dialogischen Ästhetik hinzu." (Feldhoff 2009, 139)*

Bishop beschreibt die begriffliche Not, wenn sie von der „variety of names" (vgl. Bishop 2006, 179) spricht. Dieses Ausbleiben einer fachsprachlichen Entwicklung ist ein Indikator dafür, wie marginal die Fragen nach Praktiken der Gemeinschaft und Zusammenarbeit im Diskurs behandelt werden. Die nicht-einheitliche, wenig definierte Begriffsverwendung von neuen gemeinschaftlichen Praktiken und Positionen in der Kunst manifestieren die bestehende Marginalisierung. Es existiert keine etablierte Fachsprache in der Besprechung und Einordnung aktueller Zusammenarbeitsformen in der Kunst. Um das Gegenstandsfeld kollaborativer Kunst dennoch für die vorliegende Arbeit genauer zu erfassen, bietet es sich – angesichts der Unschärfe bezüglich einheitlicher Begriffe für Zusammenarbeit in der Kunst und aufgrund des fehlenden Diskurses – für den Forschungsprozess an, eine Vielzahl sich nahe stehender Begriffe zu sammeln und zu bündeln. Mit dieser Exploration wird ein Zugang zu einem breiten, mitunter unscharfen Familienfeld sprachlicher Einheiten zur Bezeichnung eines noch jungen Diskurses zu kollaborativer Praxis in der Kunst erschlossen. Die in der Exploration gefundenen Begriffe sind uneinheitlich, lassen sich aber nach Ähnlichkeiten und Wortstamm, nach morphologischen bzw. semantischen Gesichtspunkten geordnet systematisieren und darstellen. Die folgende Übersicht macht keinen Unterschied zwischen englisch-, französisch- und deutschsprachiger Verwendung, da der Fachdiskurs mehr als übersichtlich ist und die Fachtexte ohnehin von einem internationalen Publikum rezipiert werden. Systematisch werden eine Auswahl an Begriffsverwendungen aufgezeigt.

Tabelle 1: Begriffsfeldanalyse: Bezeichnung für künstlerische Kollaborationen

KOLLEKTIV/COLLECTIVE

- kollektive Autorschaft (Strunk 2000; Mader 2012)
- collective production (Spampinato 2015, 7)
- collective activities throughout the artworld (Billing et al. 2007, 8)
- collectivity (Bishop 2006, 178-179)
- kollektives Arbeiten (Berger 2001)
- performative Kollektivität (Rogoff 2002, 53)

KOLLABORATIV/COLLABORATIVE

- collaborative art practice (Tait 2009, 3)
- kollaborative Projekte und [...] [kollaborative] Arbeitspraktiken in der zeitgenössischen Kunst (Lind 2007a, 387)
- collaboration (Billing et al. 2007, 8)
- collaborative art practices (Crawford 2008)
- Kollaboration (Feldhoff 2009, 90 und K-214)
- collaborative art (Bishop 2006, 178f.)
- collaborative practice (Billing et al. 2007; Kester 2011, 2; Tait 2009, 9ff.)
- Collaboration in Contemporary Art (Tait 2009, 1)

KOOPERATIV/COOPERATIVE

- cooperative art (Spampinato 2015, 7)
- Kooperationen (Mader 2012, 7)

PARTIZIPATIV/PARTICIPATORY

- Partizipation (Feldhoff 2009, 90 und K-214)
- participatory art (vgl. Bishop 1991)

KOMMUNIKATIV/DIALOG

- dialogical aesthetics (vgl. Kester 1998, 1f.)
- relational aesthetics (Bourriaud 2002)
- littoral art (vgl. Kester 1998, 1f.)

Die Übersicht verdeutlicht die fachsprachlich noch nicht festgelegten Begrifflichkeiten um künstlerische Kollaboration, kollaborative Zusammenarbeitsformen und Haltungen. Es zeigt sich, dass viele unterschiedliche Positionen in ihren Beschreibungen von denselben oder ähnlichen Phänomenen in der Kunst ausgehen, jedoch nicht diesselben und keine gemeinsam etablierten Konzepte, Systematik oder annähernd wissenschaftliche Taxonomien für dieses Teilgebiet entwickeln. Das Feld reicht von kooperativ über kollektiv, dialogisch, kollaborativ, sozial bis hin zu partizipativ. Viele der Begriffe sind aus dem angloamerikanischen Sprachraum und auch durch dessen Diskurse geprägt. Es schließt den Begriff des Netzwerks und den multiplen Charakter ebenso mit ein wie auch eine Interpretation von künstlerischer Zusammenarbeit als soziale Aktion. Eine Verknüpfung der kollaborativen Strategien mit dem Sozialen erfolgt in Claire Bishops Texten (vgl. Bishop 2006). Die Fraktion mit der Vorsilbe co-/ko- nimmt einen wesentlichen Part in dem Begriffsfeld ein.
Als Grund für diese unscharfe und vielfältige Palette sind die kontroversen Debatten in Bezug auf kollaborative Kunst zu nennen (vgl. Stimson/Sholette 2007, xi). Die Schwammigkeit der begrifflichen Einordnung bedingt sich aber auch durch die marginale kunstwissenschaftliche Bearbeitung dieses Feldes, so wie es auch Stimson und Sholette als Hiatus in den kunstgeschichtlichen Praktiken in Bezug auf den Kollektivismus beschreiben (vgl. ebd.). Künstlerische Kollaboration liegt unter dem Radar dominanter Diskurse. Zudem wählen die KünstlerInnenkollaborationen selbst vielfältige Bezeichnungen für ihr spezifisches gemeinschaftliches Arbeiten. So sprechen Marcus Gossolt und Johannes Hedinger als Künstlerduo Com&Com im Zusammenhang ihres globalen Kunstprojektes Bloch, von den „Collaborators" (Com&Com 2011a), womit die AkteurInnen gemeint sind, die an dieser Riesenaktion beteiligt sind, es maßgeblich finanzieren, dafür Gegenleistungen erhalten und eine entscheidende Rolle im Entstehungsprozess des Kunstwerks oder der Ausführung von künstlerischen Ansätzen zugewiesen bekommen.
Folglich tun sich in der Forschung zu Kollaboration, insbesondere was die trennscharfe Begriffsverwendung und Explikation angeht, Grauzonen und Unbestimmtheiten auf, denen anhand von vertieften theoriebasierten Explorationen auf die Spur gegangen wird.

3.4.4.4 Die Taxonomie Maria Linds zu Kollaboration in der Kunst

Die Kuratorin Maria Lind ist eine der Initiatorinnen, Wegbereiterinnen und Vorarbeiterinnen in der Frage nach kunsttheoretischer Einordnung kollaborativer Kunstansätze. Claire Bishop bezeichnet Maria Lind als „one of the most articulate supporters of political and relational practices" (Bishop 2006, 180). Linds Definition und Begriffsbestimmunen von Kollaboration im Kontext der Bildenden Kunst (vgl. Lind 2007a; Lind 2007b), an die sich hier maßgeblich angelehnt und die genau herausgearbeitet wird, liefert wesentliche lexikalische und phänomenologische Vorarbeit zur Kollaboration in der Kunst (vgl. Bishop 2006, 180).

Maßgebliches Fundament für die Festlegung auf den Begriff *Kollaboration* in der vorliegenden Forschungsarbeit bildet Linds Glossareintrag im Katalog zur Ausstellung Skulptur Projekte in Münster im Jahr 2007. Der Eintrag von Lind trägt den Titel *Kollaboration* (Lind 2007a, 387f.) und ist einer der ersten und wenigen deutschsprachigen Texte, in denen eine wissenschaftliche Worterläuterung die Zusammenhänge von *Kollaboration* und *Kunst* definitorisch aufgreift (vgl. ebd.). Der kurze Glossareintrag Linds liefert eine knappe Worterklärung zu Kollaboration sowie eine sehr überschaubar dargestellte Bedeutungsstruktur des Oberbegriffs *Kollaboration* und der drei Unterbegriffe *Kooperation*, *Kollektiv* und *Partizipation*. Ein zweiter Beitrag ist wesentlich für die Exploration hier: In *The collaborative turn* (Lind 2007b, 15ff.), einem Text aus der Herausgeberschrift *Taking the matter into common hands* (Billing et al. 2007), benennt Lind konkretere Kategorien kollaborativer Kunst und untermauert ihre Zuordnungen und Analysen anhand vieler Praxisbeispiele. Einführend verhandelt Lind eine umfassende Übersicht über die aktuellen theoretischen Begründungen aus dem philosophischen, kunst- bzw. kultur- und literaturwissenschaftlichen, kuratorischen sowie kunsttheoretischen Diskurs zu Kollaboration. Sie referiert kurz die theoretischen Konzepte von Jean Luc Nancy, Gregory Sholette und Blake Stimson, Michael Hardt und Antonio Negri, Chantal Mouffe und Marcel Mauss. Aus dem Bereich kunsttheoretischer Überlegungen nennt sie Nicolas Bourriaud, Christian Kravagna, Suzy Gablik, Suzanne Lacy, Peter Weibel und Grant H. Kester – AkteurInnen, die mit ihren Texten den Diskurs zu kollaborativer Kunst prägen.
Anhand der vielfältigen Stimmen dieser AkteurInnen entwirft sie einen Einblick in den gerade entstehenden theoretischen Kontext, der die Emergenz kollaborativer Phänomene in der Kunst auf verschiedenen Ebenen einordnet. Als Kontexte und Nährboden für Kollaboration allgemein sowie in der Kunst beschreibt sie die Bereiche der neuen Technologien, die Prekarisierung der Kunstarbeitswelt, die Tendenz zu Interdisziplinarität als gängigem Arbeitsmodus sowie postfordistische Arbeitszwänge in einer kapitalistischen Gesellschaft.
Die Beiträge von Lind stechen hervor, da sie Begrifflichkeiten und Regeln diskursiver Praktiken neuer künstlerischer Zusammenkünfte, Widerstände, Gemeinschaften intensiv bearbeitet und spezifische Merkmale und Kennzeichen anhand von Beispielen konkret und detailliert beschreibt. Ihre Analysen zu kollaborativen Positionen werden hier für die Genese einer Taxonomie kollaborativer Kunst vertiefend herangezogen und im Folgenden genauer beschrieben. Ausgehend von diesen beiden Texten erfolgt die sich sternförmig ausbreitende Exploration zur Kollaboration und Kunst in der vorliegenden Forschungsarbeit. Viele der unterschiedlichen Bezüge hier wurden durch die Auseinandersetzung mit Maria Linds Texten ins Rollen gebracht. Die Taxonomien aus den zwei genannten Texten (vgl. Lind 2007a; Lind 2007b) werden im Folgenden analysiert und der Begriff der Kollaboration in der Kunst herausgearbeitet.

Begriffsbestimmung: Kollaboration nach Maria Lind

Was versteht Maria Lind unter künstlerischer Kollaboration? Lind setzt in ihrer Kategorisierung (Lind 2007a, 387f.; Lind 2007b, 15ff.) zunächst den Begriff „Kollaboration“ als weiten Oberbegriff ein, der superordinierend für alle nicht-individuellen, nicht-autonomen Prozesse in der Bildenden Kunst steht. Unter künstlerischer Kollaboration versteht Lind ein ergebnisoffenes Konzept von Vorgehensweisen, das „für verschiedenste Arbeitsmethoden, die mehr als einen Beteiligten erfordern“ (Lind 2007a, 388) steht. Kollaboration umfasse, so Lind, immer ein Wir von Teilhabenden und Mitmachenden, wobei das Miteinanderwirken dem Prinzip von Open Source (vgl. Lind 2007b, 16) entspreche. Diese Begriffsbestimmung und -einordnung Linds (vgl. Lind 2007a, 388) ist in folgendem Schaubild dargestellt (Abb. 15):

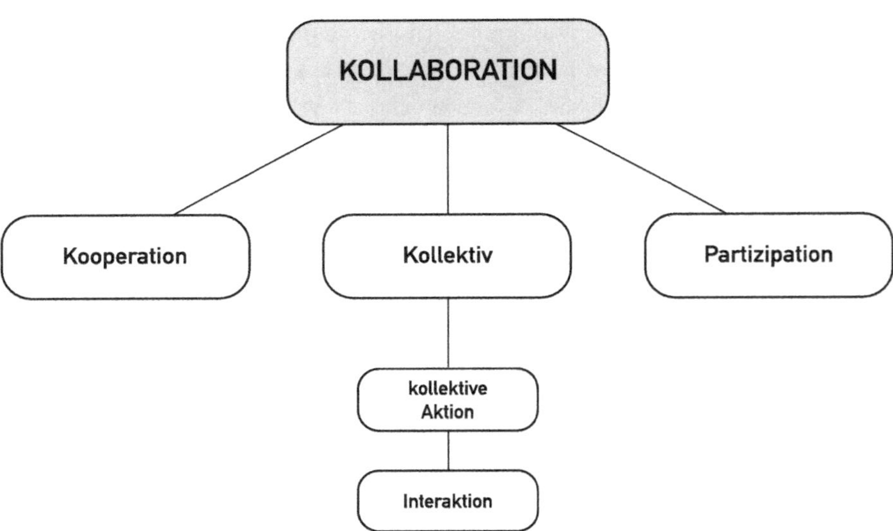

Abb. 15: Kategorisierung künstlerischer Kollaboration, Schaubild; Gesa Krebber nach Maria Lind (Lind 2007a)

Dem Oberbegriff Kollaboration in der Kunst werden drei spezifischere Formen untergeordnet: a) die Kooperation, b) das Kollektiv und c) die Partizipation. Unter *Kooperation* versteht Lind solche Formen Zusammenarbeit in der Kunst, bei der ein Surplus für die Beteiligten entsteht. Der Begriff des *Kollektivs* „betont den Gedanken der Solidarität und lässt Arbeitsformen sozialistischer Gesellschaftssysteme anklingen“ (vgl. Lind 2007a, 388). Dabei schlüsselt Lind den Begriff des Kollektivs noch weiter auf: Er umfasse entweder die *kollektive Aktion* als eine spezifische gemeinsame Arbeitsform auf Basis sozialistischer Ideale. Eine weitere

Ausrichtung des Kollektivs könne aber die *Interaktion* sein. Für den Begriff Interaktion konkretisiert Lind, dass dieser „sowohl das Miteinander-Agieren mehrerer Personen [...] als auch die Interaktion einer Einzelperson mit einer Maschine, etwa indem sie einen Knopf drückt" (LIND 2007) meint. Die *Partizipation* schließlich sieht Lind als einen Kontext, vor welchem die mitwirkenden AkteurInnen „sich an etwas beteiligen, was bereits von einem anderen geschaffen wurde, wobei ihnen die Möglichkeit bleibt, Einfluss auszuüben" (Lind 2007a, 388).

Die knappe Definition, die hier anhand des Glossareintrags dargestellt wird, vertieft Lind in ihrem im selben Jahr erschienenen Text *The collaborative turn* (Lind 2007b, 17f.). Sie entwickelt darin die Kategorien auf Basis ihrer Arbeit als Kuratorin.

Grundlegende Merkmale künstlerischer Kollaboration (nach Maria Lind)

Folgende grundlegenden Merkmale sind entsprechend Linds Taxonomie allen kollaborativen Kunstphänomenen gemein:

- Kollaboration funktioniert nach dem Open-Source-Prinzip.
- Durch Kollaboration entsteht ein Surplus für die KollaborateurInnen.
- Kollaboration ermöglicht gleichberechtigte, heterarchische Arbeitsweisen.
- Durch Kollaboration wächst die Chance, auf etwas, das jemand anderes gestaltet hat, Einfluss zu nehmen.
- Kollaboration umfasst wechselseitiges Miteinander und hybride, komplexe Zusammenarbeit von Menschen und Maschinen. (vgl. Lind 2007a, 387f.)

Unterschiedliche Gruppentypen (nach Maria Lind)

In *The collaborative turn* veranschaulicht die Taxonomie von Typen und Arten anhand von Beispielen künstlerischer Arbeiten. In der Kategorisierung werden sieben künstlerische Gruppentypen unterschieden:

1. Stabile multiple Autorschaft; Beispiel: Clegg & Guttmann
2. Große Gruppe mit lang tradierter Zusammenarbeit; Beispiel: Group Material
3. Gruppe mit einmaligem Projekt; Beispiel: Park Fiction

4. Modell Musikgruppe; Beispiel: General Idea

5. Unternehmerisches Modell/Business Branding; Beispiel: Bernadette Corporation

6. Interdisziplinäre Gruppen; Beispiel: RAQUS Media Kollektiv

7. Freundeskreismodell; Beispiel: Kreis um Simon Starling/Glasgow

Arten kollaborativer AutorInnenschaft (nach Maria Lind)

Neben den sieben spezifischen Typen, welche die Art der Gruppe markiert, unterscheidet Lind des Weiteren drei verschiedene Arten von Kollaborationen, die das Verständnis der AutorInnen- bzw. Urheberschaft betreffen. Hier differenziert sie in „single collaboration", „double collaboration" und „triple collaboration" (vgl. Lind 2007b, 26f.).

Single Collaboration

Unter *single collaboration* fasst Lind künstlerische Konzepte zusammen, bei denen die singuläre AutorInnenschaft erhalten bleibt. Die Einbeziehung von anderen erfolgt lediglich auf Ebene der Verwirklichung bzw. konkreten Umsetzung einer Idee, bei der andere teilhaben oder helfen.

Double Collaboration

Wenn die Zusammenarbeit sowohl auf der Ebene der AutorInnenschaft, als auch bei der Entwicklung, Erarbeitung und Umsetzung eines Kunstwerks geschieht, dann spricht Lind von double collaboration. Für die KollaborateurInnen gilt, dass ihnen der Status als AutorIn zuerkannt wird. Lind spricht bei *double collaboration* von „the same status as the author" (Lind 2007b, 27). Diese Art der Kollaboration beschreibt Lind aus ihrer Praxiserfahrung als Kuratorin als die im Feld kollaborativer Kunst häufigste Art.

Triple Collaboration

Wenn Kollaboration selbst zum Gegenstand künstlerischer Arbeit wird, die künstlerische Arbeit sich um das Thema der Kollaboration oder die Formen der Kollaboration dreht, spricht Lind von der *triple collaboration*. Sie bezieht sich dabei auf das Beispiel der Arbeit *Enthusiasm* von Neil Cummings und Marysia Lewandowska (vgl. Lind 2007b, 27). In dem Art-Based-Research-Projekt sammelten die Künstlerin und der Künstler akribisch Filmmaterial aus polnischen Amateurfilmclubs und zeigten diese im Kunstkontext in neuen Ordnungen. Indem nicht eigenes, selbst erstelltes Material zum wesentlichen Part der künstlerischen Arbeit wird, kommt laut Lind diese dritte Ebene der Kollaboration mit hinzu.

Formen der Übereinkunft (nach Maria Lind)

Neben den Typen und Arten der Kollaboration analysiert Lind allgemeine Formen der Übereinkunft oder Modelle von Verbindungen, auf denen der verbindliche Zusammenschluss der Gruppen basiert. Lind unterscheidet hier auf zwei Ebenen zwischen informellen und formellen Verbindungen.

Offizielle Kollaboration

Als offizielle oder formelle Kollaboration bezeichnet Lind die Arten von Kollaborationen, bei denen es eine feste Anzahl an Beteiligten gib, die unter einem öffentlichen Namen agieren. Die KünstlerInnen operieren in diesem Fall nach einem grundsätzlichen Plan und arbeiten strukturiert. Kennzeichnend für diese Übereinkunft ist eine klar geteilte AutorInnenschaft und das Bestreben, den kleinsten gemeinsamen Nenner zu finden.

Informelle Kollaboration

Informelle Gruppen hingegen agieren nach keinem festen Plan. Sie erscheinen eher als Vogelschwarm, tauchen in unterschiedlichen Formationen auf und arbeiten auf ganz unterschiedliche Anlässe hin (vgl. Lind 2007b, 27). Es geht diesen Gruppen darum, Interessen und Werte zu teilen, aber als zeitlich begrenztes, temporäres Kollektiv das Einmalige und Besondere zu stimulieren. Als Beispiel zieht Lind *No Ghost just a shell* heran. Als historisches Vorbild bezeichnet sie für die informelle Kollaboration die Fluxus-Bewegung.

Künstlerische Kollaboration: Motivation und Werte (nach Maria Lind)

Maria Lind stellt als Motor für kollaborative Formen in der Kunst, ungeachtet des Typus, der Art oder der Übereinkunft, spezifische Werte heraus, die kollaborative künstlerische Praktiken vorantreibt. Das horizontale Miteinanderhandeln sei eine wesentliche Motivation zur Kollaboration, ebenso die Einbeziehung von AkteurInnen aus unterschiedlichen Feldern, die fachliche Grenzüberschreitung. Lind sieht Kollaboration auch durch Großmut, Freigiebigkeit und Teilen als Grundgedanken alternativen Handelns motiviert. Zusammen zu kommen und gemeinsam und geteilt zu arbeiten sieht Lind Gegenbewegungen zum herrschenden Individualismus. In der Kollaboration stecke die Absicht, eine Alternative zum traditionellen Rollenmodell des Künstlers oder der Künstlerin als Einzelgenie zu formulieren. Vor dem Hintergrund einer zunehmend instrumentalisierten Kunstwelt sieht Lind auch den Aspekt der Selbstbestimmung und -organisation als wesentliche Motivation für Kollaboration. Zudem verleihe Zusammenarbeit im komplexen Kunstfeld eine mächtigere Position, allein schon aus dem Gefühl, in der Mehrzahl zu agieren. Darüber hinaus führt sie ins Feld, dass durch die Freude an der Kollaboration ein Wohlgefühl entstehe. Technologische Herausforderungen sieht Lind als grundlegende Bedingungen für die Zunahme künstlerischer Kollaborationen, insofern als gewisse Anwendungen technologischer Werkzeuge heutzutage das kollaborative Zusammenwirken vieler Personen schlichtweg notwendig mache. In Anlehnung an Beatrice von Bismarck diskutiert Lind, ob Kollaboration möglicherweise dadurch motiviert sei, dass das gemeinsame Prinzip verspricht, eine Besserstellung auf dem Kunstmarkt in Gang zu bringen. Lind stellt zur Diskussion, dass die prekäre Situation der Arbeitswelt im Feld der Kunst zunimmt und dies KünstlerInnen und KuratorInnen unmittelbar zu Kollaboration zwinge. Als weitere Motivation, so Lind, könne Kollaboration, da sie sich häufig der Objekthaftigkeit des Kunstwerks entziehe, als alternatives Modell zur produktorientierten Kunstwelt gelten. Lind bemerkt in ihrem Fazit, dass Kollaboration nicht per se als das Gute oder soziale Konzept in der Kunst gelten könne. Dennoch plädiert sie dafür, gerade bei kuratorischen Entscheidungen, auf kollaborative Kunst zu setzen, weil diese die Unwiederbringlichkeit der Momente des menschlichen Miteinanders, die unvergleichliche und relevante Einmaligkeit der Projekte herausstelle und würdige (vgl. Lind 2007b, 29).

Fazit zu Maria Linds Taxonomie

Die Taxonomie Linds sticht solitär mit ihrer umfassenden Aufarbeitung des Gegenstands von Kollaboration im Kunstfeld und den dazugehörigen Begrifflichkeiten im kunsttheoretischen Diskurs heraus, da sie aus ihren kuratorischen Erfahrungen, die sich spezifisch diesem Thema widmen, auf einen großen Fundus von künstlerischen Projekten zurückgreifen kann und dementsprechend eine fundierte Expertise besitzt, aus der sie Theorien der Kollaboration ableitet. Die Beschreibung von Kollaboration als Einmaligkeit jedweder projekthaften, gemeinschaftlichen Zusammenkunft in der Kunst betont am Ende pathetisch einen Wert und steht im Kontrast zu den sachlichen und theoretischen Einordnungen und Analysen im Feld der Kunst. Gerade mit den konsequenten Analysen liefert Lind das stärkste Argument dafür, dass kollaborative Kunst in den Diskurs aufgenommen werden muss: Die Tatsache, dass ein Aufblühen von kollaborativen Phänomenen in den aktuellen kulturellen und gesellschaftlichen Bedingungen beobachtbar ist, zeigt die Relevanz kollaborativer künstlerische Aktion und Arbeit als ein Wissen der Künste, das sich anhand der vielen beteiligten AkteurInnen als kollaboratives Subjekt diskursiv mit den Machtstrukturen im Dispositiv der Kunst auseinandersetzt. Zudem greift sie auf bis dahin lose und verstreute Theorien und Ansätze zurück, bringt diese Konzepte zusammen und schafft damit Grundlagen, um einen Diskurs um Kollaboration in der Kunst zu bilden sowie der marginalen Theoriebildung im Diskurs der Kunstwissenschaft entgegenzutreten. Sie diskutiert Kollaborationsphänomene in der Kunst als ernstzunehmendes Konzept. Gerade aufgrund der Grenzgänge der kollaborativen Ansätze in der Kunst – „(...) these collaborations lie on the border between activist, artistic and curatorial activities and they tend to be self-organised" (Lind 2007b, 27) – stellt sie entgegen unklaren Zuordnungen, trotz eines schwer zu fassenden Feldes und eines sich erweiternden Kunstbegriffs, eine vertiefende Einordnung und Taxonomie vor.

Erweiterung der Taxonomie von Maria Lind

Mit Blick auf die bis hier erfolgte literaturbasierte und kunstbasierte Exploration zur künstlerischen Kollaboration (vgl. Kapitel 3.4.4.1-3.4.4.3) wird deutlich, dass die Taxonomie Maria Linds der Aktualisierung und Ergänzung bedarf. Insbesondere zeigt sich angesichts der Ausdifferenzierung digitaler Praktiken, dass Kategorien von Lind bereits überholt sind und vor aktuellem Hintergrund der Anpassung und Weiterentwicklung bedarf. Lind führt nur am Rande digitale Werkzeuge der Kollaboration als Katalysator auf oder deutet auf den Vergleich von Kollaboration in der Kunst und das Prinzip von *open source* hin. Diese Analyse müsste sich zukünftig insbesondere auf eben solche Beispiele in der Kunst ausdehnen, die im Post-Internet-Zeitalter ihre komplexen kollaborativen Strategien im Kontext des Digitalen künstlerisch weiterentwicklen. Die hier genannten Beispiele (vgl. Kapitel 3.4.3) wie DIS, Improv Everywhere oder !Mediengruppe bitnik zeigen, dass sich Praktiken der Kollaboration gerade in der digitalen Konstitution beständig weiter ausdifferenzieren und darin neue komplexe Formen von Kollaboration entstehen, die in Linds Systematik noch nicht umfassend aufgegriffen werden. Es steht an, komplexen künstlerische Formen und Praktiken von Kollaboration in erweiterten Kategorisierungen zu erfassen. Hacking, Sampling, Sharing, digital Appropriation, digitale Partizipation, queer-digital-feministische Strategien der Kollaboration im Netz, Collaborative Art Based Research oder Prosuming, um einige wenige Schlagworte zu nennen, sind Formen, die zukünftig mit in eine Taxonomie künstlerischer Kollaboration aufgenommen werden müssen. Die Exploration hier zeigt auch, dass im theoretischen Vergleich der Analysen fruchtbare Ergänzungen der Kategorien künstlerischer Kollaboration entstehen. Maders Konzept der graduellen AutorInnenschaft bietet dabei eine gute Erweiterung für Linds noch eng gefasste kollaborative AutorInnenmodell bei Lind. So können beispielsweise die Arbeiten der !Mediengruppe bitnik oder von Improv Everywhere (vgl. [K-11]) nicht passend in die Kollaborationstaxonomie – single, double und triple – von Lind eingeordnet werden, da die gemeinschaftlichen Formen in diesen künstlerischen Ansätzen komplex und hybrid verwoben sind. Die Art der AutorInnenschaft bei dem Projekt *The Mp3 Experiment Eight* von Improv Everywhere stellt wenn überhaupt eine Mischform aus *Single Collaboration* und *Triple Collaboration* dar, wenn zum einen das KünstlerInnenteam die Choreographie vorgibt, gleichzeitig aber durch die (wenn auch) choreographierte Masse Kollaboration selbst zum Gegenstand wird, da die Massenbewegung an sich das Besondere Merkmal dieses Kunstwerks ist. Hier werden weitere Kategorien zu den komplexen Formen künstlerischer Kollaboration notwendig.

Auch ist die Form der Übereinkunft von Lind unzureichend beschrieben, wie sich am Beispiel von Improv Everywhere zeigt: Diese Projekte changieren zwischen offizieller Kollaboration und informeller Kollaboration. Denn einerseits gibt es zwar eine feste Anzahl von Beteiligten an der Gruppe, zugleich aber inszeniert diese Gruppe wiederum informelle Kollaborationen, wenn die Beteiligten in großen Schwärmen zusammenkommen. Improv Everywhere bezeichnen ihr Projekt als Experiment, was umso mehr zeigt, dass kollaborative Formen aktuell erprobt und ausgetestet sowie bestehende Kategorien beständig erweitert werden.
Auch was die Begriffsarbeit angeht, kann Linds Taxonomie ergänzt werden. *Kollaboration* steht bei Lind als Überbegriff für vielfältigen Formen der Zusammenarbeit in der Kunst. *Kollaboration* wird vage von der *Partizipation* abgegrenzt. Letztere steht für ein umfassenderes, komplexeres Set an Strategien, Methoden, Werkzeugen und Verfahren. Der *Partizipation* geht Silke Feldhoff vertiefter nach. Sie fasst unter Partizipation im Kunstfeld „Produktions- und Distributionsstrukturen [...], die die künstlerische Arbeit jenseits eines als elitär erlebten Kunstbetriebs einem größeren Publikum öffnen wollten" (Wege 2004, 236). Feldhoff definiert, dass „›partizipatorisch‹ das intendierte, vorerst lediglich potenzielle Ermöglichen aktiver Teilhabe und sozialer Beziehungen" (Feldhoff 2009, 23) meint. Sie benennt *Partizipation* und *Kollaboration nahe beieinander und deklariert beide als zeitgenössische Strategien in der Kunst (vgl. ebd., 90). Es wird deutlich, dass Kollaboration ein komplexeres Zusammenspiel meint als mit Partizipation bezeichnet wird.*
Der Begriff *Kollektiv* bei Lind kann mit Strunks Ausführungen ergänz werden. Das Konzept *Kollektiv* dockt an die vergangenen Bewegungen der Kollektive an. Von *Kollektiv* ist die Rede, wenn sich auf tradierte Praktiken künstlerischer Zusammenarbeitsformen bezogen wird, die sich utopisch oder ideologisch definieren. Das Verständnis ist damit nicht deckungsgleich mit Kollaboration (vgl. Strunk 2000). *Kollaboration* steht für neue projektartige Zusammenarbeitsformen:

> *„Ein Paradigmenwechsel hat stattgefunden, denn die Gruppen gründen sich im losen Plural, unideologisch, stillos, vorübergehend und auf jeden Wechsel gefasst. Der alte Wunsch nach Gemeinsamkeit, im Gegensatz zur einsamen künstlerischen Arbeit, zeigt sich mit den Projekten, allerdings ist ihm seine idealistische Seite genommen. Die heutigen ökonomischen Bedingungen erzwingen Flexibilität – auch im Kunstkontext. Die Gruppen sind keine Alternative zur ‚bestehenden Ordnung', sie sind eine ‚Versuchsanordnung', ein weites Feld des Probehandelns. Das optimistische ‚Wir', Kürzel für Solidarität im klassischen Sinn, ist dabei verloren gegangen. Keine Fahne und kein Verein für das Ganze, kein Beitritt in eine Internationale. Die Einzelnen gehen nicht in der Gruppe unter, sie kommen vielmehr erst durch sie hervor. Das soziale Interesse tritt an die Stelle des Politischen, oder der Begriff des Politischen bekommt*

> *eine andere Bedeutung: Nicht mehr die Kritik an der Gesellschaft, sondern die Bildung kleiner Gesellschaften, eben Kollektive, die für sich Alternativen bilden. In Zürich waren das zum Beispiel die Projekte HOTEL, KLINIK – Morphing Systems, Hermann oder message salon. Diese Selbstorganisationen orientieren sich an den konkreten Lebensvorstellungen, die sich aus Lebensumständen ergeben und zu pragmatischen [sic] Handeln führen, zu performativen Praktiken." [Hervorhebungen im Original] (Strunk 2000, 126)*

Es wird deutlich, dass sich Begriffsbestimmungen und Taxonomien aktueller Formen der Kollaboration in der Kunst anhand von gegenstandsorientierten Analysen, Beispielen und Beobachtungen zeigen, diese aber weiter ausdifferenziert werden müssen. Der aktuellen Dimension künstlerischer Kollaborationen wird die kunsttheoretische und -wissenschaftliche Forschung nicht gerecht. Maria Linds Taxonomie stellt eine wesentliche Wegmarke dar, die jedoch erweitert werden sollte, da sie nicht die Vielfalt aktueller Formen künstlerischer Kollaborationen erfasst.

3.4.5 Dekonstruktion des Geniekonzepts

In der Auseinandersetzung mit Phänomenen kollaborativer Kunst wird deutlich, dass diese im Schatten des herrschenden Geniekonzepts marginalisiert werden. Das Geniekonzept beschreibt die Betonung der individuellen, künstlerischen Urheberschaft, die einem einzelnen individuellen Menschen zugesprochen wird.
Künstlerische Strategien werden im Geniekonzept losgelöst von Kollaborationsprozessen betrachtet. Schöpferische Kraft wird an eine einzelne Künstlerpersönlichkeit und den Geniebegriff gekoppelt (vgl. Löhr 2011, 145). Das Geniekonzept hat eine „beinahe unheimliche Konjunktur" (vgl. LÖHR 2011, 149). Gerald Raunig und Ulf Wuggenig stellen „eine Renaissance des Schöpferischen" (Raunig/Wuggenig 2007, 9) fest, die sie an das Geniekonzept geknüpft sehen.
Stefan Majetschak geht dem Geniekonzept historisch auf die Spur. Zum Geniebegriff rekonstruiert er umfassend die geltenden Regeln im Text *Genialität. Zur philosophischen Deutung der Kreativität des Künstlers* (2006). Bevor sich der an ein individuelles Wesen geknüpfter Geniebegriff herausbildete, herrschte in der Renaissance ein Schaffens- und KünstlerInnenbegriff, bei dem KünstlerInnen vielmehr als göttliche Günstlinge angesehen wurden, welche das künstlerische Produkt oder Werk der göttlichen Natur selbst zu entreißen hatten. Das Bild musste also nicht von der Künstlerperson selbst erfunden werden, der demzufolge auch keinerlei schöpferischen Kräfte zugesprochen wurden (vgl. Majetschak 2006, 1173). Im Gegensatz dazu erfolgt im 18. Jahrhundert die Herausbildung eines Verständnisses von

der Genialität des Künstlers oder der Künstlerin, die sich als das beschreiben lässt, „was wir heute als künstlerische Kreativität bezeichnen“ (ebd., 1169). Im 18. Jahrhundert entsteht zum einen „das weit verbreitete Bild vom Künstler als eines exemplarisch kreativen, unaufhörlich aus sich selber Neues schöpfenden Innovationsheroen“ (ebd., 1169). Für die Herausbildung des Geniekonzepts im 18. Jahrhundert stellt, wie vielfach beschrieben, Immanuel Kant die besondere künstlerische Begabung keinesfalls in einen metaphysischen Rahmen, aber „der Ursprung genuin künstlerischer Tätigkeit [wird] auch von ihm im Bereich des Außerrationalen situiert“ (ebd., 1175).

„Jetzt [Anm. d. Verf.: im 18. Jahrhundert] wird der Künstler zum innovativen Genie, das allein von sich aus Neues und Schönes hervorbringt [...]“ (ebd. 2006, 1174). Das aufklärerische Geniekonzept umfasst demnach eine Parallelität zwischen göttlicher und künstlerischer Schöpfungskraft. Die individuelle Befähigung des einzelnen Künstlers bzw. der einzelnen Künstlerin wird als eine Gabe angesehen, die nicht jede/r besitze (ebd., 1174). Mit diesem schier unverwüstlichen Konzept erklärt sich das bis heute resistente Geniekonzept, das die Richtung „einer esoterischen Rezeptionsverengung und Mystifizierung“ (Löhr 2011, 145) einschlägt.[21] Demnach werden die Regeln und Praktiken dieses Diskurses nicht sichtbar gemacht, sondern wiederholend und verhärtet das Geniekonzept reproduziert. Krieger bestärkt die Regeln des Geniekonzepts:

> *„Trotzdem kann eine Kunst der Grenzgängerschaft zwischen verschiedenen gesellschaftlichen Sphären oder Kontexten nur existieren, solange sie – selbst wenn sie nicht explizit in einem Kunstkontext präsentiert wird – als ›Kunst‹ wahrnehmbar ist, und das wiederum setzt voraus, dass ihre Urheber als Künstler akzeptiert sind. [...] Der Künstler als Subjekt seines Werks erweist sich also als unverzichtbar, und dies umso mehr, je weiter und offener die Grenzen der Kunst gefasst sind.“ (vgl. Krieger 2007, 178)*

Die Orientierung am Künstlergenie ist signifikant. Marion von Osten analysiert hierzu: „Die Figur des Künstlers, der Künstlerin [...] [scheint] die erfolgreiche Kombination einer unbegrenzten Bandbreite von Ideen, einer Kreativität auf Abruf und einer gescheiten Selbstvermarktung zu verkörpern, die heute von allen verlangt wird“ (von Osten 2007, 106). Der

21 Eine ehemalige Stipendiatin einer renommierten deutschen Stipendiatenstätte berichtet im Jahr 2012 von ihrer Stipendienzeit Anfang der 1990iger Jahre. Der künstlerische Leiter vor Ort hält es für nicht wünschenswert, wenn sich Bildende KünstlerInnen, KomponistInnen und LiteratInnen zum gemeinsamen Kochen treffen, geschweige denn Besuch von LebenspartnerInnen erhalten. Deutlich wird daran, wie sich totgeglaubte Entwürfe des Geniekonzepts und die Erwartung an eine betont autonome und singuläre Arbeitshaltung ungebrochen bis in jüngere Zeiten halten. Das Zusammenwirken, Teilen, Vermischen oder sich kümmern wird verneint und abqualifiziert und gehört nicht in das geltende Narrativ.

Starkult bildet in diesem Geflecht die am extremsten auf das individuelle Subjekt zugespitzte Form der kreativen Selbstgestaltung. Ironischerweise repräsentiert gerade der Star keine einzelne Person mehr (vgl. Reckwitz 2012, 239), sondern entsteht aus der kollaborativen Zuschreibung.

Trotz der offensichtlichen kollaborativen Praktiken, die das Geniekonzept als fragwürdig erscheinen lassen, bleibt das Geniekonzept und die Orientierung am einzelnen Künstlergenie (vgl. Raunig/Wuggenig 2007, 9; vgl. von Osten 2007, 106) unbeirrbar bestehen.

Aus der Perspektive aktueller Kunstwissenschaft in dem Text *Longing for Heroes. Die Konstruktion Bruce Naumans in Kunstgeschichte und Kunstkritik* (1996) rekonstruiert Beatrice von Bismarck am Beispiel des Künstlers Bruce Nauman die Merkmale und Regeln des Geniekonzepts (vgl. von Bismarck 1996, 12f.). Ungeachtet dessen, dass Nauman als Künstler mit tradierten Konzepten der Kunst bricht, er diskursiv und prozesshaft arbeitet, werden an seiner Künstlerpersönlichkeit Konstruktionen des Geniekonzepts differenziert offengelegt. Dass die Person mehr gilt als das Werk ist eines der maßgeblichen Konstruktionsprinzipien des Geniekonzepts in der Kunst. Das Begehren konzentriert sich auf den oder die einzelne und individuelle Person (vgl. Clegg/Guttmann 2007, 8). Bismarck beschreibt die Priorisierung des Ausdrucks des individuell verstandenen Subjekts vor dem künstlerischen Werk mit den Worten Donald Preziosis: Der Künstler bzw. die Künstlerin als „obscure Object of Desire“ (Preziosi 1989, 21). Es ist offensichtlich fraglich, warum die Kunstgeschichte sich in der wissenschaftlich-forschenden Auseinandersetzung insbesondere auf das künstlerische Individuum als „obskures Objekt der Begierde“ (vgl. von Bismarck 1996, 12) fixiert und nicht auf Bezüge und Symboliken auch außerhalb des individuellen Konzepts.

Als zweites Prinzip stellt Bismarck heraus, dass zum Geniekonzept die Legendenbildung gehört. Sie nennt die „Einordnung [...] in einen Kunst- und Künstlerkontext“ als wesentliches Merkmal. Bismarck benennt hierzu den Schritt der „Genealogisierung des Künstlers, seine Verankerung in anerkannten Leistungen vorangegangener Generationen“ (ebd., 12). In Anbetracht dessen lässt sich eine Brücke zu den weiblichen Positionen wie Lawler (vgl. [K-01]) oder Bonin (vgl. [K-03]) und ihren Künstlergenealogien schlagen, mit denen sie sich in die patriarchalen Legendbildung einschreiben. In der Logik des Geniekonzepts darf Zusammenarbeit und das Herstellen von Kontexten und Zusammenhängen nicht sein, da künstlerische Arbeit nur dann honoriert wird, wenn sie unabhängig und eigenständig, gar „autodidaktisch“ (ebd., 12) erfolgt. Das Genie hebt sich „von allen übrigen Menschen“ (ebd., 12) durch seine Begabung und seine Intuition ab, stellt etwas Besonderes dar. Hinzu kommt mit dem Ausstellungswesen die Zuschreibung, dass die Qualität eines Künstlers bzw. einer Künstlerin in der gesellschaftlichen Entfremdung einerseits liegt und dass dieser bzw. diese zudem als „Publikumsopfer“ (ebd., 13) ein besonderes Leid erträgt, das ihn bzw. sie zu etwas Besonderem oder Erhabenem macht.

Mit Bismarcks scharfer Analyse zum Geniekonzept und seinen Prinzipien sticht dieses deutlich als Marginalisierungsmaschinerie gegen kollaborative Praktiken in der Kunst hervor. Um kollaborative künstlerische Strategien in den Blick zu nehmen und den Kunstbegriff um Kollaboration zu erweitern, sollten mit Bismarck verdeckte genieästhetische Strategien dekonstruiert werden (vgl. ebd., 12ff.), um Exklusionsmechanismen offenzulegen. Deutlich wird, dass die Konstruktionen des Geniekonzepts komplexer und tiefer in die tradierten Konzepte von Kunst, Kunstwissenschaft und Kunstgeschichte verstrickt sind, und diese Dekonstruktion ein Desiderat darstellt. Gerade durch eine Abkehr von den Konstruktionsprinzipien des Geniekonzepts verspricht sich vermehrt Mutualität und ein Miteinander, das vor allem eines möglich macht: Eine offenere Herangehensweise an potentielle Kunst und vielfältige Positionen, die insbesondere auch die künstlerische Prozesse berücksichtigt, die nicht der Logik des Geniekonzepts und der Fixierung auf KünstlerInnen als individuelle Personen entsprechen.
Diese anstehende Dekonstruktion des Geniekonzepts erfolgt beispielsweise über die künstlerischen Praktiken selbst, wie mit den Beispielen kollaborativer Kunst und der „Betonung des Prozessualen in der künstlerischen Praxis" (Löhr 2011, 149) sowie der bewussten Abkehr von der Fixierung auf die eine Person, von der aus das Kunstwerk gelesen wird. Herrschaftsstrategien in der Kunst werden dann nicht bedient, wenn sich neue KünstlerInnengemeinschaften auf die Suche nach beteiligenden und teilenden Merkmalen der Kunst machen. Mit kollaborativer Kunst entsteht ein Pfad für Ermächtigung und Teilhabe aller an der Kunst. Aus den Analysen zum Geniekonzept hier ist zu schlussfolgern, dass das Geniekonzept explizit und implizit Einzug in die Kunstpädagogik gehalten hat, womit dort eine Offenlegung und Dekonstruktion dieses Diskurses ansteht (vgl. Kapitel 3.7) und alternative Perspektiven und erweiternde Konzepte der Kollaboration dort rezipiert und angewendet werden sollten.

3.4.6 Plurale Bildanthropologie

Deutliche Abkehr vom Geniekonzept und die Betonung kollaborativer künstlerischer Strategien von Kollaboration finden sich in Theorien neuerer Bildanthropologie wieder. In Bezug auf den Bildbegriff verlässt man den vorgesteckten Rahmen des Geniekonzepts. Bildwahrnehmung, Imagination, Bildproduktion als auch Bildweiterbearbeitung sind nicht mehr nur primär an das künstlerische Individuum gekoppelt, sondern erfolgen im Plural kollaborativer Kunstproduktion, das ein komplexes Netzwerk an Mitschaffenden eröffnet. Wolfgang Heeg begreift das Medium als „Inter-Medium [...], in dessen Raum sich die Erfahrung einer ›geteilten Gemeinschaft‹ abzeichnet" [Hervorhebungen im Original] (Heeg 2004, 339). Doris Schuhmacher-Chilla spricht in Bezug auf einen aktuellen Bildbegriff von einer „umfangreichen, durch Körper, Maschine (Apparat, Computer) und Wahrnehmung verlängerten und trans-

formierten anthropologischen Dimension" (Schuhmacher-Chilla 2004, 77f.) Erika Fischer-Lichte beschreibt in Bezug auf Performativität in der Kunst von der „Schaffung spezifischer räumlicher Arrangements, welche bisher unbekannte oder nicht genutzt Möglichkeiten zur Aushandlung der Beziehungen zwischen Akteuren und Zuschauern, von Bewegungen und Wahrnehmung eröffnen" (Fischer-Lichte 2004, 192).
Mit diesen aktuellen Kunst- und Bildbegriffen, die Performance, Vernetzung und Interaktion zwischen Mensch und/oder Maschine als erweiterte Konzepte erfassen, werden die kollaborativen Strategien in der Kunst entgegen den Prinzipien des Geniekonzepts legitimiert und betont.

3.4.7 Kunstsoziologie: Kollaborative Kunstproduktion in *Art Worlds*

Dass Kunst sich über ein Aushandeln von allen und allem miteinander in Beziehung Stehenden konstituiert, seien es individuelle oder institutionelle AkteurInnen, Materialien, Räume oder Maschinen, zeigt Howard S. Becker in dem Konzept *„art worlds"* (Becker 1982) auf. Darin geht er vom Netzwerkcharakter des Kunstbetriebs aus. Es ist eines der wenigen Konzepte, das aus kunstsoziologischer Perspektive ein Denkmodell des vernetzten Kunstschaffens beschreibt. Beckers Idee der *art worlds* geht beim Kunstschaffen von einem netzwerkartigen Ursprung aus.

> *„Every participant in the cooperative network that creates the work – whose members we have been describing in earlier chapters – has some such effect. If we generalize the analysis, and make what editors do stand for the multiple choices made throughout the life of a work by the many different people who cooperate in its making, we can see how art worlds affect the character of the works made by their members. We can see how, in fact, it is not unreasonable to say, that it is the art world, rather than the individual artist, which makes the work." (Becker 1982, 194)*

Der nicht als individuell begriffene Schaffensprozess, an dem viele AkteurInnen beteiligt sind, ist theoretische Grundlage für das Konzept der vernetzten Bedingtheit von Kunst (Becker 1982). Damit liefert Becker aus soziologischer Perspektive auch Erklärungsmodelle für die zeitgenössischen, kollaborativen Praktiken in der Kunst. In Hinblick auf die Kollaboration in der Kunst wird die Rezeption der Position Howard Saul Beckers, eines US-amerikanischen Kunstsoziologen, wichtig.
Das konnektive Denkmodell kratzt an der Vorstellung des Einzelkreativen und der Autonomie der Kunst. Beckers Position erfuhr bedauerlicherweise wenig Aufmerksamkeit (vgl. Danko 2012, 63). Aktuell stellt sich eine breite Re-Lektüre von Beckers Konzeption ein. Wie sowohl

Beatrice von Bismarck als auch Walther Müller-Jentsch und Dagmar Danko in Referenz zu Becker aufzeigen, stellt sein Konzept eine aktuell beachtenswerte Position für den kunstwissenschaftlichen Diskurs dar. Eine Hinterfragung von AutorIn und Genie, Bild und Werkbegriff knüpft sich daran an und lässt eben neue Konzepte kollaborativer Dynamik zu, die sich wiederum mit Kemps „dynamischer Komplexität" (vgl. Kemp 1991, 89) verknüpfen lassen.

3.4.8 Neue Werte: Kollaborationszwänge

Kollaboration löst, so sehr auch mit großer Begeisterung in den Diskurs hineingetragen, im aktuellen kunst- und kulturwissenschaftlichen Diskurs heftige Kritik aus und erscheint im theoretischen Diskurs als problematischer Fall. Zwar stellt Kollaboration aktuell auch eine Form von Widerstand gegen kapitalistische Vereinnahmung und Ziele dar, so wie Marion von Osten kollektive Arbeit als Widerstand begreift (vgl. von Osten 2000, 10ff.). Darüber gehört es zu den Implikationen von Kollaboration, einen Widerstand zu bilden gegen die fest etablierten Begriffe des genialischen KünstlerInnensubjekts und des Starkults. Der Begriff Kollaboration besitzt dennoch sehr offensichtlich Dimensionen einer neoliberalen Haltung, mit der künstlerischer Produktion ein Effizienzbestreben und eine postfordistische Struktur unterstellt wird (Ziemer 2013, 91). Neben der neutralen oder affirmativen Positionierung zur Kollaboration in der Kunst müssen auch negative Effekte von Kollaboration im Kunstbetrieb in Betracht gezogen werden. Die kollaborative Projektform wird in genügend Fällen – insbesondere in der Kreativbranche – zur ausbeuterischen, prekären Arbeitsform (vgl. ebd., 91f. und 98) und kann nicht per se als positiv bewertet werden.

Das Konzept negativer Kollaboration beschreibt Florian Schneider in seinem Text *Collaboration. The dark site of the multitude* (vgl. Schneider 2006) als bitterböse Abrechnung mit den pluralen Zusammenarbeitsformen im Neoliberalismus. Er zeichnet ein gemeinschaftsschädigendes Bild aktueller Formen der Kollaboration, bei der es um radikal individuelle Belange geht, welche durch nur scheinbar gute Kollaboration erreicht wird. Kollaboration umfasst auch Interaktionsprozesse, die schädigend sein können. Optimierung und Effizienzsucht von MachtinhaberInnen legitimieren die Ausbeutung von Einzelnen und Gruppen, die man glauben machen möchte, dass Kollaboration als Arbeitsprinzip etwas Gutes in sich trage. Damit einhergehen teilweise herabwürdigende Arbeitsbedingungen. Mancherorts erfolgt die Ausnutzung des Humankapitals unter dem Deckmantel solcher Kollaboration.

In der Ausstellung *We not*[22] proklamieren die KünstlerInnen Michael Krebber, Sergej Jensen und Cosima von Bonin geradezu die Abkehr von einem Zwang zur Kollaboration. Der

22 6. Juni - 23. August 2014 in der Kölner Galerie Buchholz.

Ausstellungstitel kann als eine Spitze gegen Kollaborationszwang, -hype oder -diktat, als „Abgrenzung vom Networking-Imperativ" (Hess 2014, 66) gelesen werden. Es wird deutlich, dass Kollaboration per se kein gutes oder „sauberes" Konzept ist.

Folglich gilt, genau zu hinterfragen, ob und in welcher Form in künstlerischen Produktionsbedingungen oder Beteiligungsaktionen Kollaboration erfolgt. Geht es in den kollaborativen Formaten wirklich darum, Gemeinschaft und Teilhabe möglich zu machen oder werden vereinnahmende Interessen verfolgt? Verstecken sich hinter der versprochenen Öffnung Herrschaftsprinzipien? Mit kollaborativen Formen sollten Machtstrukturen in demokratischere Regierungspraktiken transformiert und Ausgrenzungsprinzipien durch gemeinschaftsstiftende Strategien der Vielfalt ersetzt werden.

3.4.9 Fazit zu Kapitel 3.4 – Das kollaborative Wissen der Künste – Merkmale künstlerischer Kollaboration

Unter den Bedingungen digitaler Medienkulturen werden kollaborative künstlerische Praktiken und kollaborative ästhetische Prozesse als wesentliches Prinzip im Feld der Kunst aufgedeckt. Diese Formen sind demnach nicht mehr als marginale soziale, performative oder kommunikative Kunst aufzufassen, sondern stellen ein selbstbewusstes Verständnis von Kunst dar. Das Zusammenarbeiten ist essentiell für die Kunst. Eine große Bandbreite variierender Formen von Kollaboration treten insbesondere im Kontext des Digitale in Erscheinung. Dies wird an den Beispiele wie Improv Everywhere (vgl. K-11), DIS (vgl. K-07) oder der !Mediengruppe Bitnik (vgl. K-12) sowie mit Maders Analysen deutlich. Kollaboration im Feld der Kunst zeigt sich als eine Praxis, mit der insbesondere das Geniekonzept als lange gültiges Grundprinzip der Moderne abgelöst wird.

Eine erste, junge kunstwissenschaftliche Einordnung kollaborativer Phänomene entsteht. Jedoch sind die Debatten um kollaborative künstlerische Praktiken noch marginal und es bieten sich viele Desiderata in diesem Feld. Vertiefende kunstwissenschaftliche Erforschung kollaborativer künstlerischer Positionen steht dringend an.

Künstlerische Kollaborationen treten dabei mit vielfältigen Merkmalen in Erscheinung. Erkennbar sind dynamisch-komplexe Modi pluraler AutorInnenschaft. Erweiterte kollaborative Formen der Kunst werden Teil der spezifischen Wissens- und Bildproduktion in gängigen künstlerischen Verfahrensweisen. Künstlerisch-kollaborative Praxis verfestigt sich mehr und mehr als gültiges Konzept, dem sich zeitgenössische KünstlerInnen mit einer Selbstverständlichkeit verschreiben.

Grundlegend lassen sich *sieben Merkmale künstlerischer Kollaboration* herausstellen:

1. Künstlerische Produktion wird auf neue und selbstverständliche Weise in Beziehung gesetzt, im Plural verstanden und kann nicht mehr als Nische sozial engagierter Kunst marginalisiert werden (vgl. Mader 2012).

2. Mit diesem Selbstverständnis wird die lange gültige Fixierung auf das Geniekonzept aufgelöst (vgl. von Bismarck 1996, 12ff.)

3. Partizipation ist ein wesentliches Teilprinzip vieler Realisationen von Kollaboration. (vgl. Lind 2007a; vgl. Feldhoff 2009)

4. Heterogene Teamstrukturen tauchen auf, die fluide und temporär sind und die das Konzept des kreativen Subjekts als EinzelkünstlerIn um ein Verständnis des Künstlersubjekts als kollaboratives Feld oder Netz von AkteurInnen erweitern (vgl. Lind 2007b, 387f.; Spampinato 2015).

5. Singuläre KünstlerInnenpositionen lassen sich ebenfalls als kollaborativ begreifen, wenn sie, was häufig der Fall ist, ästhetische Relationalität und das Verwobensein in der Gesamtheit von Bildern im Plural oder die Rezeption von Kunst thematisieren. (vgl. Mader 2012; vgl. [K-02]; vgl. [K-03])

6. Das neue Miteinander von Menschen und Dingen in der Kunst lässt sich als komplexes Netzwerk begreifen, das ein Zusammenarbeiten von Menschen, künstlerischen Produkten, Materialien und digitalen Werkzeugen ermöglicht (Mader 2012, 7). Ohne Furcht vor Transdisziplinarität kommen AkteurInnen (Menschen, Institutionen, Ressourcen, Bilder, Codes,...) aus künstlerischen und nicht-künstlerischen Feldern zusammen. Dieses Zusammensein bildet ein kollaboratives Wissensnetzwerk der Künste.

7. Mit den Formen der Kollaboration werden offene Prozessstrukturen für den aktuellen Kunstbegriff gültig, die in der Logik der digitalen Kultur stehen, z.B. nach dem Prinzip von *open source* funktionieren. Erst durch die digitale Medienkultur und ihren grundlegenden Prinzipien wird kollaborative Kunst ermöglicht oder sichtbar.

Die komplexen Formen der *Kollaboration* sind grundlegend für zeitgenössisches künstlerisches Arbeiten. Kollaboration gehört zur professionellen künstlerischen Expertise, auch wenn sie sich bisher unter dem Radar befand. Die Erweiterung der ästhetischen Phänomene um die kollaborative Komponente ergänzt das Verwobensein von Welt, Dingen und Menschen – und rückt gleichzeitig den Paradigmenwechsel der kollaborativen Wissensproduktion für kreatives und künstlerisches Schaffen in den Fokus. Mit den neuen Formen von Kollaboration formieren sich neue Konzeptionen von Kunst, die sich nicht mehr an einzelne KünstlerInnen als Genie koppelt, sondern eben das Gemeine und Profane wertschätzt und als Teilhabende respektiert (vgl. Boltanski/Chiapello 2007, 175). Dass eine große Vielfalt an Bezeichnungen für gemeinschaftliche Phänomene in der Kunst existiert zeigt einerseits die Schwierigkeit der Explikation kollaborativer Formen, generiert aber zugleich die Hypothese, dass sich – katalysiert durch die digitale Wende – künstlerischer Gemeinschaftsformen und Zusammenarbeitsstrategien noch stetig erweitern und verändern werden.

Kollaboration steht nun als ein Oberbegriff über noch vielen Formen der Zusammenarbeit und dem neuen Zusammenkommen in der Kunst bereit. Die Formen sind im Begriff, sich zu erweitern und auszudifferenzieren. Das Konzept von AutorInnenschaft und die Vorstellung davon, wer oder was kreativ schöpferisch tätig ist, verändert sich dabei beständig und kann graduell, in beständig wechselnden Funktionen oder Perspektiven beschrieben werden.

Die Merkmale künstlerischer Kollaboration, die mittels der vorangegangenen Explorationen ermittelt wurden, dürfen nicht darüber hinwegtäuschen, dass Kollaboration zugleich eine Unbestimmtheit und eine Grauzone erfasst. Die Formen der Kollaboration beschreiben vielfältige komplexe Gemengelagen und interaktive Prozesse, deren Explikation, da sie ein Dazwischen erfassen, an ihre Grenzen gerät.

Im Sinne des kunstpädagogischen Ausgangspunktes dieser Forschungsarbeit verdeutlicht dies erstaunliches. Der Paradigmenwechsel um das Konzept der Kollaboration in der Kunst berührt die Kunstpädagogik mehr, als ihren AkteurInnen vielleicht bewusst ist. Durch die Folie der Kollaboration werden die AkteurInnen der Kunstpädagogik gleichermaßen als mächtige und gleichberechtigte Teilhaberin im System Kunst denkbar und sichtbar. Dies wird in allen hier explorierten Dimensionen – von hybriden Ausstellungs-, Vermittlungs- und Bildungsprojekten, wie bei Project Projects (Spampinato 2015, 152ff.) bis hin zu kunstsoziologischen Überlegungen mit Howard S. Beckers *art worlds* (Becker 1982) – deutlich. Zugleich stellen sich die Fragen, ob fundamentale Aporien der Kunstpädagogik ästhetische Prozesse explizit oder implizit am Geniekonzept festmachen. Was wird im Fachdiskurs der Kunstpädagogik unter einem Künstler oder einem „kreative[n] Subjekt“ (Reckwitz 2009, 239) verstanden? Wird vorwiegend der individuellen, einzelnen Person künstlerische Schaffenskraft zugesprochen? Wenn unter den Bedingungen digitaler Medienkulturen kollaborative künstlerische Praktiken und kollaborative ästhetische Prozesse zum federführenden Prinzip werden, dann gilt es, diese für die Kunstpädagogik fruchtbar und wirksam zu machen. Um zukünftig Praktiken der Kollaboration auch für die Kunstpädagogik zu denken, heißt es, bestehende kunstpädagogische Konzepte, die kollaborative ästhetische Praktiken bereits als zugehörig begreifen und anwenden, zu fokussieren und mit dieser Analyse Potentiale, Formen und Marginalisierung der Kollaboration in der Kunstpädagogik aufzuzeigen.

3.5 Kollaboration in der Kunstvermittlung

Wesentliche Impulse für Kollaboration und deren Exploration für die Kunstpädagogik kommen aus dem Feld der Kunstvermittlung und ihren Handlungspraktiken.
Für die Heuristik hier ist die Kunstvermittlung dabei wichtig, da in ihr neue Formen der Kollaboration eine wesentliche Rolle spielen und der Begriff Kollaboration vielfach explizit benutzt wird. Zwar sind die Handlungspraktiken der Kunstvermittlung oft in Kontexten großer Kunstausstellungen, Kunstbiennalen und musealen Ausstellungsformaten verhaftet. Analog zu den etablierten und hierarchisch strukturierten musealen Kunstinstitutionen verhält sich die Institution Schule ebenfalls stark von affirmativen und reproduzierenden Diskursen (vgl. Mörsch 2009, 9) geprägt. Dementsprechend sind aus der Exploration im Feld der Kunstvermittlung übertragbare Modelle für schulischen Kunstunterricht zu erhoffen.
Was Kunstvermittlung meint ist nicht einheitlich definiert. Eine vertiefte Begriffsschärfung steht noch aus (vgl. Henschel 2012, 17). Im Folgenden soll zunächst eine Definition kunstvermittelnder Handlungspraktiken umrissen werden. Die Kunstvermittlung ist insofern für die Kunstpädagogik wie eine Schwester, als sie unter ihrem Oberbegriff Ansätze vereint, die eindeutig auf bildende Situationen mit der Kunst abzielen, sie dabei Irritationsmomente der Kunst (vgl. Sturm 2000, 8; Wetzel et al. 2010, 1).) mitdenken. Aktuelle Konzepte der Kunstvermittlung haben zum Ziel, die belehrende Strukturen von künstlerischen Institutionen, Museen und Kunstvereinen aufzubrechen und in eine dialogische Struktur zu verwandeln, bei welcher RezipientInnen nicht nur eine neue, aktivere Position zugesprochen wird, sondern diese auch durch spezifische Verfahren und Praktiken in Situationen gebracht werden, in denen gedanklich sowohl als körperlich die aktive Beteiligung und Zusammenarbeit mit und an der Kunst ermöglicht werden soll. Der Arbeitskreis Deutscher Kunstvereine bezeichnet die Praxis der Kunstvermittlung so:

> *„Kunstvermittlung kann heute selbst künstlerische Praxis sein: Sie involviert das Publikum, macht es zu Akteuren, Verbündeten oder auch Opponenten. In diesem Sinne kann und sollte eine zeitgemäße Kunstvermittlung ebenso Grenzen überschreiten wie die zeitgenössische Kunst." (ADKV 2016)*

Damit wird deutlich: Mit dem Begriff der Kunstvermittlung ist eine partizipative Vermittlungsarbeit im Kontext von und im Arbeiten an der Kunst selbst gemeint. Manche verstehen Kunstvermittlung selbst auch als eine spezifische Form der Kunst, wie bei der Arbeit von Anna Zosik deutlich wird (vgl. Sturm 2005, 26ff. u. 34). Dieses Verständnis der Kunstvermittlung folgt einem Diskurs, in dem auch die Kunstkritik und die Kunsttheorie als konstituierend für die Kunst begriffen werden (vgl. Babias 1995, 25). Die Kunstvermittlung begreift sich – analog zu den Transformationen der „nächsten Gesellschaft" (vgl. Kapitel 3.2) – als Befürworterin für Heterarchie, Kollaboration und Beteiligungsstrukturen. Kunstvermittlung bricht auf verschiedenen Ebenen mit bestehenden Regeln und Machtstrukturen. In dieser den Diskurs und den Habitus der hierarchischen Kunstinstitutionen aufbrechenden Haltung formulieren VertreterInnen der Kunstvermittlung spezifische Konzepte neuer Zusammenarbeit, die teilweise auch explizit mit dem Begriff der Kollaboration markiert werden. Insofern ist der nun folgende Exkurs für die Exploration zur Kollaboration im Feld der Kunstvermittlung wichtig.

3.5.1 Kollaboration als emanzipatorische Form in der Kunstvermittlung

Für den Diskurs zum Begriff der Kunstvermittlung lässt sich die Position der Kunstvermittlerin Carmen Mörsch herausstellen, die in besonderem Maße die begriffliche Schärfung vor allem aber auch Ausrichtung der Kunstvermittlung vorantreibt. Ihr progressives Modell der Kunstvermittlung steht in starkem Praxisbezug und kann als wesentlich für die Begriffsbestimmung gelten (vgl. Henschel 2012, 18f). Sie beschreibt Kunstvermittlung als das Vorgehen, „Dritte einzuladen, um Kunst und ihre Institutionen für Bildungsprozesse zu nutzen" (Mörsch 2009, 9). Der Ansatz der kritischen Praxis der Kunstvermittlung (vgl. Mörsch 2012b) hat seine Basis in den Cultural Studies. Befragung werden Machtdiskurse der Schule. Als Fundament gilt eine emanzipatorische Pädagogik. Maßgeblicher Text für die Untersuchung hier ist Carmen Mörschs „Am Kreuzungspunkt von vier Diskursen. Die documenta 12 Vermittlung zwischen Affirmation, Reproduktion, Dekonstruktion und Transformation" (Mörsch 2009). Für den Bereich gegenwärtiger Kunstvermittlungsarbeit, speziell den Führungs-, Bildungs- und Weiterbildungsangeboten von Kunstinstitutionen und Kunstausstellungen beschreibt die Kunstvermittlerin vier grundsätzliche diskursive Konstruktionen, die aber unterschiedlich dominant praktiziert werden.

Der erste so genannte affirmative Diskurs meint die klassische Museumsarbeit. Kennzeichnend für diese Art der Kunstvermittlung ist, dass Fachleute aus dem Kunstbetrieb in Vortragsreihen im Museum zu einem spezialisierten Publikum, spezifisch interessierten Publikum sprechen (vgl. Mörsch 2009, 9). Für diesen ersten Diskurs diagnostiziert Mörsch, dass dieser als der häufigste, dominanteste erscheint.

Charakteristisch für den zweiten Diskurs, dem so genannten reproduktiven Diskurs, ist die Akquise von neuem Kunstpublikum. Es gilt, ein Kunstpublikum für die Zukunft zu gewinnen, um das bestehende institutionelle System zu reproduzieren. Dabei sollen Ängste, die durch die „hohen symbolischen Schwellen" (ebd., 10), welche die Kunsthäuser nach außen vermitteln, abgebaut werden. Als typisch für diese Form der Kunstvermittlung beschreibt Mörsch die langen Nächte der Museen, die in vielen Städten ein etabliertes Format für die (physische) Beteiligung von Publikum geworden ist.
Innerhalb des Verständnisses des dritten, dekonstruktiven Diskurses sieht Mörsch das Bestreben der Kunstvermittlung „das Museum, die Kunst und auch die Bildungs- und Kanonisierungsprozesse [...] gemeinsam mit dem Publikum kritisch zu hinterfragen" (ebd., 10). Kennzeichnend für die Form der Kunstvermittlung im Rahmen dieses dritten Diskurses ist, dass die Kunstvermittlungspraxis „künstlerische Merkmale" trägt (ebd.). Ebenso ist kennzeichnend, dass als Zielpersonen diejenigen gelten, „welche in Bezug auf Institutionen als ausgeschlossen und benachteiligt markiert sind" (ebd.). Eng verknüpft mit dem dritten Diskurs der Dekonstruktion sind die Praktiken des vierten Diskurses, dem transformativen Diskurs. Innerhalb dieser Kunstvermittlungsarbeit ist zielsetzend, die „Funktionen der Ausstellungssituationen zu erweitern und sie politisch, als Akteurin gesellschaftlicher Mitgestaltung, zu verzeichnen" (ebd.). Mit dieser Kunstvermittlungsarbeit sollen die Kunstinstitutionen eher ihrem Kontext, ihrem Milieu, ihrem Umkreis, dem, was sie umgibt, nähergebracht werden. Ziel für diese Institutionen sei es, in einen Dialog mit dem Umfeld zu treten, - und nicht umgekehrt (vgl. ebd.). Dabei führt diese Praxis den Kunstinstitutionen eine vergessene Pflicht der Zusammenarbeit mit einem Kontext vor Augen, die „aufgrund ihrer durch lange Isolation und Selbstreferenzialität entstandenen Defizite" (ebd.) beruht.
Mit den zwei Diskursen „Dekonstruktion" und „Transformation", die für die dritte und vierte diskursive Konstruktion stehen, nennt Mörsch für die Kunstvermittlungsarbeit das grundlegende Ziel, die „Funktionen der Ausstellungssituationen zu erweitern und sie politisch, als Akteurin gesellschaftlicher Mitgestaltung, zu verzeichnen" (ebd.). Der Praxis der Kunstvermittlung als Dekonstruktion und als Transformation räumt Mörsch maßgeblich den höchsten Stellenwert ein. Mit ihnen positioniert sie sich in ihrer eigenen Kunstvermittlungspraxis, wie sich in dem Kunstvermittlungskonzept auf der documenta 12 zeigt, das Mörsch zusammen mit Ulrich Schötker entwickelte und beforschte (vgl. Mörsch 2009; Jentzsch/Mörsch 2007): „Wir waren von dem Wunsch geleitet, zur Etablierung und Professionalisierung und Theoretisierung einer Kunstvermittlung im Zeichen von Dekonstruktion und Transformation beizutragen" (Mörsch 2009, 26f.). Hier wird bereits der kollaborative Ansatz deutlich, der mit Mörschs Kunstvermittlung proklamiert wird.

3.5.2 Irit Rogoff: Ein neues Wir-Verständnis für den Kunstbetrieb

Für aktuelle Kunstvermittlungskonzepte ist neben Mörsch das Denken der Kunsthistorikerin Irit Rogoff wichtig, die etwa in *WIR. Kollektivitäten, Mutualitäten, Partizipation* (2002) ein neues Verständnis von Kollaboration im Kunstbetrieb proklamiert. Sie versucht, das bürgerlich ausgerichtete Kunstsystem – ebenso wie in Mörschs Konzeption – von elitären Strukturen zu trennen (vgl. Rogoff 2002, 53). Rogoff geht es um den Gedanken der kollaborativen Bedeutungsproduktion, welche sie unter anderem mit Jean-Luc Nancy (vgl. Kapitel 3.3.3) herleitet. Bedeutungszuweisungen in Situationen mit Kunst entstehe „nie in Isolation [...] sondern durch das verzweigte Gewebe wechselseitiger Verbundenheit" (ebd., 54). Ausstellungen lassen „Bedeutungsfelder" entstehen (ebd., 54). Ausstellungen zu besuchen diene im Verständnis der Wir-Kollektivität nicht der „individuellen Erbauung, Neugier und dem Streben nach kulturellem Kapital" (ebd., 53). Rogoff möchte den Diskurs der Kunstrezeption durchbrechen, das im Zeichen des „Kunsterlebnis[ses]" (ebd.) die „individuelle Reflexion" (ebd.) abziele. Das neue Wir versteht Rogoff als eine Beziehung zwischen „Betrachtern und Räumen" (ebd.) und den geteilten Kategorien in den „Prozessen der Wahrnehmung" (ebd.).
Ihr Wir-Konzept grenzt Rogoff von anderen Kunstwelt-Kollektivitäten ab. Sie meint nicht

> *„Museums- und Ausstellungsbesucher, Kunstliebhaber, privilegierte Bürger der Kunstwelt oder kritische Theoretiker, die nach verborgenen Bedeutungen und versteckten Agenden von Kunstwerken sowie ausstellenden Institutionen fahnden [und diejenigen], die glauben, dass zeitgenössische Kunst beteiligt ist an der Formierung von Bürgerschaft." (ebd., 54)*

Rogoff rechnet mit einer traditionellen Vorstellung von der Funktion von Kunst, der einer elitären bürgerlichen, vermeintlich aufgeklärten Vorstellung entspringt. Sie räumt zwar ein, dass diese Formen des Kunstkollektivs weder „hinfällig oder beklagenswert" (ebd.) seien. Jedoch könne man diese Art des Kunsterschließens als „Frontalbeziehung" (ebd.) bezeichnen, die abgelöst werden müssten von den kollektiven, performativen Prozessen mit der Kunst. In diesem Sinne erfolgt eine Verschiebung vom analytischen Betrachter hin zu einer „performative[n] Funktion des Betrachtens" (ebd.).
Diese performative Partizipation am Kunstwerk verändert nicht nur die unmittelbare Kunstbetrachtung, da plötzlich ein „Interagieren mit Kunstwerken in Ausstellungen" (ebd.) gefordert ist, sondern greife auch das heute gültige Verständnis und die Rolle der Kunstkritik an. Rogoff zeigt eine neue Form der Kunstkritik auf. Nicht mehr „Kritizismus" als Fehlersuche, nicht mehr „Kritik" *als* kritische, rationale Analyse sondern „Kritikalität" *als* ein Bewusstsein, das die an die Grenzen des Denkens gehe (vgl. ebd., 55) zeichnet sich für Rogoff in dem Kontext des Wir-Verständnisses von Kunst ab.

3.5.3 Beispiel: Projekt Collaboration

Beispielhaft für eine Umsetzung des dekonstruktiven und transformativen Diskurses im Sinne Mörschs und dem Verständnis der Wir-Kollektivität bei Roggoff kann das Projekt *COLLABORATION. Vermittlung. Kunst. Verein.* (Herring/ADKV 2010) vorgestellt werden, das im Zeitraum zwischen 2008 und 2009 in Nordrhein-Westfalen in einigen Kunstvereinen stattfindet. Die beteiligten Kunstvereine im Dachverband des ADKV zielen mit dem Projekt darauf ab, einen verstärkten und erweiterten Austausch zwischen Publikum, KünstlerInnen, KunstvermittlerInnen und KuratorInnen zu schaffen. Das Programm adressiert besonders Bevölkerungsgruppen, die sonst nur sehr selten oder nie in einen Kunstverein gehen. An den unterschiedlichen beteiligten Orten und Vereinen werden jeweils kontext- bzw. ausstellungsspezifische Konzepte erarbeitet, die eine heterarchische Zusammenarbeit der Akteure im kompletten Setting der jeweiligen Ausstellung beabsichtigt. Der Prozess des Kunstmachens soll auf diese Weise besonders für jüngere Gesellschaftsschichten viel stärker einsehbar, transparenter werden. „Seit einigen Jahren lässt sich ein zunehmendes Interesse innerhalb der Kunstvermittlung an kollaborativen Arbeitsformen beobachten“ (Herring 2010, 13), so die Projektleiterin Carina Herring. Die AkteurInnen des Projekts verfolgen das Ziel, „die Zusammenarbeit dieser Akteure über einen längeren Zeitraum hinweg als gemeinsamen performativen und transformativen Prozess zu fördern“ (ebd.). Es gehe darum, „durch die Begegnung mit Kunst, eigene Handlungs- und Erfahrungsräume zu öffnen und selbst künstlerische Strategien zu erproben“ (ebd.). „Auf diese Weise sollten Handlungs- und Erfahrungsräume für ästhetische und gesellschaftliche Fragen entstehen, deren konstitutive Bestandteile die Kollaboration und Kommunikation mit unterschiedlichen Bevölkerungsgruppen sowie das dynamische Zirkulieren von Wissen und Bedeutung sind“ (ebd.).

Losgelöst von der Betrachtung der spezifischen Agenda der Kunstvereine, die sich mit dem Kollaborationsbegriff in einen emanzipatorischen Transformationsprozess wagen, zeigt sich, dass für kunstvermittelnde Umgangsweisen des Begriffs der Kollaboration in einem Bedeutungsfeld wichtig wird, der sich nicht allein anknüpfen lässt ein Begriffsverständnis im Kontext von „New Economy und aus Managementtheorien“ (ebd.). Vielmehr kann der radikale Ansatz der Kunstvermittlung auf einer Komplexitätsebene verstanden werden, der überhaupt den unterschiedlichen beteiligten Dingen in der Kunst Rechnung trägt.

Daraus folgt für die Kollaboration: Es geht nicht um ein vermeintliches Miteinander, um eine ausgerufene, aber letztlich nicht eingehaltene Partizipation wie bei einer Museumsnacht, bei der BesucherInnen einmal im Jahr auch nachts ins Museum gehen zu dürfen. Vielmehr geht es um eine Teilhabe als gemeinsamen Transformationsprozess in Gang bringt, bei dem auch Mitarbeitende und NachbarInnen in einen Austausch treten können.

3.5.4 Carmen Mörsch: Beteiligungsgrade in der Kunstvermittlung

Als wesentlichstes Konzept der Kollaboration, das aus dem Feld der Kunstvermittlung für diese Forschungsarbeit exploriert werden kann, stehen die Beteiligungsgrade von Carmen Mörsch, mit denen sie eine Merkmalsliste für Kunstvermittlungsprojekte aufstellt, die sich aufgliedert in die vier Ebenen 1.-4. Der letzte Beteiligunggrad ist der von ihr angestrebte und wird als „kollaborativ".
Mörsch benennt für Kunstvermittlungsprojekte mit dem Anspruch der kollaborativen Beteiligung vier wesentliche Aspekte (a)-d)). Für kollaborative Beteiligung in Kunstvermittlungsprojekte ist Voraussetzung, dass sie a) „gemeinsam mit den Beteiligten entwickelt" (Mörsch 2012a, 89) werden, b) die „Vorgehensweise, Arbeitsbedingungen und Inhalte [werden] gemeinsam beschlossen und permanent diskutiert und weiterentwickelt" (ebd.) wird. Ihnen ist c) ein „Gleichgewicht" (ebd.) zu eigen, dass dadurch entsteht, dass „Ressourcen für die Reflexion und Bearbeitung von Machtverhältnissen und Interessenskonflikten" bereitgestellt werden. Für den Aspekt c) wiederum ist ein „Grad an Informiertheit" (ebd.) Voraussetzung.

3.5.5 Fazit zu Kapitel 3.5 – Übertragbare Konzepte kollaborativer Kunstvermittlung

In der Exploration im Feld der Kunstvermittlung wird deutlich, dass sich analog zu den Arbeitspraktiken in der zeitgenössischen Kunst (vgl. Kapitel 3.4) und den Praktiken der kollaborativen Wissensproduktion (vgl. Kapitel 3.6) den kollaborativen Strategien der *nächsten Gesellschaft* (vgl. Kapitel 3.2) auch die Strategien der Kunstvermittlung verändern und erneuern und zwar dahingehend, dass ein kollaboratives Verständnis in jedweder Hinsicht gebräuchlich und selbstverständlich wird. Der aktuelle Diskurs der Kunstvermittlung umfasst ein radikales Kunstverständnis, das auf neue Relationen und kollaborative Formen abzielt (vgl. Henschel 2012,18) und die museal geprägten Konzepte verlässt. So lassen sich hier ertragreich Konzepte von Kollaboration in der Kunstvermittlung herausstellen, die vermutlich gewinnbringend in die Kunstpädagogik transformiert werden können. Die Beteiligung der RezipientInnen am Konstruktionsprozess der Kunst, der Fokus darauf, dass Kultur und Kunst kollaborativ generiert und gebaut wird, diese Grundlagen der Kunstvermittlung rekurrieren auf den Grundsatz geteilter Wissensgenese. Im bewussten Aufbrechen von hierarchischen Strukturen, mit der Absicht, Zugänge zur Kunst schaffen für die AkteurInnen, denen der Zugang versperrt ist, über das ausfindig Machen derjenigen, die nicht rezipieren können werden spezifisch kritisch-reflexive Handlungspraktiken der Kollaboration in der Kunstvermittlung erprobt und vorgemacht. Wenn Carmen Mörsch sich in Bezug auf ihre kunstvermittelnde Praxis „gegen die kategoriale oder hierarchische Unterscheidung zwischen kuratorischer

Arbeit und Vermittlung" (Mörsch 2009, 11) ausspricht, wenn von „kritischer Lektüre der Institutionen die Rede ist", spricht sie sich für eine Kunstvermittlung aus, die Kollaboration verstanden wissen will als eine radikale Aneignung des hierarchischen Systems der Kunst im Sinne eines Aktivismus. Übertragen auf die Kunstpädagogik heißt dies, dass die Arbeit von KunstpädagogInnen, KunstdidaktikerInnen, KunstlehrerInnen und SchülerInnen auf neue Weise mit dem Kunstbetrieb verknüpft gesehen werden können, gemäß eines kollektiven Kunstkonzepts, wie es Howard S. Becker in *art worlds* beschreibt (vgl. Becker 1982, 1ff.; vgl. von Bismarck et al. 1996, 8f.). Die performative, teilhabende Kunstbetrachtung, wie sie auch Rogoff beschreibt, könnte für die am schulischen Kunstunterricht beteiligten AkteurInnen sehr herausfordernd aber zugleich sehr gewinnbringend sein.
Ob die Schule anschlussfähig für kollaborative Praktiken ist, wie sie in der Kunstvermittlung überzeugend entwickelt und erprobt werden, muss sich erst zeigen. Zumindest wird deutlich, dass analog zu Kunstvermittlung, kollaborative, heterarchische Praktiken den Kunstunterricht der Regelschule in eine komplett andere Form katapultieren könnten. Eine Vereinbarkeit schulischer Kunstdidaktik und der Kunstvermittlung, die zumeist in freien Kulturszeneprojekten oder angekoppelt an die Logik von Kunstinstitutionen agiert, liegt nicht unmittelbar auf der Hand, da die Kunstvermittlung nicht in den administrativen Strukturen der Institution Schule agiert. Dennoch diskutieren ihre maßgeblichen VertreterInnen in der Tradition emanzipatorischer Pädagogik (vgl. Sternfeld 2009a), wie ein Vermittlungsverhältnis freiheitlich und demokratisch verwirklicht werden kann. Dem ist Schule respektive der Kunstunterricht ebenso qua Gesetz verpflichtet und insofern aufgefordert und adressiert, solche Vermittlungsverhältnisse zu schaffen. Zugleich ist Schule aber eine schwierige Partnerin, da sie an vielen Stellen Zwängen unterlegen ist, in deren Raster Kollaboration zu Handlungswidersprüchen führt, wie in Kapitel 5 untersucht wird. In erster Linie scheint die Schule im Sinne der kollaborativen Kunstvermittlung ein optimales Feld für kunstpädagogische *Eduhacks* zu sein (vgl. Eschment 2015, 97ff.), deren umfassende Erprobung für die Kunstpädagogik noch aussteht (vgl. Hausmann 2015, 119). In der Kunstvermittlung wird die Dimension des Potentials der Kollaboration deutlich, nämlich in der Gestaltung von Zusammenarbeit über institutionelle Grenzen und Rollenzuschreibungen hinweg. Diese Pragmatik der Kollaboration bleibt für den schulischen Kunstunterricht, somit auch in der kunstdidaktischen Forschung, an vielen Stellen noch wenig beforscht, unsichtbar und/oder unerprobt. So ergeben sich eine Vielzahl an Leitfragen, und Impulse für ein Weiterdenken der Übertragung kunstvermittelnder Erkenntnisse in die schulische Kunstpädagogik: Könnte der schulische Kunstunterricht nicht ein potentieller, hochqualitativer Möglichkeitsraum für die Kunstvermittlungsstrategien sein? Und wie ließe ausgehend von den hier skizzierten Kunstvermittlungskonzepten ein alternatives Kollaborationskonzept als maßgebliche Grundlage schulischer Kunstdidaktik skizzieren? Wo kann das emanzipatorische Potential der Kunstvermittlung den Kunstunter-

richt und die Schule in demokratischere Bildungskonzeptionen katapultieren? Wie und wo kann mit Hilfe der Kategorien zur Kollaboration aus dem Kunstvermittlungsfeld in der Kunstpädagogik weitergearbeitet werden?
Die qualitative Analyse in Studie II (vgl. Kapitel 5.) wird zeigen, dass bereits bestehende kollaborative Handlungspraktiken in der Kunstdidaktik existieren, die teilweise stark von der Kunstvermittlung befeuert werden, aber noch wenig explizit beschrieben sind.

3.6 Kollaboration im Fokus von Bildungs- und Lerntheorien

Im Zuge der Etablierung digitaler Medienkulturen gewinnen kollaborative Praktiken und Formate eine besonders gesteigerte Bedeutung im Kontext von Bildungs- und Lerntheorien. Konturen unterschiedliche Phasen, Konzeptionen und Theorien zu Kollaboration werden im Folgenden in vier Abschnitten dargelegt.
Eine erste Grundlage bilden Vorbemerkungen zur uneinheitlichen Begriffsverwendung von Kollaboration im transdisziplinären Feld der Bildungs- und Lerntheorien. Ob kollaboratives oder kooperatives Lernen oder gemeinschaftlich oder kollaborativ produziertes Wissen – vielfach wird uneinheitlich von Zusammenarbeitsprozessen gesprochen (vgl. Kapitel 3.6.1), weshalb die begriffliche Auseinandersetzung notwendig.
Der zweite Abschnitt widmet sich älteren Konzepten des kollaborativen Lernens und des gemeinschaftlichen Lernens im Kontext von nicht-digitaler Kultur (vgl. Kapitel 3.6.2). Kooperatives Lernen (vgl. Slavin 1983, 431) oder demokratisches Lernen (vgl. Frank 2005; DEWEY 1961) bilden hier wesentliche Bezugspunkte und sind Konzepte von gemeinschaftlichem Lernen im prädigitalen Zusammenhang. Im Zuge der Entwicklung konstruktivistischer Lerntheorien entwickelt sich parallel zum Fokus auf das Individuum die Erkenntnis, dass Interaktionen wesentlich für Erkenntnisprozesse des einzelnen Individuums sind. Lernen in Kleingruppen und Peer-Teaching-Konzepte (vgl. Vedder 1985; Cohen 1994; Scholz 1996) erfahren großen Zuspruch und werden mit der Weiterentwicklung konstruktivistischer Erkenntnistheorien durch eine große Bandbreite an Untersuchungen im didaktischen Feld bestärkt. Hierzu werden Ansätze des kooperativen Lernens und des demokratischen Lernens zusammengefasst, die zwar in Teilen bereits von verschiedenen Disziplinen wie der Kybernetik und der Systemtheorie beeinflusst sind. Dennoch sticht bei diesen Konzepten im Vergleich zur jüngeren Verwendung des Begriffs Kollaboration heraus, dass sie noch nicht von der umfassenden Digitalisierung (vgl. Baecker 2016,1), der Informiertheit durch das Internet (vgl. Klein 2018, 30) beeinflusst sind.

Der dritte Abschnitt widmet sich dem kollaborativen Lernen, das rechnergestützt funktioniert. (vgl. Kapitel 3.6.3) Hierzu wird das CSCL[23], das „Computer-supported Collaborative Learning" (vgl. Haake et al. 2012) in den Fokus der Exploration gestellt, um das sich eine Vielzahl wichtiger Bildungsansätze drehen. Kollaboration wird im transdisziplinären Feld von CSCL aktiv in der digitalen Kondition verstanden. Jedoch ist bei CSCL und verwandten Formaten augenfällig, dass die digitalen Technologien noch nicht umfassend in ihrer komplexen Dimension begriffen werden, vielmehr noch in einer Medienlogik des An- und Ausschaltens verharren (vgl. Meyer 2008, 18). Digitale Techniken werden rein funktional zur Gestaltung von kollaborativen Lernwegen angewendet, die dem analogen Gruppenlernen ähneln und meist verkürzt als eine Arbeitsteilung verstanden werden. In ihnen liegt keine Motivation darin, dass ein Surplus aus dem Kollaborieren entsteht. Computertechnologien erscheinen entsprechend dieses Verständnisses von Kollaboration noch häufig als reine An-Aus-Technik (vgl. Ebd.), nicht aber als komplexe Mensch-Maschine-Netzwerke im Sinne aktueller digitaler Prozesse.

Im vierten Abschnitt werden Konzepte von Kollaboration aufgezeigt, die in der Logik der umfassenden Bedingungen digitaler Medienkulturen aufzufassen sind (vgl. Kapitel 3.6.4). Hier ist die Rede nicht mehr von Gruppenlernen, kollaborativen Lernen oder CSCL, sondern von *kollaborativer Wissensproduktion* oder *collaborative knowledge participation.* Durch den Wandel hin zur digitalen Gesellschaft und medieninduzierten Wissensformationen (vgl. Meyer 2006, 654ff.) erleben kollaborative Lernkonzepte der Zusammenarbeit eine veränderte und gewichtigere Rolle, die bildungstheoretische Überlegungen nach sich ziehen. Im Zuge der umfassenden Bedingungen digitaler Medienkulturen erfolgt eine Welle der Ausdifferenzierung und Hybridisierung der kollaborativen Formen (vgl. Wachtler et al. 2016). In der Frage nach Medienbildung wird Kollaboration als grundlegende Praxis von Bildung erörtert, da „er [der Mediennutzer] seine passive Konsumentenrolle [verliert] und [...] aktiver Teilnehmer an einem Netzwerk der Wissensproduktion [wird]" (Jörissen/Marotzki 2009, 32). Wie sich zeigen wird, spielen in dieser Komplexität informelle Lernpraktiken und soziale Netzwerke eine wesentliche Rolle für eine aktuelle Konzeption von Kollaboration in Bildungs- und Lerntheorien digitalen Zeitalter.

Anhand dieser vier Dimensionen werden Theorien von Kollaboration im Bildungsbereich beleuchtet. Es wird deutlich, wie sich verschiedene Bestimmungen von Kollaboration entwickelt haben, wo Erweiterungen notwendig ist und wo Anknüpfungsmöglichkeiten für kunstpädagogische Fragen bestehen. Die Ausführungen des folgenden Kapitels bringen wesentliche Erkenntnisse für aktuelle wie zukünftige Überlegungen zu kollaborativen

23 In Kapitel 3.6.3 wird der Begriff „CSCL" genauer beschrieben und kontextualisiert.

Praktiken in der Kunstpädagogik, gleichzeitig deutet sich an, dass die Kunstpädagogik wiederum profunde Expertisen zu ästhetisch-kollaborativen Bedingungen in der digitalen Medienkultur liefern kann.

3.6.1 Vorbemerkung zum Begriff Kollaboration im Bildungsdiskurs

Auch im Kontext von Lern- und Bildungstheorien stellt sich als primäres Problem heraus, dass es keine einheitliche Definition für den verwendeten Begriff Kollaboration gibt. Speziell für den Begriff Kollaboration existieren nur unzulänglich aktuelle Definitionen (vgl. Dillenbourg 1999, 1f.). Sich mit Kollaboration in besagtem Feld zu beschäftigen heißt zudem, sich einem hochgradig multidisziplinären Feld zu stellen (vgl. Stahl 2012, 16).
Der Begriff Kollaboration wird für viele unterschiedlichen Konzepte als Schlagwort verwendet – von der peer-to-peer-orientieren Gruppenarbeit über komplexe E-Learning-Settings bis hin zu medienpädagogischen Kompetenzmodellen zur Beschreibung von Kriterien der Medienkompetenz, vor allem im Zuge eines Wandels hin zum sogenannten *Produser* (vgl. Kapitel 3.2) im Netz. In der Literatur werden in Bezug auf Lerntheorien insbesondere die Begriffe Kollaboration und Kooperation nicht trennscharf voneinander unterschieden (vgl. Gramlinger 2003, 99) sondern zumeist, wenn es nicht um computergestütztes Lernen geht, synonym verwendet (vgl. Kienle 2003, 42). Andere wie Elizabeth Cohen weisen explizit darauf hin, dass sie mit kooperativem Lernen synonym auch kollaboratives Lernen oder Gruppenlernen meinen (vgl. Cohen 1994, 3).
In der Recherche zum Begriff Kollaboration innerhalb des Bildungsdiskurses wird diese unklare Begriffsverwendung nicht nur an vielen Stellen deutlich, sondern auch kritisch gewürdigt, darüber hinaus wird konkret aufgezeigt, dass die Begrifflichkeiten nur unzureichend definiert sind (vgl. Balázs 2005, 32).
Die Gründe für die bemängelte begriffliche Unklarheit liegen einerseits zweifellos in der noch in Entwicklung befindlichen Ausdifferenzierung der digitalen Medienkulturen und den sich damit aktuell vervielfachenden Formaten und Formen von Kollaboration, deren Komplexität keine versuchte Einordnung und Definition synchron hinterherkommt. Zugleich gründet die begriffliche Unklarheit auch den unterschiedlichen nicht vernetzten akademischen Disziplinen wie beispielsweise Erziehungswissenschaft, Bildungspsychologie, Medienpädagogik und den Fachdidaktiken, in denen zu Kollaboration geforscht wird und deren Zusammenarbeit nicht immer gewährleistet ist.
Alle Implikationen des Begriffs Kollaboration im Kontext von Bildung und Lernen lassen sich im kommenden Teilkapitel nicht in ihrer Gesamtheit nachzeichnen, dennoch werden hier ausgewählte Konzepte ermittelt. Der Exploration liegt dabei zunächst ein recht offenes Begriffsverständnis von Kollaboration zugrunde, mit dem im Feld der Bildungstheorien

untersucht wird, welche Konzepte vorherrschen, um dann im Fazit (vgl. 3.6.5) einen Definitionsvorschlag zu präsentieren, der, wie sich zeigen wird, spannende Anschlussmöglichkeiten für die Kunstpädagogik bietet.

3.6.2 Bildung in der Gemeinschaft im prädigitalen Kontext: US-amerikanischer Pragmatismus und konstruktivistische Lerntheorien

Unter anderem in seinen Werken *Art as Experience* (1934) sowie *Democracy and Education* (1961) entwirft John Dewey ein Konzept der demokratischen Erziehung und ein Verständnis von Lernen, Erfahrung und Erkenntnis als ein Vorgang, der in einen sozialen Rahmen, in die Gemeinschaft und in geteilte Erfahrungen eingebettet ist. Damit schafft er maßgebliche Grundlagen für einen Bildungs- und Lernbegriff, der nicht vom Individuum allein ausgeht, sondern den kollaborativen Aspekt von Erkenntnis- und Bildungsprozessen hervorhebt. Deweys Pragmatismus misst der geteilten Erfahrung und der geteilten Aktivität im Bildungsprozess eine wesentliche Rolle zu (vgl. Dewey 1961, 12f.). Sie wird für Deweys Entwurf von Schule bedeutsam, insofern er überzeugt davon ist, dass die Erfahrung von Lernen in der Schulinstitution immer als das Leben selbst gelten muss, niemals als eine simulierte Erfahrung. Im fachspezifischen Rahmen der Kunstpädagogik bietet eine solche Vorstellung von ästhetischer Erfahrung und dem Umgang mit Bildern und Kunst ein implizit kollaboratives Verständnis. Dewey proklamiert, dass Erkenntnis und Wahrnehmung des Lernenden immer eingebettet sind in Situationen eines gedachten Zusammenspiels von Objekten und Menschen, die sich gegenseitig beeinflussen. Erkenntnis und Bildung erlangt der Mensch also per se nur kollaborativ. Deweys Konzept liefert damit eine Grundlage für eine umfassende Kritik an der Aufgliederung des deutschen Schulsystems und der damit verbundenen Trennung von Gemeinschaft (vgl. Reich 2005, 51f.) – einer, wie dadurch ersichtlich wird, antikollaborativen Kondition und Tradition. Einen Überblick zu Deweys Theorie und dem didaktischen Fundament, das für aktuelle Praktiken der Kollaboration im Kontext von CSCL und dem kooperativen Lernen in der digitalen Kondition eine wichtige Hintergrundfolie eröffnet, zeigen de Witt und Grune (vgl. De Witt/Grune 2012, 49f.) auf. Paul Mecheril bezieht Deweys Gedanken aktiv in die aktuelle Frage nach ästhetischer Bildung im Kontext von Migration ein und liefert damit ein Konzept von Gemeinschaftsbildung und Zusammenarbeit als dynamische Form der Gestaltung von Gemeinschaft und damit auch einen dynamischen Kulturbegriff, der sich etwa in der Interaktion von nomadischen und statischen Gruppen manifestiert (vgl. Mecheril 2012, 4f.). Gerade in der Kunstpädagogik werden Deweys handlungs- und erfahrungsbezogenen Ansätze nicht nur für die didaktischen Einheiten wie Kunstrezeption und ästhetische Produktion, sondern auch als Anknüpfungspunkte im Hinblick auf den Projektcharakter des Kunstunterrichts genutzt (vgl. Peez 2008, 20 und 112). Dennoch mangelt es an einer aktiven Theoriebildung in der Kunstpädagogik, welche die Konzepte der „*social theories*" (vgl. Stahl 2012, 18), wie bei Dewey – aber auch Wygotski, Lave, Engeström und Latour – aufgreifen, in der fachlichen Perspektive diskutieren und für die Entwicklung daran anknüpfender kunstpädagogischer Konzepte nutzen. Als Hypothese kann somit herausgestellt werden, dass die hier exkursorisch explorierten Konzepte für eine kunstpädagogische Theorie und den in ihrem jeweiligen Rahmen diskutierten Fragen nach Gemeinschaft und Kollaboration einer gesteigerten Aufmerksamkeit in der kunstpädagogischen Forschung bedürfen. Dies müsste nicht nur bezogen auf kunstpädagogische Bildungsprozesse weiter untersucht werden, sondern stellt ein generelles Desiderat dar. Ästhetische Erfahrungen müssten als kollaborative Form des Lernens auf allen Ebenen der Interaktion im Schulsystem gedacht werden.

Mit der Etablierung konstruktivistischer Lerntheorien (vgl. Schmidt 1992) gerät Kollaboration vermehrt in den Fokus. Ihr wird ein wesentlicher Part in Bildungsprozessen zugesprochen (vgl. De Witt/Grune 2012, 43). Im Rahmen der Entwicklung neuer Lernkonzepte werden mit einem Wandel hin zu (post-)konstruktivistischen Bildungskonzepten Ansätze des kooperativen oder kollaborativen Lernens entwickelt, welche die Fokussierung auf lineare Vermittlungsformen, wie das tradierte hierarchische Verhältnis von Sendendem (Lehrkräfte) zu Empfangenden (SchülerInnen), aufbrechen. Der Wandel wird genährt durch systemtheoretische Überlegungen zu Kommunikation und Gesellschaft. Im Zusammenspiel von einer dem Konstruktivismus verpflichteten Haltung, das auch das Verständnis von Kybernetik und aktuellen Kommunikationssystemen umfasst, entwickeln sich transformierte Konzepte von Erkenntnis- und Lernprozessen, die den Fokus nicht auf das einzelne Individuum und die hegemoniale Objektivierung des Subjekts im Bildungsprozess richten. Die neuen Lerntheorien, konzepte und -strukturen basieren auf Interaktion und Zusammenarbeit, die ihrerseits zu den Grundkonditionen des Lernens gemacht werden. Mit konstruktivistischen Lernkonzepten wie dem „Kooperativen Lernen" (Riedl/Schelten 2013, 137) wird ein Fundament für konkretere Anwendungen von Lernformaten im Unterricht gelegt. Die Bildungssettings werden damit „weniger autoritär" (ebd., 136) und verändern sich in Richtung heterarchisch vernetzter Arbeit. Gleichzeitig wird die Rolle der instruierenden Lehrkraft angefochten. Die unterschiedlichen möglichen Formen des Miteinanders in Bildungssettings – beispielsweise auch die Unterrichtsform, bei der gleichaltrige Peers sich gegenseitig anleiten – gewinnt für das Lernen und den Erkenntnisgewinn eine massive Aufwertung. Auch in jüngeren theoretischen Texten wird teilweise noch gänzlich ohne die digitale Kondition argumentiert. Neben Johnson und Johnson sowie Slavin ist Elizabeth Cohen eine der bahnbrechenden Forscherinnen zum „cooperative learning" (vgl. Cohen 1994). Sie erläutert:

„For the purposes of this review, cooperative learning will be defined as students working together in a group small enough that everyone can participate on a collective task that has been clearly assigned. Moreover, students are expected to carry out their task without direct and immediate supervision of the teacher. The study of cooperative learning should not be confused with small groups that teachers often compose for the purpose of intense, direct instruction – for example, reading groups. This definition is both broad and sociological in character. It is broad in that it encompasses what is called collaborative learning, cooperative learning and group work." (Cohen 1994, 3)[24]

Deutlich wird sowohl die transformierte Rolle der Lehrkraft als auch die klare gemeinsame Aufgabe, die den Lernenden gestellt wird. Neben vielen Bezügen zu Studien, die die Effektivität von kollaborativem Lernen im Vergleich zu individuellem oder instruierendem Lernen untersuchen (vgl. ebd., 2), zeigt Cohens Position, die hier im Kontext der Postdigitalisierung betrachtet wird, auch auf, wie sehr sich bereits Anfang der 1990er Jahre die gesteigerte Bedeutung des kollaborativen Lernens abzeichnet, ohne die Kondition des Internets oder des Digitalen mitzudenken. Noch geht es in diesen Theorien um kollaboratives Lernen, das vorrangig als ein soziales und kommunikatives Lernen in der Gemeinschaft begriffen wird, dessen Gestaltung didaktisch und lerntechnisch auf sehr unterschiedliche Weise vollzogen werden kann, jedoch analog gedacht wird. Analog meint hier Konzepte und Praktiken, die nicht auf dem Einsatz von Computern (vgl. Baecker 2016, 1) basieren. Dennoch wird dem gemeinsamen Konstruieren von Wissen die wesentliche Rolle zuteil, womit Konzepten der kollektiven Intelligenz und der kollaborativen Wissensproduktion der Weg bereitet wird.

3.6.3 Kollaborative Formen des Lernens: CSCL etc.

Mit der Verfügbarkeit des globalen Netzes, den so genannten „Cyberspaces" (Grassmuck 2004, 16f.) und der technologischen Entwicklung, durch die von Tim Berners-Lee entwickelten Grundlagen für das World Wide Web (WWW) um das Jahr 1990, wird eine neue Kondition des Teilens, der geteilten Erkenntnis und des gemeinsamen Wissens geschaffen, die für Bildungsprozesse radikale neue Perspektiven eröffnet. Das soziale Handeln im Bildungskontext verschränkt sich dabei, zunächst noch vergleichsweise langsam, mit den digitalen Möglichkeiten der Teilhabe und der digital befeuerten kollaborativen Wissensproduktion. Zusätzlicher fundamentaler Faktor in der Entwicklung der Phänomene des E-Learning und

24 Mit Cohens breitem Begriffsfeld wird einmal mehr deutlich, dass in den noch jungen Theorien zu kollaborativen Bildungsprozessen die Begriffe „Kollaboration", „Kooperation" sowie „Gruppenarbeit" häufig synonym gesetzt werden.

kollaborativer Bildungsprozesse sind neben offiziellen Lerntools, die sich für den Bildungssektor langsam ausdifferenzieren, vielmehr die digitalen, informellen Alltagspraktiken im Netz. In diesem Feld entwickeln sich neue Konzepte für das rechnergestützte kollaborative Lernen. Als wesentliches formales Konzept im Bildungsbereich wird dazu das sogenannte „Computer-supported Collaborative Learning"(CSCL) (vgl. Haake et al. 2012) entwickelt, auch „computer-supported collaborative work" (CSCW) genannt, im Folgenden einheitlich mit CSCL abgekürzt. In den Anfängen der digitalen Kondition des Netzes und den sich darin ausdifferenzierenden Praktiken stellt sich CSCL in erster Linie als Unterstützung durch Computer beim Lernen dar. Entsprechend wird CSCL zum damaligen Zeitpunkt definiert als rechnergestütztes Lernen, das der Lehr-und Lernverbesserung dient, es soll aber, abgegrenzt von dem Begriff Kooperation, mehr sein, als nur arbeitsteiliges Lernen (vgl. Lehtinen 1999, 271f.). CSCL findet in sehr vielfältigen Formen Anwendung und „ereignet sich in einer Vielzahl von Formen und Anwendungsgebieten" (Haake et al. 2012, 2). Es „entwickelte sich aus Forschungsarbeiten aus der Informatik, Künstlichen Intelligenz, Kognitionswissenschaft, Sozialpsychologie, Bildungswissenschaft und Pädagogik" (STAHL 2012, 16). Haake, Wessner und Schwabe definieren „CSCL (Computer Supported Collaborative/Cooperative Learning)" (vgl. Haake et al. 2012) als „kooperatives Lernen, welches durch den Einsatz von Informatiksystemen unterstützt wird" (Haake et al. 2012, 2).

Ein konkretes Beispiel für CSCL sind Lernumgebungen im Kontext von Lernplattformen, in welchen die Lerngruppe computerbasiert Lerninhalte bearbeitet und einstellt. Den unterschiedlichen Menschen darin werden Rollen – ModeratorIn, TutorIn, Studentin – zugewiesen. Diese haben dementsprechend unterschiedliche Berechtigungen und Aufgaben. Final soll beispielsweise gemeinsam eine Präsentation entwickelt werden.

CSCL wird eher als ein Werkzeug denn als umfassende Kondition neuer Wissensformation verstanden. Das Konzept des CSCL, wie hier skizziert, unterscheidet sich im Vergleich zu Cohen wenig von analogen Konzepten des Gruppenlernens. Viele Definitionen von CSCL begrenzen die digitale Kondition auf ein ergänzendes Werkzeug, das man nach Belieben an- bzw. ausschalten kann (vgl. Meyer 2008, 18). Kollaboratives Lernen heißt somit beim CSCL meist „Lernen in verteilten Gruppen bzw. virtuellen Teams" (Döring 1997, 362). Weder das mediale Material der ästhetischen Erscheinungsform der Plattformen wird mitreflektiert noch die umfassenden Möglichkeiten der „kollektiven Intelligenz" (vgl. Lévy 1997) im digitalen Netz. Analog zu post-fordistischen Betriebsabläufen (vgl. Reckwitz 2012, 127) wird das rechnergestützte Prinzip der geteilten Arbeitsschritte als Kollaboration missverstanden. Tatsächlich wird unter dem Konzept von CSCL meist sehr simpel Kooperation als rein arbeitsteiliges Handeln verwirklicht (vgl. Schmalz 2007, 9). Der Rechner hilft in diesem Sinne dabei, etwa eine räumliche Distanz zu überbrücken oder verschiedene Teile von Lernarbeit zu organisieren und zusammenzufügen. De facto ist der Anteil an tatsächlicher

Arbeitsteilung wenig, vielmehr sind die Lernenden und Lehrenden wie in post-fordistischen Arbeitsprozessen gezwungen, in den einzelnen Lernschritten zu verweilen, keine spontane, sondern vorgefertigte Interaktion mit den potentiellen KollaborateurInnen aufzunehmen und in determinierten Wegen Lerneinheiten miteinander und zugleich allein abzuarbeiten. Damit werden kaum jene kollaborative Optionen genutzt, bei denen Lernende transferierend und inklusiv, im Austausch miteinander und gestaltend am Wissenserwerb teilhaben und dabei in hybride Formen von Beziehungen treten können. Oftmals geht es bei CSCL um den auf die einzelne Wahrnehmung fokussierten Lernprozess, bei dem der Computer zum Kontrollinstrument für die sich bildenden Individuen wird (vgl. Maset 2017, 24f.). Der Rechner stellt dann beispielsweise fest, ob ein Eingabefeld ausgefüllt wurde oder nicht und gibt gegebenenfalls Alarm. In der Konsequenz daraus zieht die vermeintliche Kollaboration eine starke Singularisierung nach sich.

Schlussfolgernd lässt sich zusammenfassen, dass kollaborative Bildungsprozesse im Zusammenhang mit CSCL noch zu wenig Ausdifferenzierung erfahren haben. Ansätze des gemeinsamen Lernens entsprechen strukturell oftmals der Server-Client-Architektur in Netzwerken (vgl. Schneider 2007, 253), die sich durch einen stark hierarchischen Aufbau und eine Einseitigkeit von Rollen, Aufgaben und Zuweisungen auszeichnet. Wie wir im kommenden Kapitel sehen werden, entwickeln sich in Abgrenzung dazu Lerntheorien und Ideen des kollaborativen Lernens, die analog zu Netzwerkstrukturen in „Peer-to-Peer Systeme[n]“ (vgl. Malzahn et al. 2012, 71) funktionieren. Hierbei werden die unterschiedlichen Beteiligten gleichgestellt und ebenbürtig behandelt. Es herrschen sowohl eine stark heterarchisch gegliederte Aufgabenteilung als auch das Prinzip der klaren Rollenaufteilung zwischen ProduzentInnen und KonsumentInnen von Wissen vor. In diesem Sinne erscheinen die frühen Konzepte von CSCL nicht als komplexe kollaborative Modelle, da sie sich durch zu wenig Gegenseitigkeit, Vereinzelung und nicht dynamische Aufgabenverteilung auszeichnen. Für diese Formen der Zusammenarbeit schlagen aktuelle theoretische Positionen die klare Differenzierung zwischen Kooperation und Kollaboration vor (vgl. Schmalz 2007, 9f.; Schneider 2007, 253; Terkessidis 2015, 14). In Bezug auf CSCL müsste man umfassend von Kooperation sprechen, nicht von Kollaboration als etwas ungleich Komplexerem (vgl. Terkessidis, 14). Dennoch ist den Theorien zu CSCL anzurechnen, dass durch sie überhaupt die Sichtbarkeit und die Hervorhebung der Theorien des Lernens in Beziehungen in der Bildung neu entfacht worden ist und damit ein Wertewandel in der Bildungstheorie in Richtung Kollaboration stattfindet.

3.6.4 Kollaborative Wissensproduktion: Komplexe Teilhabe an Wissen in digitalen Netzen

Im Gegensatz zu Theorien des CSCL, bei denen kollaborative Formen meist unterkomplex verstanden werden, wendet sich das kommende Teilkapitel den Theorien zu, bei denen es sich um die „auf kollaborativen und netzwerkförmigen sozio-technischen Prozessen beruhenden Bildungs-Praktiken in globalen, digitalen Kommunikationsnetzen" (Meyer 2014, 155) dreht. Meyer setzt hierfür einen radikalen Medienbegriff ein:

„»Die Medien« werden nicht als etwas Äußerliches (von dem man sich auch fernhalten könnte, das man einfach nicht anschaltet zum Beispiel) konzipiert, sondern als etwas, das uns mangels Alternativen notwendig als das Ganze erscheinen muss wie den Fischen das Wasser oder den Höhlenbewohnern das »Gehäuse« ihres Erkenntnisvermögens." [Hervorhebungen im Original] (Meyer 2014, 151)

Komplexe Formen der ebenbürtigen, heterarchisch organisierten gemeinsamen und geteilten Wissensproduktion in der digitalen Kultur könnte in diesem Sinne heißen, Wissen als wortwörtliche offene Quelle zu verstehen, wobei kollaborative Praktiken möglicherweise so etwas wie Schwimmen, also als Bewegungen im Medium gedacht werden können. Kennzeichnend für diese Perspektive auf Kollaboration ist die radikal gemeinschaftliche Form der Bildung und des Lernens im Vergleich zur *Kooperation* (vgl. Schmalz 2007, 10). Diese kollaborative Praktiken sind geprägt davon, dass sich die unterschiedlichen AkteurInnen in jeweils unterschiedlichen Rollen wiederfinden. Es sind Prozesse des umfassenden Teilens und Bearbeitens von Wissen und Erkenntnis gemeint, die in einer auf Gegenseitigkeit beruhenden, fluiden, aber vernetzten Community vollzogen werden. Bildungsprozesse also, die geprägt sind von einer gewandelten Teilhabe und einem verstärkt demokratischen Verständnis mittels neuer Zugänge zu Wissen. In diesen neuen Prozessen sind sogenannte kollaborative Wissenspraktiken und Produktionsweisen auffällig, die Manfred Faßler näher beschreibt: „Informationen werden darin zu Commons, zu Gemeingütern, und ihre Nutzung wird zwischen gleichberechtigten und gleichmächtigen Menschen gedacht (equipotentials)" (Faßler 2012, 150). Das Teilen als gemeinsame Teilhabe an Wissen in der „medialisierten Wissensgesellschaft" (Unger 2012, 132) wird darin vor allem als prozesshafte, performative Denk- und Geistesproduktion verstanden:

„Neben dem Teilen von materiellen Gütern stellt hier die Kommunikation im Sinne des Mit-Teilens von Informationen, Wissen und Ideen einen entscheidenden Prozess dar. Dies zeigt sich vor allem in kooperativen oder kollaborativen Prozessen, die ohne diesen basalen kommunikativen Akt nicht denkbar wären." (Unger 2012, 132)

Kollaboration in Bildungsprozessen meint hier die verschiedenen Formen der aktiven Teilhabe an Wissen in unterschiedlichen, komplexen Zusammenhängen, die durch digitale Prozesse überhaupt erst sichtbar oder durch digitale Prozesse erst möglich werden. In der Kondition des Post-Internet-Zeitalters lässt sich kollaborative Wissensproduktion vom Konzept des CSCL oder des rechnergestützten Lernens scharf trennen, da in letzterem Fall die digitalen Technologien einen nebensächlichen Werkzeugcharakter haben. Im kollaborativen Wissensproduktionsprozess ersetzen digitale Komponenten nicht einfach das analoge Gespräch oder ein analoges Gerät, wie Computer und Beamer im Kunstunterricht häufig vermeintlich den Diaprojektor oder Overheadprojektor ersetzen. Vielmehr spielen geänderte Bedingungen der Archivierung von Wissen und der konkreten Zusammenarbeit in Netzwerken oder Projekten zu Wissenskomplexen eine große Rolle. Das Wissen darum, *wie* Zugänge zu ExpertInnen oder Datenbeständen ist zentral und ersetzt die Frage danach, *was* Lernende wissen. Beispiele für kollaborative Wissensproduktion sind beispielsweise Wikis und Blogs (vgl. Schmalz 2007, 1f.; Tjettmers 2010; Leggewie 2007, 50f.). Die kollaborative Wissensproduktion zeigt sich mittlerweile auch in vielen etablierten Lern- und Lehrplattformen, wie bei Moodle, ILIAS, OLAT oder CommSY, die Zusammenarbeit dank integrierter Blog-, Etherpad- und anderer kollaborativer Teilfunktionen innerhalb einer komplex vernetzten Lernumgebung möglich machen. Es entwickeln sich Lernplattformen, -konzepte und -werkzeuge im E-Learning-Bereich, die auf Basis von heterarchischen Strukturen sowie flexibler und selbstbestimmter Gemeinschaftlichkeit angelegt sind. Blended Learning mittels Wiki- oder Portfolio-Farmen sind Beispiele für solch eine kollaborative Wissensproduktion in Form einzelner Lernmodule, die in Bildungssettings zum Einsatz kommt. Aktuelle Erweiterungen wären Formate wie beispielsweise *BarCamps* oder *Portfolio-Farmen.*

Den Wikis gilt im Hinblick auf Kollaboration eine besondere Aufmerksamkeit, da sie zu einer wesentlichen Veränderung der Strukturen und Diskurse im Wissenschaftsbetrieb unter den Vorzeichen von Kollaboration geführt haben und mit ihnen unseriöse Verfahren im Wissenschaftsbetrieb aufgedeckt werden konnten (vgl. Leggewie 2007, 51). Auch im Bereich der Medienbildung (vgl. Iske/Marotzki 2010, 142; Leggewie 2007) wird der Begriff Kollaboration im Sinne von kollaborativer Wissensproduktion meist in Bezug auf Wikis verwendet. Leggewie spricht in Bezug auf den Bildungsdiskurs explizit vom „Paradigma Kollaboration“ (Leggewie 2007, 42 und 51). Er konkretisiert für Blogs und Wikis, dass sie „offene Inhalte“ darstellen, die „im kollaborativen Verfahren“ (Leggewie 2007, 51) entstehen. Das Konzept von Wikis oder Blogs stellt in diesem Paradigma eine wesentliche Form der gemeinsamen Wissensproduktion dar, die sich zunächst unter anderen Vorzeichen entwickelt hat, nämlich als spezialisierte Interessengemeinschaft im Netz. Den Wikis attestiert Leggewie, dass sie noch mehr kollaborative Komponenten als Blogs besitzen. Schließlich generieren Wikis neue gemeinsame Wissensarbeit:

> *„Der wissenschaftliche Kommunikationsprozess ist strukturell durch einen Dualismus hierarchisch-kompetitiver und egalitär-kollaborativer Dimensionen gekennzeichnet. Generierung, Distribution und Verwendung wissenschaftlichen Wissens folgt generell beiden Mustern, die auf der einen Seite individuell zurechenbare und gratifizierte »Spitzenleistungen« (excellence), auf der anderen Seite emergente Gemeinschaftsleistungen hervorbringen." (Leggewie 2007, 50)*

Wikis legen offen und machen erst sichtbar, dass es zwar einerseits das Konzept der individuellen, einem einzelnen Menschen zugerechnete Leistung oder Schöpfungskraft gibt, dass aber zugleich ein neues Konzept kollaborativer Wissensproduktion entsteht, sichtbar und nachvollziehbar wird, bei dem Wissen in komplexen Formen der Zusammenarbeit und Kommunikation zusammengetragen wird. Wie die Wikis deutlich machen, führt die gegenseitige Teilhabe im Netz zu einem neu auflebenden Paradigma des kollaborativen Wissensaustauschs und der Teilhabe am Wissen und entwirft damit ein neues Verständnis des Subjekts der Bildung als Gemeinschaft. Dank aktuell emergierender digitaler Werkzeuge und Praktiken wird die Ebene der Kollaboration im Wiki-Format wiederum überholt, da neue, komplexe Plattformen und Praktiken noch umfassendere Phänomene der Kollaboration sichtbar werden lassen.

Informelles Lernen – Kollaboration als Teil der participatory culture

Wie sich bereits mit den kollaborativen Wissenspraktiken und den Wikis andeutet, richtet sich der Fokus in der digitalen Kondition vermehrt auf informelle Lernsituationen in selbstregierten, flexiblen Gemeinschaften. Neuere Studien weisen darauf hin, dass informelle Lernprozesse, die außerhalb der formalen Bildungsinstitutionen und -settings verortet sind, sich als ausgesprochen attraktiv und motivierend herausstellen (vgl. Jenkins 2009, 6 und 10). Dabei spielen in diesen informellen, außerschulischen bzw. außerinstitutionellen Lerngemeinschaften Strategien der Kollaboration eine wesentliche Rolle. Ihnen schenkt Jenkins besondere Aufmerksamkeit. In digitalen Plattformen, die Jugendliche nutzen, sind häufig informelle Teilhabestrategien verankert, die an Bilder und Kreationsprozesse gekoppelt sind, so Henry Jenkins, die ein enormes Potential für Lernen und Bildung besitzen. Neben komplexeren Formen des kreativen Schaffens (vgl. ebd., xi-xii) eröffnet die Jugendkultur laut Jenkins besondere Formen der Kollaboration als Bildung (vgl. ebd., 9). Die Schaffung von Neuem in der digitalen Wissensgemeinschaft ist gekennzeichnet durch einen niederschwelligen Zugang zu künstlerischen Ausdrucksweisen, durch einen schnellen Austausch von kreativen Produkten sowie durch eine informelle Belehrung und Förderung von Neulingen durch ExpertInnen dieser Kultur (vgl. ebd., 5-6). Entsprechend bezeichnet Jenkins sie als „participatory culture" (ebd., xi). Merkmale solcher Lernstrategien innerhalb der Jugendkultur sind neue kollaborative Formen, die in nach Interessen organisierten Netzwerken und Gemeinschaften – sogenannten „affinity spaces" (vgl. ebd., 10) – geteilt werden und sich durch starkes „collaborative problem solving" (ebd., xii) auszeichnen. Von ihnen leitet er konkrete Handlungsanweisungen für notwendige Veränderungen der schulischen Bildungssettings ab. Dazu gehört die Transformation der formellen Lernsituation weg vom Bildungsziel hin zu Bildungssettings in „social networks" (ebd., 33), um „autonomous problem solvers" (ebd., 33) heranzuziehen. Jenkins stellt dabei Kollaboration als gängige Art der Interaktion von Jugendlichen heraus, die informelle wie ästhetische, kreative Praktiken in sich vereint. Dan Pankraz bezeichnet die Jugendkultur aus Sicht des Jugendmarketings analog dazu als „Generation C" (vgl. Pankraz 2008), die er unter anderem durch die drei C *creativity*, *collectivity* und *collaboration* gekennzeichnet sieht.

> *„What 'C' stands for has been widely debated. A few years ago it was about Generation 'Content' – now it's about a multitude of things; constant connectivity, collaboration, change, co-creation, chameleons, cyborgs, curiosity. But most of all, Gen C is the 'Connected Collective' consumer." [Hervorhebungen im Original] (ebd., 2008)*

In den sozialen, digitalen Praktiken bzw. den nach Koenig „kollaborativen, verteilten sozio-technischen Praktiken" (vgl. Koenig 2011, 3) der heutigen Jugend lassen sich kaum mehr einzelne, individuelle Erkenntnisprozesse und persönliche Lernwege als vielmehr komplex verwobene kollaborative Strategien in einem auf verschiedenen Ebenen weit verzweigten Miteinander von Daten, Recherche- und Datenverarbeitungstools finden. Bildung erfolgt in diesem Paradigma der Kollaboration. Die Lernprozesse vollziehen sich darüber hinaus in kultureller Hinsicht im Rahmen von Appropriations-Prozessen (vgl. Jenkins 2009, 55). Den kreativen und kollaborativen Lernprozessen – wie Jenkins sie bei Kindern und Jugendlichen beobachtet – wohnt ein Impetus von kollektiver Autorschaft und kollaborativen künstlerischen Prozessen inne. Gängige Strategien wie Remix und Appropriation zeigen ein künstlerisch konnotiertes kollaboratives Vorgehen und damit eindeutig Bezüge zur Bildenden Kunst auf. Hier knüpft offensichtlich ein Bedarf der kunstpädagogischen Auseinandersetzung auf unterschiedlichen Ebenen an Kollaboration, Bildende Kunst und ästhetische Prozesse an. Die kollaborativen informellen Lernwege sind insbesondere deshalb so wichtig für die kunstpädagogische Auseinandersetzung in Theorie und Praxis, weil sich künstlerische Praktiken der Partizipation und Kollaboration sowie Praktiken des Lernens und der Erkenntnis ähneln oder überschneiden bzw. sich in gemeinschaftlichen Feldern wiederfinden.

Kollaboration und Lernen im Verständnis von neuer Gemeinschaft

In der Analyse der veränderten Konditionen durch das digitale Netz spricht Torsten Meyer von „neue[n] Bedingungen der Subjektkonstitution und Sozialisation sowie der Konstruktion, Ordnung und Transportierbarkeit von Wissen" (Meyer 2006, 117). „Wenn das Individuum als erkenntnistheoretisches Paradigma an Bedeutung verliert [...]" (Meyer 2008, 22), stellt sich die Frage danach, wie und in welcher Form Bildungsprozesse stattfinden. Deutlich wird der Wandel des gewohnten Bildungsverständnisses: Ein neues kollaboratives Konzept von Bildung und ein neues Verständnis davon, welche Rolle das Subjekt darin spielt, stehen an. Meyer spricht in diesem Zusammenhang von dem „Wissen schaffenden Projekt [...] und der sich darum bildenden Community" (ebd.). Zukünftige Bildungstheorien müssten Meyer folgend als eine „Theorie der Bildung der Communities" (vgl. ebd.) beschrieben werden. Hier wird deutlich, dass in der Folge komplexer Ausdifferenzierungen des Netzes hochgradig kollaborative Praktiken auf unterschiedlichen Ebenen – Politik, Kultur, Kunst, Familie, Arbeitswelt – emergieren, die für Bildungtheorien Fragen nach einem neuen Verständnis des sich bildenden Subjekts aufwerfen. Für diese Fragestellung kann hier nur sensibilisiert werden, es deutet sich an, dass die Auseinandersetzung mit Kollaboration auch in bildungstheoretische Überlegungen führt.

Collaborative Knowledge Participation

Die Entwicklung der digitalen Praktiken der kollaborativen Wissensproduktion stellt die Bildungstheorien vor große Veränderungen. Beat Schwendimann verfolgt die Dimensionen des kollaborativen Lernens in der komplexen digitalen Dimension der Gegenwart (vgl. Schwendimann 2011). Schwendimann stellt als grundlegend neues, zeitgenössisches Lernparadigma die „Collaborative Knowledge Participation" (vgl. ebd.) vor. Er unterscheidet zum einen Lerntheorien des individuellen Wissenserwerbs, zum anderen Lerntheorien der kollaborativen Wissensteilhabe, die jeweils grundlegend unterschiedlich lerntheoretisch fundiert sind. Im Behaviorismus und Kognitivismus wird das Lernen an das Individuum allein gekoppelt. Auf Ebene der Collaborative Knowledge Participation beschreibt Schwendimann den Kontext des lernenden Individuums immer verortet im Netzwerk, wobei sich unterschiedliche Kategorien von Netzwerken zeigen, z.B. persönliche Lernumgebungen oder global-vernetzte Praktiken von kollaborativer Wissensproduktion. Erkenntnis, Wissen und Lernen in der Partizipationskultur erfolgt als etwas gemeinsam, kollaborativ Erarbeitetes. Es generiert sich in einem Vielfachen an Interaktionen von Individuen, Netzwerken und Medien. Cress und Hesse beschreiben im Sinne des auf dem Sozialen und der Gemeinschaft basierenden Lernparadigmas sogenannte „Knowledge Communities" (Cress/Hesse 2007, 169ff.). Sie definieren diese als Gemeinschaften, in denen es nicht bei einem Austausch zwischen den einzelnen Teilhabenden bleibt, sondern Wissen kollaborativ generiert bzw. sich darüber ausgetauscht wird.

> *„Kennzeichnend für solche Gemeinschaften ist die Entwicklung einer eigenen Dynamik: Ähnlich wie in Online-Spielen werden die Mitglieder einer Knowledge Community häufig stark von der gemeinschaftlichen Aktivität angezogen, sie identifizieren sich so sehr mit den Inhalten und dem Austausch in der Gruppe, dass die Zugehörigkeit zur Community als identitätsstiftend erlebt wird. [...] Die Knowledge Community entwickelt sich dadurch weiter, und kann zum Zentralisationspunkt für die Entwicklung von neuem Wissen werden." (Cress/Hesse 2007, 170)*

Für *Knowledge Communities* und *Collaborative Knowledge Participation* gilt nun nicht mehr, dass es um ein Gruppenlernen geht, sondern dass kollaborative Formen auf wesentlich komplexerer Ebene Bildungsprozesse prägen, weil dynamische und unvorhersehbare Kontexte und Affekte und der Betonung der Relationen der auftretenden unterschiedlichen AkteurInnen in der komplexen Verwobenheit von Menschen und Computern in den Vordergrund rücken. Damit werden bestehende kompetenzorientierte und institutionalisierte Bildungsabläufe, die schlussendlich immer wieder auf die Benotung des einzelnen Individuums zurückzuführen sind, deutlich hinterfragt. Das Netzwerk gerät als alternative Organisationsstruktur vermehrt in den Fokus (vgl. Stegbauer 2010). Auch Theorien aus Bildungsforschung und Schulentwicklung zeigen neue Praktiken auf, die von der Handlungslogik des „Netzwerken im Bildungsbereich" (vgl. Altrichter et al. 2008) geprägt sind.

Relationales Lernen

Implizite Bezüge zur „Collaborative Knowledge Participation" (vgl. Schwendimann 2011) oder Überlegungen zu der von Meyer vorgeschlagenen „Theorie der Bildung der Communities" (vgl. Meyer 2008, 22) finden sich in der Forschungsarbeit *Relationales Lernen* von Tobias Künkler (vgl. Künkler 2011). Der Bildungsforscher konstatiert aktuell ein Fehlen von auf Beziehung basierenden Lernkonzepten und Lerntheorien im deutschen Bildungsdiskurs. Künkler kritisiert einen herrschenden „individualtheoretischen Zugang zum Lernen" (ebd., 21). Vor diesem Hintergrund fordert er dazu auf, Lernen wieder als ein „relationales Geschehen" (ebd., 25) zu begreifen, was über ein Verständnis eines als relational begriffenen Subjekts der Bildung (vgl. ebd., 25) funktionieren könnte. Dabei greift Künkler Theorien des situierten Lernens nach Lave und Wenger auf und plädiert in einer Aktualisierung letztlich für eine „relationale Subjektivität" (ebd., 540), die für das Lernen die Dimensionen der kollaborativen Erfahrung und Erkenntnis und damit auch die Relationen von Körpern und Dingen zueinander neu in den Fokus rückt. Insbesondere der in der Lernsituation oft tabuisierte Körper oder die Affekte nehmen dabei wieder eine herausragende Stellung ein. Dies ist gerade für die Kunstpädagogik von Bedeutung, da kunstdidaktische Formate im Umgang mit kulturellen Produkten und Prozessen stark an körperliche, kommunikative prozesshafte

Formen andocken. Der Prozess der ästhetischen Erfahrung ist gekoppelt an Leib und Affekte (vgl. Sabisch 2009, 7). Demensprechend ist das relationale Konzept nach Künkler von großer Bedeutung für die Kunstpädagogik. Auf Basis seiner Studien zeigt Künkler auf, wie sehr die kollaborativen Ansätze in der Bildungstheorie marginalisiert werden. Ein detailliertes Weiterdenken eines solchen relationalen Konzepts steht im Speziellen für die Kunstpädagogik noch aus. Für den Begriff der Kollaboration erfolgt mit der vorliegenden Forschungsarbeit zumindest eine erste notwendige und dringende Aufarbeitung.

3.6.5 Fazit zu Kapitel 3.6: Begriffsbildung zu kollaborativen Bildungskonzepten und Theorieoptionen für die Kunstpädagogik

Auch wenn die Exploration in Bildungs- und Lerntheorien ein uneinheitliches Begriffsverständnis bezüglich der Kollaboration demonstriert, können dennoch vielversprechende Konzepte aufgezeigt werden. Es existieren, wie wir gesehen haben, kollaborative Formate für die Unterrichtsmethodik, das Kognitionsverständnis sowie gemeinschaftliche Lernkonzepte im analogen und digitalen Bereich. Dabei empfiehlt sich der Zusammenschluss der unterschiedlichen Explorationsergebnisse – analoge Kollaborationsbegriffe des Lernens (vgl. 3.6.2), rein methodische Ansätze wie sie digital befeuert mit dem CSCL entstehen (vgl. 3.6.3) sowie umfassende Theorien zu Kognition und grundlegende Theorien zur Einbettung von Bildung und Lernen in den sozialen Kontext in der digitalen Kondition (vgl. 3.6.4) –, um die deutliche Schere zwischen den verschiedenen Ansätze nach Möglichkeit zu schließen.
Von der pragmatischen Lösung eines synonymisierenden Umgangs mit den Begriffen Kooperation und Kollaboration (vgl. Dillenbourg et al. 1996, 2) kann sich mit Verweis auf die vorhergehenden Explorationen und in Bezug zu Terkessidis (Terkessidis 2015, 14), Schmalz (Schmalz 2007) und Schneider (Schneider 2007, 249ff.) deutlich distanziert werden. Aus der multi-disziplinären Bestandsaufnahme zu kollaborativen Formen in den Bildungstheorien ergibt sich im Fazit ein Verständnis von Kollaboration, das sich in Abgrenzung von Kooperation konstruiert. Der Begriff *Kooperation* verweist meist auf rein methodisch-technische Vorgehensweisen des gemeinsamen Agierens, die aber keine Qualität der Zusammenarbeit und des Zusammenlernens beschreiben, bei denen ein Surplus zum einzelnen Lernen entsteht. Kooperation grenzt vielmehr, obwohl auf Zusammenarbeit abzielend, Elemente der sozialen Interaktion und Zusammenarbeit sowie des Zusammenlebens aus. Eine Teilhabe ist nicht auf allen Ebenen möglich, schon gar nicht mit verschiedenen AkteurInnen und in dynamischen Rollen. Der Begriff *Kooperation* steht gewissermaßen für eine Ausbeutung, wenn nicht Verhinderung von Teilhabe, als hierbei lediglich die arbeitsteiligen Schritte hierarchisch vorgegeben sind, ohne dynamisch an die beteiligten AkteurInnen angepasst zu werden.

Kollaboration meint im Gegensatz zu Kooperation eine Praxis des Zusammenseins und der Zusammenarbeit, die Lernen und Bildung in der digitalen Medienkultur notwendigerweise mit sich bringt. Schneider bezeichnet diese Formate der kollaborativen Wissensproduktion als „überschwänglich" (Schneider 2007, 253) und „unvorhersehbar" (ebd.). Dieses Konzept lässt sich in Verbindung setzen mit Deweys Konzept des Lebens als Schule selbst, wobei Leben auch zeitgenössische Bedingungen digitaler Medienkulturen meint. Praktiken der Kollaboration lassen es zu, die Komplexität, in der Computer und Menschen in hybriden Gemischen miteinander interagieren, mit zu erfassen. Kollaboration ist in diesem Zusammenhang zu verstehen als eine Struktur, die Komplexes meint, nicht allein eine Gruppenstrategie des Lernens, die Lernzuwachs auf individueller Seite verspricht. Kollaboration meint vielmehr das Verhandeln und das kollaborative Agieren im Lernkontext, das eine Situation des Miteinanders – das heißt der Kollaboration – ist. Solche Formen von Kollaboration als Bildung, so unkonturiert sie auch noch erscheinen mögen, findet in Netzwerken statt (vgl. Schwendimann 2011; Berkemeyer et al. 2010). Kollaborative Modelle in der LehrerInnenbildung (vgl. Cress/Hesse 2007) könnten hieran anknüpfen und für Professionalisierung durch Netzwerke im Lehrkontext sorgen (vgl. Berkemeyer et al. 2010, 11). Berkemeyer et al. beschreiben die Herausforderungen, die eine solche Implementierung von Netzwerken im Bildungsbereich mit sich bringt. Soziale Vernetzungsformen werden als „zweckfreie Vergemeinschaftungsformen" (Berkemeyer 2010, 13) beschrieben, zugleich wird allerdings in Bezug zu Luhmann beschrieben, dass eben jene Auflösungsprozesse der „Großformen der gesellschaftlichen Teilsysteme" (Luhmann 1997, 812) durch die Kommunikation in den informellen und lockeren Verbindungen von sozialen Netzwerken passiere (vgl. Berkemeyer 2010, 12). Diese Tatsache evoziert die Auseinandersetzung mit Kollaboration in sozialen oder informellen Netzwerken als eine produktive Möglichkeit und Anwendung im pädagogischen sowie kunstpädagogischen Feld. Es könnten folglich kunstpädagogische Netzwerke, Communities oder Commons gedacht werden, in denen sowohl ästhetische Erfahrungen als auch Teilhabe an Kunst, Bildern und Wissen ermöglicht werden. Entsprechende Praxisbeispiele werden in Studie II beforscht und zeigen sich in vielfältigen Phänomenen (vgl. Kapitel 5). Mit einer solchen Veränderung von Schule durch Netzwerkstrukturen stehen jedoch massive Durchkreuzungen von bestehenden institutionellen und organisationalen Strukturen auf den unterschiedlichen Ebenen des Bildungssystems an.

Verantwortungsvolle Kollaboration in neuen Netzwerken: Durchkreuzung pädagogischer Dispositive

Dass kollaborative Praktiken an die digitale Kultur gebunden sind, zeigt im Hinblick auf die möglichen hegemonialen Kontrollstrukturen (vgl. Maset 2017, 24f.) eine extrem negative Komponente kollaborativer Strategien. In der Auseinandersetzung mit Kollaboration im

Hinblick auf Bildungs- und Lernkonzeptionen muss deshalb die Kritik der Bevormundung und intransparenter Herrschaft ernst genommen werden. Vor allem sollten in der Transformation aktueller Bildungsstrukturen Praktiken der Kontrolle nicht unhinterfragt begrüßt (vgl. Ebd.) werden. Durch Gouvernementalitätspraktiken, die Überwachungs- und Kontrollmöglichkeiten breit etablieren, gerät schulische Bildung in den Verdacht, sich in ihrer tradierten hierarchisch angelegten Struktur in der affirmativen Übernahme von digitalen Werkzeugen in eine Kontrollinstitution ungeahnter Ausmaße zu verwandeln. Kollaboration sollte allerdings nicht für maßgeblich Formen der Kontrolle von Wissenskomplexen stehen, sondern vielmehr als eine Praxis der Durchkreuzung von Hierarchien im Dispositiv der Bildung betrachtet werden. Hegemoniale Strukturen aufzubrechen, sie im Sinne Foucaults zu durchkreuzen oder im Sinne Gramscis gegen Machtverhältnisse (vgl. Sternfeld 2009a) anzugehen, das wird – so das Fazit zu den vorangegangenen Überlegungen – im Kontext des beschriebenen digitalen Wandels und einem dadurch entstehenden „Überschuss an Kontrolle“ (vgl. Baecker 2007, 147) extrem wichtig. Angesichts einer solchen Gefahr positioniert man sich im Bildungsdiskurs trotz einer Begeisterung für digitale Kollaborationspraktiken (vgl. Lehtinen et al. 1999) mittlerweile nicht nur im Rahmen einer allgemeinen Medienkritik kritisch gegenüber der neuen medienkulturellen Umgebung in Bildungszusammenhängen, sondern insbesondere aufgrund der beschriebenen Kontrollgefahren. Vor diesem Hintergrund sollte erst recht ein Verständnis von Kollaboration etabliert werden, das Arbeits- und Lernleistungen nicht dem singulären Individuum, sondern komplexen Netzwerken und Relationen (vgl. Schneider 2007, 252) zuordnet. Dabei kann Kollaboration als neuer Begriff in die Bildungsdebatte eintreten, der einerseits für die Verfahren dieser komplexen Teilhabe an der Wissensproduktion steht und andererseits auch die Verwobenheit und Relationalität aufzeigt, in der Bildungsarbeit grundlegend verortet ist – hier im speziellen Fall im Bereich von Kunst und Kunstpädagogik. Wie diese noch unkonkret formulierten, aber notwendigen kollaborativen Bildungspraktiken gestaltet und definiert werden und wie gleichzeitig gewährleistet werden kann, dass diese nicht einseitig und partiell eingesetzt sowie womöglich für Kontrollmechanismen missbraucht werden, darauf gilt es in der Weiterentwicklung kollaborativer Bildungskonzepte zu achten. Ein mögliches kollaboratives Bildungskonzept ließe sich aktuell in der Abkehr von kompetenzorientierten Kontrollinstrumenten (vgl. Maset 2017, 24ff.) und der Zergliederung in Mikrokompetenzen bei einer gleichzeitigen Hinwendung zu den Bildungssituationen denken, die umfassende geteilte Erfahrungen und Relationen im beispielsweise ästhetischen Kontext sichtbar werden lassen. Kollaboration könnte dann heißen, ein Verfahren zu implementieren, für das in einzelnen Settings kollaborativ ausgehandelt wird, wie die an der Bildungssituation beteiligten menschlichen und nicht-menschlichen AkteurInnen heterarchisch zusammen Wissen und Bilder produzieren und gestalten. Beispielhaft für ein solches Konzept von Kollaboration ist unter anderem der Vorschlag, die landesweiten Lehrpläne in Zusammenarbeit mit SchülerInnen (vgl. Hericks/Kunze 2004, 763) und weiteren AkteurInnen zu formulieren. Kollaboration in Bildungs- und Lerntheorien heißt auf, Strukturen für kollaborative Lehrpläne zu erschaffen. Das Konzept der Schülerfirma, die Fortbildungen für LehrerInnen anbietet, stellt ebenfalls ein Beispiel für Kollaboration dar (vgl. Terkessidis 2015, 136), bei dem bestehende Bildungsstrukturen umfassend in kollaborative transformiert werden. Und auch hinsichtlich der Rolle(n), die LehrerInnen einnehmen, sowie auf Ebene der Professionalisierungsdebatte wäre Kollaboration ein Konzept, das gewinnbringend und zukunftsgerichtet erscheint. Während sich die Nennung konkreter Beispiele noch weiter fortsetzen ließen, ist zu konstatieren, dass solche Erweiterungen der *Knowledge Community* (vgl. Cress/Hesse 2007, 169ff.) in der schulischen Lehre noch kaum und wenn vereinzelt Fuß gefasst haben. Mit den kollaborativen Formen, die sich hier ableiten lassen, stehen noch ungeahnte Möglichkeiten für die Entwicklung von kunstpädagogischen *Knowledge Communities* oder Commons (vgl. Kapitel 3.2.3) als kollaborative Wissensproduktion und Kreation bereit, deren genauen Begrifflichkeiten und Konzepte an anderer Stelle notwendigerweise in Forschungsvorhaben ermittelt und diskutiert werden sollten.

3.7 Kollaboration in der Kunstpädagogik

Insbesondere mit den Explorationen zu Kollaboration in der Kunst (vgl. Kapitel 3.4) macht sich die Annahme stark, dass federführender kollaborative künstlerische Praktiken und kollaborative ästhetische Prozesse auch für die Kunstpädagogik fruchtbar und wirksam sind. Gleichermaßen gilt es, in der Kunstpädagogik explizit oder implizit vorliegende kollaborative Konzeptionen zu ermitteln. Insofern steht die Exploration zu Phänomenen der Kollaboration im Feld der Kunstpädagogik an. Hierzu werden unterschiedliche Bereiche der Kunstpädagogik bezüglich Kollaboration betrachtet und ausgewertet. Spezifisch im kunstpädagogischen Feld gilt es zu schauen, inwieweit vorhandene kollaborative Ansätze geboten werden oder ob bestehende kunstpädagogische Konzepte anschlussfähig für die bisher in anderen Feldern explorierten Formen von Kollaboration ist – und zwar auch im Fall, dass der Begriff *Kollaboration* nicht ausdrücklich fällt.[25]

Wie sich zeigen wird, lassen sich nicht nur in den Grundlagen von Fachdidaktik und wissenschaftlicher Theorie der Kunstpädagogik, sondern auch in den ihr zugehörigen Debatten um die Ausrichtungen zwischen den gegenwärtig plural aufgestellten Positionen wie Ästhetische Bildung (Sabisch 2008, 192f.), Künstlerische Bildung (vgl. Buschkühle 2004), Bildorien-

25 Die Heuristik der Exploration hier folgt, wie auch in den anderen Kapiteln der Studie I, nicht allein dem expliziten Begriff *Kollaboration*. Die Suchstrategien basieren dabei auf der Vorannahme (vgl. Kapitel 2.3) und den Erkenntnissen aus Kapitel 3.1.

tierung (vgl. Billmayer 2008/2010) oder digital-vernetzter Kondition und ästhetischer Bildung im (post-)digitalen Zeitalter (vgl. Meyer 2008; Meyer 2015) unterschiedliche Anknüpfungspunkte zur Kollaboration herausstellen und zeigen sich kollaborative Formen, Aspekte oder Positionen. Ziel der Untersuchung ist auch, zu fragen, ob und wie sich spezifisch in kunstpädagogischen Feldern Marginalisierungen von Kollaboration finden lassen. Es stellen sich hierzu eine Vielzahl an Fragen: Welche Ansätze oder Konzepte der Formen der Kollaboration lassen sich in der Kunstpädagogik bereits ausmachen und wo? Sind sie eher dem veralteten Begriff ›Kollaboration‹ verhaftet oder folgen sie der Vorannahme der vorliegenden Forschungsarbeit, dass sich ein eklatanter Bedeutungswandel abzeichnet und insbesondere in der digitalen Kondition neue Formen der Zusammenarbeit und Gemeinschaft auftun? Inwieweit wird die Konstruktion des Geniekonzeptes in der Kunstpädagogik befeuert? Welche Rolle spielen kollaborative Ansätze der Kunst in der Kunstpädagogik? Welcher Subjektbegriff liegt der Kunstpädagogik zu Grunde? Welcher Schaffens- und Produktionsbegriff ist in den Praxisfeldern der Kunstpädagogik virulent? Wie anschlussfähig ist die Kunstpädagogik für eine Erweiterung um kollaborative Formen unter den Bedingungen digitaler Medienkulturen? Die Exploration des Feldes der Kunstpädagogik zu Kollaboration gliedert sich im kommenden Kapitel in vier Bereiche. Als erstes erfolgt eine Vorbemerkung zur Heuristik im Umgang mit dem Begriff Kunstpädagogik im vorliegenden Explorationsbereich. Dies ist notwendig, da die Kunstpädagogik als Disziplin sich einer einfachen Definition entzieht, sie noch eine vergleichsweise junge Wissenschaft ist und vorherrschende Debatten das kunstpädagogische zu einem recht heterogenen Feld machen. Insofern bedarf es einer Klärung vorab, wie in der *Kunstpädagogik* systematisch nach Kollaboration geforscht werden kann. (vgl. Kapitel 3.7.1) Anschließend folgt zweitens die Erkundung innerhalb des theoretischen Diskurses der Kunstpädagogik. (vgl. Kapitel 3.7.2) In diesem Teil richtet sich der Fokus auf theoretische Grundlagen der Kunstpädagogik und bestehende implizite oder explizite Formen bzw. Konzepte der Kollaboration in ihrem Diskurs. Zugleich zeigt sich, dass kunstpädagogische Reproduktions- und Konstruktionsprinzipien das genialische, singuläre Schaffen und das einzelne KünstlerInnenindividuum betonen. Daran schließt sich drittens die Exploration in der Kunstdidaktik und den Diskursen zu Theorie und Praxis von Unterrichtskonzeptionen (vgl. Kapitel 3.7.3) an. Didaktische und fachmethodische Konzepte sowie Theorien der Kunstdidaktik und deren Reflexion von Gemeinschafts- und Kollaborationsgedanken werden anhand von exemplarischen Auswertungen kunstdidaktischer Texte aufgezeigt. Auch hier wird eine Bestandsaufnahme der kunstdidaktischen, bereits existierenden, expliziten sowie der impliziten Zusammenarbeitsformen und -ansätze vorgenommen.

Insgesamt wird sich zeigen, dass sich mit dieser Suche innerhalb der Kunstpädagogik vor allem implizite Ansätze der und Anknüpfungspunkte für Kollaboration finden lassen. Gleichermaßen zeigen sich Anschlüsse, an denen die Kunstpädagogik um kollaborative

Formen und Konzepte Erweiterungspotential bietet. Zudem finden sich Grundlagen für erste Schritte in Richtung einer Konzeption kunstpädagogischer Kollaboration.

3.7.1 Kunstpädagogisches Forschungsfeld: Plurale Begriffsansätze

Auf der Suche nach einer für die Kunstpädagogik angemessenen Strukturierung der Exploration zur Kollaboration entsteht die Notwendigkeit, ein klar umrissenes Feld des Begriffs *Kunstpädagogik* aufzustellen. Dies erweist sich in Anbetracht fehlender „systematische[r] Darstellungen" (Maset 2011, 265) als schwierig. Das Fehlen fachsprachlich fundierter Begrifflichkeiten und Eingrenzungen der Fachdisziplin wird sowohl in der Fachgeschichte als auch an spezifischen Begriffen wie dem der Kunstdidaktik aufgezeigt (vgl. Dreyer 2005, 17ff.). Dass es dem Begriff Kunstpädagogik an einer festen Definition mangelt, begründet sich aus unterschiedlichen Perspektiven. Dass es sich bei der Kunstpädagogik um eine hybride und unscharfe Disziplin handelt, zeigen unterschiedliche VertreterInnen seit den 1990er Jahren auch in Bezug auf das Grundinteresse des Faches auf. Im „kunstpädagogischen Feld [...]" (Peez 2005, 75) werden laut Peez unterschiedliche, polare Bereiche aufgerufen, mit denen ein Eindruck des Hybriden, des Transdisziplinären und des Vielfältigen entsteht. Peez gliedert das „kunstdidaktische[...] Feld [...] in kontroverse, sich freilich teils überschneidende Konzepte, die meist jeweils mit einem Namensetikett versehen werden" (ebd., 76). Er stellt hierzu die unterschiedlichen Begriffe „Kunstpädagogik", „künstlerische Bildung", „Kunstdidaktik", „Ästhetische Erziehung" oder „Ästhetische Bildung" (vgl. ebd., 76ff.) dar. Aufgrund dieser uneinheitlichen, verschiedenen Label, Konzepte und Lager existieren wenige fest umrissene Modelle und Definitionen der kunstpädagogischen Profession, an der sich die Heuristik des zu untersuchenden Themenfeldes orientieren könnte. Unterschiedliche Schulen und Positionen werden miteinander oder gegeneinander aktiv (vgl. Pazzini et al. 2000, Editorial; Schütz 1995, 34) und kollidieren immer wieder.

Die präsenten Debatten, die starke Polarisierungen erzeugen, machen die sonst im wissenschaftlichen Feld professionelle Fachsprache schwierig. Als Beispiel kann die Debatte um die Rolle der Kunst in der Kunstpädagogik (vgl. Billmayer 2004; vgl. Wetzel et al. 2010) oder die Debatte um Bildkompetenz und deren Grundfesten (vgl. Maset 2017) genannt werden. Diese Ausgangslage der Vielfalt und Streitbarkeit stellt sich als Schwierigkeit heraus, wenn systematisch und wissenschaftlich geforscht werden will.

Nicht nur das Zusammentreffen vieler uneiniger Positionen in der Kunstpädagogik und ihre Debatten begründen eine fehlende systematische Einordnung, eine unklare Fachsprache und wenig fachsprachliche, auch lexikalische Definitionen und Taxonomien. Die mangelnde Etablierung einer Fachsprache liegt zudem in der multidisziplinären Ausrichtung der Kunstpädagogik begründet. Sie dockt an vielfältige theoretische oder angewandte Bildungs- oder

Forschungsbereiche an und verhält sich dennoch häufig autonom, rebellisch, anders. Sie ist verwandt mit der Kunstvermittlung, der Museumspädagogik, der Medienpädagogik und der Theater- und Performancepädagogik. Sie steht den Erziehungswissenschaften, der Ästhetik und der Kunstwissenschaft nahe, ohne jedoch über dasselbe fachwissenschaftliche Standing zu verfügen. Die Entwicklung einer Fachsprache in diesem multidisziplinär geprägten Feld steht demzufolge noch aus und auch die Modellbildung zu Theoriekonzepten wird eher als problematisch und als Desiderat begriffen (vgl. Schütz 1995).

Die Uneinheitlichkeit liegt auch darin begründet, dass man es bei der Kunstpädagogik mit einem Bereich zu tun hat, der lange als nicht „autonomer und ernstzunehmender Bereich" (Hartwig 2004, 13) sowie als „nicht theoriefähig" (ebd., 13) galt. Im Fokus didaktischer Forschung stehen zunehmend lineare und auf überprüfbares Wissen setzende fachdidaktische Felder. Die Kunstpädagogik ist insofern schwierig im wissenschaftlichen Bildungskontext verortet, als sich ihre VertreterInnen an vielen Stellen auf einen erweiterten Bildbegriff berufen und die individuelle Wahrnehmung in ihrer Subjektivität betonen, dadurch weniger auf explizierte, sprachlich festgelegte Begriffe oder überprüfbares, abfragbares Wissen abzielen. In der marginalisierten Situation, ein Fach mit der Bezugsdisziplin Kunst zu sein, das didaktisch nicht „zu domestizieren" (Hentig 1998, 41) ist und das sich zudem durch nur schwer oder gar nicht messbare Kompetenzen auszeichnet – zugleich dem Urteil der Nicht-Disziplin folgend –, hat sich eine hybride, rebellische, teils polemische, Kunstpädagogik etabliert, die in ihren kontroversen Positionierungen eine plurale Form angenommen hat (vgl. Pazzini et al. 2000, Editorial; Peez 2006, 1), weshalb es zum Programm zu gehören scheint, dass es keine einheitliche Fachsprache gibt. Andrea Dreyer spricht in Bezug auf das kunstdidaktische Fachverständnis und einer Forderung nach Professionalisierung im allgemeinen didaktischen Diskurs von einer „permanenten Infragestellung des eigenen Fachverständnisses im Zuge der Paradigmenentwicklung" (Dreyer 2005, 57) und einer „interdisziplinäre[n] Diskursunfähigkeit der Kunstdidaktik" (ebd.), in deren Folge das Fach möglicherweise auf unterschiedlichen Ebenen, beispielsweise bildungspolitisch oder schulintern, nicht ernst genommen wird. Dabei setzt Dreyer den Begriff des „dilemmatischen Ist-Zustand[s]" (ebd., 29) ein. Diese heterogene Fachstruktur und der Ausgangszustand als solcher vermag hier nicht aufgelöst werden, vielmehr gilt es, diese Ausgangslage zu beobachten und zu nutzen.

Das Verhältnis zwischen Kunst und Pädagogik zeigt sich als ein Unverhältnis (vgl. Pazzini 2000, 9). Die Debatte um die Bedeutung der Kunst in der Kunstpädagogik – wie sie an der Billmayer-Buschkühle-Kontroverse deutlich wird – steht schon länger im Zentrum der Fragestellung nach einem professionellen Profil der Kunstpädagogik. Die Beschäftigung mit der Bedeutung von Kunst für die Kunstpädagogik hat sich in den letzten dreißig Jahren als eines der wichtigsten Paradigmen ihres Diskurses herauskristallisiert, wie sich auch jüngst auf verschiedenen Podien zeigt (vgl. Wetzel et al. 2000; Kunsthistorisches Institut Kiel 2016).

Gerade in Anbetracht der Absicht, dennoch – trotz dillematischer Ausgangslage und Unverhältnis – Bildung mit und vor Bildern (Pazzini 2015, 27) stattfinden zu lassen, lässt sich die Kunstpädagogik im Hinblick auf das Schulfach Kunst in einer Unterscheidung zu anderen Schulfächern und deren wissenschaftlichen Bildungsstätten festmachen, die möglicherweise nirgends sonst so sehr in einem Widerstreit der oben genannten, pluralen Ansätze erfolgt.
Für die vorliegende Forschungsarbeit fällt die Entscheidung auf den dachgebenden Begriff *Kunstpädagogik*. Dieser Begriff ist zwar an einigen Stellen brüchig und nicht ohne Widersprüche herzuleiten, dennoch motiviert gerade das heterogene Verständnis und die unklare Fachsprache die Verwendung. Dabei überzeugen drei wesentliche Aspekte.
Erstens funktioniert *Kunstpädagogik* in der pragmatischen Verwendung im Diskurs als Oberbegriff trotz pluraler und vermeintlich unvereinbarer Positionen. Der Begriff gilt als eine Bezeichnung für die als Wissenschaft betriebene Disziplin um Kunstdidaktik, Kunstvermittlung, Ästhetischer Bildung und Erziehung und umfasst die forschende, lehrende und wissenschaftliche Tätigkeit im hybriden Feld von Sozial- und Geisteswissenschaften dieser Felder. Mit dieser diskursanalytischen Begründung liegt die Wahl des Begriffs Kunstpädagogik nahe.
Zweitens wird *Kunstpädagogik* hier aufgefasst als eine Disziplin, die sich – neben dem wissenschaftlichen Erkenntnisinteresse – mit Theorie und Praxis der Bildung oder Erziehung mit und durch Kunst beschäftigt (vgl. Maset 2011, 265). Im Fokus stehen wesentlich ein Erkenntnisinteresse im Feld künstlerischer Praktiken und künstlerischen Wissens. Kunst wird dabei in einem pluralen Verständnis aufgefasst. Zeitgenössische künstlerische Verfahren sind inkludiert, „die mittlerweile stark außerkünstlerische Disziplinen in ihre Darstellungsformen und Arbeitsweisen einbezieht" (ebd., 267). Somit bilden Ästhetische Erfahrungen im pluralen Kunstfeld einen wesentlichen Bezugspunkt für die Kunstpädagogik. Folglich ist der Begriff Kunst im Term Kunstpädagogik auch im Sinne des erweiterten Kunstbegriffs zu verstehen und bezieht vielfältige, transdisziplinäre Formate, Prozesse, Verfahren des zeitgenössisch Ästhetischen mit ein.
Ein *drittes* Verständnis von *Kunstpädagogik* baut auf dem Spannungsverhältnis von Kunst und Pädagogik auf, in deren Aufeinandertreffen das als bildend verstandene Konzept von Störung und Irritation im Umgang mit Bildern und Kunst gesehen wird. Hierbei wird Kunstpädagogik als eine relationale Profession mit transdisziplinärem Erkenntnisinteresse verstanden. In der Verknüpfung von Kunst und Pädagogik ergibt sich ein fruchtbares relationales Verständnis, wie es Pazzini proklamiert, demzufolge die Kunstpädagogik in „einer Relation zur Kunst statt[finde]" (Pazzini 2000, 9) und sie als eine „Anwendung der Kunst" (ebd.) zu sehen sei.

> *„Denn die Kunst zielt nur bedingt auf Kompetenzen, die zur Wahrnehmung und Gestaltung von Lebensformen befähigen. Ja, sie kolportiert oftmals damit verbundene*

Strategien der Bewältigung und Aneignung und problematisiert auf diese Weise das dissonante Verhältnis zwischen dem Pädagogischen und der Kunst.“ (Wetzel et al. 2010, 1)

Das Vermitteln von Kunst entspringt diesem „dissonanten Verhältnis“ (ebd.) und geht eben immer „daneben“ (vgl. Pazzini 2005, 20) ist von Unzulänglichkeiten geprägt (vgl. Sturm 2000, 8). Mit diesem Spannungsverhältnis in der Bildung zeigen sich bereits in der Kunstpädagogik inherente Praktiken der Kollaboration, die aus den Affekten des Verhältnisses respektive Unverhältnisses von Kunst zur Pädagogik und Pädagogik zur entstehen. Das „Immer-wieder-Ansetzen“ (ebd.) ist ein beständiges Kollaborieren unterschiedlicher Systeme und Zusammensetzungen von AkteurInnen im breiten Handlungsfeld von Kunstwerken, KünstlerInnen, Lehrenden, Lernenden, Bildungs- und Kunstinstitutionen. Dieses Verhältnis von Kunst und Pädagogik bzw. Didaktik wird häufig beschrieben (vgl. Peez 2008, 15; vgl. Hentig 1998, 41) und mündet in die schulkritischen Konzepte zur Vermittlung von Kunst in Ansätzen des Unverhältnisses, des Unlearning/Verlernens (vgl. Documenta 14 2017; Sternfeld 2014, 10ff.). In der Unvereinbarkeit von Kunst und Pädagogik steckt zugleich Dilemma als auch Chance und Möglichkeitsraum des Begriffs Kunstpädagogik[26]. Viele KunstpädagogInnen sehen in der Unmöglichkeit, die Kunst zu vermitteln, die Stärke in einem sonst optimierten und hierarchischen System des Lernens. In der Verwendung des Kompositums von *Kunst* und *Pädagogik* wird deutlich, dass ein Zusammentreffen von Unvereinbarkeiten gemeint ist, das aber als bildendes Moment begriffen wird.

Mit diesen drei Perspektiven wird der Begriff *Kunstpädagogik* als Oberbegriff in der vorliegenden Forschungsarbeit verwendet, diesen Dimensionen folgt die Heuristik.[27]

3.7.2 Kollaboration im kunstpädagogischen Fachdiskurs

Wo treffen wir in der Kunstpädagogik explizit oder implizit auf kollaborative Strategien? In der *Einführung in die Kunstpädagogik* (2008) macht Georg Peez mehrfach explizit deutlich, dass neue oder erweiterte gemeinschaftliche Praktiken in der Kunstpädagogik präsent sind und in den letzten Jahren vermehrt eine Rolle spielen. Programmatisch startet Peez den Einführungsband mit der Schilderung dreier künstlerischer Arbeiten (vgl. Peez 2008, 16ff.), anhand derer er die Erweiterungen des aktuellen Kunstbegriffs zu verdeutlichen versucht.

26 Pazzini schlägt insofern den Begriff *KunstPädagogik* für die Didaktik von Bildender Kunst vor (vgl. Pazzini 2005, 20).

27 Im Fazit der Begriffsverortung zur *Kunstpädagogik* zeigt sich, dass eine Begriffsrevision der Kunstpädagogik im Gange ist (vgl. Pazzini 2005, 20). Meyer und Kolb setzen in einem auf die Zukunft gerichteten Verständnis edukativer Prozesse im Feld einer transdisziplinär verstandenen Kunst im postdigitalen Zeitalter den Begriff *Next Art Education* (Meyer 2015, 218) – möglicherweise bildet sich zukünftig zum Beispiel *Art Education* als ein internationaler Oberbegriff heraus.

Neben zwei singulär arbeitende Künstlerpositionen stellt er ein Beispiel kollektiver Autorinnenschaft vor und schildert das spezifische Vorgehen von Christine und Irene Hohenbüchler. Peez betont mit der Nennung der Zusammenarbeit der Hohenbüchler-Geschwister, die mit geistig Behinderten und „projekt- und werkstattorientierte[r] Kooperation“ (ebd., 22f.) in ihrer Kunst arbeiten, dass diese künstlerische Form beispielhaft für eine Tendenz und ein Phänomen in der Kunst aktuell steht:

> *„Auf vergleichbare Weise wie die Geschwister Hohenbüchler arbeiten gegenwärtig eine Anzahl zeitgenössischer Künstlerinnen und Künstler prozesshaft direkt in pädagogischen Zusammenhängen. In der Kunsttheorie wird gar gemutmaßt, dass sich langfristig künstlerisches Tun von der Bereitstellung ästhetischer Produkte zum Angebot ästhetischer Tätigkeiten für Menschen, die im weitesten Sinne etwas gestalten wollen, verschieben könnte.“ (ebd., 24)*

Peez Aussage gilt hier als Kennzeichen dafür, dass sich die Fragen nach erweiterten kollaborativen Phänomenen und deren Auswirkungen auch in kunstpädagogischen Konzeptionen niederschlagen und aktuell als wichtig und signifikant erachtet werden. Mit diesen kurzen Ausführungen wird angedeutet, dass gerade in Bezug auf die kollaborativen Phänomene in der Kunst eklatante Veränderungen anstehen und in der Kunstpädagogik bereits erste reflektiert werden. Von Peez Überlegungen lässt sich eine Brücke zu Meyers Analyse schlagen, der sehr sicher annimmt, dass die Kunst nun, den aktuellen Tendenzen folgend, vollends kollektiv und partizipativ wird (vgl. Meyer 2015, 238). Dass ein kollaboratives Arbeiten verstärkt auf allen Ebenen der Kunst Einzug hält, zeigen die Ergebnisse der Exploration in Kapitel 3.4. Da die Kunst als wesentliche Bezugsdisziplin für die Kunstpädagogik auch in ihren erweiterten Formen gilt (vgl. Maset 2011, 265), hat diese Veränderung auch Auswirkungen auf die Kunstpädagogik.

Im theoretischen Feld der Kunstpädagogik lässt sich folglich – den Strategien der Kunst folgend –wesentliches Potential für Konzepte der Kollaboration feststellen (vgl. Peez 2008, 153ff.).

Wie in Kapitel 2.1 unter Forschungsimpulse und in Kapitel 2.5 zum Forschungsstand herausgestellt wurde, existieren im Feld der Kunstpädagogik Beschreibungen zu Formen oder Modellen der Zusammenarbeit in der Kunstpädagogik, auch wenn sie den Diskurs nicht dominieren. Noch weniger wird für Formen der Zusammenarbeit welcher Art auch immer explizit der Begriff Kollaboration verwendet, geschweige denn dass dieser Bereich systematisch beforscht worden wäre. Es werden jedoch gemeinschaftsstiftende Aspekte in der Kunstpädagogik sowie kunstdidaktische Möglichkeiten herausgestellt, die darauf abzielen, Gemeinschaft herzustellen oder in der Gemeinschaft kreativ zu sein (vgl. ebd., 153). Obwohl sich in der literaturbasierten Exploration kunstpädagogische Ansätze und Konzepte herausarbeiten lassen, die inspiriert sind von Zusammenarbeit und die sich mit dem hier zu explorierenden Begriff der erweiterten Kollaboration verknüpfen lassen, sind diese Aspekte der Zusammenarbeit bislang weder vertiefend in der Kunstpädagogik beforscht (vgl. Kapitel 2.5) noch in einen größeren Begründungszusammenhang kunstpädagogischer Positionen gestellt worden.

Kunstpädagogik, digitale Kondition und Kollaboration

Wie Meyer im kunstpädagogischen Feld aufzeigt (vgl. Meyer 2015, 218) wird für die Kunstpädagogik insbesondere angesichts der Digitalisierung und den damit verbundenen kulturellen Transformationen das Aufgreifen der kollaborativen Formen dringend notwendig. Die soziale Vernetzung in der digitalen Kultur und die darin praktizierten ästhetischen Strategien der Kollaboration, des Prosuming, des Remixes oder des Samples und des Hackings führen zu verschiedenen Konsequenzen und Diskursen, dies auch innerhalb der Kunstpädagogik Niederschlag finden. Für die Kunstpädagogik und -didaktik heißt dies, dass vor allem der Begriff *Medien* im Kontext von Bildung und Pädagogik umfassender begriffen werden muss. Als Medium wird häufig etwas rein Technisches, ein didaktisches Unterrichtshilfsmittel, „als etwas Äußerliches (von dem man sich auch fernhalten könnte, indem man es etwa einfach nicht ›anschaltet‹)" [Hervorhebung im Orig.] (Meyer 2008, 18), bezeichnet. Mit den digitalen Kommunikations- und Gestaltungsformen und den postdigitalen ästhetischen Praktiken[28] zeigen sich spezifisch Formen der bildbasierten Umgangsweisen der Kollaboration, in denen sich vor allem KünstlerInnen mit ihren künstlerischen Arbeitsweisen und Praktiken im Digitalen bewegen wie der Fisch im Wasser (vgl. Meyer 2014, 151; vgl. Kapitel 3.6). Unter Medium ist also zu verstehen, dass dieses unsere Situation und Umgebung ist, in der wir leben und die künstlerischen Praktiken im Digitalen in diesem Medium sind umfassend kollaborativ.

Auch Christine Heil zeigt auf, dass kollaborative Formen der Produktion zum einen in der zeitgenössischen Kunst beobachtbar sind und zum anderen „den Anforderungen an eine Pädagogik [entsprechen], die von Möglichkeiten der Erkenntnisgewinnung ausgeht und den Prozessen des Austauschs zwischen Individuen und Situationen der Interaktion in einer Gruppe ein besonderes Erfahrungspotential zuspricht" (Heil 2015, 157). Indem sie darstellt, dass man „zeitgenössische [...] Formen der Kommunikation auf die Auseinandersetzung mit

28 Vgl. hierzu Schütze, Konstanze (2019): Die Dissertation von Konstanze Schütze zeigt die geänderten ästhetischen Praktiken in der postdigitalen Kondition auf und leitet spezifische neue Bildbetrachtungskonzepte für die Kunstpädagogik ab, die auch an das Konzept der Kollaboration andocken. Für die vorliegende Forschungsarbeit ergaben sich im Austausch mit Konstanze Schütze so viele wertvolle Impluse nicht nur im Rahmen der DocDays am Institut für Kunst und Kunsttheorie bei Torsten Meyer.

Kunst und die Arbeit in kunstpädagogischen Kontexten anwendet", macht sie einen Erwartungshorizont auf, mit dem „neue Perspektiven auf Möglichkeitsräume kunstpädagogischen Handelns" (ebd.) gewonnen werden. Die Einschätzung Heils zieht die Schlussfolgerung nach sich, dass das Kollaborative – wenn auch auf noch nicht umfassend geklärte Weise – Transformationen innerhalb der Kunstpädagogik bewirken kann.

Heils transformatorisches Bildungsverständnis aktiviert für ästhetische Bildungsprozesse eine Raummetapher: „Bildungsräume" (ebd., 158) versteht sie dabei „als offene Räume, die aus individuellen Inhalten, Dingen, Gegebenheiten und im kollektiven Miteinander erst entstehen" (ebd.). Heil entwirft für ein kollaboratives, kunstpädagogisches Bildungsverständnis erste Konzepte, die ein umfassendes miteinander Arbeiten im Bildungskontext meint. Sie greift explizit kollaborative Formen aus der Kunst heraus und wendet sie in einer konkreten Übung mit einem studentischen Seminar an. Auch sie stellt dabei fest: „Wendet man das Prinzip kollaborativer Prosumention auf Kunstunterricht oder Situationen der Kunstvermittlung an, ginge es weniger um die jeweilige individuelle Produktion im Einzelnen als um kollektive Produktionsräume" (ebd., 162). Ästhetische Praxis im kunstdidaktischen Setting macht sie nicht am einzelnen Individuum fest. Wie genau ein transformatorisches Bildungsverständnis im Sinne der neuen Formen künstlerischer Kollaboration konkretisiert werden kann, wird eine lohnenswerte kommende Aufgabe der kunstpädagogischen Forschung sein. Mit Heils Vorüberlegungen zu möglichen Verbindungen von Kollaboration, Prosuming und Kunstpädagogik wird – wie auch hier in der vorliegenden Arbeit – deutlich, dass es erste Grundlagen der kunstpädagogischen Theoriebildung zur Kollaboration gibt, auf deren Basis entsprechend weitere Forschung andocken muss. Die bestehenden Ansätze, die kollaborative Formen in kunstpädagogischen Theorien wie sie in Ansätzen in Heils, Pazzinis, Meyers oder Masets Theorien zur Sprache kommen, stellen erste theoretische Konzeptionen dar. Es bedarf für konkrete Vermittlungssituationen darauf aufbauende Überlegungen, Erprobungen und folgende Forschung zu den Formen der Kollaboration im Feld der Kunst und Kunstpädagogik.

Kunstpädagogische Geniekonzepte

Für die Kunstpädagogik wird allgemein davon ausgegangen, dass eine Betonung von Kollaboration und Gemeinschaft – denkt man ästhetische Produktion und Rezeption sowie die Situationen des Lernens in Werkstätten – zum Status quo gehören. Rechnet man zudem die kollaborativen Tendenzen in der Bildenden Kunst seit den 1990er Jahren (vgl. Kapitel 3.4) hinzu, liegt die Annahme nahe, dass auch in der Kunstpädagogik wesentliche Impulse zur Kollaboration aufgegriffen werden.

Auch wenn einige Konzeptionen für Kollaboration in der Kunstpädagogik zu finden sind, so zeigt sich in der Exploration hier eine gegenteilige Tendenz: Im theoretischen Diskurs der Kunstpädagogik jedoch sind kollaborative Vorstellungen und Bezugspunkte hochgradig absent. Die Beteiligung des kunstpädagogischen Diskurses an der Konstruktion des Geniekonzepts ist auffällig. Die kunstpädagogische Fachgemeinde befindet sich zwar in den letzten Jahren im Aufbruch und versucht auf vielen Wegen, insbesondere wenn es um die digitale Kultur und die veränderten kollaborativen Wissensformationen geht, diese in den eigenen Konzepten aufzugreifen, wie es Torsten Meyer beispielsweise in der achten These der *Next Art Education* fordert (vgl. Meyer 2015, 218). In Bezug auf Bildungskonzepte angesichts der digitalen und ästhetisierten Alltagskultur von Kindern und Jugendlichen, die durchwirkt ist von kollaborativen Strategien (vgl. Jenkins 2009, 9), lässt sich auch für die Kunstpädagogik jedoch ein großer Verzug feststellen (vgl. Wetzel 2006, 663).

Folgen wir also den Spuren des Geniekonzepts im kunstpädagogischen Diskurs. Dieses ist fest in der Kunstpädagogik verankert. Bilstein zeigt auf, dass das Geniekonzept (vgl. Kapitel 3.4.5) wie es sich seit der Aufklärung herausbildet, wesentlicher Player und Grundlage für das etablierte Modell der Überbetonung der individuellen ästhetischen Leistung auch in der Kunstpädagogik ist (Bilstein 2017, 47f.). Eine „elitistische [...] Überhöhung" (ebd., 48) von Kunst in der Tradition des Geniekonzepts wirkt lange nach (vgl. ebd). Vor der eindeutigen Abkehr von der genieästhetischen Legende herrscht Angst. In ihr läge die Gefahr der „pädagogischen Trivialisierung" (ebd.). Die kunstpädagogischen Vorbehalte gegenüber einem gemeinschaftlichen Verständnis von Kunst oder ästhetischer Praxis wird deutlich. Kunstpädagogik verharrt auf dem Geniekonzept. Analogien zu Effekten in der Kunstgeschichte, -wissenschaft und -theorie tun sich auf (vgl. Mader 2012, 13; vgl. Kapitel 3.4.4), so wie Stefan Majetschak (vgl. Kapitel 3.4.5) die Haltbarkeit des und das Verharren auf dem Geniekonzept auch für die Kunsttheorie feststellt: „Das Bild vom Künstler als »Genie« ist ein plakatives und vielleicht deshalb so schwer auszurottendes Bild, das sich im 18. Jahrhundert zu einem kollektiven Phantasma der Kunsttheoretiker auswuchs" (Majetschak 2007, 107). Wie in der Kunstwissenschaft bestehen in der Kunstpädagogik Vorbehalte gegenüber der Betonung eines gemeinschaftlichen Verständnisses des kollaborativen Ausdrucks und der Auffassung von kollaborativer Kunst. Im Feld der Kunstpädagogik zeigen sich wenige konkrete Ansätze einer Dekonstruktion des Geniekonzepts, während, wie in angrenzenden Disziplinen sich ein junger und reger Diskurs zur Dekonstruktion und Transformation des Geniekonzepts entwickelt (vgl. von Bismarck 1996; vgl. Mörsch 2009; vgl. Kapitel 3.4 und 3.5), den es dementsprechend gilt, für die Kunstpädagogik zu lesen, zu reflektieren und fruchtbar zu machen.

Sigmar Polke verdeutlicht überspitzt aus seiner Perspektive als Künstler überspitzt die Erwartungshaltung von KunstkritikerInnen und KunstlehrerInnen, die an ihn als künstlerisch tätigen Akteur herangetragen werden und bestätigt, dass auch in der Kunstpädagogik ein unwirklicher, genialer Rollentypus eingefordert wird:

> *„Ich wollte schon fast die Untersuchung aufgeben, da sich mir kein geeignetes Untersuchungsobjekt bot, als ich eines Tages in den Keller ging und dort endlich das fand, was ich suchte, – was geradezu eine Inkarnation all dessen ist, was Kunstkritik und -pädagogik sich unter einem innovationsfreudigen, spontan-kreativen Subjekt vorstellen: die Kartoffel! Ja, wenn es überhaupt etwas gibt, auf das all jenes zutrifft, was immer wieder am Künstler diskutiert wird: Innovationsfreude, Kreativität, Spontaneität, Produktivität, das Schaffen ganz aus sich heraus und so weiter - dann ist es die Kartoffel: Man sehe nur, wie sie da, im dunklen Keller liegend, ganz spontan zu keimen beginnt und in schier unerschöpflicher Kreativität Keim um Keim innoviert, und wie sie - ganz hinter ihrem Werk zurücktretend - bald unter ihren Trieben verschwindet und dabei die wunderlichsten Gebilde erschafft!" (Heubach/Polke 1997, 293)*

An dieser Kartoffelmetapher zeigt sich, wie überkommen das Geniekonzept ist. Polke rechnet auf ironische Weise mit der Narration des Geniekonzepts ab, das er spezifisch auch als ein Konstrukt des kunstpädagogischen Diskurses beschreibt. So gilt es, insbesondere in der Kunstpädagogik die Gültigkeit der „Deutung der künstlerischen Kreativität als Genialität" (Majetschak 2007, 109) ad acta zu legen (vgl. Kapitel 3.4.5). Roland Reichenbach betont das Missverständnis in Bezug auf den Genialitätsbegriff. Er zeigt, dass die Abschaffung der Betonung kreativer und künstlerischer Leistung Einzelner und das Festhalten an Genieideen im pädagogischen Kontext notwendig ist, denn: „Erschreckend vielleicht, wie wenig originell ein Einzelner sein kann bzw. wie die Kapazität, originelle Urteile zu fällen, überschätzt wird" (Reichenbach 2010, 797).

Verbreitet und diskursiv manifestiert wird das Geniekonzept in der Kunstpädagogik durch Theorien einer kunstnahen Kunstpädagogik, wenn in diesen sowohl der Kunstbegriff als auch das KunstlehrerInnenkonzept gekoppelt wird an ein genialisches, singuläres Künstlerbild.

Zwar gilt Kunstnähe als ein Indikator für Professionalität im kunstdidaktischen Arbeitsfeld (vgl. Dreyer 2005, 41f. u. 232ff.). Andrea Dreyer stellt dies bezogen auf die LehrerInnen im Fach Kunst explizit heraus. Das Geniekonzept ist nicht unbedingt kunstpädagogischer Konsens, wird aber nicht explizit und transparent im kunstpädagogischen Diskurs verhandelt oder explizit dekonstruiert. KünstlerInnen wird heute von kunstpädagogischer Perspektive aus der moderne, subjektive EinzelkünstlerInnenstatus im Geniemodus unterstellt. In der KunstlehrerInnenprofession wird diese sichtbar im „Leitbild als Einzelkämpferin auf dem Kunstmarkt" (ebd., 196), das in Schule transportiert wird.

Dreyer arbeitet vier Kategorien kunstpädagogischer Professionalität heraus, bei denen LehrerInnen in der dilemmatischen, zerrissenen Situation der Kunstpädagogik erstens der Kunst aktiv rezipierend gegenübertreten, sie sich zweitens vorwiegend auf die Pädagogik und das Unterrichten allein konzentrieren, sie drittens die eigene künstlerische Aktivität neben

dem Lehrberuf vorwiegend als Ausgleich weiterführen oder sie sich viertens dem professionellen Feld der Kunstlehre entziehen und sich stark über die eigene erfolgreiche künstlerische Arbeit definieren (vgl. ebd., 122f.). Doch der Kunstpädagoge bzw. die Kunstpädagogin in der Doppelrolle mit einer künstlerischen Identität sieht sich letztlich einem „Dilemma der »Unvereinbarkeit«“ [Hervorhebungen im Original] (ebd., 234) gegenüber. Mit den Überlegungen Dreyers wird deutlich, dass das Gebiet des genialischen Verständnisses umfassend Bedeutung für die Kunstpädagogik wie auch für das Rollenverständnis der KunstlehrerInnen hat, aber als eine „unbearbeitete [...] Leerstelle [...] kunstpädagogischer Professionsanforderungen“ (ebd., 82) bestehen bleibt. In diesem unmöglichen Anspruch an KunstlehrerInnen mit künstlerischer Identität wird der „Mythos vom Künstlerpädagogen, wie [...] von Gert Selle propagiert“ (Peez 2008, 177), weiter aufrechterhalten. Das KünstlerInnenbild darin entspricht in seiner Substanz den polemischen Beschreibungen Polkes: beständig und aus sich allein heraus schöpferisch. In diesem Moment des Anspruchs des Unmöglichen wird das Bild der KunstpädagogInnenrolle mit dem Geniekonzept deckungsgleich und schürt damit – neben der Gefahr der Selbstverausgabung – zugleich den Mythos künstlerischer Individualkreativität. Letztere wird somit zum impliziten Gegenstand kunstpädagogischer Profession gemacht.
Als Bezugspunkt und theoretische Grundlage für eine kunstpädagogische Orientierung am Geniekonzept ist Carl-Peter Buschkühles Konzept der Künstlerischen Bildung (Buschkühle 1997), das die „Bildung des freien, schöpferischen Individuums“ (ebd., 359) zum Ziel hat. Buschkühle entwirft ein KunstlehrerInnenprofil der künstlerischen Kunstpädagogik (vgl. Buschkühle 2004) und propagiert den Kunstpädagogen bzw. die Kunstpädagogin als KünstlerIn. Angehende KunstlehrerInnen stünden in der hohen Komplexität des Studiums der Kunst für das Lehramt und der Zusatzbelastung durch das zweite Schulfach vor immense und erhabene Herausforderungen (vgl. ebd., 11f.). Im Sinne einer solchen vereinzelnden, modernen Subjektivität versteht Buschkühle das Studium der Kunstpädagogik:

> *„Das Unternehmen bleibt in jedem Fall ehrgeizig. Aber es unternimmt nichts anderes, als die schöpferischen Fähigkeiten des Einzelnen in einem weiten Rahmen zu entwickeln. Leitmotiv ist dabei nicht der »uomo universale«, sondern eine geistige Beweglichkeit, die sensible Wahrnehmungsleistungen mit einem Denken in Zusammenhängen verbindet und die in der Lage ist, aus relevanten Perspektiven eine eigene Position zu formulieren.“ [Hervorhebungen im Original] (ebd., 12)*

Buschkühle definiert Kriterien für KunstlehrerInnen in Bezug zu Beuys Lebenskunstkonzept. Auch wenn sich Buschkühle an Beuys orientiert, der durch seinen Ansatz des „Jeder-ein-Künstler“ für eine Öffnung und Demokratisierung der Kunst steht, bleibt Buschkühle mit seinem Konzept des „schöpferischen Individuums“ (Buschkühle 1997, 359) dennoch dem

Geniekonzept verpflichtet. Die Subjektivierungsprozesse zum individuellen, autonomen Künstler der Moderne w, das ird zukünftigen KunstlehrerInnen zugewiesen, die eine „eigene Position" (Buschkühle 2004, 12) entwickeln sollen. Der Begriff „Künstler" wird hier bewusst maskulin und im Singular geschrieben, da es zumeist um die Konstruktion des einzelnen, modernen, männlichen Künstlerindividuums geht. Die KunstlehrerInnen-Existenz muss analog zur prekären Künstler-Existenz in der Fokussierung auf das individuelle Subjekt schwer erkämpft sein (vgl. ebd., 12). Buschkühle verortet sich mit seiner Konzeption in gedanklicher Nähe zur Lebenskunstphilosophie Wilhelm Schmids.

In wesentlichen Aspekten entspricht das von Buschkühle in Anlehnung an Schmids Theorien entwickelte kunstpädagogische Konzept der künstlerischen Bildung dem Typus des modernen, autonomen Künstlerindividuums im Sinne des Geniekonzepts. Walther Müller-Jentsch deckt mit einer soziologischen Darstellung der Funktionen des individuellen, vereinzelten Künstlerindividuums auf, dass die Einseitigkeit dieses Modells des Künstlers bzw. der Künstlerin sowie die Kehrseite dieser Subjektivität bedenklich für das KünstlerInnenindividuum sei (Müller-Jentsch 2012, 102ff.). Der moderne KünstlerInnentypus ist einer extremen Subjektivität verpflichtet und sieht sich dadurch in einer prekären Profession beheimatet. In der Betonung der Subjektivität wird KünstlerInnen eine Rolle zugewiesen, die beruflich wenig soziale Einbettung und kaum institutionalisierte gesellschaftliche Solidarität mit sich bringt. Müller-Jentsch analysiert, dass das schwer auszurottende Geniemodell, eben jene Vereinzelung, der Fallstrick der KünstlerInnenprofession ist (vgl. ebd., 88ff.).

Folglich ist Buschkühles Denkmodell ist bedenklich in für KunstpädagogInnen und schwerlich mit aktuellen Theorien der Kunst und kollaborativen Praktiken in Übereinstimmung zu bringen. Die Kategorien, Strukturen und Gütekriterien des Kunstverständnisses gelten in einem diskursiven, postmodernen Wissensgefüge als überholt. Das Denken der Logik der Überlegungen zur künstlerischen Bildung erfolgt in der Tradition eines elitären Bildungsbegriffs, der sich insbesondere am männlichen Künstlerideal orientiert. Es mangelt damit nicht nur an erweiterten Ansätzen zum Kunstbegriff und an einer geschlechtergerechteren Perspektive, sondern auch an einem erweiterten Verständnis von KünstlerInnen sowie den aktuellen professionellen Gegebenheiten künstlerischen Arbeitens. Kollektive AutorInnenschaft oder geteilte Arbeitsweisen werden marginalisiert. Dem Ansatz der Künstlerischen Bildung sei der Appell Majetschaks entgegengehalten:

> *„Die Emanzipation der Künste von ihren traditionellen Zweckbestimmungen in der Moderne bedeutete für eine Kunstphilosophie, [...] neue Antworten auf die Frage nach Sinn und Zweck, ja überhaupt nach dem philosophischen Interesse der Kunst geben zu müssen." (Majetschak 2007, 104)*

Mit dem aktuellen veränderten Verständnis der Kunst in einer neuen „eigenen Rationalitätsform" (ebd.) kann das Geniekonzept faktisch als abgeschafft oder zumindest als dekonstruiert begriffen werden, was es jedoch, wie die Ausführungen hier zeigen, keinesfalls ist.

Die Argumentation auf dem Fundament des Geniekonzepts folgt in der Kunstpädagogik einer Logik, die sich der Profilierung und Professionalisierung des Faches in der Legitimationsdebatte bzw. der eigenen Infragestellung des uneinheitlichen Faches (vgl. Dreyer 2005, 48) einordnen lässt und damit sicherlich einen wesentlichen Beitrag in diesem Zusammenhang leistet. Die Orientierung am tradierten KünstlerInnentypus der Moderne, das mehr implizit als explizit das Geniekonzept transportiert, hat möglicherweise in Legitimationsnöten den Vorteil, dass eine feste Bezugsgröße als Kern des Faches geschaffen wird. Im gegenwärtigen empirischen Druck, in dem sich die Fächer mit schwer messbaren Kompetenzen zu verorten haben, ist es hilfreicher, sich etablierten Begriffen wie dem Geniekonzept zuzuordnen, als sich einem zeitgenössischen, sich ständig wandelnden Kunst- und auch KünstlerInnenbegriff zuzuwenden, dem ein kollaboratives Verständnis von KünstlerIn und AutorIn inhärent ist. Ein tradiertes kunstwissenschaftliches Konzept von Kunst, das angelehnt ist an den EinzelkünstlerInnenmythos und den Mythos der Einzelkreativität, trifft bei kunstfernen EntscheidungsträgerInnen in der Schullobby, die in der Tradition des subjektiven, modernen Künstlerindividuums gebildet wurden, vermutlich auf deutlich mehr Anerkennung.

Diesem Gedankengang folgend muss das Modell des künstlerischen KunstlehrerInnentypus, das dem Geniekonzept entspricht, hinterfragt werden, denn es negiert Formen kollaborativer Arbeitshaltungen und Ideen von Kunst, in der Vergangenheit wie in der Gegenwart, ebenso wie die pragmatisch-arbeitssame Haltung zeitgenössischer KünstlerInnen (vgl. Baecker/Landkammer 2009, 256). Dass Kunst sozial bedingt ist, dass transdisziplinär und in gegenseitiger Unterstützung in der digitalen Kultur beständig in kollaborativen Formen gearbeitet wird, bleibt dabei ein blinder Fleck. Die künstlerische Arbeitsrealität ist die kollaborative Situation (vgl. Kapitel 3.4), die im Verständnis des Geniekonzepts ausgeblendet wird. Die alltagsästhetischen Entwicklungen, die Ästhetisierung der Lebenswelt, das kollaborative Miteinander in zeitgenössischen künstlerischen, kreativen Berufen sowie die Bedeutung ästhetischer Fragestellungen für alle vormals als unkünstlerisch geltende Berufsfelder heutzutage stellen den in der Kunstpädagogik geltenden Typus des genial-expressiven KünstlerInnensubjekts deutlich in Frage oder fordern zumindest eine aktuelle Erweiterung dieses Konstrukts. Der Kunstpädagogik mangelt es an einem relationalen Verständnis von kreativer Arbeit, einem Verständnis von kreativer Tätigkeit, die „jede Art von Arbeit" (Baecker/Landkammer 2009, 256) umfasst und damit das heroische Ideal des Geniekonzepts entlarvt. Es lässt sich abschließend vermuten, dass mit dem Festhalten an dem EinzelkünstlerInnenideal die Zusammenarbeit der Felder Pädagogik und Kunst weiterhin mehr verhindert als gefördert wird. Möglicherweise führt dies in der Kunstpädagogik zu dem Missverständnis, Kunstnähe hieße, sich um eben diese aristokratische Haltung und nicht um Kommunikation und Transformation bemühen zu müssen oder schlimmer noch, zu der Überzeugung, dass die Schaffung von Relationen und Dialogen unkünstlerisch sei. Dies hängt zusammen mit dem Edikt, dass die Kunst nicht „zu domestizieren" (Hentig 1998, 41) sei. Dieser Trugschluss hängt wie ein Damoklesschwert über dem Verhältnis zwischen Kunst und Kunstdidaktik, als sei die wahre Kunst einem sublimen Verständnis verhaftet, die wahre Didaktik aber eine Zurichtung und Zähmung. Dem kann die Vielfalt kollaborativer Kunstpraktiken entgegengehalten werden, die beide Positionen, das romantisch-sublime Verständnis von Kunst und die angebliche Unvereinbarkeit von Didaktik und Kunst, entkräftet. In diesem Dilemma der Unvereinbarkeit von edukativen Settings und der Kunst bieten sich aktuelle Konzepte wie die „Idee des Verlernens" (Sternfeld 2014, 10) oder der „Modus des Verlernens" (vgl. Documenta 14, 2017) als Lösungen an. Die Dekonstruktionen der Kunstvermittlungssettings, die Sternfeld oder Mörsch anbieten, richten sich gegen überhöhende, ehrfürchtige Rezeptions- und Lehrhaltungen. Für die Kunstpädagogik hat das Hochhalten des Geniekonzepts letztlich einen destabilisierenden Effekt in Bezug auf kunstpädagogische Professionalität, der insbesondere die Anschlussfähigkeit der Kunstpädagogik an ihre verwandten Felder wie Kunstpraxis, Kunstvermittlung, Kunstwissenschaft, Kunstsoziologie und Kunsttheorie angreift, insbesondere wenn diese sich bereits neuen Konzeptionen öffnen. Das Festhalten an einem genialen Verständnis eines KünstlerInnentypus bedient den affirmativen Diskurs (vgl. Mörsch 2009, 9) und gilt als überholt. Demnach ist das professionelle Ausloten kollaborativer Konzepte und der damit verbundenen Konstruktions- und Dekonstruktionsmöglichkeiten für die aktuelle KunstlehrerInnenbildung in der Kunstpädagogik erforderlich und überfällig.

Kollaborative Subjektkonzepte

Mit den kollaborativen Formen wird die herrschende Erzählung des Geniekonzepts in Frage gestellt. Mit einem Verständnis von Kollaboration in der Kunst, die nicht mehr die Überhöhung einzelner KünstlerInnen anstrebt, wird eine Beweglichkeit von Rollen und Subjektkonstruktionen angestoßen. Mit diesem Impuls stellt sich die Frage, wie in der Kunstpädagogik das lernende oder zu bildende Subjekt definiert wird und ob sich mit Blick auf Subjektkonzeptionen Bezüge zu kollaborativen Konzepten und Theorien herstellen lassen. Welches Subjekt definieren AkteurInnen der Kunstpädagogik als das schöpferisch-imaginierende?

Kollaboration impliziert, sich nicht allein auf ein Verständnis des Individuums als Subjekt festzulegen. Pierangelo Masets Ansatz des *dividuellen Subjekts*, den er in *Ästhetische Bildung der Differenz* (1995) beschreibt, ist ein Modell für ein kollaboratives Subjektverständnis in der Kunstpädagogik. Maset legt dar, dass „das Subjekt nicht mehr als eine in sich einheitliche, autonome Einheit verstanden werden kann" (Maset 1995, 52). Diese Konzeption beschreibt

Maset als Konsens pädagogischer Theorie, die auch in gegensätzlichen Positionen wie denen Käthe Meyer-Drawes und Karl Joseph Pazzinis (vgl. ebd.) in den Fokus genommen word. Das dividuelle Subjekts umfasst eine veränderte Form des Verständnisses der Sinneswahrnehmung in neuen Wissensformationen und ästhetisierten Lebenswelten. Als Kennzeichen des dividuellen Subjekts stellt Maset (vgl. ebd., 57ff.) die Akzeptanz innerer Gespaltenheit, eine immerwährende Veränderlichkeit des Ichs, die „Brüchigkeit von Kontinuität und Konsistenz" (ebd., 58) der Identität, die Inklusion des Anderen und die „Vielheiten in einem Subjekt" (ebd.) dar. Er sieht in anderen Modellen Exklusionsmechanismen. In der Prozesshaftigkeit des Subjekts und den kollaborativ darin arbeitenden Entitäten liegt die Überschneidung und Anschlussfähigkeit des Konzepts des dividuellen Subjekts mit dem hier erörterten Kollaborationskonzept. Maset verortet das dividuelle Subjekt zwischen Wolfgang Welschs transversaler Vernunft und Gunter Ottos *Kunst als Prozess im Unterricht* (1964). Er versteht dies als Legitimation einer grundsätzlich im Kunstunterricht geltenden „experimentelle[n] didaktische[n] Haltung" (Maset 1995, 36). Mit Gilles Deleuzes Differenz-Begriff argumentiert Maset gegen einen tradierten Identitätsbegriff, der in der Pädagogik auf ein vermeintlich einheitlich erfasstest Individuum abzielt, das sich analog im Geniekonzept zeigt. Gerade in Anbetracht künstlerischer Strategien des Remixes, des Samplens und des Wiederholens – alles Strategien zeitgenössischer Kunst, die unter dem Oberbegriff der komplexen, erweiterten Kollaboration verstanden werden können (vgl. Kapitel 3.4) – bedarf es einer solch geänderten Sichtweise auf das Subjektverständnis im kunstdidaktischen Bildungssetting. Das Prinzip des dividuellen Subjekts ist anschlussfähig für das hier propagierte Konzept von Kollaboration in Kunst und Kunstpädagogik. Die Gedanken der ästhetischen Bildung der Differenz sind Grundlage dafür, „Praxen und Diskurse sichtbar [zu machen], die bislang ausgegrenzt waren" (Maset 1995, 231). Angesichts der Aufgabe von Inklusion oder im Umgang mit globalen migrantischen Bewegungen erscheint ein kollaboratives Subjektsverständnis angemessen, hochaktuell und bedeutsam. Vor allem wird deutlich, dass das Geniekonzept Potentiale und Möglichkeiten dividueller Subjektivierungsprozesse in der ästhetischen Bildung ausgrenzt und unterdrückt. Es bedarf insofern der Aktivierung und Weiterentwicklung des dividuellen Subjektsverständnisses und einer Aktualisierung im Sinne kollaborativer Bildungsprozesse im digitalen Kontext.

3.7.3 Kunstdidaktik: Fachpraktische Ansätze der Kollaboration

Während in Kapitel 3.7.2 die kunstpädagogische Theorie in Bezug auf Kollaboration hin untersucht wurde, steht im Folgenden die fachdidaktische Analyse in Bezug auf die Untersuchungsvorgehensweise an. In der Analyse kunstpädagogischer Theorien in Bezug auf erweiterte Formen der Kollaboration deutet sich an, dass die neuen Formen der Zusammenarbeit in kunstdidaktischen Situationen angewendet eine wertvolle Erweiterung anbieten. In der Kunstdidaktik wird deutlich, dass kunstdidaktische Ideen und Konzeptionen explizierbaar sind, die Anschlüsse bieten für Formen der erweiterten Kollaboration, meist auf Ebene praktisch bildnerischer Projekte, der Organisation des kunstdidaktischen Lern- und Arbeitsplatzes oder der Unterrichtsmethodik. Aufgrund der Offenheit im kunstdidaktischen Lernsetting, werden dem Setting des Kunstunterrichts kommunikativere Möglichkeiten unterstellt, die ein Mehr an Zusammenarbeit und Gemeinschaft versprechen als andere Fächer.

Im Handlungsfeld der Kunstdidaktik erfährt dennoch die Einzelleistung eine Überbetonung. Marginalisierungsmechanismen gegenüber Kollaboration sind in der Kunstdidaktik aktiv. Frank Schulz weist in seinem Text *Über Methoden des Kunstunterrichts* (1998) auf den Kunsterzieher Siegwart Rupp hin, der in *Die kunsterzieherische Gemeinschaftsarbeit als Integrierbarkeitstest* (1995) konstatiert: „Sind die Lehrpläne der Fächer Bewegungs- und auch Musikerziehung voll von Lehr- und Lernzielen, die gemeinschaftliches Handeln betreffen, findet sich das bei der Kunsterziehung nicht." (Rupp, 1995, 131).

Auch sind für den Bereich der Kunstdidaktik bestehende oder zukünftige Formen der Kollaboration weder erfasst noch systematisch dargelegt. Im Folgenden wird für die Exploration eine Auswahl an Quellen untersucht, wo Ansätze für Formen der Kollaboration liegen und wo die hier explorierten Konzepte der Kollaboration für aktuelle kunstdidaktische Herausforderungen gedacht werden weitere Konzeptionen anknüpfen können.

Projektarbeit – Anknüpfungsmöglichkeiten für aktuelle Formen der Kollaboration an jüngere kunstdidaktische Konzepte

Insbesondere im Zusammenhang kunstdidaktischer Methodenbeschreibungen lassen sich in den Bereichen der Werkstatt-Arbeit in Konzeptionen der 1980er und 1990er Jahre Besprechungen von Kollaboration finden. Am Beispiel von Gert Selles Projektarbeitskonzept, der Zusammenarbeit an dem sich damals in Deutschland etablierenden Begriff des Workshops festmacht, lässt sich die Wertschätzung von Zusammenarbeit im kunstpädagogischen Feld feststellen. „In der Praxis der Kulturarbeit [...] sind Werkstätten (workshops) so beliebt, weil sie auf den elementaren Grund der Genese von Kultur in gemeinschaftlicher Arbeit verweisen" (Selle 1992, 42). Selle diskutiert hier die Chancen und Herausforderungen der Projektwerkstatt als „kollektive[s] Ereignis" (ebd., 43). Als Kennzeichen für Werkstattarbeit im Kontext der frühen 1990er Jahre nennt er explizit die Zusammenarbeit. Er stellt sie jedoch in einen engen Zusammenhang mit der eigenständig-individualistischen Arbeit und dem solipsistisch arbeitenden Künstlerindividuum, vor allem, wenn er die Werkstatt des Konzeptkünstlers Rémy Zaugg reduziert auf „Zauggs Kopf als Augenhintergrund" (ebd., 36). „Das Beispiel zeigt, wie klein oder zurückgezogen eine Werkstatt als Ort sein kann ..." (ebd., 36). Das Beispiel Selle macht deutlich, dass in der Abkehr von Gunter Ottos

Rationalität einem vermeintlich einsamen künstlerischen Rückzug ein hoher Stellenwert für die ästhetische Arbeit und Kreativität und das künstlerische Projekt im kunstdidaktischen Feld zugesprochen wird. Diese kunstdidaktischen Affekte weisen Parallelen auf zu Konstruktionen des Geniekonzepts in Kunstwissenschaft, -theorie und -geschichte. Die Marginalisierung kollaborativer Konzepte erfolgt gleichermaßen über die Prinzipien der systematischen Perspektivverschiebung, Ausblendung und Verfälschung, wie sie Beatrice von Bismarck in Bezug zu Bruce Naumann aufdeckt (vgl. von Bismarck 1996; Kapitel 3.4.5). Bei Selle wird das Studio, die Werkstatt, das Atelier zwar als Ort der Gemeinschaft benannt, die Ausführungen dazu verweisen aber wiederum auf die im Geniekonzept verhafteten Praktiken der Vereinzelung, dem solipsistischen Arbeiten. Dennoch lautet Selles Vorschlag, zukünftig intensiv zur Projektarbeit überzugehen und die Werkstattarbeit als umfassende Transformation an der Schule stattfinden zu lassen (vgl. Selle 1992). Kollaborative Arbeit in Werkstätten in der Tradition des Bauhauses und aktuell an Kunsthochschulen fortgesetzt, wird ein hoher Stellenwert in künstlerischen Bildungsprozessen zuerkannt. Projekt- und Werkstattarbeit in der Kunstdidaktik erfolgt nach Selle somit in fachmethodischer Begründung zur kunstdidaktischen Arbeitsweise, allerdings widersprüchlich gepaart mit dem Geniekonzept, gekoppelt an autonome Arbeitsprozesse. Hier gilt es, neben den wertvollen autonomen, solipsistischen Arbeitserfahrungen Erweiterungen der kunstdidaktischen Fachmethodik um die kollaborative Wissensproduktion und Kreation in kunstdidaktischen Settings zu explizieren. Neben den Beispielen kollaborativer Kunst (Kapitel 3.4.3) könnten hierzu auch bereits bestehende implizite Praktiken im kunstdidaktischen Alltagsfeld dienen.

Reduktion der Kollaboration auf eindimensionale Unterrichtsmethodik

Eine auf das Geniekonzept ausgerichtete Perspektive erfolgt auch in Vorstellungen zur Gestaltung von Unterricht und den daran geknüpften Denkmodellen zur Sinneswahrnehmung und der Konstruktion von Wirklichkeit. Auch hier sind auf das einzelne Individuum ausgerichtete Perspektiven auffindbar, auch wenn sich vordergründig Anknüpfungen für Kollaboration zeigen. Wenig Bedeutung wird auch hier der Kollaboration im kunstdidaktischen Feld beigemessen. Im Text *Grundlagen des Kunstunterrichts* (2002) von Klaus Eid, Michael Langer und Hakon Ruprecht bieten insbesondere die Entwürfe zur Gestaltung von Kunstunterricht eine Basis an zusammenfassender Kunstunterrichtsgrundlagen, die sich für eine Exploration anbieten. Grundlegend wird Wahrnehmung und Bewusstsein dem einzelnen Individuum als Subjekt im Kunstunterricht zugeordnet (vgl. Eid et al. 2002, 13). Die Bedeutung kollaborativen Lernens oder kollaborativer Wissensproduktion, wie wir sie bereits in den anderen Explorationsbereichen kennengelernt haben, wird in den grundlegenden Kapiteln zu Erkenntnis- und Wahrnehmungstheorie kaum in den Mittelpunkt gestellt. Es zeigt sich, was sich im pädagogischen Feld grundlegend und sehr flächendeckend

etabliert hat: Das lernende Subjekt wird primär als einzelne individuelle Einheit begriffen (vgl. Künkler 2011, 21; Maset 1995, 52ff.).
Im Kontrast zur Ausrichtung am einzelnen Individuum in kunstdidaktischen Grundlagen werden in anderen Abschnitten der Publikation Kollaboration stark betont. Der Kunstunterricht wird als „besonders reich an Kommunikationsmöglichkeiten und besonders offen für soziale Begegnungen und zwischenmenschliche Kontakte" (vgl. Eid et al. 2002, 188) bezeichnet. Als Unterrichtsziel werden Kommunikationsfähigkeit und Fähigkeiten der Zusammenarbeit ganz deutlich hervorgehoben und als besonders wertvoll für die kunstdidaktische Arbeit herausgestellt. Ziel des Kunstunterrichts sei es, sich „mit den visuellen Formen der Kommunikation auseinanderzusetzen" (vgl. ebd., 187). Die Autoren erachten dies besonders im „Wandel von Schrift zum Bild" (vgl. ebd.) als wichtig. Sie stellen dem lehrerzentrierten Frontalunterricht und dem Fragen entwickelnden Unterrichtsgespräch die favorisierte Kommunikationsform des Kunstunterrichts dar: Jeder soll mit jedem kommunizieren können (vgl. ebd., 188f.).
Mit der Definition von Spiel und Aktion legen die Autoren ein kooperatives Kunstverständnis zu Grunde und knüpfen dies explizit an einen erweiterten Kunstbegriff und performative künstlerische Phänomene: „Die Grenzen zwischen Subjekt und Objekt lösen sich auf, der Akteur wird Teil des künstlerischen Prozesses" (vgl. ebd., 235). Wenn in Spiel und Aktion „jeder Teilnehmer [...] eine Möglichkeit [findet], sich selbst zu erfahren und einen kooperativen Beitrag für die Gruppe zu leisten" (vgl. ebd.) zeigen sich Heterarchie und Vielfalt. Dies wiederum sind Merkmale erweiterter Kollaboration. Die darauffolgenden Vorschläge für Umsetzungen im Unterricht tragen wiederum kaum diese Merkmale erweiterter Kollaboration. Die aufgeführten Beispiele – Rollenspiel, Figurenspiel, Spiel mit Licht, Aktion und Sammeln – sind didaktische Methoden im Bereich der ästhetischen Erziehung, die ohne großen Begründungszusammenhang aufgeführt werden. Aktuell könnte man diese Auflistung um vielfältige Ansätze und ästhetische Übungen erweitern, beispielsweise um das gesamte Spektrum kollaborativer oder partizipatorischen Kunstpraktiken, die sich auch im Bereich von Spiel und Aktion bewegen (vgl. Feldhoff 2009, 7ff.).
Neben dem Klassenunterricht und der Einzelarbeit und der Partnerarbeit wird im Kapitel acht unter der Kategorie *Unterrichtsverfahren die Gruppenarbeit* aufgeführt, welche als besonders relevant für den Kunstunterricht benannt wird. Die Gruppenarbeit sei die Sozialform, „die der außerschulischen Realität am nächsten kommt" (Eid et al. 2002, 254). Unklar bleibt, welche Realität gemeint ist und wie die Zusammenarbeit der Gruppe konkret gedacht wird. Es könnte allgemein eine Arbeitsrealität der Teamarbeit in allen Berufsfeldern oder Zusammenarbeitsformen in künstlerischen und gestalterischen Berufen gemeint sein, die aber nicht konkret aufgeführt werden. Herausgestellt wird, dass „arbeitsteilige Gruppenarbeit" [...] „kooperations- und kommunikationsfördernd" (ebd., 255) sei. Damit wird die Gruppenarbeit als besonders wertvoll für den Prozess des Kunstunterrichts eingeschätzt (vgl. ebd.). Während

sich ein hoher Stellenwert für kooperative Methoden und Kompetenzen auf Basis unterrichtsmethodischer Prinzipien ablesen lässt, werden die Sozialformen bei Eid et al. jedoch in einer vertieften fachlichen Dimension begründet.
Das Projekt im Kunstunterricht wird in einem Abschnitt gesondert als Organisationseinheit der Unterrichtsverfahren genannt und als besonders wertvoll für den Kunstunterricht herausgestellt. Projektarbeit sei durch „partnerschaftliche Zusammenarbeit von Lehrenden und Lernenden" (ebd.) gekennzeichnet. Sie wird gesehen als eine „kooperative[...] Unterrichtsart" (ebd.), der aber viele Lehrer skeptisch gegenüberträten, da „Gefahr des Autoritätsverlustes" (ebd.) drohe. Der Projektarbeit wird zu Gute gehalten, dass sie durch die „gemeinsame Leistung der Gruppe [...] stark kommunikationsfördernd" (ebd., 256) sei. In dem Merkmal der Auflösung hierarchischer Strukturen, das hier negativ bewertet wird, finden sich in Bezug zur Vorannahme (vgl. Kapitel 2.3) wesentliche Übereinstimmungen zwischen Projektarbeit und den hier vermuteten Formen der Kollaboration, wobei eben jener Machtverlust als Wert und nicht als Manko verstanden wird. Es ist interessant, dass Heterarchie als Gefahr und nicht als Chance betrachtet wird. Kollaboration wird demnach gleichgesetzt mit dem Verlust der autoritären LehrerInnenrolle.
Auch fällt ins Auge, dass Projektarbeit vielmehr aus kompensatorischer Perspektive betrachtet wird, wenn die Rede davon ist, dass „[...] solche Projekte [...] überall dort wirksam werden, wo kreatives Verhalten und ästhetische Vorhaben angeregt und gefördert werden können." (Eid et al. 2002, 257). Kollaboration wird so als probates, aber seichtes Mittel zur SchülerInnenmotivation angesehen, entbehrt dabei jedoch einer fachmethodischen und fachtheoretischen Begründung und Herleitung. Absent sind fachspezifische kollaborative Vorgehensweisen, bildbasierter Kommunikation und Kollaboration.
Im Fazit wird deutlich, dass Kollaboration bei Eid et al. nicht vertiefend fachmethodisch oder ästhetisch-fachlich begründet wird. Es bleibt bei flachen unterrichtsmethodischen Beschreibungen. Die kollaborative Möglichkeiten des Kunstunterrichts werden weder systematisch noch in Bezug zu ästhetischen Strategien oder in Bezug auf künstlerisches oder gestalterisches Wissen noch durch Forschung belegt und dargestellt. Formen der Kollaboration werden höchstens auf Ebene des Unterrichts- und Klassenmanagements als positiv bewertet. Die Vielzahl angedeuteter unterrichtsmethodischer Zusammenarbeitsformen fällt auf, die jedoch keine Zu- oder Einordnung innerhalb ästhetischer-professioneller Strategien und Arbeitsweisen finden. Die Strategien und Merkmale von Zusammenarbeit werden nicht auf fachinhaltlicher respektive einer ästhetischen Ebene begriffen. Besonders augenfällig ist dabei, dass die Kommunikationsförderung als besonderes Merkmal des Kunstunterrichts herausgestellt, zugleich aber die fachpraktischen Impulse, wie beispielsweise aktuelle künstlerische Zusammenarbeit, wenig aufgegriffen werden. Gerade in Bezug zur Partner- und Gruppenarbeit könnte zumindest thematisiert werden, dass eine Vielzahl an Künstlerinnen, Designerinnen oder Grafikerinnen

in Teamstrukturen arbeiten und dass sich diese Teams häufig aus heterogenen AkteurInnen zusammensetzen. Aktuell müssten erweiterten Formen der Kollaboration ergänzt werden. Für die Unterscheidung von arbeitsgleicher und arbeitsteiliger Gruppenarbeit könnte Bezug genommen werden auf unterschiedliche Organisationsformen wie temporäre Projektarbeit, das Agenturprinzip, Film- oder Theaterproduktionsstätten. Zudem müssten Prinzipien des Co-Designs oder der Co-Autorschaft aufgegriffen werden.
Die mancherorts starke Betonung der Zusammenarbeit bei Eid et al. (2002) erzeugt einen unerwähnten Widerspruch zu den grundlegenden Konzeptionen der individuellen Wahrnehmung. Hier wird deutlich, dass in der Kunstdidaktik ein „individualtheoretische[r] Zugang zum Lernen" (Künkler 2011, 23 f.) üblich ist, was in der gleichzeitigen Betonung von individuellem Lernen und den kooperativen Zielen zu einem widersprüchlichen Dilemma führt. Insofern bleiben kunstdidaktische Grundlagen wie in der beschriebenen Publikation (vgl. Eid et al. 2002) in dem Dilemma zwischen den Polaritäten von einerseits dem der Betonung des Individuums als einzeln wahrnehmendes Subjekt einerseits und andererseits der Fokussierung auf die Gruppe als relational lernende Einheit gefangen, ohne diese Konzepte bewusst zu reflektieren. Sie wird für Kollaboration argumentiert, ohne diese auf den unterschiedlichen Ebenen auch in den neueren Auflagen fachlich fundiert zu begründen. Darüber hinaus sei angemerkt, dass trotz neuerer Auflagen des Studienbuchs (vgl. Eid et al. 2006/2008) nicht um die Erweiterungen der digitalen Bedingungen und die damit entstehenden Möglichkeiten von Kollaboration ergänzt werden.

Bezogen auf die Vorstellungskraft im Rahmen kunstdidaktischer Auseinandersetzung entwickelt Hubert Sowa mit seinem Entwurf „Gemeinsam Vorstellen lernen" (2015) eine Denkfigur mit einem konkret fachdidaktisch begründeten Ansatz für kunstdidaktische Anwendungen in Bezug auf das intersubjektive Imaginieren. In Stück weit ist dies ein Plädoyer für eine relationale Ästhetik und kollaborative Wissensproduktion, vor allem aber bedenkt er eine Übertragung von gemeinschaftlichem Schöpfertum in das kunstdidaktische Terrain. Sowa macht deutlich, dass eine neuerliche Hinwendung zum kooperativen Gedanken in der Pädagogik nicht von ungefähr kommt. Sie sei eine Abkehr von einer allgemeinen Tendenz des Bildungssystems, welches ein „nur an Eigeninteressen orientierte[s] Individuum[...]" (Sowa 2015, 9) in das Zentrum stellt. Sowa stützt seine These mit Hilfe aktueller soziologischer und sozialanthropologischer Forschungsansätze von beispielsweise Sennett und Tomasello (vgl. Kapitel 3.3), die neue Erkenntnisse dazu aufzeigen, welche kooperativen Fähigkeiten und Bestrebungen der Mensch besitzt und wie wichtig aktuell diese Fähigkeiten und Anwendungen von Zusammenarbeit sind. Die Pädagogik, so konstatiert Sowa, greife diese neueren Erkenntnisse viel zu wenig auf (vgl. Sowa 2015, 9). Seine These stimmt damit ein in die Forderungen nach neuen Konzepten der Zusammenarbeit, wie sie beispielsweise Terkessidis oder Künkler propagieren (vgl. Kapitel 3.1 u. 3.6). Sowa, mit der Expertise als Praktiker der Kunstdidaktik, beschreibt die Verblüffung über den Kontrast der Situation des ästhetischen Schaffens im Kunstunterrichts zu den anderen Fächern der Regelschule und dem allgemeinen Tenor aktueller Bildungsüberlegungen, die auf das individuelle Lernen setzen, das er verknüpft sieht mit linearem Denken, Einprägen, Reproduzieren. Er postuliert, wie Selle oder Eid et al., dass man viel besser in „Werkstätten, Orchestern, Mannschaften/Trainingsgruppen lernen" (Sowa 2015, 10) könne. Er betont die kollektive Ebene des Miteinanders, das ein besonders effektives Lernen schaffe und welche das regelschulische, lineare Lernen in den Schatten stelle. Mit Verweis auf Kants Konzept der Einbildungskraft in *Kritik der Urteilskraft* (Kant 1974, 100f.) möchte Sowa aufzeigen, dass die Einbildungskraft für den aufgeklärten Menschen eine kooperative Komponente besitze, eine Vermittlungsinstanz zwischen Verstand und Sinneswahrnehmung. Neurowissenschaftliche Erkenntnisse belegen, dass das pädagogische Verständnis oftmals vom einheitlichen, fertigen, abgeschlossenen Subjekt ausgehen, dem eine Einbildungskraft unterstellt wird. Sowa versucht, diese Vorstellungskraft als eine erweiterte, kollaborative und dezentral organisierte Entität begreifen sei (vgl. Sowa 2015, 46).

> *„Kooperation im Vorstellen ist hier nicht als äußere methodisch-technische Unterrichtsorganisation zu verstehen, wie dies in den durchaus teilweise richtigen Modellen des »kooperativen Lernens«. Kooperative Vorstellungsbildung kann zwar, muss sich aber keineswegs ausschließlich dieser Unterrichtstechniken bedienen. Diese Methoden und Modelle können prinzipiell richtig und förderlich sein für das, was wir hier als »kooperative Vorstellungsbildung« zu modellieren versuchen, aber sie berühren nicht das innere Prinzip der »Kooperation« [...]" [Hervorhebungen im Original] (ebd., 78).*

Innere Kooperation soll nicht als Unterrichtstechnik verstanden werden. Sowas Prinzip beruht auf der Überzeugung, dass Imaginationen immer auch auf Vorstellungen von anderen AkteurInnen beruhen. Dieser Austausch zwischen menschlichen Individuen sowie diesen und Material sowie kunstdidaktischen Settings (vgl. ebd., 78f.) umfasse die Kooperation.
Kollaborativen Formen und einem kollaborativen Subjektverständnis in der Kunstdidaktik ebnet Sowa dabei nur in Ansätzen den Weg. Seine Theorie und Didaktik kooperativer Vorstellungsbildung weist ansatzweise Verbindungen zu dem hier verfolgten Konzept der Kollaboration auf. Gemeinsam ist, dass der Begriff Kooperation für die Kunstdidaktik nicht definiert wird als rein unterrichtsmethodisches Mittel, sondern als eine pädagogische und didaktische Grundlage, mit der grundlegend von Bildungssituationen der Kollaboration ausgegangen wird. Sowa benennt Prinzipien, die eine kollaborative Dynamik für das individuelle Subjekt feststellen, und so das Missverständnis ausräumen, Kollaboration in der Kunstdidaktik heiße lediglich Gruppen- oder Partnerarbeit.

Obwohl die Betonung des abgeschlossenen, einzelnen Individuums in Frage gestellt wird, ist die Konzeption nicht ausreichend, um für eine Konzeption der Kollaboration angeführt zu werden. Indem Sowa der gemeinsamen, geteilten Aufmerksamkeit ausdrücklich ein Bildungspotential im kunstdidaktischen Bereich zurechnet, positioniert er sich gegen die Fokussierung genieästhetischer Ideen, wie sie beispielsweise Buschkühles Ideen der künstlerischen Bildung sie bergen. Dies betreibt er jedoch nur implizit. So werden Theorien zum Geniekonzept oder der Akteur-Netzwerk-Theorie nicht ausgeführt. Die Explikation hierzu wäre ein notwendiger Schritt in der Kunstdidaktik. Besonders auffällig ist, dass die digitale Kondition komplett ausgeschlossen wird. Eine fehlende Dimensionierung der Grundprinzipien Sowas sind aktuelle Kreativitätsstrategien von Kindern und Jugendlichen im Internet, die stark von kollaborativer Vorstellungsbildung durchzogen sind, wie sie Henry Jenkins in seiner Studie von 2009 darlegt (vgl. Jenkins 2009, 9; vgl. Kapitel 3.6). Diese Praktiken werden ausgeblendet und nicht mitgedacht. Gemeinsame Vorstellungsbildung umfasst auch, dass Kinder und Jugendliche affirmativ im Netz agieren und aktiv teilnehmen in unterschiedlichen Netzwerken und Foren. Ihre Kultur ist geprägt von Aneignung und Teilhabe. Jenkins bezeichnet diese Kultur als „participatory culture" (Jenkins 2009, 6). Merkmal dieser Kultur ist ein niedrigschwelliger Zugang zu künstlerischen Ausdrucksmitteln, sowie das selbstverständliche Teilen von kreativen Produkten oder sogar dem kreativen Prozess selbst. Diese Merkmale machen sich deutlich an Praktiken wie Memes oder in Videos, die kreative Prozesse dokumentieren, wie bei twitch.com, einer Online-Plattform, in der Videos geteilt werden, in denen Menschen ihre kreativen Interessen und Videospielvorlieben mit einer Kamera aufnehmen. Sie veröffentlichen ihre Fähigkeiten und Fertigkeiten in Videos, zum Teil auch live. Diese Teilhabe an einem Erleben und der Erfahrung über das Bewegtbild eröffnet ein neues Verständnis von Lernen und Weitergabe von Wissen. Kinder und Jugendlichen in dieser Kultur, davon geht auch Jenkins in seiner Studie aus, bilden verstärkt soziale Verbindung im Netz zu denjenigen, mit denen sie gemeinsam künstlerische Ausdrucksmittel nutzen sowie künstlerische Prozesse und Produkte teilen, auch wenn diese Teilhabe informell und außerschulisch über das Internet erfolgt (vgl. ebd., 6ff.). Diese Dimension entgehen dem Konzept einer kooperativen Vorstellungsbildung Sowas.

Es bleibt zudem unklar, welcher Subjektbegriff für die innere Kooperation zu Grunde gelegt wird. Es wird hierbei nicht auf Theorien in der Kunstpädagogik, wie sie beispielsweise mit Masets Konzept des dividuellen Subjekts naheliegen würde (vgl. Maset 1995, 52ff.).

Die kunstdidaktische Idee der kooperativen Vorstellungsbildung wird somit marginal angeknüpft an kunstpädagogische Theorien zum Subjekt, zum Digitalen oder aber an konkrete künstlerische oder bildnerische Praxismodelle. Die Formen der Inneren Kooperation sind nicht ausreichend verknüpft mit zeitgenössischen bildnerischen oder künstlerischen Strategien und Positionen der Kollaboration. Dies könnte beispielsweise über die Vorgehensweise von Co-Design oder Co-AutorInnenschaft und generell über Formen erweiterter kollaborativer Gestaltung erfolgen. Der Gedankengang der Inneren Kooperation muss, wenn es um die Frage geht, was die „sich begegnenden und einander verstehenden Subjekte" (Sowa 2015, 78) miteinander tun, mit Blick auf die zeitgenössischen künstlerischen Strategien oder alltagsästhetischen Praktiken von Kindern und Jugendlichen aktuell erweitert und angepasst werden. Mit Kollaboration gemeint als sich begegnender, kommunizierender Subjekte ist etwas ungleich anderes als das Prinzip der erweiterten Kollaboration, wie hier in Anlehnung an Terkessidis oder zeitgenössischen KünstlerInnen formuliert wird. Unter Kollaboration wird eine Form der Zusammenarbeit im demokratischen Sinne verstanden, die nicht bedeutet, dass alle das gleiche denken und machen, sondern dass diese Aushandlungspraktiken der unterschiedlichen Subjektivierungen auch ästhetisch basiert stattfinden. Anhand des Beispiels von Lynn Hershman Leeson (vgl. Kapitel 3.4.3, [K-02]) lässt sich diese kollaborative Aushandlungspraxis verdeutlichen. So lässt sich Lynn Hershman Leesons Ansatz der Vervielfältigung ihres Individuums als ein Sichtbarmachen des Grundprinzips des gemeinsamen Aushandelns lesen. Auch das einzelne Individuum wird durch die künstlerische Arbeit Hershman Leesons zu einer Aushandlung dessen, was sonst als schöpferisches Einzelnes und hier plötzlich als vervielfachtes Einzelnes das Konzept des einzelnen Individuums hinterfragt. Kollaboration meint das spezifische Aushandeln und Verhandeln (vgl. Terkessidis 2015, 14) von unterschiedlichen Subjektivierungskonzepten, deren Praktiken im digitalen Zeitalter zu reflektieren sind. Diese Dimensionierung fehlt Sowa gänzlich.

3.7.4 Fazit zu 3.7 – Erweiterung der Kunstpädagogik um Perspektiven der Kollaboration

Wie die Untersuchungen im Feld der Kunstpädagogik und -didaktik zeigen, stehen einerseits Potentiale und Anschlüsse für Kollaboration bereit, da Formen der Zusammenarbeit und Gemeinschaft explizit angesprochen oder vielfach implizit verhandelt werden. Markant ist die offensichtliche Notwendigkeit, die anschlussfähigen Konzepte in der Kunstpädagogik zu entwickeln, insbesondere reflektierte und vertiefende Praktiken im Kontext der digitalen Medienkultur.

Gleichzeitig verdrängt und marginalisiert ein der Kollaboration entgegengesetzter kunstpädagogischer Diskurs die kollaborativen Formen. So gilt es, diese Praktiken verstärkt zu untersuchen, Strukturen dazu aufzudecken und Erweiterungen und Alternativen aufzuzeigen. Potentiale und Anschlüsse für Kollaboration bietet die Kunstpädagogik, da sie sich durch ihre Pluralität und ihre Transdisziplinarität implizit als versiert in den kollaborativen Formen (vgl. Kapitel 3.7.2) zeigt. Im Ergebnis heißt dies, dass unterschiedliche Ansätze für Kollaboration geboten sind, wie bei Heil, Pazzini, Maset oder Meyer. Überlegungen wie zum dividuellen

Subjekt bei Maset sowie Meyers Impulse zu einer kollektiven Intelligenz oder Heils Ansätze der Analyse künstlerischen Prosumings in der digitalen Kondition sollten aktuell verstärkt für die Kunstpädagogik aufgegriffen und einer erneuten und proaktiven Lektüre unterzogen werden. Sie bieten in den Handlungsnotwendigkeiten im digitalen Wandel schlüssige Alternativen und Impulse für Erweiterungen beispielsweise der Konzepte von individuellem Subjekt, Bild, Kunst, Kreativität, Inklusion und Kompetenz. (vgl. Kapitel 7.) Hierbei müsste zukünftig noch stärker geforscht werden, wie die aktuellen Theorien um einen relationalen Bildungsbegriff (vgl. Richter 2014) und ein transformatives Bildungsverständnis (vgl. Koller 2012) kunstdidaktisch weitergeführt wird und wie diese an die AkteurInnen des kunstpädagogischen Feldes vermittelt werden können.

Kontrovers zu den Potentialen und anschlussfähigen Konzepten existieren, wird durch die Exploration hier sichtbar gemacht, dass das Geniekonzept umfassende Gültigkeit auch in der Kunstpädagogik erlangt hat (vgl. Kapitel 3.7.2 und 3.7.3). Kollaboration wird deutlich marginalisiert, beispielsweise wenn das Soziale nicht als Kunst gelten kann und zugleich die sozialen und pädagogischen Praktiken der Kunstpädagogik als Stigma gelten. Auf unterschiedlichen Ebenen zeigt sich die Tradition der Erzählung des genialischen Schaffens, die große Wirkkraft in der Kunstpädagogik entfaltet hat. Diese Fixierung ist zugleich als patriarchale Form der Macht zu deuten. Die Zusammenarbeit und Gemeinschaft negierende Praktiken stellen Formen der Ausgrenzung und Destabilisierung von Teilhabe am Phänomen der Kunst dar. Das wirkmächtige Geniekonzepte bedarf insofern notwendigerweise einer Erweiterung um die Formen der Kollaboration. Dies umfasst nicht die Forderung, Konzepte des singulär-ästhetischen Praxis und der Betonung von einem einzelnen individuellen Ausdruck und Schaffen aufzugeben. In ihnen stecken wesentliche und wichtige Aspekte menschlichen Erkenntnis- und Bildungsprozessen. Es gilt jedoch, diese um die kollaborative Perspektive zu erweitern. Die Erklärungsmacht in der Logik des Geniekonzepts und eine daran gekoppelte Ausrichtung auf singuläres Lernen des Individuums in der Kunstdidaktik muss entkräftet und der länger solitär vorherrschenden Idee der Singularität von Kreativität (vgl. Münte-Goussar 2008, 38) ein Konzept der Gemeinschaftlichkeit von künstlerischen Strategien und ästhetischen Formen als ebenso gültige Dimension an die Seite gestellt werden. Nur so können alternative und aktualisierte Wissens- und Wahrnehmungskonstruktionen aufgezeigt und die Kunstpädagogik zukunftsfähig erweitert werden.

Kollaboration beschränkt sich in der Kunstdidaktik oft auf Formen wie der Gruppen- oder Projektarbeit, die häufig rein im Verständnis der methodisch-technischen Dimension einer lerntheoretischen Didaktik in der Kunstdidaktik aufgefasst werden. Wenn Formen der Kollaboration als symbolisch begriffen werden, wie sich mit Explorationen zu kollaborativen Praktiken von KünstlerInnen im Kontext digitaler Vernetzung zeigt (vgl. Kapitel 3.4.3), kann Kollaboration nicht mehr als eine technische Lehr- und Lernmethode der Kunstdidaktik begriffen werden. Sie stellen vielmehr umfassende gemeinschaftliche didaktische Formen dar, die auf unterschiedlichen Ebenen neue komplexe Formen der Gemeinschaft erforderlich machen. Die kollaborative Dimension umfasst ästhetische, künstlerische Phänomene genauso wie Beziehungen der Menschen und Dinge untereinander in dem auch administrativen Netzwerk der Kunstdidaktik. Kollaboration in der Kunstpädagogik ist folglich nicht auf reine Unterrichtsmethodik und -organisation zu reduzieren, sondern zu verstehen als ein Konzept der Gemeinschaft der sich ästhetisch-bildenden Subjekte im kollaborativen Miteinander. Mit dem beschriebenen Kollaborationspotential und -ansätzen, wie sie beispielsweise Heil benennt, eröffnen sich somit Möglichkeitsräume für Formen der Kollaboration in der Kunstpädagogik und -didaktik. Die Kunstpädagogik ist in diesem Sinne vielmehr bereits kollaborativ zu verstehen, als ihr die kollaborativen Praktiken aufgrund von Transdisziplinarität und dem Arbeiten zwischen verschiedenen Systemen wie Kunst und Pädagogik als auch aufgrund der pluralen Positionen im Fachdiskurs in besonderem Maße inhärent sind. Den kollaborativen Strategien in der Kunst ist die Öffnung des Kunstbegriffs in Richtung „Bild und Gestaltung“ (Billmayer 2010) inhärent. Sie kann als eine Form der praktizierten Dekonstruktion und Transformation des Kunstsystems gelten (vgl. Billmayer 2010; Mörsch 2012a). Die Implementation einer kunstpädagogischen Konzeption von Kollaboration ist gerade angesichts der Herausforderung notwendig, dass Konglomerate von in analogen und digitalen Netzwerken virulenten Bildpraktiken wesentlicher Bestandteil der Lebenswelt vor allem von Kindern und Jugendlichen sind. Um diese komplexe und kollaborativ erzeugten Gemeinschaften und Bildpraktiken für kunstpädagogischen Situationen nutzbar zu machen, zeigt sich ein Handlungsbedarf in Bezug auf Kollaboration in der Kunstpädagogik.

Vertiefende Konzepte und Formen der Kollaboration im Kontext der Kunstpädagogik zu etablieren ist somit ein wichtiger und nächster Schritt. Für das kunstpädagogische Theorie- und Praxisfeld liefert die vorliegende Forschungsarbeit erste wichtige Grundlagen und Impulse für weiterführende Forschungsaufgaben zu Kollaboration. An mehreren Stellen dieses Kapitels wird deutlich, dass sich ein umfassender Themenrahmen für Folgeforschung eröffnet und lohnenswerter Handlungsbedarf für zukünftige Forschungsarbeiten zum Themenfeld der Kollaboration und zu Konstruktionen des Kunst- und KünstlerInnenbegriffs besteht. Mit dieser Prämisse wären konkrete Forschungsschritte, zunächst die explorative Forschung von Best Practice Beispielen von kollaborativen kunstpädagogischen Praktiken. Zudem müssten Perspektiven und Forschungsmethoden entwickelt werden, mit denen überhaupt die das komplexe kollaborative Verständnis, die gemeinschaftliche Situation in den Blick der Forschung gerückt wird. Es steht an, zu fragen, welche konkreten Formen kunstpädagogischer Kollaboration in den Alltagspraktiken vorliegen. Diese Schritte werden mit der Studie II in den Kapitel 5. und 6. In der vorliegenden Forschungsarbeit angegangen. Darüberhinaus ist dringend angeraten, in konkreten Sammlungen die Formate der Kollaboration systematisch zu explizieren und zu publizieren. Vertiefender müsste zudem die Konstruktion des Geniekonzepts beispielsweise in Diskursanalyse erforscht werden. Zudem wäre eine Folgeforschung zum Begriff der *Commons* im Kontext kunstpädagogischer Praktiken notwendig (vgl. Kapitel 3.2 und 7). Außerdem müssten gemeinschaftliche Vorgehensweisen im Kunstunterricht (vgl. Schmidt-Wetzel 2015) und didaktisch-methodische Kategorien von Zusammenarbeit über die Schulraum- und Unterrichtsgrenze hinaus untersucht werden, bei der Kollaboration nicht als reine Lern- oder Unterrichtsoptimierung verstanden wird. Die marginalisierten gemeinschaftlichen Wissens- und Bildungsprozesse gilt es, im Diskurs der Kunstpädagogik anzuerkennen, sie zu beforschen und zu nutzen.

4. Ergebnisse der Studie I

Im folgenden Kapitel werden die Ergebnisse der Exploration aus Studie I in einem Zwischenbericht zusammengefasst. Hierfür werden zunächst die Ergebnisse der einzelnen Explorationsfelder aus den sieben Kapiteln 3.1 bis 3.7 abgeglichen und zusammengeführt (Kapitel 4.1). Auf Basis dieser Ergebnisse wird darauffolgend eine Konzeption kunstpädagogischer Kollaboration entwickelt (Kapitel 4.2). Das explorative Forschungsvorhaben der gesamten Studie I wird anschließend im Hinblick auf die gewonnenen Ergebnisse und gleichzeitig unter Berücksichtigung eingangs formulierter Ziele und Vorannahmen (vgl. Kapitel 2) reflektiert. Die ermittelten Ergebnisse und die tatsächliche Durchführung werden dafür rückblickend überprüft und abschließend kommentiert (Kapitel 4.3).

4.1 Exploration zu Kollaboration in Studie I

Zu Beginn der systematischen, theoriebasierten Exploration in Studie I wird danach gefragt, in welchen Texten, Theorien oder künstlerischen Praktiken Begriffe und Konzepte der Kollaboration – implizit oder explizit – zu finden sind und welche Aktualisierungen sich daraus für die Kunstpädagogik ableiten lassen (vgl. Kapitel 2.2). Eindeutig können Begriffe und Konzepte der Kollaboration herausgearbeitet werden. In den sieben transdisziplinären Bezugsfeldern der kunstpädagogischen Exploration zeigen sich dabei unterschiedliche Definitionen, Regungen und Veränderungsprozesse, mit denen kollaborative Formen im aktuellen Kontext Anwendung finden, im jeweiligen Feld begrifflich definiert oder mit ersten Konzeptionen bereitgestellt werden.

Mit den Begriffsuntersuchungen in Kapitel 3.1 fällt ein Bedeutungswandel auf. Das tradierte, lexikalische Begriffsverständnis der ›Kollaboration‹ – als Zusammenarbeit mit dem Feind – wird verlassen. Der Begriff Kollaboration befindet sich in einem aufregenden Zustand der Neucodierung. Die Begriffsbedeutung bewegt sich deutlich hin zu einem Verständnis von Kollaboration, welche sich durch neuartig geformtes, gemeinschaftliches Handeln auszeichnet. Kollaboration umfasst dabei mehr, als nur ein arbeitsteiliges Handeln von zwei oder mehreren Komponenten. Kollaboration wird zu einem wesentlichen Begriff in der digitalen Medienkultur einer global vernetzten Gesellschaft. Bilder, Texte, Ideen und Projekte werden auf komplex zusammenwirkende Weise in verflochtenen Netzwerken von Technik und Menschen generiert und in Bezugssysteme gesetzt. Dies geschieht oft in heterarchischen Situationen. Im Kontext des Digitalen zeichnen sich dabei hybride Formen der Kollaboration ab. Die relative Offenheit und Beweglichkeit des Begriffs kommen dem Ziel der Exploration hier zugute, welche beabsichtigt, Hypothesen für ein zu entwickelndes kunstpädagogisches Konzept zu generieren. Nicht nur spezifisch in den Feldern der Kunst und Kunstpädagogik, auch in angrenzenden Bezugsdisziplinen ist der Begriff Kollaboration noch nicht umfassend expliziert geschweige denn definiert. Diese Offenheit ermöglicht es, ihn als einen Begriff für neue Formen von Gemeinschaftlichkeit im Kontext ästhetischer Auseinandersetzung einzusetzen. Dies bedeutet für die hier dokumentierte Forschung, dass, wenn nach Formen der Gemeinschaft in der vorliegenden und daran anknüpfenden Forschung gesucht wird, mit einem ganzen Begriffsfeld, einem Begriffskonvolut – Zusammenarbeit, Gemeinschaft, Teilen, Teilhabe, Partizipation, Soziales, Heterarchie, Kollaboration, Sharing, digitale Intelligenz, kollektive Intelligenz, Netzwerk, Community – hantiert werden muss.

Die Analyse in Kapitel 3.2 zu Kollaboration im Kontext digitaler Medienkultur zeigt die Veränderungen der digital katalysierten kollaborativen Praktiken deutlich auf. Das Paradigma der Kollaboration generiert sich spezifisch mit der Ausdifferenzierung und Verbreitung digitaler Praktiken als eine globalgesellschaftliche Kultur. Kollaboration wird darin besonders wichtig und sichtbar, zugleich aber auch zum Desiderat. Offen bleibt, wie genau die Formen der Kollaboration aussehen können. Erste Kennzeichen lassen sich mittels der Exploration herausstellen. Charakteristisch für die Formen der Kollaboration in der digitalen Medienkultur sind stark verflochtene, komplexe und ästhetisierte Wissens- und Bildpraktiken in einer schier unendlichen Verschränkung von Produktion und Rezeption und in grenzenlos erscheinenden Interaktionsnetzwerken. Neue Betonung erfährt in der digitalen Zusammenarbeit sowohl das Soziale als auch die Kontroll- und Überwachungsmöglichkeiten. Dennoch, so zeigt sich in Kapitel 3.2, ist ein wesentlicher Teil der Medienkultur, dass Gemeinschafts- und nicht die Individualisierungspraktiken in den Fokus rücken: Um das Wohl des Zusammenseins wird sich auch in der digitalen Medienkultur gekümmert. Neue Möglichkeitsräume der Gemeinschaftsgestaltung werden ausgelotet.

Im Hinblick auf die kollaborativen Praktiken zeichnen sich jedoch gleichermaßen auch Gefahren in den Formaten der Kollaboration ab. Beispielsweise bergen kollaborative Praktiken im digitalen Kontext das Risiko, computerbasierte Praktiken als umfassendes Kontrollinstrument zu missbrauchen, z.B. indem sie Kommunikationsprozesse evozieren, die der Gemeinschaft schaden. Ein Beispiel dafür ist die massenhafte und schnelle Verbreitung von Hassbotschaften oder Falschnachrichten. Zudem besteht die Gefahr, dass kollaborative Formen als hierarchisches Optimierungs- und Kontrollwerkzeug genutzt werden – zum Beispiel zur Ausbeutung humaner Ressourcen im Kontext globaler Märkte oder zur Unterwerfung gewisser Bevölkerungsgruppen. Dennoch werden trotz dieser Gefahren neue Formen des Teilens oder der Allmende in der digitalen Umgebung möglich. Insbesondere die hybriden Formen, die digital und analog komplex verflechten, die Pflege von Gemeinschaft besonders fördern, sind als wertvoll herauszustellen. In Kapitel 3.2 wird aufgezeigt, dass diese Zusammenarbeitsprozesse verstärkt Anwendung findet. Es gilt, mit ihrer Hilfe umsichtige und faire Gemeinschaftsbildung zu gestalten, bei denen sowohl das Gemeinwohl als auch das Wohl des Individuums im Blick behalten werden muss. Das Prinzip der *Commons* konnte dabei als eine gute mögliche Form herausgearbeitet werden, die für zukünftige Bildungssettings interessant wird (vgl. Kapitel 3.2.3).

Mit dem philosophischen Exkurs in Kapitel 3.3 wird zweierlei deutlich. Zum einen, dass in den metatheoretischen Diskursen nach Bildern, Beschreibungen und Erklärungen für die Bewegungen, Strömungen und Kohorten neuer, auch ästhetisch basierter Kollaborationsformen gesucht wird. Als Ergebnis dieser Suchbewegungen werden aus den Begriffsverhandlungen die Attribute des Nomadischen, Schwimmenden und Flottierenden bedeutsam. Denn diese begrifflichen Eigenschaften beschreiben das Hybride der Kollaboration besonders markant und zeigen zugleich den Kontrast zu den dominanten Praktiken auf, welche die Kollaboration marginalisieren. Zum zweiten sticht Latours Theorie heraus, Mit ihr wird eine neue Perspektive auf das Gemeinsame und das Miteinander von Sozialem und Technik möglich. Daraus ergibt sich die Hypothese, dass kunstpädagogische Kollaboration als ein Akteur-Netzwerk zu gestalten wäre, in welchem sich kollaborative Erkenntnispraktiken neu formulieren. Das bestehende Konzept des zu bildenden Subjekts in der Kunstpädagogik würde somit erweitert und aktualisiert um das kollaborative AkteurInnen-Netzwerk. Mit den Impulsen Latours steht ein Modell heterarchischer kunstpädagogischer Bildungssettings bereit, deren kollaborative Praktiken und Vorstellungen nunmehr als hybrides Gemisch von menschlichen und nicht-menschlichen AkteurInnen zu verstehen ist. Tradierte Vorstellungen von Entitäten, Rollen oder Polen im edukativen System – SchülerIn, LehrerIn, RezipientIn, AutorIn, Kunstwerk, digitales Werkzeug, Unterrichtsinhalt, Unterrichtsmethode oder Unterrichtsgegenstand – werden damit auf- oder abgelöst. Die Rollen sind vielmehr als fließend und nomadisch zu begreifen. Einzelne kunstpädagogische AkteurInnen können in unterschiedlichen Settings jeweils unterschiedliche Funktionen erfüllen und andere Rollen einnehmen – eine Schülerin wird zur Kunstexpertin, ein Kunstwerk ist der Lehrer oder die Kunstlehrerin wird zur Lernenden und Rezipientin. Dabei ist die wesentliche Praxis und Form die Kollaboration im Netzwerk, mit der die AkteurInnen beständig in kollaborative Wissens- und Bildproduktionen sowie -rezeptionen eingebunden sind. Durch kollaborative Formen verhandeln sie ihre Settings und den Rahmen von Bildung und sind über hybride Werkzeug- und Kommunikationsumgebungen miteinander verbunden. Mit diesem Konzept gilt es, die Praktiken der Kunstpädagogik in heterarchische Bildungsgemeinschaften zu verwandeln, in denen kollaborative Praktiken ausgeübt und im Sinne einer agilen Didaktik (vgl. Arn 2016, 16ff.) performed werden.

In der Analyse zur Bildenden Kunst in Kapitel 3.4 wird deutlich, dass Formen der Kollaboration zum selbstverständlichen, federführenden Prinzip in der zeitgenössischen Kunst werden. Zum einen wird Kollaboration als ausgewiesene künstlerischen Praxis selbstverständlich angewandt und genutzt. Zugleich wird die kollaborative, ästhetische Wissensproduktion als transformierende Kraft der Kunst wirksam, wenn einseitige Vorstellungen und daraus hervorgehende Praktiken wie das Geniekonzept drastisch befragt und abgelöst werden. Kollaboration wird als wesentliche Form und Grundlage des Kunstschaffens sichtbar gemacht und kann somit nicht mehr als eine marginale Kunstrichtung oder lediglich als ein Sozialprojekt abgestempelt werden. Das Miteinander und das Soziale als erweitertes Konzept in der Kunst werden auf neue Weise relevant. Spezifische künstlerische Praktiken, die bisher diskriminiert und als unkünstlerisch oder als soziale Praxis ausgesondert wurden, rücken vielmehr ins Zentrum einer kunsttheorietischen Auseinandersetzung. Die Relationen, die in und mit der Kunst eingegangen werden, gelten nunmehr als umfassende und selbstverständliche Logik der Kunst. Dies zeigt sich in Theorien zum „collaborative turn" (Lind 2007b, 15ff.) und dem sich etablierenden vernetzten AutorInnenkonzept (vgl. Mader 2012, 9f.).
Mit den Beispielen kollaborativer Kunst (vgl. Kapitel 3.4.3) können Positionen ausgemacht werden, die verdeutlichen, welche Prinzipien der Kollaboration als Dimensionen von künstlerischen Praktiken verstanden werden können. Nicht mehr nur das KünstlerInnenteam macht kollaborative Kunst sondern Kollaboration in der Kunst, so zeigt sich in Kapitel 3.4.3, tritt in sehr vielfältigen Formaten, so auch in künstlerischen Arbeiten von EinzelkünstlerInnen auf.
Mit dem Ausblick auf gegenwärtige Bedingungen digitaler Medienkultur zeigt sich, dass zukünftig noch weitaus mehr explizit formulierte kollaborative Strategien in der Kunst zu erwarten sind. Daraus erwächst die Aufforderung zur Folgeforschung, welche sich unbedingt der Vielfalt kollaborativer künstlerischer Praktiken nähern sollte. Hierbei steht dringend an, Typologien und Konzepte kollaborativer Kunst zu erforschen. Eine solche Forschung könnte diskriminierende, patriarchale und postkoloniale Praktiken in der Kunst nachvollziehbar machen und aufdecken. Diese Positionen gilt es, erweiternd dem Kanon kunstpädagogischer Praktiken hinzuzufügen. Gleichzeitig dienen die künstlerischen Praktiken und ihre kollaborativen Formen als Vorbild für neue kollaborative didaktische Formate.

Aus dem Exkurs zu Handlungskonzepten und Bezugstheorien der Kunstvermittlung in Kapitel 3.5 ist herauszustellen, dass in diesem Feld der Begriff Kollaboration bereits gängig ist. Erste Konzeptionen lassen sich herausarbeiten. Der Fachdiskurs hier ist besonders für gemeinschaftliche Praktiken sensibilisiert. Kategorisierungen von kollaborativen Formen spezifisch für die Kunstvermittlung finden sich vor allem im Arbeitsfeld von Carmen Mörsch (vgl. Mörsch 2009/2012). Kollaboration wird bei ihr bereits explizit als ein Prinzip emanzipatorischer Vermittlungsarbeit formuliert und eingesetzt. Damit wird das Ziel verfolgt,

Exklusionsstrategien zu dekonstruieren und Kunstvermittlungsarbeit zu transformieren. Kollaboration wird angestrebt als eine beteiligende Form der Kunstvermittlung und zugleich eingeordnet als eine neue, hybride Art und Weise der Vermittlungsarbeit, deren Inhalt sowie auch Struktur neu verschränkt sind (vgl. Mörsch 2012a, 85ff.). Auch in der Kunstvermittlung geht man hierfür von beweglichen Rollenverständnissen aus. Die Praxis der Kunstvermittlung begreift die kollaborativen Formen vor allem als Durchkreuzungen von bestehenden Machtdiskursen, die sich in tradierten Rollenzuschreibungen verfestigt haben. So wird einzelnen AkteurInnen die Hoheit über das Wissen über Kunst unterstellt. Professionelle KunstvermittlerInnen können beispielsweise auch SchülerInnen sein (vgl. Parzefall 2009). Die Transformation dieser Strukturen wird als Aufgabe aktueller Vermittlungsarbeit verstanden und kann als Vorbild für die Kunstpädagogik dienen, gerade in der Gestaltung von fairen schulischen Kunstunterrichtssettings in einer heterogenen und postmigrantischen Gesellschaft.

Mit der Exploration im Bildungskontext in Kapitel 3.6 werden unterschiedliche kollaborative Konzepte dargelegt. Diese stammen zum einen aus dem reformpädagogischen Bereich, andererseits sind sie an kynetische, computerbasierte Bildungstheorien gekoppelt. Diskurse zu letzteren – mit einem oft vereinfachten Begriff von *Neuen Medien*[29] – führen dazu, dass, gekoppelt an digitale Praktiken, meist ein technischer oder rein methodischer Begriff von Kollaboration im Bildungskontext etabliert wird, mit dem die Vorstellungen von Nähe, Teilen, Miteinander und Gemeinschaft ausgeblendet und Zusammenarbeit stark instrumentalisiert sowie didaktisch auf rein technisch begriffene Methoden und Rezepte banalisiert wird. Kollaboration wird so missverständlich und einseitig zum Zwecke der Ergebnisoptimierung genutzt, analog zum postfordistischen Produktionsprozess.
Zugleich zeigt sich, dass mit der Entwicklung und Ausdifferenzierung der digitalen Medienkultur und dem sich daran knüpfenden neuen Paradigma der Kollaboration auch neue Konzepte des kollaborativen Lernens und der Bildung möglich sind. Diese bergen Potentiale für zukunftsfähige Konzeptionen und Transformationen im Bildungsbereich. Hoffnung besteht beispielsweise in einer bildungstheoretischen Grundlegung für Wissens- und Erkenntnisgewinne auf Basis der „Collaborative Knowledge Participation" (Schwendiman 2011) oder dem „Networked Learning/Connectivismus" (ebd.). Mit dieser Vorstellung wird die „dichotome Sichtweise von Individualem und Sozialem" (Künkler 2001, 24) aufgelöst und um Konzepte des relationalen Lernens erweitert. Die Fokussierung auf das tradierte Verständnis des einzelnen erkennenden Subjekts wird reflektiert und die Perspektiven erweitert um Konzepte kollaborativer Subjekte in Gemeinschaften und Netzwerken, in denen eine kolla-

29 Vgl. zum Begriff *Neue Medien* MEYER (2002): Interfaces, Medien. Bildung, S. 13 f.

borativ-ästhetische Wissensproduktion und -interaktion möglich wird. Bildungsarbeit rückt damit in den Bereich der Aushandlungsprozesse, die sich um die Fragen nach der Gestaltung von Gemeinschaft drehen.

Die Exploration in der Kunstpädagogik in Kapitel 3.7 verdeutlicht, dass erweiterbare, anschlussfähige Entwürfe und Projekte für Kollaboration vorliegen. Kunstpädagogische Theorien bieten auf der einen Hand Impulse für konkrete Theorien und Ansätze an, welche Potenzial bieten, mit den hier explorierten Phänomenen der Kollaboration verknüpft zu werden. Insbesondere zeigen sich erste Forschungsprojekte zur Kollaboration (vgl. Kapitel 2.5). Vor allem im Kontext der Forschung zur Kunst und Bildung im (post-)digitalen Kontext (vgl. Meyer 2008; Meyer 2014; Meyer 2020) wird eine kunstpädagogische Auseinandersetzung mit kollaborativen Implikationen in der digitalen Medienkultur angestoßen.

Kontrovers zu den anschlussfähigen Impulsen werden jedoch marginalisierende Konzepte und Praktiken in der Kunstpädagogik offensichtlich, die Kollaboration aus dem Diskurs verdrängen. Dabei wird auf unterschiedlichen Ebenen ersichtlich, dass die Tradition der Erzählung des Geniekonzepts große Wirkkraft in der Kunstpädagogik entfaltet hat und weiterhin besitzt, welche das Kollaborationskonzept konterkariert. Dieser Kontrast wird jedoch im Diskurs wenig explizit formuliert.

Die kunstdidaktische Analyse macht ferner deutlich, dass Kollaboration in der Kunstpädagogik begrenzt, als rein methodisch-didaktisches Vorgehen, verstanden wird, ohne diese in einem umfassenden Modell kollaborativer Bildung zu verorten. Die Frage danach, wie die Vermittlungssituation gestaltet werden soll, stellt sich meist ohne Berücksichtigung der gesamten Situation und den beteiligten AkteurInnen in kunstpädagogischen Settings, deren kollaboratives Potential damit ausgeblendet wird. Die komplexen Verbindungen von allen beteiligten Subjekten und Objekten in der kunstpädagogischen Situation werden banalisiert, implizit technisiert und instrumentalisiert. Nähe und Gemeinschaft als Notwendigkeit von Lernen in der vernetzten Situation werden zu wenig als relevante Notwendigkeit für Bildungsprozesse begriffen, sondern unbegründet und randomisiert zum Einsatz gebracht oder eben nicht. Fähigkeiten und Fertigkeiten in Bezug auf Kollaboration werden unsystematisch und unreflektiert eingesetzt oder vorausgesetzt. Nicht zuletzt wird dadurch der Wert ästhetischer Bildungsprozesse und der Kunstpädagogik kolportiert. Hier wird deutlich, dass aktualisierte Kompendien mit kunstpädagogischen Grundlagen und kunstdidaktischen Theorien sowie Beschreibungen der Dimensionen kunstdidaktischer Handlungspraktiken fehlen. Es bedarf der systematischen Exploration zu diesen grundlegenden Theorien und Praktiken, wobei die digitale Medienkultur und darin inhärente kollaborative Formen umfassend aufgegriffen und für die Kunstpädagogik konkreter gefasst werden müssen. Die Weiterentwicklung der kunstpädagogischen Konzeptionen zu Kollaboration steht an.

In dem Schaubild *Übersicht zu den Ergebnissen der Explorationen in Studie I: Sieben Perspektiven* werden alle Ergebnisse aus den Explorationsfeldern stichwortartig und verkürzt im Sinne einer Übersicht dargestellt (vgl. Abb. 16).

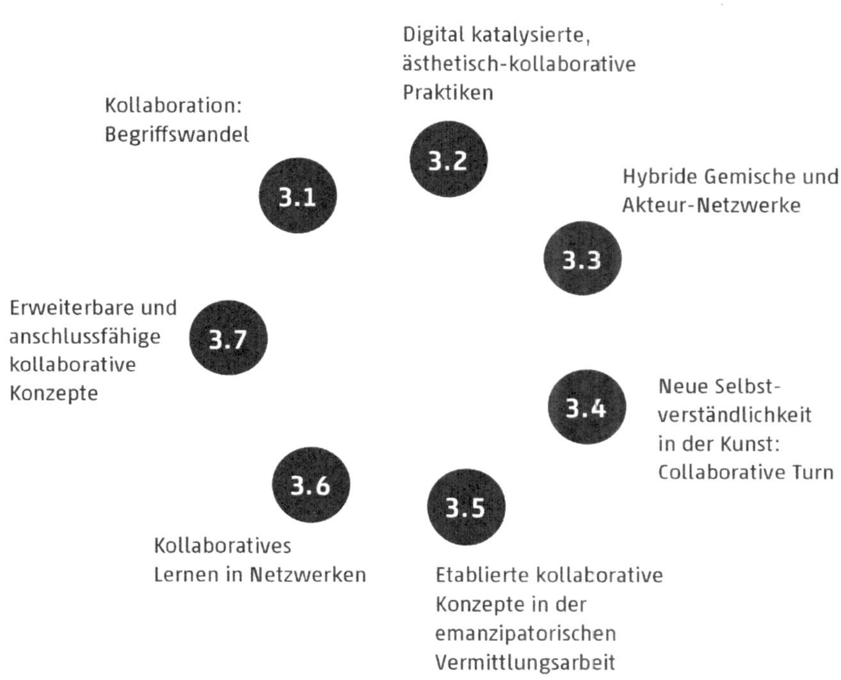

Abb. 16: Übersicht zu den Ergebnissen der Explorationen in Studie I: Sieben Perspektiven

4.2 Konzeption: Kollaboration in der Kunstpädagogik

Anhand der sieben Explorationsbereiche aus Studie I lässt sich schlussfolgernd die Konzeption von Kollaboration für die Kunstpädagogik formulieren. Gekoppelt an diese *Konzeption kunstpädagogischer Kollaboration* sind zwei Hypothesen (vgl. 4.3), die als Vorschläge und Impulse für die weitere Forschung in Studie II sowie für anschließende Folgeforschungsprojekte dienen sollen.

Kollaboration verweist den mit Studie I explorierten Ergebnissen folgend auf ein neues Verständnis des Miteinanders. Die neue Sichtweise auf die gängigen *modi operandi* für die Kunstpädagogik proklamiert eine Vermischung tradierte Kategorien: Die lange im Zentrum stehende Trennung der Kunst von sozialen Interaktionen, Beziehungen und der geteilten AutorInnenschaft wird aufgegeben. Kollaboration ist somit sowohl für die Kunst als auch für die Kunstpädagogik zu verstehen als ein neues Miteinander von Menschen und Dingen im Kontext bildnerischer und ästhetischer Prozesse. Jedes künstlerische Produkt, Material und digitales Werkzeug wird gleichwertig als teilhabend im heterarchischen Netzwerk der Kunstpädagogik begriffen. Wesentliche Handlungsebene ist das beständige Verhandeln und Kommunizieren der AkteurInnen in dieser künstlerisch-ästhetisch-bildnerischen Gemeinschaft, wobei die kunstpädagogischen AkteurInnen gleichwertige aktive TeilhaberInnen und ebenbürtige KollaborateurInnen sind. Die häufig als getrennte Einheiten behandelten Felder, die Kunst und ihr sozialer Kontext, werden als zusammengehörig betrachtet. Kollaboration heißt, die AkteurInnen der Kunstpädagogik als TeilhaberInnen von beweglichen, temporären und dennoch engen, ständig auszuhandelnden Beziehungen zu verstehen, die im Sinne Latours als schwimmend, vermischend, flanierend, flottierend bezeichnet werden können.

Die digitale Medienkultur macht dieses Verständnis der Kollaboration dabei überhaupt erst möglich und zugleich relevant und besonders sichtbar. Erika Fischer Lichte spricht bezogen auf die erweiterten künstlerischen Praktiken und deren Betonung von *Ereignissen*, nicht von Objekten. Sie sieht in der aktuellen Verschiebung der künstlerischen Praktiken und Grundverständnisse die „Schaffung spezifischer räumlicher Arrangements, welche bisher unbekannte oder nicht genutzte Möglichkeiten zur Aushandlung der Beziehungen zwischen Akteuren und Zuschauern, von Bewegungen und Wahrnehmung eröffnen“ (Fischer-Lichte 2004, 192). In Anlehnung daran ist Kollaboration in der Kunstpädagogik Teil dieser beständigen ästhetischen Performativität. Wenn die beständigen Aushandlungs- und Austauschprozesse zu Wissen insbesondere nicht nur mittels, sondern *in* Visualisierungspraktiken und *in* Form ästhetisch basierter Prozesse erfolgen, sind VertreterInnen der Kunstpädagogik besonders relevant und gefragt, da sie profunde Kenntnisse zu diesen ästhetisch-kollaborativen Praktiken besitzen. Das Konzept der Kollaboration im Feld der Kunstpädagogik ernstnehmen heißt dann, tradierte Vorstellungen von den Subjekten und Objekten – KünstlerIn, LehrerIn, Kunstwerk, Institution, Material, Werkstoff etc. – um die Vorstellung von kollaborativ verstandenen Subjekten zu ergänzen. So kann beispielsweise das Konzept von Kunstunterricht oder Kunstvermittlung in vielfältigen Ausrichtungen als gemeinschaftliche Situation von Kunst, Bildern, Bildung verstanden werden.

Mit dem Konzept von Kollaboration sind maßgebliche Verschiebungen der üblichen Perspektiven der Kunstpädagogik und -didaktik denkbar. Es tun sich neue Kategorien auf, die bisherige kunstpädagogische Konzepte wie individuelle Wahrnehmung, Kunstrezeption, -reflexion und -produktion durchkreuzen. Diese neuen Kategorien sind nicht mehr allein dem Konzept des individuellen, einzelnen autonomen Subjekt zugeordnet, sondern werden erweitert um die Zugehörigkeit zum kunstpädagogischen *Common*, dem Netzwerk, in dem die Kollaborationsprozesse mit den an der kunstpädagogischen Situation Beteiligten ausgehandelt und vereinbart werden.

Die kollaborativen Handlungspraktiken in der Kunstpädagogik und damit auch in den angrenzenden Feldern wie der Kunst beabsichtigen, eine Veränderung der beteiligten Subjekte zu bewirken. Die beteiligten AkteurInnen erleben durch die kollaborative Arbeit damit ein Surplus, das einen höheren Mehrwert mit sich bringt als die Optimierung von Arbeitsprozessen, wie etwa in der postfordistischen Arbeitsteilung (vgl. Kapitel 3.6). Nicht allein die einzelne zu addierende Leistung singulärer Individuen zählt, sondern das explizite und bewusste Gestalten von Kollaborationen inmitten einer kunstpädagogischen heterogenen Vielfalt. Diese kollaborative Gestaltungstätigkeit stellt einen maßgeblichen und hohen Wert und Zugewinn für die jeweiligen Handlungsfelder der Kunstpädagogik dar. Damit ist *Kollaboration* kategorial als *erweiterndes Konzept für die Kunstpädagogik* zu verstehen, mit dem einer Betonung des Individuums in künstlerischen sowie Erfahrens- und Wissensprozessen das kollaborative Arbeiten und Erkennen an die Seite gestellt wird. Auf diese Weise tun sich zugleich sehr gewinnversprechende Perspektiven und noch zu entwickelnde Bereiche der Kunstpädagogik auf.

4.3 Hypothesen

Das Konzept von Kollaboration stellt eine zeitgemäße Erweiterung kunstpädagogischer Herangehensweisen dar, die insbesondere auch deren Verortung in den transdisziplinären Bezugsfeldern Kunstgeschichte, Bildende Kunst, Schulforschung und Medienpädagogik anerkennt. Aus dem Konzept für Kollaboration in der Kunstpädagogik verdichten sich dabei final zwei Hypothesen für ein Konzept *kunstpädagogischer Kollaboration*, die für die weitergehende Explorationen innerhalb der vorliegenden Forschungsarbeit – insbesondere für Studie II –, aber auch darüber hinaus für die Folgeforschung wesentliche Grundlagen und Impulse liefern. Diese werden im Folgenden skizziert.

Hypothese I: Kollaborative Praktiken in der Kunstpädagogik als Desiderat

In der Kunstpädagogik ist der Hiatus bezüglich fachlich-professioneller Kategorisierung und Typologie von Kollaboration deutlich erkennbar. Konzepte zu kunstpädagogischer Kollaboration stellen ein Desiderat dar. So wird mit der hier vorliegenden Forschung deutlich, dass weitere Explorationen und Folgeforschungsprojekte notwendig sind, um sich auf vielfältigen Wegen den kollaborativen Praktiken im Feld der Kunstpädagogik zu nähern. Wenn Kollaboration nicht mehr nur primär die Sozial- und Arbeitsform beim Unterrichten und Lehren meint, dann muss dringend der Frage nach den kollaborativen kunstdidaktischen Handlungspraktiken sowohl in akademischen Diskursen als auch im praktischen Feld nachgegangen werden. Die anschließende Studie II im weiteren Verlauf dieser Forschungsarbeit widmet sich insbesondere der Forschungslücke zu vorhandenen gemeinschaftlichen Handlungsmöglichkeiten in kunstpädagogischen Praxissituationen. Weitere Explorationen müssten sich diesem Vorhaben unbedingt anschließen. Denkbar für die nahe Zukunft wäre unter anderem die gegenstandsnahe Entwicklung eines umfassenden kunstpädagogischen Kompendiums zu kollaborativen Handlungspraktiken mit umfangreichen Kategorisierungen.

Hypothese II: Marginalisierung der Kollaboration in der Kunstpädagogik

Die vorangegangene Ausarbeitung zum Konzept der Kollaboration in der Kunstpädagogik zeigt auf, dass eine Marginalisierung und eine Banalisierung der kollaborativen Praktiken vorliegt. Die Debatten dazu werden in den Feldern der Kunstpädagogik und generell im Bildungsbereich noch wenig sichtbar verhandelt, was bei der Rekapitulation der Forschungsarbeit insofern stutzig macht, als hier Diskurs und vorhandene kollaborative Formate auseinanderklaffen. Hier müsste die Folgeforschung neben kunstpädagogischen Vorhaben analog in Kunstwissenschaft und Kunsttheorie ansetzen. Untersuchungen wie in Kapitel 3.4 sollten von maßgeblichen VertreterInnen wie Maria Lind und anderen vertieft und ergänzt werden. Es braucht deutliche Bestrebungen, gegen diese Marginalisierung vorzugehen. Diskursanalytische, poststrukturalistische und dekonstruktivistische Prämissen der Sprach-, Kunst- und Kulturwissenschaften lassen vermuten, dass hier ein umfassendes Forschungsfeld zur Bearbeitung brach liegt. Die kunstwissenschaftliche Aufarbeitung der Marginalisierung ist ein anstehendes Projekt – zu dessen Realisierung, wie sie beispielsweise Maria Lind aktiv betreibt, eine größere Forschungsgemeinschaft der Kunstwissenschaft aufgefordert ist. Wünschenswert ist demzufolge, dass sich KollegInnen diesen Desiderata widmen, so dass umfangreichere Ergebnisse zu kollaborativen Formen in der Kunst vorliegen werden und für die Folgeforschung genutzt werden können. Es ist zu vermuten, dass in der tatsächlichen Performativität künstlerischer Praktiken ein umfangreicher Bestand kollaborativer Formen zur Verfügung steht, den es zu explizieren gilt. Diese Formen sind, so zeigt die Exploration hier, häufig unter dem Radar, implizit oder marginalisiert – aber nichtsdestotrotz anzutreffen. Möglicherweise sind dergleichen diskriminierte Handlungspraktiken bereits an vielen Stellen in Kunst, Gestaltung und Kunstpädagogik, also auch in die Kunstdidaktik, eingeflossen, jedoch im Diskurs wenig abgebildet. So gilt es zu eruieren, wie diese kollaborativen Formen im Kontrast zu den offiziell verhandelten Theorien belegbar und sichtbar gemacht werden können, mit dem Ziel, diese zu explizieren. Dem Aspekt der impliziten kollaborativen Handlungsformen widmet sich die hier anschließende Studie II in den folgenden Kapiteln (vgl. Kapitel 5 und 6).

4.4 Reflexion der Vorgehensweise in Studie I

Die Studie I ist methodisch durch die systematische Exploration in den sieben Feldern (vgl. Abbildung 18) offen angelegt. Da im Zeitrahmen der Exploration und der Festlegung des Korpus stetig neue wissenschaftliche Texte, künstlerische Arbeiten und Diskurse zu Kollaboration in den gewählten Bezugsfeldern der Kunstpädagogik auftauchen, wird hier exemplarisch und gemäß dem Forschungsgegenstand sowie -ziel sehr fokussiert und zugleich angemessen ein relativ kleiner Korpus bearbeitet. Das Forschungsfeld liegt somit an vielen Stellen noch offen bereit. Die vorliegende Forschungsarbeit bietet reichlich Impulse. Wünschenswert sind weitere Forschungsvorhaben der transdisziplinären Forschungsgemeinschaft zum Thema Kollaboration im Kontext von Kunst, Bildung und Kunstpädagogik.
Rückblickend werden methodische Alternativen ersichtlich. So wäre methodisch ebenfalls ein Forschungsentwurf möglich, bei dem die Art und Weise der Exploration in Studie I konsequenter dem Forschungsgegenstand der Kollaboration folgt und kollaborative Wissensproduktion umfassend als methodische Grundlage ernst genommen werden. Das hätte geheißen, tatsächlich unterschiedliche AkteurInnen in die theoretische Exploration in Studie I einzubinden, um eine forschende Breite und damit stärkere Repräsentativität zu erlangen. Dass dies nicht radikaler anvisiert wurde, ist auch dem Umstand geschuldet, dass Dissertationen als Leistungen im akademischen Bereich zwingend der singulären, individuellen Person zugeordnet werden. Es zeigt sich erneut, dass das Paradigma des singulären Subjekts auch in den Handlungspraktiken der Wissenschaft und Forschung vorherrscht, wobei Erkenntnis und Wissensproduktion sowohl im Bildungs- als auch im Forschungssektor von einer Marginalisierung der Kollaboration durchwirkt sind.[30] Wissenschaftsstrukturen sträuben sich extrem gegenüber kollaborativen Wissensprozessen und sind stark von singulär ausgerichteten Schaffenspraktiken bestimmt. Eine konsequente und umfassende Transformation eines solchen forschungsmethodischen Ansatzes ist verständlicherweise im Rahmen der vorliegenden wissenschaftlichen Form keineswegs gänzlich möglich. Zumindest aber liefern die Überlegungen hier den Impuls, kollaborative Vorgehensweisen in der Folgeforschung als methodische Grundlage anzuwenden – z.B. bei der Innovation digitaler kunstpädagogischer

30 In der Tat folgt jede Form der wissenschaftlichen Arbeit insofern einem kollaborativen Paradigma, als dass das gängige Mittel ein sich Einschreiben in bereits vorhandene Texte durch Bezugnahme auf andere Texte mittels Zitiertechniken darstellt. Dieses Zitieren und Verweisen kann man sich auch vorstellen als Kartographie von Bezügen, die einen Netzwerkcharakter besitzt.

Forschungsplattformen (vgl. Legler 2009, 51ff.), mit denen beispielsweise gemeinschaftlich ein Verzeichnis und eine Typologie kollaborativer Kunst und kollaborativer Lernformate entwickelt werden könnte.

Mit dieser Überlegung und im Rückblick auf die Studie I schließt sich ein weiterer Gedankengang an. In der vorliegenden Forschungsarbeit wurde explizit keine Diskursanalyse in der Fachliteratur durchgeführt. Mit Blick auf die Forschungslage in der Kunstpädagogik wird deutlich, dass insbesondere hier umfassende diskursanalytische Untersuchungen erfolgen müssten, um Zusammenhänge von Machtverhältnissen und Hegemonien in Bezug zum Geniekonzept aufdecken zu können. Diese wären eine wichtige Ergänzung und Erweiterung zu den hier freigelegten Marginalisierungspraktiken bezüglich des Konzepts der Kollaboration und ließen weiterführende, vertiefende Erkenntnisse für das kunstpädagogische Feld erhoffen. Auch ist zu vermuten, dass viele kunstdidaktische Konzeptionen in der tatsächlichen Handlungspraxis noch unbeschrieben bereitliegen. Deren nachweisliches Vorhandensein ist wichtig für eine professionelle Etablierung kollaborativer Konzepte. Durch eine systematische Erforschung und Klassifizierung werden diese überhaupt verhandelbar. Diese Dimension wird zwar in Teilen mit Studie II aufgegriffen, jedoch ohne einen diskursanalytischen Ansatz. Diesen gilt es unbedingt in Folgeforschungsprojekten aufzugreifen. Insofern bieten sich im Anschluss an die hier vorgestellte Forschungsarbeit attraktive nachfolgende Forschungsvorhaben an.

STUDIE II

5. Kollaborative Verfahren in kunstpädagogischen Praxisfeldern – Explorative ExpertInneninterviews

Bis hierher ist die Exploration in Studie I auf Basis bildungstheoretischer Analysen, theoretischer Texte (vgl. Bortz/Döring 2002, 358f.) oder künstlerischer Artefakte erfolgt. Die Schwerpunkte der Untersuchung in Studie I liegen auf der Auswertung dieses Korpus von offiziellen wissenschaftlichen oder fachdidaktischen Textquellen, die zumeist in Form literarischer, textbasierter Quellen aus der Fachliteratur für den jeweiligen Explorationsbereich (z. B. Kunstpädagogik, Kunstvermittlung, Kunsttheorie, Pädagogik, Bildungsforschung) oder als künstlerische Artefakte vorliegen.

Die im Folgenden vorgestellte Studie II unterscheidet sich in ihrer Vorgehensweise von Studie I insofern, als hier ExpertInnen aus dem Feld der Kunstpädagogik in Bezug auf bestehende kollaborative Praktiken im Kunstunterricht zu ihren jeweiligen spezifischen praktischen Kontexten und ihrem Kontextwissen in oder bezogen auf die Regelschule in Deutschland befragt werden. Es handelt sich bei Studie II um eine Erhebung, die auf leitfadengestützten ExpertInneninterviews basiert und in der ein hybrides Methodenbündel zur Anwendung kommt. Das methodische Vorgehen macht nicht nur Anleihen bei der Aktionsforschung (vgl. Altrichter/Posch 1998) und der Situationsanalyse (vgl. Clarke 2011 u. 2012), sondern beinhaltet auch eine materialnahe Auswertungsanalyse, womit sich die Vorgehensweise insgesamt an Methoden der Sozialforschung von Meuser und Nagel sowie Bogner und Menz (vgl. Bogner/Menz 2002) anlehnt. Die Studie II geht dabei von „spezifischen Vorannahmen" (ebd., 67) aus, die aus der Studie I hervorgehen (vgl. Kapitel 4.). Konkret formuliert lautet die Erwartung, dass bereits erweiterte Kollaborationsformen in kunstpädagogischen Praxissituationen vorliegen, diese aber lediglich als ein implizites, intuitives Handlungswissen im Alltag von KunstlehrerInnen existieren und im Wesentlichen noch nicht wissenschaftlich exploriert und dadurch im Diskurs auch so gut wie nicht erfasst sind. Dementsprechend ist somit weitestgehend unklar, wie genau diese kollaborativen Formen aussehen. Aus diesen Vorüberlegungen ergeben sich für die Studie II folgende übergeordnete Fragestellungen:

- Welche Formen der Kollaboration sind in aktuellen kunstpädagogischen Praxisfeldern vorhanden? Und wie sind diese Formen beschaffen?
- Welche KollaborationsakteurInnen werden von den ExpertInnen im Feld der Kunstdidaktik benannt und als wichtig erachtet?
- Welche Bedingungen werden als fördernd für kollaborative Handlungspraktiken beschrieben? Welche stellen Hindernisse dafür dar?

Ausgemachtes Ziel der Studie II ist es, Handlungsmuster und Erfahrungen, die im Feld bereits implizit vorhanden sind, festzuhalten und zu explizieren, um dann davon ausgehend konkrete kunstpädagogische Konzepte der Kollaboration für die Zukunft zu formulieren. Die Studie II sucht entsprechend nach vermuteter, vorhandener Performanz neuen kollaborativen Handelns in kunstpädagogischen Praxissituationen. Anhand der Einschätzungen der befragten PraktikerInnen sollen sich sukzessive Erkenntnisse zu guten, konkreten Strategien und Bedingungen für kollaborative Konzepte und Praktiken im kunstpädagogischen Bereich herausbilden. Es stellt sich dabei die vertiefende Frage, wie sich AkteurInnen derzeit bereits vernetzen. Auf theoretischer Ebene stellt sich zudem die – den ExpertInnen gegenüber nicht explizit formulierte – Frage, ob bestehende praktische Strategien oder gar Konzepte für Kollaboration im Kunstunterricht den Handlungslogiken der ExpertInnen inhärent sind und sie diese formulieren können.

Es geht in der vorliegenden Studie nicht darum, zu erheben, wer, wo, wie und wie häufig im Kunstunterricht Gruppenarbeit, Partnerarbeit und aktuelle Formate kooperativen Lernens als didaktische oder unterrichtliche Methode einsetzt. Die qualitative Erhebung, die im Folgenden genauer beschrieben wird, stellt vielmehr den Versuch dar, das vermutete Praxis- und Fachwissen der Kollaborationsformen zu erfassen und zu explizieren, und zwar als ein implizites Wissen (vgl. Polanyi 1966, 9ff.), das bisher wenig Beachtung im kunstpädagogischen Kontext erfahren hat, wie bereits in Kapitel 3.7 deutlich geworden ist. Die Sichtweise auf den Diskurs erweitert sich dabei, weil ausdrücklich LehrerInnen und praktizierende Personen aus der kulturellen Bildung befragt werden. Die PraxisakteurInnen werden durch die gegenstandsnahe, materialnahe Auswertung partizipativ in den Forschungsprozess mit einbezogen, da die aktionsorientierten Perspektiven besondere Beachtung im Forschungsprozess erfahren.

5.1 Entwicklung der Forschungsmethodologie für Explorative Interviews

5.1.1 Vorannahme: Kollaborative Praxis

Den ExpertInneninterviews liegt die „Vorannahme" (Mayring 2010, 228f.; Bogner/Menz 2002, 67) zugrunde, dass sich bereits neue Formen und Formate der erweiterten Kollaboration als eine konkrete Dimension praxisnaher Konzepte und bestehender Alltagspraktiken im Feld aktueller kunstpädagogischer Praxis etabliert haben. Diese Vorannahme verschärft sich mit den Erkenntnissen aus Studie I (vgl. Kapitel 3.1-4.).

Die bewusste Offenlegung dieser Vorannahme verdeutlicht die anfängliche Perspektive, an die sich die Fokussierung auf das Forschungsfeld anschließt. Mit der Vorannahme impliziter Denk- und Handlungsmuster wird die Existenz neuer Formen der Kollaboration in kunstpädagogischen Praxisfeldern als gegeben betrachtet. Dass – vorsichtig formuliert – kollaborative Praktiken in der Kunstpädagogik existieren und sie wertvolle Strategien sein könnten, die expliziert werden sollten, sind „Informationen, Impressionen und Bilder über Themenbereiche und Problematiken" (Clarke 2012, 123) der Verfasserin der vorliegenden Forschungsarbeit, die es gilt, im Gesamtprozess der Forschungsarbeit „offen zu legen" (ebd.). Beispielsweise wird die hier formulierte Vorannahme durch Konzepte von Carmen Mörsch bestärkt, die ihrerseits eine stark beteiligende und kollaborative Arbeitsweise für die Kunstvermittlung propagiert, um Machtstrukturen im Kunstbetrieb dekonstruieren und alle Beteiligten heterarchisch in kollaborative Prozesse einladen zu können (vgl. Mörsch 2009; Mörsch 2012a). Übertragen auf den Kunstunterricht und die kunstpädagogische Alltagspraxis an deutschen Schulen wird im Rahmen der vorliegenden Arbeit die Hypothese aufgestellt, dass auch dort kollaborative Formen und Handlungswissen zur Kollaboration auszumachen sind und dass es dringlich ist, diese kollaborativen Strategien vertiefend zu beforschen. Es wird angenommen, dass viele KunstlehrerInnen oder im Umfeld von Kunstunterricht Tätigen in ihrem professionellen Handeln auf verschiedenste Arten kollaborativ agieren: indem sie etwa die Verzahnung von Kunstunterricht und dem künstlerischen Feld anstreben, indem sie in der konkreten Praxis im Kunstunterricht kollaborative symbolische Formen bewusst oder unbewusst einsetzen, fördern oder zu Grunde legen oder indem sie den Subjektbegriff für Lernen und Handeln im Kunstunterricht kollaborativ definieren. Es wird weiterhin unterstellt, dass die Kunstpädagogik als Praxisfeld auf unbestimmte Weise die in Studie I explorierten Dimensionen, Konzepte oder Ansätze der erweiterten Formen von Kollaboration zur Grundlage ihres professionellen Handelns macht und auf unterschiedliche Weise die Formen der erweiterten Kollaboration als wichtig oder konstituierend für die kunstpädagogische Praxis begreift.

An dieser Stelle wird die aktionsbasierte Forschung der Verfasserin des vorliegenden Forschungsvorhabens deutlich. Im Sinne des Ansatzes von „Lehrer erforschen ihren Unterricht" (Altrichter/Posch 1998) fließt in die theoretischen Erkenntnisse von Studie I eigenes Praxiswissen mit ein. Aus der persönlichen Kenntnis von Praxisprojekten, die hier in eine systematische Recherche mündet, kristallisiert sich heraus, dass es spezifische kollaborative Formen im Praxisfeld „Kunstpädagogik" gibt, wobei noch unklar ist, wie diese Formen beschaffen sind. Diese Erwartung und Vorannahme im qualitativ-explorativen Forschungsprozess deutlich zu machen macht es möglich, systematisch und nachvollziehbar vorzugehen. Die Explikation der Vorannahme dient außerdem dazu, eine theoretische Voreingenommenheit zu reflektieren und Erwartungshaltungen sichtbar zu machen. Über die Beschreibung dieser Vorannahme lassen sich dementsprechend gewisse „methodische Regeln und Ablaufpläne" (vgl. Mayring 2010, 225) nachvollziehen, um die Forschung zu validieren.

5.1.2 Themendimensionierung in Studie II

5.1.2.1 Praxisbeispiele: Kollaborative Projekte im kunstpädagogischen Kontext

Zu Beginn der Recherche für die Studie II stechen Formen der Kollaboration in unterschiedlichen Handlungsfeldern der Kunstpädagogik heraus, wie etwa spezifische Projekte in der Kunstvermittlung, LehrerInnenbildung oder im Kunstunterricht. Deutlich zeigen sich Handlungsfelder mit potenter kollaborativer Arbeit zwischen Kunstbetrieb, KünstlerInnen und Kunstwerken. Abgesehen von der noch unklaren fachpädagogischen Einordnung zeichnen sich die Praxisbeispiele durch gewisse Merkmale aus, welche die Vorannahme hier schärfen. Die Praxisbeispiele sind gekennzeichnet davon, dass bereits ein implizites oder praktisches Wissen zur Kollaboration im Rahmen von Projekten in Schule und Hochschule sowie in Kunstinstitutionen vorliegt. Dieses implizite oder praktische Wissen lässt sich in Verbindung bringen mit dem „Beteiligungsgrad: Kollaborativ" (Mörsch 2012a, 89; vgl. Kapitel 3.5), den Carmen Mörsch für die Kunstvermittlung skizziert. Ein professioneller Einsatz jedoch, soviel wird im Folgenden deutlich werden, steht für die schulischen Felder der Kunstpädagogik erst noch an. Anhand der nachfolgend vorgestellten Praxisbeispiele lassen sich Merkmale kollaborativer Vorhaben im gemeinsamen Handlungsfeld der Kunstdidaktik, Kunstpädagogik und Kunstvermittlung klar herausstellen. Wie zu sehen sein wird, taucht in manchen dieser Projekte explizit der Begriff Kollaboration auf, in manchen werden Merkmale und Konzepte lediglich implizit deutlich. Die Auswahl der Praxisbeispiele ließe sich gerade im fortlaufenden Forschungsprozess durch viele weitere Projekte ergänzen, die derzeit kontinuierlich auftauchen, dementsprechend bildet die hier getroffene Auswahl eine erste Sammlung ab, die weiter ergänzt werden kann und muss. Wesentlich sind die Praxisbeispiele für die vorliegende Forschungsarbeit auch insofern, als aus ihren jeweiligen Kontexten fünf der sechs ExpertInnen für die Interviews akquiriert und ausgewählt werden konnten.

Praxisbeispiel 1 | COLLABORATION. Vermittlung. Kunst. Verein.

Unter dem Titel *COLLABORATION. Vermittlung. Kunst. Verein.* (Herring/ADKV 2010) findet im Zeitraum von 2008 bis 2009 in Nordrhein-Westfalen ein kunstvermittelndes Zusammenarbeitsprojekt in einer Auswahl von Kunstvereinen statt. Mit dem Projekt unternahmen die beteiligten Kunstvereine unterstützt durch den Dachverband ADKV den Versuch eines verstärkten und erweiterten Austauschs zwischen Publikum, KünstlerInnen, KunstvermittlerInnen und KuratorInnen. Das Programm zielt besonders auf Bevölkerungsgruppen ab, die sonst nur sehr selten oder nie Kunstinstitutionen wie einen Kunstverein besuchen. An den unterschiedlichen beteiligten Orten und in den entsprechenden Vereinen werden jeweils kontext- bzw. ausstellungsspezifische Konzepte erarbeitet, die eine heterarchische Zusammenarbeit der AkteurInnen im kompletten Setting der jeweiligen Ausstellung beabsichtigen. Das Projekt *KunstStück* (vgl. Dietz et al. 2010, 54f.) erprobt beispielsweise eine stärkere Vernetzung von Publikum, KünstlerInnen und KunstvermittlerInnen, indem der Kunstverein ausstellende KünstlerInnen um einen Gegenstand, Gedanken oder eine Frage bittet, die für Vermittlungssituationen mit dem Publikum zur Verfügung gestellt werden. Im konkreten Fall kommen diese Kunststücke beispielsweise bei SchülerInnenführungen zum Einsatz. Der Prozess des Kunstmachens soll auf diese Weise insbesondere für jüngere Gruppen innerhalb der Gesellschaft viel stärker einsehbar und transparent gemacht werden. Das Gesamtprojekt des ADKV trägt den Titel *Collaboration.*

Praxisbeispiel 2 | schweitzer box. SchülerInnen erproben das Betriebssystem Kunst.

Im Jahr 2006 verwirklicht die Autorin der vorliegenden Arbeit im Kunstunterricht eines Oberstufenkurses der elften Jahrgangsstufe an einem Gymnasium im Großraum Stuttgart ein Kunstunterrichtsprojekt mit dem Projekttitel *schweitzer box*, in dessen Rahmen an der Schule in Zusammenarbeit mit unterschiedlichen ExpertInnen aus dem regionalen und überregionalen Kunstfeld ein temporärer Ausstellungsraum entsteht. Hierfür kollaborierten SchulakteurInnen – LehrerInnen, SchülerInnen, Schulleitung, Fachkollegium – auf verschiedenen Ebenen mit regionalen KunstakteurInnen, KünstlerInnen und Kulturschaffenden. Die Lerngruppe erhält die Aufgabe, einen Lagerraum in eine Galerie zu verwandeln. In Zusammenarbeit mit ExpertInnen aus dem Kunstfeld sollen sie eine Ausstellung kuratieren. Der konkrete Ausstellungsaufbau erfolgt im Interaktionsprozess mit KünstlerInnen, die den Unterricht besuchen bzw. den SchülerInnen in eigenen Ausstellungssituationen für Interviews zur Verfügung stehen.

Für die Erarbeitung erhalten die SchülerInnen spezifische Unterstützung, die sie auf die einzelnen Aufgaben vorbereiten, wie beispielsweise ein Rollenspiel zum Betriebssystem „Kunst“ oder ein Besuch des örtlichen Kunstvereins mit einem anschließenden Interview der Kunstvereinsleiterin (vgl. Seemann 2007).

Praxisbeispiel 3 | Jon Lockhart: Saturdads. Collaborative Activity

Mit Jon Lockharts *Saturdads* unternimmt der Künstler in Zusammenarbeit mit dem Kunstraum *Modern Oxford Art* in den Jahren 2007 bis 2011 in seiner direkten Umgebung und unter Einbezug der AnwohnerInnen des Stadtteils Rose Hill in Oxford den Versuch, sowohl das Leben in der Galerie als auch die Kunst der Galerie selbst verstärkt in ein kollaboratives Miteinander der nah beieinander lebenden AkteurInnen zu bringen. Der Künstler Jon Lockhart wird zum aktiven

Teil dieses Projekts und verwirklicht im genannten Zeitraum das Format *Saturdads*, bei dem er Väter und Söhne in einer Galeriewerkstatt mithilfe von Kunstvermittlungskunst-Aktionen in seinen spezifischen künstlerischen Strategien zu DIY-Aktionen anleitet (vgl. Burton/Mossop 2011). Die Ideen und Wünsche für die schließlich umgesetzten Aktionen werden von allen Beteiligten gemeinsam entwickelt, sodass der Kunstraum auf diese Weise gewissermaßen zu einem Möglichkeitsraum geformt wird, in dem Ideen, Wünsche und gemeinsam entstehende Vorhaben der Eingeladenen mit Hilfe eines Künstlers umgesetzt werden können.

Praxisbeispiel 4 | Vermittlungsprogramm auf der documenta 12 (2007)

Das Kunstvermittlungsprogramm der documenta 12 im Jahr 2007 in Kassel unter der Leitung von Carmen Mörsch und Ulrich Schötker teilt die Absicht, den Vermittlungsprozess von Kunst aus dem Dienstleistungsverständnis heraus in eine andere Form des Dialogischen und Teilhabenden zu transformieren. Die bestehende Hierarchie von vermeintlich wissenden VermittlerInnen sowie unwissenden BesucherInnen der Ausstellung wird dekonstruiert, um daran anschließend neue Machtgefüge für eine Interpretation und eine Beteiligung am Werk oder am Netzwerk der Kunst zu ermöglichen (vgl. Schötker/Jentzsch 2007). Die nun nicht mehr als FührerInnen oder Guides, sondern jetzt als KunstvermittlerInnen auftretenden liefern dabei sehr unterschiedliche, subjektive, experimentelle Konzepte, mit denen sie zur Kunst sprechen und neue Verbindungen zwischen den unterschiedlichen AkteurInnen in der Situation herstellen. Maßgebliche Merkmale dabei sind, dass die RezipientInnen einerseits in das Verfahren der Interpretation mit eingebunden sind und die Gestaltung des Vermittlungsprozesses transparent gemacht wird sowie andererseits mit den sehr unterschiedlichen Profilen der VermittlerInnen eine Vielzahl an heterogenen Ansätzen der Vermittlung zum Tragen kommt (vgl. ebd.). Im Rahmen dieses Ansatzes erarbeitet eine eigene Projektgruppe der Vermittlungsabteilung das Konzept *Die Welt bewohnen*, innerhalb dessen eine SchülerInnengruppe als documenta-FührerInnen auftritt und Führungen anbietet (vgl. Parzefall 2009).

Praxisbeispiel 5 | KUNST hoch SCHULE, Kiel

An der Muthesius Kunsthochschule Kiel startet 2010 der umfassende Kunstworkshop *KUNST hoch SCHULE*, dessen primäres Ziel es ist, schulischen AkteurInnen des Kunstunterrichts die Möglichkeit einer erweiterten professionellen künstlerischen Praxis im allgemeinen Schulgeschehen zu eröffnen. Diese Erweiterung des schulischen Alltags und seiner spezifischen bildnerischen Verfahrensweisen wird innerhalb einzelner Teilworkshops in intensiver Projektarbeit mit vielfältigen Professionellen und ExpertInnen aus den Bereichen Film, Kunst Architektur, Bildende Kunst verwirklicht. KunstlehrerInnen aus ganz Schleswig-Holstein können die unterschiedlichen Angebote der ExpertInnen einsehen und sich anschließend für die verschiedenen Workshops bewerben. Innerhalb dieser Workshops erleben die Kunstkurse professionelle Kollaborationen mit AkteurInnenen der Kunst. Die temporären Workshop- und Projektmodule werden in einem leerstehenden öffentlichen Gebäude in Kiel durchgeführt (vgl. Rückert 2012, 17).

Praxisbeispiel 6 | Louise Guerra

Innerhalb des schweizer Art-Based-Research-Projekts *Louise Guerra*, das von 2013-2017 aktiv bespielt wird, rankt sich eine gesamte Narration um die gleichnamige fiktionale Persona Louise Guerra (vgl. guerra.de 2017). Hinter dieser Identität, einem eigens erschaffenen individuellen Mythos, steht ein anonymes Kollektiv aus KünstlerInnen (vgl. Brand 2016), mit dessen Hilfe Prinzipien des kollaborativen Kunstschaffens und zugleich des kunstpädagogischen Lehrens und Lernens thematisiert werden. Hinterfragt wird auch, welche grundlegende Rolle die Kategorie *Geschlecht* in der Profession der Kunstpädagogik spielt. Die Person Louise Guerra wird dabei in dem temporären Projekt zum verbindenden Element – eine Identität, um die herum ein wachsendes Konvolut aus multimedialen Settings inklusive eines Archivs entstehen. Zusammen mit StudentInnen der Kunstpädagogik entwickeln die InitiatorInnen Chantal Küng und Kathrin Siegrist mit anderen „Kompliz_innen" (vgl. guerra.de 2017) neben Bildern, Kleidungstücken sowie Texten von und über Lousie Guerra eine Vielzahl an ästhetischen Artefakten und Bildassemblagen, welche die Identität Guerras in performativen Akten kollaborativer Kreativität heterogen durchspielen sowie immer wieder neu konstruieren (vgl. Brand 2016). So wird Louise Guerra einerseits zum multiplen Ausgangspunkt für die Kunstpraxis des Kollektivs, andererseits stellt das Thema der Lehre an sich, als gemeinschaftsstiftendes Element, ein zentrales Element dar. Louise Guerra wird in gemeinsamen Arbeitsprozessen als Lehrerin konstruiert, während die Konstruktion dieser Persona zugleich als künstlerische Form sichtbar gemacht wird. Anhand dieser fiktionalen Gestaltung einer pädagogischen Identität spielt das Team die Machtprinzipien edukativer Systeme mit Fokus auf die Kunstpädagogik durch und dekonstruiert diese. Louise Guerra wird auf diese Weise zu einer Intervention, die eine Mischung aus Didaktik und Kunst bildet und die transformative, kollaborative Prozesse in der Bildung zukünftiger KunstlehrerInnen und -vermittlerInnen anstößt.

In allen sechs Praxisbeispielen deuten sich unterschiedliche Formen und Merkmale von Kollaboration in kunstpädagogischen und kunstvermittelnden Handlungsfeldern an: In *Collaboration. Kunst. Verein.* wird eine verstärkte Vernetzung zwischen Publikum, VermittlerInnen und KünstlerInnen angestrebt. Die *schweitzer box* zielt auf eine stärkere Vernetzung des Regelschulunterrichts mit dem Kunstbetrieb. Im Vermittlungsprogramm der documenta12 wird das hierarchische Prinzip der Führung durch die Ausstellung anhand eines heterarchischen Prinzips unterschiedlicher Stimmen ersetzt, die partizipativ und gleichberechtigt über Kunst reden können. Bei Jon Lockhardts *Saturdads* zieht das alltägliche DIY-Prinzip in die

Kunstinstitution ein, um deren abgehobene Stellung in den lokalen Kommunen aufzubrechen. Mit *Kunst hoch Schule* in Kiel zielt man mit der Öffnung der Kunsthochschule für den Kunstunterricht der Regelschule darauf ab, gemeinsam sowie vernetzt Ressourcen zu nutzen, um damit auf beiden Seiten einen Lernzuwachs zu ermöglichen. Und bei *Louise Guerra* schließlich wird mit Hilfe einer konstruierten Kunstpädagoginnen-Identität erlebbar, dass die Vorstellungen vom lernenden und/oder lehrenden Subjekt sich in gewissen Machtdiskursen entfalten und entsprechend gestaltet, verändert sowie erweitert werden können, beispielsweise durch eine Stärkung des Kollektivs.

Alle beschriebenen Projekte leben von einer Erweiterung der Definition von Kunst sowie davon, dass unterschiedliche AkteurInnen bzw. ein Netzwerk von Menschen und Dingen als konstitutiv für die Kunst begriffen wird. Die Projekte zeigen Rahmenbedingungen und konkrete Handlungslogiken auf, innerhalb derer Kollaboration in der Praxis der Kunstpädagogik bereits umgesetzt und deutlich gemacht wird. Gleichzeitig wird deutlich, an welchen Stellen sie marginalisiert wird und die beteiligten kunstpädagogischen AkteurInnen herausfordert sind, bisherige Grenzen und Gesetze reflektiert, entwickelt und erweitert werden sollten. Die Vernetzung unterschiedlicher kunst- und kunstunterrichtsbezogener Institutionen bzw. AkteurInnen ist all diesen Projekten gemein. Deutlich wird, dass Kollaboration im Feld von Kunstpädagogik und -vermittlung auf „kollaborativen, verteilten sozio-technischen Praktiken“ (vgl. Koenig 2011, 3) beruhen kann, wie beispielsweise bei *Louise Guerra* (vgl. Praxisbeispiel 6) oder der *schweitzer box* (Praxisbeispiel 2) der Fall. Darüber hinaus werden die Konzepte von Lernen und Bildung nicht auf das individuelle Subjekt, einzelne Kunstschaffende oder einzelne Lernende bezogen, vielmehr werden Wissen und Aktionen in einem kollektiven Kontext betrachtet und durch permanente kollaborative Zuschreibung herausgebildet, wie es etwa bei *Louise Guerra* (vgl. Praxisbeispiel 6) durch das Erzeugen einer Figur kollaborativer Kreativität deutlich wird. Dies ist ebenso bei John Lockhardt der Fall, der seine Kunst in die Hand des sozialen Netzwerks abgibt (vgl. Praxisbeispiel 3).

In allen beschriebenen Projekten ist ein Hierarchiewechsel auffällig. Die gängigen Konzepte davon, wer wem Kunst erklären oder Kunst näherbringen kann (vgl. Praxisbeispiel 1 und 4), wer Kunst macht (vgl. Praxisbeispiel 3), wer Kunst ausstellt (vgl. Praxisbeispiel 1 und 2), wer als KunstpädagogIn guten Zugang zum künstlerischen Feld hat (vgl. Praxisbeispiel 5) oder wie die Rolle von KunstpädagogInnen auszufüllen ist (vgl. Praxisbeispiel 6) werden transformiert. Wer Kunst erklären kann, wer Kunst macht, wer Kunst ausstellt oder wer als KunstpädagogIn Zugang zum künstlerischen Feld hat – in allen Praxisbeispielen ist die Antwort, dass die Macht nicht exklusiven, einschlägigen Institutionen zugesprochen wird, sondern einem kollaborativen Gefüge.

Maßgebend für all diese Projekte und Programme war bzw. ist es also, verstärkt die kollaborative Grundkondition von Kunst und zugleich den Formen kollaborativer Praktiken

in der Kunstpädagogigk und -vermittlung. Damit einher geht die komplexe Beteiligung der AkteurInnen in einzelnen Bildungs- und Kultureinrichtungen sowie in den diversen künstlerischen Bildungssituationen. Dies wird in den Fokus gerückt und der Marginalisierung eines kollaborativen Kunstbegriffs wird entgegengewirkt. (vgl. Kapitel 3.4)
Die Formen von Kollaboration, die bei diesen Projekten spezifisch in der kunstpädagogischen oder kunstvermittelnden Handlungspraxis zu finden sind, zeigen eindeutig Verbindungen zu den in Studie I untersuchten Formen der künstlerischen Kollaboration, wie sie in Kapitel 3.4 dargestellt sind. Ebenso lassen sich Verknüpfungen zu dem Konzept von Kollaboration als einem Grad der Beteiligung in der Kunstvermittlung erkennen. (vgl. Kapitel 3.5) Konkret weisen die Praxisbeispiele Parallelen zu Carmen Mörschs Kennzeichen des kollaborativen Beteiligungsgrades auf (Mörsch 2012a, 89f.; vgl. auch Kapitel 3.5). Zwar macht Mörsch die Merkmale des „Beteiligungsgrades: Kollaborativ“ (vgl. Mörsch 2012a, 89) konkret an Kunstvermittlungsprojekten in meist außerschulischen Institutionen und ohne Zusammenarbeit mit Schulen fest, dennoch sind die von ihr benannten Merkmale in den Kontext hier – der Kollaboration im schulischen Kunstunterricht – übertragbar.
Die Praxisbeispiele entsprechen in vielen Punkten dem Konzept „Beteiligungsgrad: Kollaborativ“ (Mörsch 2015, 89; vgl. Kapitel 3.5) sowie dessen einzelnen Aspekten, wie in folgender Tabelle ersichtlich wird.

Tabelle 2: Zuordnung der Praxisbeispiele zu den Merkmalen des „Beteiligungsgrades: Kollaborativ“ nach Carmen Mörsch (vgl. Mörsch 2012a, 89f.)

a) Gemeinsame Entwicklung mit den Beteiligten	b) Gemeinsamer Beschluss sowie permanente Diskussion und Weiterentwicklung von Vorgehensweisen, Arbeitsbedingungen und Inhalten	c) Einplanen von Ressourcen für die Reflexion und Bearbeitung von Machtverhältnissen und Interessenskonflikten zur Schaffung eines Gleichgewichts bei den beteiligten Kulturinstitutionen	d) Grad an Informiertheit
Praxisbeispiel 2, 3, 4	Praxisbeispiel 3, 4	Praxisbeispiel 1, 4, 6	Praxisbeispiel 1, 2, 4, 5

Diese Merkmale der Praxisbeispiele in der Verknüpfung mit den in Studie I explorierten Konzepten, Hypothesen und Handlungsaufforderungen machen die Vorannahme für Studie II noch einmal deutlich: Es gibt in kunstpädagogischen Handlungsfeldern unterschiedliche Praktiken und Projekte, die komplexe kollaborative Formen aufweisen. Die Themendimensionierung dieser Praxisbeispiele bildet die Basis, auf der die ExpertInneninterviews stattfinden. Für den Leitfaden ergeben sich spezifische Schwerpunkte. Die Interviews können fokussierter geplant werden.

5.1.2.2 Themendimensionierung: Völkerrechtliche Grundlagen für Kollaboration im kunstpädagogischen Kontext

Eine rechtliche Legitimation erfährt das Phänomen der Formen von Kollaboration im kunstpädagogischen Praxisfeld durch Forderungen der UNESCO (United Nations Educational, Scientific and Cultural Organization). Ansätze für den hier beforschten Gegenstand der erweiterten Kollaboration finden sich in der *UNESCO Road Map for Arts Education* (RMFAE), der so genannten *Lissabon Road Map* von 2006, die als Arbeitspapier aus der UNESCO World Conference on Arts Education (UNESCO Weltkonferenz zur kulturellen Bildung) hervorgegangen ist und in der explizit an mehreren Stellen von „collaboration" (RMFAE 2006, 8ff.) die Rede ist. In dem Arbeitspapier wird der Ruf nach Kollaboration zwischen KünstlerInnen und Schule laut. Die Analyse der UNESCO hinsichtlich des derzeitigen Stands der globalen Kunstpädagogik, die sich an Best-Practice-Beispielen aus der gesamten Welt orientiert, kommt zu dem Schluss, dass Kollaboration ein wesentlicher Bestandteil zukünftiger Verfahren der Arts Education sein sollte. In dem Abschnitt des Ergebnis-Papiers mit dem Titel „Essential Strategies for Effective Arts Education" (vgl. RMFAE 2006, 8) fordern die Mitglieder der UNESCO-Konferenz explizit mehr Gegenseitigkeit und Zusammenarbeit, insbesondere zwischen dem Kunstbetrieb und dem pädagogischen Sektor bzw. ganz konkret zwischen LehrerInnen und KünstlerInnen. Dabei lautet das erklärte Ziel, die Qualität von kunstpädagogischen Lernsituationen erheblich zu steigern und zu professionalisieren:

> *„Successful partnerships are dependent on mutual understanding of the goals towards which the partners are working, and mutual respect for each other's competencies. In order to lay the groundwork for future collaboration between educators and artists, the competencies with which educators as well as artists enter their profession need to encompass insights into the other's field of expertise – including a mutual interest in pedagogy." (RMFAE 2006, 8f.)*

Wie das Zitat zeigt, werden verbindliche Partnerschaften zwischen allen AkteurInnen von der Schule bis hin zum künstlerischen Bereich gefordert. Die rechtliche Grundlage der Forderung der UNESCO nach Kollaboration im kunstpädagogischen Feld bilden einerseits die UN-Kinderrechtskonvention (UN-KRK 1989) und andererseits die Allgemeine Erklärung der Menschenrechte von 1948 (UN-AEMR 1948). Der Ruf nach Kollaboration, wie er in der Road Map for Arts Education explizit formuliert wird, macht sich an mehreren Punkten der postulierten Rechtsansprüche fest. Der Zugang zu Kultur und Bildung stellt ein wesentliches Ziel der Vereinten Nationen dar und ist beispielsweise in Artikel 27 der Allgemeinen Erklärung der Menschenrechte (vgl. ebd.) zur Teilhabe an Kultur sowie in Artikel 31 der UN-Kinderrechtskonvention (vgl. UN-KRK 1989) zur „Beteiligung an Freizeit, kulturellem und künstlerischem Leben; staatliche Förderung" (ebd., Art. 31) verankert. Kollaboration wird hier eine besondere Rolle zuerkannt, da sie konkret als Strategie und Verfahren zur Gestaltung der geforderten Teilhabe innerhalb der demokratischen Handlungspraxis einer pluralisierten und globalisierten digitalen Welt angesehen wird. Die sogenannten neuen Technologien gelten in diesem Zusammenhang als wesentlich zur Ausgestaltung von Kollaboration, beispielsweise mittels kollaborativer digitaler Lernsettings:

„These technologies [Anm. d. V.: gemeint sind digitale Technologien] can serve as an essential platform for collaboration among art teachers and between art teachers, artists, scientists and other educators." (RMFAE 2006, 10)

Die Road Map greift die medialen Praktiken gezielt auf und macht deutlich, dass die neuen Vernetzungstechnologien für die Gestaltung der Partnerschaften zwischen KünstlerInnen und KunstlehrerInnen ein wesentliches Mittel der Gestaltung darstellen. Dabei gilt es, Lehrkräften den Erwerb der für die Nutzung dieser Mittel erforderlichen Kompetenzen etwa im Rahmen von Fortbildungen zu ermöglichen. Die UNESCO-Road Map sieht die Partnerschaften und die konkrete Vernetzung von KunstlehrerInnen mit dem künstlerischen Feld allerdings auch vor Hindernisse gestellt, darunter finanzielle Herausforderungen sowie regionale Gegebenheiten, beispielsweise die fehlende Anbindung an professionelle künstlerische Institutionen in sehr ländlichen Gegenden. Generell lässt sich festhalten, dass der Begriff Kollaboration im deutschsprachigen Feld der Kunstpädagogik ein noch eher marginales Dasein fristet, während er im internationalen Diskurs der UNESCO vielfach – in der englischen Entsprechung collaboration – verwendet wird (vgl. RMFAE 2006, 8 ff.; Scott 2015).

5.2 Realisierung der explorativen ExpertInneninterviews

ExpertInneninterviews stellen zur Exploration des noch wenig beforschten Bereichs der künstlerischen Kollaboration und der Kollaboration im kunstpädagogischen Feld geradezu das Mittel der Wahl dar. Die herausragende Eignung für eine Exploration beschreiben Alexander Bogner und Wolfgang Menz wie folgt:

> *„Seine Prominenz in der empirischen Sozialforschung als ein oft benutztes Instrument zur Datenerhebung verdankt das Experteninterview seiner Funktion zur Exploration. Sowohl in quantitativ wie auch in qualitativ orientierten Forschungsvorhaben können Experteninterviews zur Herstellung einer ersten Orientierung in einem thematisch neuen oder unübersichtlichen Feld dienen, zur Schärfung des Problembewusstseins des Forschers oder auch als Vorlauf zur Erstellung eines abschließenden Leitfadens." (vgl. Bogner/Menz 2002, 37)*

Die leitfadengestützten Interviews in Studie II dienen zur Exploration der vermuteten kollaborativen Formen in der Kunstunterrichtspraxis als bisher wenig erforschtes Gebiet. Diese Erscheinungsformen von Kollaboration im Praxisfeld Kunstpädagogik bildet das „neue [...] oder unübersichtliche [...] Feld" (ebd.), das mit Studie II systematisch und vertieft in Augenschein genommen werden soll, um sich Orientierung zu verschaffen (vgl. ebd.). In diesem Feld gilt es, Erkenntnisse zu kollaborativen Formen „thematisch zu strukturieren und Hypothesen zu generieren" (ebd.).

Gerade weil Kollaboration im praktischen Feld der Kunstpädagogik noch wenig beforscht ist, da noch keine festen Konzepte, Typologien oder Unterrichtsmodelle im Sinne aktueller Kollaboration bestehen, ist es notwendig, in diesem Bereich mit explorativer Forschung zu beginnen, bevor konkretere Modelle evaluiert und erprobt werden können. Diese Methode ist auch deshalb angezeigt, weil sich im Feld der Kunst verstärkt Phänomene von Kollaboration zeigen und das Thema Kollaboration einen zunehmend zentralen Stellenwert einnimmt, während gleichzeitig noch fast ausnahmslos unklar ist, in welcher Form dies das Praxisfeld der Kunstpädagogik betrifft. So kann der explorativen Funktion der leitfadengestützten ExpertInneninterviews hier noch eine weitere Funktion zugeordnet werden. Im Sinne der „Rekonstruktion und Analyse einer spezifischen Wissenskonfiguration" (ebd., 46) sollen signifikante Perspektiven der PraktikerInnen, der KunstlehrerInnen auf ihr Handlungsfeld in Kunstpädagogik und Kunstbetrieb geboten und expliziert werden. Folglich hat die Studie II auch den Anspruch, der Situation und der Interaktion im Interview Rechnung zu tragen. Es wird eben nur „ein bestimmter Ausschnitt aus dem Expertenwissen" (ebd., 66) rekonstruiert. Ziel der ExpertInneninterviews ist es dementsprechend, die sehr wahrscheinlich vorhandenen

Handlungslogiken der Kollaboration in der Alltagspraxis der Kunstpädagogik nachzuzeichnen.

Die für die vorliegende Forschungsarbeit durchgeführten Interviews basieren auf dem Prinzip der Offenheit (vgl. Mayring 2010, 225). Sie fungiert als maßgebende Bedingung für einen qualitativen Forschungsansatz, bei dem einerseits keine feste Hypothese vorab formuliert wird, andererseits aber ganz klar mit transparent gemachten Vorannahmen und einer Themendimensionierung an das Feld herangegangen wird. Zielführend wird ein nachvollziehbares, geplantes Untersuchungsdesign aufgestellt, das Vorannahmen offenlegt, einer Regelhaftigkeit folgt um die Erhebung geplant durchzuführen, die Daten zu erheben, zu analysieren und auszuwerten (vgl. ebd., 225ff.).

5.2.1 Begründung der Expertinneninterviews

Da die vermutlich existenten Formen von Kollaboration im kunstpädagogischen Praxisfeld nur marginal im Fokus des kunstpädagogischen Diskurses stehen, ist die Vorgehensweise über das explorative ExpterInneninterview angezeigt. Dieses wird als Methode der Wahl beschrieben (vgl. Bogner/Menz 2002, 37).

Die Untersuchung erfolgt dabei im Hinblick auf die Fragen, ob und wie kollaborative Praktiken aktuell bereits Teil der Handlungslogik der PraktikerInnen sind, sodass die Forschungsfragen gegenstandsorientiert und praxisnah untersucht werden sollen. Der Einsatz von ExpertInneninterviews als methodische Vorgehensweise, in denen der Fragestellung nach den Strategien und Formen der Kollaboration in aktuellen kunstpädagogischen Praxisfeldern nachgegangen wird, ist als Bestandsaufnahme intendiert. Es zeigt sich in der Durchführung, dass die ExpertInnen über ein konkretes Handlungswissen verfügen und wissen, ob und wie Kollaboration innerhalb aktueller schulischer, außerschulischer oder transinstitutioneller Rahmenbedingungen derzeit stattfindet. Ausgewiesenes Ziel der ExpertInneninterviews ist es, diese Kontexte, in denen sich KunstpädagogInnen bzw. in der kulturellen Bildung Arbeitende bewegen, aufzuzeichnen und die Formen der Kollaboration zu explizieren, um damit Perspektiven oder Kategorien für ein erstes Konzept der Kollaboration in der Kunstpädagogik zu skizzieren. Darüber hinaus sollen auch Hindernisse für Kollaboration in Kategorien subsumiert erfasst werden, darunter die Möglichkeit der curricularen Ausgrenzung von Kollaboration. Die ExpertInnen werden hinzugezogen, weil sie von den praktischen Bedingungen der Kollaboration im schulischen bzw. kulturellen Bildungsalltag aus erster Hand berichten können.

Die vorangestellte Vermutung, dass eine kollaborative Praxis – wie in den Beispielen exemplarisch aufgezeigt – bereits existiert, leitet die Vorgehensweise der empirisch-qualitativen Erhebung und legt die Richtlinien und Kriterien für die Auswahl der befragten AkteurInnen im Feld fest. Wissenssoziologisch zielt die Studie II auf Konzepte ab, die implizit vorliegen und erst einer wissenschaftlichen Versprachlichung bedürfen. Die Befragung erhebt insofern keine repräsentativen Daten, sondern zielt darauf ab, erste Hypothesen zu den erweiterten kollaborativen Formen im kunstpädagogischen Praxiskontext aufzustellen.

5.2.2 ExpertInnenbegriff

Die Definition des ExpertInnenbegriffs in der vorliegenden Arbeit folgt der wissenssoziologischen Debatte (vgl. Bogner/Littig/Menz 2014, 9f.). Der ExpertInnenbegriff wird von Bogner und Menz wie folgt erläutert:

> *„Der Experte ist als eine Person zu begreifen, die vermittels des Besitzes bzw. der Zuschreibung besonderer Kompetenzen über einen sozialen Status verfügt bzw. eine Funktion ausübt, die sie in den Stand setzt, ihre Handlungsorientierungen und Situationsdefinitionen auch durchsetzungsfähig zu machen." (Bogner/Menz 2002, 66)*

Die Befragten wurden in diesem Sinne als „Teil des Handlungsfeldes" (ebd., 37) der Kunstpädagogik ausgewählt. Kennzeichnend für die ExpertInnen ist hier sowohl ihre aktive Tätigkeit im kunstpädagogischen Feld als auch klare Anzeichen für eine kollaborative Praxis. Das erste hier zugrunde gelegte ExpertInnenverständnis stellt heraus, dass den AkteurInnen der ExpertInnenstatus zwar als „FunktionsträgerInnen innerhalb eines organisatorischen oder institutionellen Kontextes" (Meuser/Nagel 1991, 444) zugesprochen wird. Hier jedoch werden ExpertInnen nicht allein als konstruktivistisches „Produkt des Forscherinteresses" (Bogner/Menz 2002, 66) verstanden. Vielmehr gilt hier auch das interaktionistische Modell von Bogner und Menz, die ein wissenssoziologisches Verständnis von ExpertInnen vorschlagen (vgl. ebd., 33ff.). Die ExpertInnen werden dabei nicht nur dank der Exklusivität ihrer „Erfahrungen und Wissensbestände" (Meuser/Nagel 1991, 444) als solche verstanden, sondern vielmehr „situations- und personenspezifisch" (Bogner/Menz 2002, 67). Bogner und Menz definieren diesen hier zugrunde gelegten wissenssoziologischen ExpertInnenbegriff über das „Deutungswissen" (ebd., 43) und begreifen ExpertInnen als fähig, zu spezifischen Sachverhalten sowie Wissensausschnitten „subjektive [...] Relevanzen, Regeln, Sichtweisen und Interpretationen" (ebd., 43) liefern zu können. Anders gesagt zeichnen ExpertInnen sich dadurch aus, dass sie „selbst Teil des Handlungsfeldes sind, das den Forschungsgegenstand ausmacht" (Meuser/Nagel 1991, 443). Dementsprechend verfügen sie über eine Innenperspektive auf kunstpädagogische Arbeitsfelder in professionellen Kontexten und handeln darin eventuell kollaborativ und/oder verfügen über Wissen, Überblick oder Macht in Bezug auf solch kollaborative Praktiken. Es wird davon ausgegangen, dass sowohl spezifisches Handlungswissen als auch praktische Erfahrung vorliegen – in diesem Fall über aktuelle, kunstbezogene kollaborative

Prozesse im kunstpädagogischen Praxiskontext. Dieses Wissen ist dementsprechend als Teil einer spezifischen Situation zu verstehen, die von Diskursen, Menschen sowie nicht-menschlichen Faktoren bestimmt ist, sodass es mit Hilfe von ExpertInneninterviews in Ausschnitten wissenschaftlich exploriert und rekonstruiert werden kann (vgl. Bogner/Littig/Menz 2014, 10). Die hier dargelegte Erhebung zeigt demnach Ausschnitte aus den Situationen auf: „Die (Re-)Konstruktion des Deutungswissens im Experteninterview realisiert in Abhängigkeit von der Interaktionsstrategie immer (nur) einen bestimmten Ausschnitt aus dem Expertenwissen" (Bogner/Menz 2002, 66). Dieses Wissen soll anhand von Studie II und auf Basis der gegenstandsorientierten Forschung, durch die sich die explorativen ExpertInneninterviews auszeichnet, im wissenschaftlichen Diskurs sichtbar gemacht werden.

5.2.3 Auswahl der ExpertInnen

Dem hier zu Grunde gelegten ExpertInnenbegriff folgend ergibt sich eine spezifische Strategie für die Auswahl der ExpertInnen. Für die geplanten Interviews kommen KunstpädagogInnen in Frage, die in einem gewissen Arbeitskontext aktiv auftreten und auffallen. Das Kriterium des Extremfalls (vgl. Gläser/Laudel 2009, 99f.) – markante kollaborative Praktiken – ist mit ausschlaggebend für die Auswahl. Die ExpertInnen müssen institutionell, und zwar sowohl in ihrer professionellen Funktion als auch in ihrem außerinstitutionellen kunstpädagogischen Interesse, biographisch intensive Interaktionen und Formen der Kollaboration zwischen unterschiedlichen Feldern von Kunstpädagogik, Kunstbetrieb, Kunstvermittlung, Kunstdidaktik erlebt und/oder initiiert haben. Eine solche außergewöhnliche und herausragende kollaborative Praxis gilt, der Vorannahme von Studie II entsprechend, als unabdingbar. Die extreme kollaborative Praxis muss dementsprechend vorab im Diskurs, in Fachzeitschriften oder auf Internetseiten öffentlich geworden sein. Das Interesse gilt mithin den Berichten und Erfahrungen der ExpertInnen aus ihrem kunstpädagogischen oder kunstvermittelnden Alltag vor dem Hintergrund ihrer hybriden Tätigkeiten. Alle ExpertInnen sollen primär im Feld der Kunstpädagogik oder der Kulturellen Bildung Erfahrung haben und dabei vorrangig mit allgemein bildenden Schulen sowie Förder- und Sonderschulen zu tun haben, da es um den Anspruch geht, etwas über den laufenden, allgemeinen Bildungsbetrieb darzustellen. Wesentlich ist dabei ein von den ExpertInnen ausgehendes stark vernetztes Handeln sowie eine intensive Kollaboration zwischen unterschiedlichen Institutionen – immer aber im Feld von Schule, Kunst respektive Kultur. Die ExpertInnen beteiligen sich aktiv an der Zusammenarbeit und der Vermittlung zwischen den verschiedenen Diskursen von Schule und Kunstunterricht einerseits und dem Kunstfeld andererseits oder verfügen über ganz konkrete Erfahrungen aus kollaborativen Projekten zwischen Schule und Kunst. Nach Möglichkeit besitzen die ExpertInnen darüber hinaus in unterschiedlichen Rollen im Feld zwischen Kunstpädagogik und Kunst

Arbeitserfahrungen. Als gegeben wird diese Expertise in Bezug auf Kollaboration angesehen, sofern darüber Berichte in Zeitungen, Online-Magazinen, Fachmagazinen, Fachverbandsbeiträgen oder auf Webseiten publiziert wurden. Auf fast alle ExpertInnen wurde die Verfasserin der vorliegenden Forschungsarbeit anhand der Kollaborationsprojekte aufmerksam, die in der Themendimensionierung anhand der Praxisbeispiele (vgl. Kapitel 5.1.2.1) aufgeführt sind. Sie sind mit ihren hybriden Arbeitserfahrungen, zumeist durch ihre aktive Präsenz im Betriebssystem Kunst oder in Praxisfeldern der Kunstdidaktik, aufgefallen oder als SpezialistInnen in diesem Diskurs, beispielsweise als Vortragende, in Erscheinung getreten.
Die Anzahl der ExpertInnen mag zunächst klein erscheinen. Die Exploration anhand der qualitativen Interviews ist jedoch von vornherein gedacht als eine erste explorative Vorstudie im Feld, um überhaupt Hypothesen zum Desiderat der kollaborativen Formen in der kunstpädagogischen Praxis ableiten zu können. Die ExpertInneninterviews reihen sich demnach ein in eine breite Heuristik, die in einem pluralen Feld kollaborative Formen für die Kunstpädagogik exploriert. Die übersichtliche ExpertInnenauswahl ist dem Vorstoßen in ein unbekanntes Feld und der breiten explorativen Anlage der vorliegenden Forschungsarbeit geschuldet und ergänzt die Studie I. Angesehene Forschungsteams, wie Michael Meuser und Ulrike Nagel, verweisen ihrerseits darauf, dass sie bei ExpertInneninterviews in professionellen Forschungssettings ebenfalls mit „überschaubaren Fallzahlen“ (vgl. Meuser/Nagel 1991, 441) von ExpertInnen arbeiten.

5.2.4 Erwarteter Ertrag: Wissen, was die Praxis macht

Die Studie II basiert auf der Annahme, dass die explorative Beforschung des Praxisfeldes eine umfassendere Perspektive und eine stärkere Sättigung der Forschung im Hinblick auf Formen der Kollaboration sichtbar macht, als es die Studie I allein es ermöglicht. Die Ergänzung von Studie I durch Studie II erfolgt vor allem deshalb, weil die ExpertInnen aus erster Hand von alltäglichen Rahmenbedingungen bezogen auf eine existierende aktionsbasierte Handlungspraxis realen Kunstunterrichts an deutschen Schulen berichten können. So besteht im Sinne der Haltung der Aktionsforschung die Erwartung, dass mit der Fokussierung auf Kontextwissen und konkrete pragmatische Handlungssituationen ein aussagekräftiges Bild davon entsteht, was die Praxis kollaborativen Kunstunterrichts ausmacht.

5.2.5 Profile der sechs ExpertInnen

Fünf der sechs ausgewählten ExpertInnen, die für die Analyse der Formen von erweiterter Kollaboration im Praxisfeld der Kunstpädagogik befragt werden, sind zum Zeitpunkt der Interviews als KunstlehrerInnen an deutschen Schulen tätig. EinE ExpertIn arbeitet zum

Zeitpunkt der Interviews in einer Nichtregierungsorganisation für kulturelle Bildung mit Schulen und KünstlerInnen zusammen und ist maßgeblich an der außerschulischen Umsetzung von Zusammenarbeitsprojekten zwischen Schulen und außerschulischen kulturellen KooperationspartnerInnen beteiligt (vgl. Tabelle 3). Da die Fragen des Leitfadens auf spezifisches Insider- und Kontextwissen abzielen und die Bewertung gewisser Zusammenarbeitskonzepte erfragt werden, sind die erhobenen Daten der Beteiligten durchweg anonymisiert. Die Beschreibung der Profile erfolgt ohne erkennbare Zuordnung zu einer Person.

Tabelle 3: Überblick über die Profile der sechs ExpertInnen

Anonymisierter Name der ExpertInnen	ExpertInnenprofil in Bezug auf die Exploration der Strategien von Kollaboration im Praxisfeld der Kunstpädagogik
ExpertIn 01	• mehrere Jahre Berufserfahrung als KunstlehrerIn/ Gesamtschule • Erfahrungen als FachvorsitzendeR der Fachgruppe Kunst an der Schule • Darstellung eigener Kunstunterrichtsergebnisse und -konzepte auf einer eigenen, privaten Internetseite • an der Lehre und Bildung von angehenden KunstlehrerInnen und KunstvermittlerInnen beteiligt • aktiv tätig in einem Berufsfachverband
ExpertIn 02	• mehrere Jahre als KunstvermittlerIn in einer Kunstinstitution angestellt • aktiv beteiligt an einem Kunstvermittlungsprojekt mit Kindern und Jugendlichen in der Kunstinstitution • seit einigen Jahren als KunstlehrerIn an einer berufsbildenden Schule tätig
ExpertIn 03	• über 30 Jahre Erfahrungen als KunstlehrerIn an einem Gymnasium • zeitgleich tätig als freieR KulturmanagerIn bzw. KuratorIn • kuratorische Leitung eines Kunstausstellungsraumes sowie weitere kuratorische Projekte • Förderung von künstlerischem Nachwuchs außerhalb von Kunsthochschulen und Akademien

ExpertIn 04	• leitend tätig in einer Nichtregierungsorganisation für kulturelle Bildung • beteiligt an Kunstvermittlungsprogrammen in Zusammenarbeit mit Schulen • mit verantwortlich für Projekte, bei denen KünstlerInnen mit Schulen zusammenarbeiten • Erfahrung als HochschuldozentIn in der Bildung angehender KunstlehrerInnen
ExpertIn 05	• KunstlehrerIn an einer Gesamtschule mit anerkannten beispielhaften Reformansätzen • als KunstvermittlerIn in der Leitung eines Vermittlungsprogrammes einer international bedeutsamen Kunstausstellung tätig • kuratorische Leitung eines temporären Kunstprojektraumes
ExpertIn 06	• KunstlehrerIn an einem Gymnasium • Durchführung von Ausstellungs- und Fotoprojekten mit KooperationspartnerInnen in Zusammenarbeit mit den eigenen Kunstklassen • neben der Lehrtätigkeit eigenständige Karriere als KünstlerIn • Leitung eines Projekt- und Ausstellungsraums mit einem Netzwerk von KünstlerInnen • in der LehrerInnenfortbildung tätig

5.2.6 Interviewleitfaden

Die ExpertInneninterviews werden als offene, leitfadengestützte Interviews durchgeführt. Meuser und Nagel halten im Hinblick auf das „wissenssoziologische Erkenntnisinteresse“ (Meuser/Nagel 1997, 486) das „leitfadengestütze [...] offene [...] Interview für das angemessene Erhebungsinstrument“ (ebd.). Der Leitfaden ist im vorliegenden Fall in sieben Themenfelder aufgeteilt, deren Genese im kommenden Teilkapitel in Bezug zur Situationsanalyse genauer beschrieben werden. Er erfüllt in diesem Zusammenhang die Aufgabe, offene Fragestellungen und -impulse zu strukturieren, die den ExpertInnen Anstöße geben, zu gewissen Erfahrungskomplexen zu berichten. Meuser und Nagel führen dazu aus: „Gemäß dem Prinzip einer offenen und flexiblen Interviewführung enthält der Leitfaden Themen, die anzusprechen sind, nicht aber detaillierte und ausformulierte Fragen.“ (ebd., 487).

Dem Leitfaden für Studie II ist ein kurzer Fragebogen zum beruflichen Werdegang und den aktuellen kunstpädagogischen Tätigkeiten der jeweiligen InterviewpartnerInnen vorangestellt. Der Gesprächsverlauf im konkreten Interview hat zwar zum Ziel, möglichst alle im Leitfaden vermerkten Themen angesprochen zu haben. Jedoch geht es um ein an dem ExpertInnenwissen der GesprächspartnerInnen ausgerichtetes Interview. Weder auf die Reihenfolge der Beantwortung noch auf die vollständige Berücksichtigung aller Fragen des Leitfadens wird geachtet, so wie Gläser und Laudel dies empfehlen (vgl. Gläser/Laudel 2009, 42).

5.2.7 Postmoderne Transformation der leitfadengestützten ExpertInneninterviews

Für die thematischen Schwerpunkte des Leitfadens und die themenspezifische Eingrenzung der Vorannahme zu Kollaboration im Praxisfeld der Kunstdidaktik wird im Sinne der „situationsspezifischen Angemessenheit“ (Bogner/Menz 2002, 66) eine spezifische Interaktionsstrategie entwickelt, die der interdisziplinären Diskursforschung folgt und damit zu dem bis hierher beschriebenen Forschungsfeld und der Forschungsfrage passt. Für den Interviewleitfaden werden sieben Themenfelder als relevant für das Interview erachtet, die in sieben Fragen bzw. Redeimpulsen im Leitfaden festgehalten sind.

Für die Erstellung dieser unterschiedlichen Dimensionen und Aspekte dient der situationsanalytische Ansatz Adele E. Clarkes als Vorbild (vgl. Clarke 2012). Die Situationsanalyse, maßgeblich von Adele E. Clarke entwickelt, stellt einen aktualisierten Grounded-Theory-Ansatz dar, der seinerseits als interdisziplinäre Diskursforschung gilt. Anhand der Akteur-Netzwerk-Theorie Latours und der Diskursanalyse Foucaults überführt Clarke unaufgelöste Widersprüche der konstruktivistisch geprägten Grounded Theory in eine postmoderne, vernetzte Dimension von kollektiven (De-)Konstruktionen. Clarkes soziologischen Forschungsschwerpunkte liegen auf der Erforschung der Pflegeberufe einerseits, sowie auf Rassismus in den USA andererseits. Ihr Forschungsansatz passt insofern ausdrücklich zum Thema dieser Forschungsarbeit, als Clarke mit der Situationsanalyse neu nach AkteurInnen, Verhältnissen und Kontexten – sprich implizit auch nach Kollaborationen – fragt und damit eine Untersuchung der Situation der Machtstrukturen in praktischen Handlungsfeldern möglich macht. Die Situationsanalyse ist somit eine der qualitativen Forschungsmethoden, die sich nicht nur auf Ebene des beforschten Feldes auf Gruppen konzentriert, sondern ganz bewusst als erkenntnistheoretische Grundlage bestehende Machtgefüge in kollaborativen Arbeitszusammenhängen als wesentlich begreift. Mit der Situationsanalyse beabsichtigt Adele E. Clarke, Machtgefüge von Netzwerken und Kollaborationen mithilfe der von ihr vorgeschlagenen Methoden und Forschungsstrategien sichtbar zu machen.

Auch auf einer zweiten Ebene passt der qualitative Forschungsansatz von Adele E. Clarke gut zu dem vorliegenden kunstpädagogischen Forschungsvorhaben. Die Situationsanalysen nach Clarke erfolgen auf Basis von sogenannten unstrukturierten und strukturierten Maps. Zusammenhänge werden in visuellen Kartierungen festgehalten, und weisen damit eine gewisse Ähnlichkeit mit Mapping-Strategien der performativen, ästhetischen Forschungsansätze (vgl. Gergen/Gergen 2010, 358) oder der Art Based Research (vgl. Schreier 2017) auf. Dies macht die Methode passend zur Kunstpädagogik als einem an ästhetischen Prozessen und Erfahrungen orientierten Feld.
Die Situationsanalyse wird hier nicht in exakt der Form, wie Clarke sie vorstellt, angewandt. Vielmehr sind die Fragestellungen im Leitfaden, die Interaktion während der ExpertInneninterviews sowie die Grundhaltung sowie die Strukturierung sehr eng an Clarkes Konzeption angelehnt, jedoch leicht dem Forschungsgegenstand hier angepasst. Mit dem situationsanalytischen Ansatz wird versucht, die beteiligten menschlichen wie nicht-menschlichen AkteurInnen, die Diskurse, Bilder und Symboliken sowie Codes, die ein gewisses Handlungsfeld bestimmen, zu rekonstruieren. Für ein Forschungsvorhaben zur Situation von Pflegepersonal in den USA fragt Adele E. Clarke der Situationsanalyse folgend:

> *„Wer und was befindet sich in der sehr weit gefassten Situation? [...] Wer war sonst noch beteiligt? Welche materiellen Dinge waren involviert und für die [Pflege] vonnöten? Auf welche Weise waren verschiedene [medizinische Geräte] beteiligt? Welche diskursiven Konstruktionen von [Patienten, Krankenschwestern, Managed Care] und anderen Phänomenen waren im Umlauf? Welche kulturellen Symboliken und Diskurse wurden durch die [Pflegesituation] hervorgerufen? Welche sozialen Institutionen waren beteiligt? Waren Fragen der [Emotionsarbeit und Pflege] umstritten oder nicht? Wenn ja, für wen? Und welche Streitpunkte gab es noch?" (Clarke 2012, 132f.)*

Um die Übertragung des situationsanalytischen Ansatzes Adele E. Clarkes auf das vorliegende kunstpädagogische Forschungsprojekt und damit die Anpassung Clarkes Ansatz zu verdeutlichen, wird hier das Zitat von Clarke umformuliert. Im Folgenden werden anhand einer paradigmatischen Wortersetzung alle pflegebezogenen Fachbegriffe durch spezifische aus der kunstpädagogischen Profession stammenden Begriffe ersetzt. Der kunstpädagogischen Forschungsabsicht folgend, die Kollaboration als marginalisierte Handlungspraxis in Kunst und Kunstpädagogik in den Fokus stellt (vgl. Studie I; Kapitel 4.), lautet die Fragestellung nach Adele E. Clarke im Wortlaut hier:

> *„Wer und was befindet sich in der sehr weit gefassten Situation? [...] Wer war sonst noch beteiligt? Welche materiellen Dinge waren involviert und für die [kunstpädago-*

gische Arbeit] vonnöten? Auf welche Weise waren verschiedene [künstlerische oder digitale Werkzeuge] beteiligt? Welche diskursiven Konstruktionen von [KünstlerInnen, SchülerInnen, Kunstwerken, KunstlehrerInnen] und anderen Phänomenen waren im Umlauf? Welche kulturellen Symboliken und Diskurse wurden durch den [Kunstunterricht] hervorgerufen? Welche künstlerischen Institutionen waren beteiligt? Waren Fragen der [ästhetischen oder pädagogischen Arbeit] umstritten oder nicht? Wenn ja, für wen? Und welche Streitpunkte gab es noch?" (Krebber nach dem Wortlaut von Clarke 2012, 132f.)

Dieser zu Grunde gelegte Forschungsansatz geht davon aus, dass Situationen und Handlungsfelder immer von menschlichen wie nicht-menschlichen AkteurInnen, Räumen, diskursiven Praktiken sowie symbolischen Ordnungen gemeinsam bestimmt sind und gebildet werden (vgl. Clarke 2012, 126). Damit weist dieser Ansatz eine Nähe zur Art Based Research auf (vgl. Schreier 2017; Zürcher Hochschule der Künste 2017). Zudem entspricht die Vorgehensweise der Situationsanalyse zugleich dem Gegenstand Kollaboration der vorliegenden Forschungsarbeit.

Dem Gedanken der Erfassung der gesamten Situation folgend werden mit der Situationsanalyse im ersten Schritt sogenannte „abstrakte Situationsmaps" (Clarke 2012, 128) erstellt. Diese abstrakten Situationsmaps finden in der vorliegenden Forschungsarbeit Verwendung in der Gestaltung des Leitfadens sowie in der anschließenden Auswertung der Interviewtexte. Die Sichtweise und Fragestellung, die bei Clarke einen Zugang zum Feld eröffnet, bildet im konkreten Vorhaben hier die Grundlage für den Leitfaden der ExpertInneninterviews. Hilfreich ist diese diskursanalytische Vorstrukturierung vor allem deshalb, um die Voreingenommenheit der Interviewerin und Forscherin (das heißt der Verfasserin der vorliegenden Arbeit) zu relativieren und ein gezieltes Fragen nach Kollaborationsmustern auszuschließen. Denn ein womöglich plakatives, gezieltes Nachfragen könnte den Befragten Antworten zur Beschaffenheit von Kollaboration in den Mund legen.

Der hier verwendete Leitfaden für die ExpertInneninterviews (siehe Tabelle 4) orientiert sich einerseits strukturell an Clarkes Frageansatz und berücksichtigt andererseits die vermuteten spezifisch netzwerkartigen Eigenschaften des untersuchten Forschungsfeldes. Die Fragen des Leitfadens führen im Interview meist zu ein bis zwei ausführlichen Beschreibungen von konkreten Projekten im Arbeitsalltag der ExpertInnen, in denen der Begriff Kollaboration tatsächlich bereits explizit genutzt wurde oder bei denen im Sinne der Vorannahme eine konkrete Form der Kollaboration in der Praxis erprobt wurde.

Tabelle 4: Auf Basis der Situationsanalyse: Themenfelder für den Interviewleitfaden

1. AkteurInnen der Kollaboration

Beschreibung aller AkteurInnen, mit denen im Kontext der Kunstpädagogik oder der kulturellen Bildung zusammengearbeitet wird. Mit welchen AkteurInnen arbeiten Sie als KunstpädagogIn (oder ExpertIn in der kulturellen Bildung) zusammen? Können sie mir ihre unterschiedliche Kollaborations-AkteurInnen benennen, mit denen sie in ihrem professionellen kunstpädagogischen (ggf. kunstvermittelndem/kulturvermittelndem – je nach ExpertIn) Kontext zusammenarbeiten oder zusammengearbeitet haben? Das kann in der konkreten Schulpraxis aber auch in freieren Projektformen sein. Wer war wichtig in der Zusammenarbeit? Welche weiteren AkteurInnen, einzelne Personen, Institutionen und Netzwerke sind oder waren wichtige Bezugsgrößen Ihrer Arbeit?

2. Konkretisierung/zugehörige Institutionen – Hinweis auf vergessene AkteurInnen/ Institutionen

Welche wichtigen kunstpädagogischen, pädagogischen oder künstlerischen Institutionen, Organisationen oder Projekte spielen eine Rolle? Welche Institutionen wurden unter 1. vergessen, vielleicht weil sie nicht-menschlich beschaffen sind?

3. Konkrete Erfahrungen guter Zusammenarbeit in Kunstunterrichtsprojekten

Wie erfolgt/e die Zusammenarbeit mit den benannten AkteurInnen der Kollaboration? Können Sie mir von ihrer Erfahrungen zu verschiedenen Formen von Zusammenarbeit berichten? Vielleicht können Sie ein konkretes Projekt und die dort erfolgte Zusammenarbeit genau beschreiben?

4. Verhinderung von Zusammenarbeit

Mit welchen Akteuren ist oder war Ihrer Meinung nach Zusammenarbeit, Austausch, Kommunikation überhaupt nicht vorhanden und möglich? Was waren Gründe dafür? Welche AkteurInnen verhindern Ihrer Meinung nach in ihrem Praxisfeld von Kunstpädagogik/ kultureller Bildung/Kunstvermittlung Zusammenarbeit, Austausch, Kommunikation? Und: Mit welchen AkteurInnen hätten Sie gerne mehr zu tun? Wenn es AkteurInnen gibt, mit denen sie auf professioneller Ebene gerne mehr zusammenarbeiten würden, ist die Frage, was sie daran hindert?

5. Rolle der digitalen vernetzten Kultur
Welche Rolle spielen digitale Werkzeuge, Plattformen, soziale Netzwerke und Online-Communities für Ihre Arbeit?

6. Räume für Zusammenarbeit
Welche Räume braucht es für eine gute Zusammenarbeit im kunstpädagogischen/ kulturvermittelndem/kunstvermittelnden Arbeitskontext? Sind diese Räume und Orte schon vorhanden? Werden sie von allen AkteurInnen frequentiert? Welche Räume erhoffen Sie sich in Zukunft?

7. Good Practice Collaboration – Professionelle Strategien der Kollaboration aus der Praxis ableiten
Welche Erfahrungen der Zusammenarbeit in Ihrem Kontext könnten zukünftig für professionelle Strategien in der Kunstpädagogik wichtig sein? Welche Erfahrungen ihrer Zusammenarbeit könnten für professionelle Abläufe in der Kunstdidaktik/Kunstpädagogik für die Zukunft im Hinblick auf professionelle Bildung und Vorbereitung von KunstlehrerInnen, Kulturschaffenden oder KunstvermittlerInnen sehr wichtig sein?

5.2.8 Organisation und Rahmenbedingungen der Erhebung

Die erste Kontaktaufnahme zu den ExpertInnen erfolgt in allen Fällen schriftlich per E-Mail (vgl. Meuser/Nagel 1997, 487), in welcher das Interview- und Forschungsvorhaben knapp beschrieben wird, um das „Interesse an einem Interview zu sondieren" (ebd.). Im Anschluss daran findet ein Telefongespräch statt, in dem die Absicht des Interviews und – bei Zusage der ExpertInnen – die genaueren Bedingungen sowie Ort und Zeit des Interviews vereinbart werden. Die Durchführung der Interviews erfolgt mehrheitlich in den Fachräumen der einzelnen ExpertInnen oder an der Universität zu Köln. Zwei Interviews, bei denen es sich aus organisatorischen Gründen – Zeitmanagement und Kinderbetreuung – nicht anders einrichten ließ, finden in den Arbeits- bzw. Alltagsräumen der jeweiligen ExpertIn statt. Sämtliche Interviews werden mit Hilfe eines digitalen Tonaufnahmegerätes aufgezeichnet. Im direkten Anschluss an die Interviews werden in Memos Besonderheiten und Auffälligkeiten der Gespräche festgehalten, um sie eventuell im Nachhinein für den Auswertungsprozess und bei etwaigen Verständnisschwierigkeiten heranzuziehen zu können. Zu diesem sogenannten *memoing* wird unter anderem im Rahmen der Aktionsforschung sowie bei gegenstandorientierten Ansätzen wie der Grounded Theory geraten, und so spielt diese Praxis auch für den spezifisch ausgewählten Methodenmix der vorliegen Forschungsarbeit eine wesentliche Rolle (vgl. Mruck/Mey 2010, 616). Bogner, Littig und Menz bewerten „Post-Interview-Memos" (Bogner/Littig/Menz 2014, 61) als maßgeblich im Erhebungsprozess, um „wichtige Eindrücke hinsichtlich Interviewsetting, räumlicher Umgebung und nonverbalen Ausdrucksweisen der Befragten sowie der Gesprächsatmosphäre" (ebd.) mit zu erfassen. Sie können für die Auswertung wertvolle Hinweise geben.

5.3 Auswertungsstrategien

Die Auswertung der Textdaten aus den leitfadengestützten ExpertInneninterviews erfolgt wie die generelle Herangehensweise in der gesamten Studie II anhand eines Methodenbündels. Dies setzt sich zusammen aus den Ansätzen von Alexander Bogner, Beate Littig und Wolfgang Menz (vgl. Bogner et al. 2002) sowie der Situationsanalyse von Adele E. Clarke (vgl. Clarke 2012). Bogner, Littig und Menz (vgl. Bogner et al. 2014, 77ff.) empfehlen auf Basis der qualitativen Inhaltsanalyse von Meuser und Nagel, die sich ihrerseits wiederum auf dem Fundament der Grounded Theory bewegen, eine leicht abgeänderte vierschrittige Inhaltsanalyse, die hier gepaart wird mit den situationsanalytischen Aspekten von Clarkes diskursiven Untersuchungen. Die Vorgehensweise gliedert sich in a) Codierung (vgl. Kapitel 5.4.1), b) Ergebnisse des thematischen

Vergleichs (vgl. Kapitel 5.4.2), c) sensibilisierende Konzepte (vgl. Kapitel 5.5) und c) theoretische Perspektiven (vgl. Kapitel 6.). Wie sich diese neue Auswertungsstrategie in der Paarung von Inhaltsanalyse nach Bogner et al. und Situationsanalyse nach Clarke niederschlägt, wird im Folgenden induktiv in der Darstellung der konkreten Auswertung im Folgenden dokumentiert. Der hybride Methodenmix, der hier erstmalig zum Einsatz kommt, und die methodisch flexible Anwendung im spezifischen Erhebungsdesign sind der Tatsache geschuldet, dass für leitfadengestützte ExpertInneninterviews kein allgemeingültiges Auswertungsdesign existiert (vgl. Bogner et al. 2014, 71). Es „können daher alle Auswertungsverfahren zur Anwendung kommen, z. B. Code-basierte Verfahren wie sie in der Grounded Theory oder in der qualitativen Inhaltsanalyse üblich sind; [...] auch Kombinationen von Auswertungsmethoden sind möglich“ (ebd.)

Es besteht kein vorab erstellter Kriterienkatalog für die Datenauswertung und die Codierung, mit Ausnahme der Themendimensionierung, der Vorannahme sowie der Leitfadenstrukturierung nach Adele E. Clarke, die vorab transparent gemacht wurde, womit eine Fokussierung und Strukturierung in der Vorgehensweise vorgegeben ist. Damit ist der Prozess hier Clarkes postmodernisierter Grounded Theory verschrieben (vgl. Clarke 2011, 221). Der eingesetzte Methodenmix ist demnach gekennzeichnet von einer an die jeweilige Situation angepassten forschenden Haltung und einer kritischen Einstellung gegenüber aktuell herrschenden methodologischen Dogmen. Es wird hier nicht davon ausgegangen, dass gewisse tieferliegende „wahre [...] Werte“ (Bogner/Menz 2002, 66) aus den Interviewdaten geborgen werden.

Insgesamt werden 214 Codes und 371 Codings erstellt. Die Formulierung der Codes lehnt sich zunächst an der Sprache der Befragten an und erfolgt strukturiert über den situationsanalytischen Leitfaden, dementsprechend sind die Codes zunächst „den Fragen des Leitfadens zugeordnet“ (Bogner et al. 2014, 78).

Es folgt ein thematischer Vergleich der vielfältigen Überschriften, indem „eine Sortierung themengleicher Passagen“ (ebd., 79) vorgenommen wird. Hilfreich gegen eine zu „schelle Generalisierung“ (ebd.) sind hierbei die Fragen: „Wo decken sich, wo unterscheiden sich Expertenmeinungen? Welche Themen sprechen alle Experten an? Welche Themen nur ein Teil von ihnen? Was wird von wem ausgelassen?“ (ebd.).

Vor dem Hintergrund der Vorannahme von Studie II und der Ergebnisse von Studie I erfolgt nach dem thematischen Vergleich die „Entwicklung sensibilisierender Konzepte“ (Clarke 2011, 222), das heißt einer ersten Ableitung von übergeordneten Sinneinheiten. Erst an dieser Stelle ergibt sich die Möglichkeit, nach konkreten Anknüpfungsmöglichkeiten zu den Ergebnissen in Studie I – der Exploration in kunstpädagogischen, pädagogischen und künstlerischen Feldern – zu suchen. In der abschließenden Theoretisierung werden im finalen

Schritt (vgl. Kapitel 6.), theoretische Ansätze zur Kollaboration in aktuellen kunstpädagogischen Praxisfeldern ermittelt. Wenn möglich sollen innerhalb des Rahmens der vorliegenden Doktorarbeit Konzepte und Theoretisierungen aus der Praxis abgeleitet werden, die der Situation dienen, zukünftig Konzepte für Kollaboration im Kontext von Kunstunterricht zu gestalten und weiter zu erforschen.

Nach der Durchführung der Interviews und dem Memoing erfolgt die Transkription. Es werden durchweg alle Interviewpassagen transkribiert, die in Zusammenhang mit dem oben genannten Leitfaden stehen, auch wenn bei ExpertInneninterviews „die Transkription der gesamten Tonaufnahme nicht der Normalfall [ist]“ (Meuser/Nagel 1997, 488). Die Transkription der Audio-Aufnahmen der ExpertInneninterviews erfolgt nach den Transkriptionsempfehlungen und -regeln von Heiner Legewie und Elke Paetzold-Teske (vgl. Legewie/Paetzold-Teske 1996) vom Berliner Zentrum für qualitative Forschung sowie von Thorsten Dresing und Thorsten Pehl (vgl. Dresing/Pehl 2013) vom Marburger Unternehmen für Audiotranskription. Alle Namen, Ortsangaben und persönliche Aussagen sind in den Transkriptionen für die Zitate, die in den Kapiteln der Auswertung der vorliegenden Arbeit abgedruckt werden, anonymisiert worden. Alle Informationen, welche Daten zu befragten Personen oder anderen preisgeben, sind in den Transkripten verallgemeinert.

Thematisch abweichende Passagen – Pausen, Trinken aus einem Wasserglas, private Bemerkungen, kurze Gespräche zu Störungen aus dem Nebenraum – werden aus der Transkription entfernt. Begründen lässt sich dies einerseits aus forschungsethischen Gründen, damit eine von den ExpertInnen geforderte umfassende Anonymisierung geboten werden kann, andererseits auch aufgrund der Fokussierung auf die ExpertInneninterviews, da sich das Forschungsinteresse nicht auf die „Gesamtperson“ (Meuser/Nagel 1991, 442 und 445) richtet, sondern auf den spezifischen Ausschnitt des Gesprächs im professionellen Kontext.

5.4 Ergebnisse der Auswertung von Studie II

Im Folgenden werden die Ergebnisse der Auswertung, die mit Hilfe des Methodenbündels erarbeitet werden konnten – gegliedert nach Codierung (vgl. Kapitel 5.4.1), thematischer Vergleich (vgl. Kapitel 5.4.2), Entwicklung sensibilisierender Konzepte (vgl. Kapitel 5.5) sowie theoretisierende Perspektiven (vgl. Kapitel 6.) – chronologisch dargestellt. Während die Codierung noch stark an der Sprache der Interviewten orientiert ist, bewegt sich der thematische Vergleich langsam von der Sprache der Interviewten weg und versucht, deskriptiv deren Aussagen zusammenzufassen. In der Entwicklung sensibilisierender Konzepte werden von den Deskriptionen ausgehend Deutungsansätze erläutert, die in Verknüpfung mit Begriffen aus der Exploration in Studie I entstehen. Daran anschließend erfolgt die Theoretisierung, die erste Zusammenhänge zu Theorien aber auch Konzepte und Hypothesen aus den

Daten hervorhebt und damit Anschlussmöglichkeiten aus der Exploration für Folgeforschung und Praxisanwendungen aufzeigt.

5.4.1 Codierung: Kleinste Kategorien der Kollaboration in der Kunstunterrichtspraxis

Im ersten Schritt wird mithilfe der Analysesoftware MAXQDA eine textnahe Codierung „auf Ebene des Einzelinterviews" (Bogner et al. 2014, 78) vorgenommen, die sich an den Forschungsfragen für Studie II orientiert und sich auf insgesamt 231 Codes beläuft. Die Forschungsfragen – hier noch einmal zur Erinnerung – für den Prozess der Codierung lauten:

- Welche Formen erweiterter Kollaboration sind in aktuellen kunstpädagogischen Praxisfeldern bei KunstlehrerInnen bzw. Fachleuten vorhanden?
- Wie sind diese Formen beschaffen?
- Welche AkteurInnen sind beteiligt?
- Wie können diese Handlungspraktiken genutzt werden?

Unter einem Code wird hier im konkreten Auswertungsprozess die kleinste Kategorisierung eines Ausschnitts der jeweiligen ExpertInnenaussage verstanden. Codes werden im Interviewtext immer dann gesetzt, wenn die Aussagen der ExpertInnen Hinweise für die Beantwortung der Forschungsfragen der Studie II geben. Die Codierung erfolgt zu Beginn des Codierungsprozesses induktiv und möglichst nah am Wortlaut der Befragten.
Nach Abschluss des Auswertungsprozesses der sechs Einzelinterviews liegen 231 Codes vor (vgl. Kapitel 11. Material), die insgesamt 369 Codings entsprechen. Die Codings markieren, dass einzelne Codes in einer anderen Interviewpassage oder bei einem anderen Interviewten erneut zugeordnet werden. Diese Mehrfachvergabe eines gleichlautenden Codes wird Coding genannt und gilt als „Überschneidung" (MAXQDA 2014, 37) einzelner Codes (vgl. Codeliste/ Kapitel 11).[31] Dadurch können thematische Schwerpunkte und Verdichtungen der Codierungen erkannt, über den thematischen Vergleich Kategorien gebildet und Konzepte abgeleitet bzw. in Verbindung gebracht werden.

31 Für die Auswertung wird, wie eingangs bereits erwähnt, mit der Software MAXQDA 11 gearbeitet, die speziell auf die qualitative Analyse von Datenmaterial ausgerichtet ist. Das Programm erfasst sowohl Codes als auch Codings, folglich auch die Häufigkeit der Überschneidungen.

5.4.2 Ergebnisse des thematischen Vergleichs: Strukturierte Verdichtung der Codierung auf situationsanalytischer Basis

Mit der „Sortierung der themengleiche[n] Passagen" (Bogner et al. 2014, 79) werden im zweiten Schritt in allen Interviews sechs Schwerpunktthemen sichtbar. Diese Schwerpunktthemen werden zunächst anhand der themengleichen Passagen aus den verschiedenen Interviews (vgl. ebd.) als solche herauskristallisiert sowie anschließend den sechs Feldern der jeweiligen Handlungssituation nach Adele E. Clarke zugeordnet. Diese Systematik folgt Clarkes „abstrakte[r] Situationsmap/geordnet" (Clarke 2012, 127).

In dieser Sortierungsphase der Themenüberschneidungen werden Codes und Codings identifiziert, die identisch bzw. sehr ähnlich sind und Clarkes Feldern zugeordnet werden können. Dabei wird das Material weiter sondiert, außerdem werden Codierungen zusammengelegt, kleinteilige Codierungen in thematischen Übergruppen zusammengefasst sowie einzelne Codierungen unter Zwischenüberschriften sortiert. In der thematischen Verdichtung der Codierung sowie in Rückbezug auf die Forschungsfrage erfolgt so eine Fokussierung auf wesentliche Bereiche. Auf dieser Grundlage können dann erste Kategorien und Strukturen herausgearbeitet werden. In diesem Prozess ergeben sich sechs Themenschwerpunkte, die in den folgenden Teilkapiteln 5.4.2.1 - 5.4.2.6 detailliert dargelegt werden.

Die wesentlichsten und markantesten Ergebnisse aus dem thematischen Vergleich werden im Folgenden im Überblick sortiert nach den sechs Feldern und jeweils mit prägnanten Interviewzitaten vorgestellt.

Wenn im Folgenden Zitate aus den Transkripten der ExpertInneninterviews angeführt oder Verweise zu diesen gegeben werden, sind diese Textausschnitte nach dem Schema „INTERVIEW 01, 45" mit einer anonymisierten Interviewnummer sowie der entsprechenden Absatznummer gekennzeichnet.

5.4.2.1 Wesentliche AkteurInnen für die Zusammenarbeit

Den ersten Themenschwerpunkt, hier abgekürzt mit I., bildet die Liste mit den von den ExpertInnen benannten für ihre Zusammenarbeitsprojekte wesentlichen AkteurInnen im transdisziplinären Feld ihrer professionellen kunstpädagogischen Arbeit, sprich Kunstunterricht, Schule, Kunst und gestalterische Bereiche. Die Frage an die ExpertInnen lautete, welche AkteurInnen an Kollaboration beteiligt sind. Hier wurden 80 Codes und 127 Codings vergeben.

Als wesentliche Größen bzw. Komponenten für Kollaboration benennen die ExpertInnen 21 AkteurInnen (im Folgenden abgekürzt mit A1 - A21), deren Beteiligung an künstlerischen und kunstpädagogischen Zusammenarbeitsprojekten sie als wichtig und wesentlich erachten. In der Auswertung der Interviews tauchen die benannten AkteurInnen der Chronologie der Interviews folgend absolut ungeordnet auf. Die folgende Auflistung stellt bereits übergeordnete Kategorien dar. In den Interviews wurden zahlreiche individuelle und einzelne Größen der verschiedenen AkteurInnen benannt. Zudem ist die Liste bestückt mit einer Mischung an nicht-menschlichen und menschlichen AkteurInnen.

A 1 der Standort der Schule
A 2 die Schulaufsichtsbehörden und zugehörigen kommunalen, landesweiten und bundesweiten Organe
A 3 die an der LehrerInnen- und KünstlerInnenbildung beteiligten Seminare/Bildungsstätten
A4 digitale Technologien
A5 Organe der öffentlichen Verwaltung wie Bund, Länder und Kommunen
A6 Nichtregierungsorganisationen für kulturelle Bildung
A7 AnbieterInnen von Bildungswettbewerben
A8 Kunsthochschulen und Kunstakademien
A9 Wissenschaft/Hochschule
A10 MigrationsforscherInnen
A11 JournalistInnen
A12 der gesamte Kunstbetrieb
A13 SozialpädagogInnen
A14 die Schule selbst
A15 Stiftungen
A16 kunstpädagogische Fachverbände
A17 kunstpädagogische Fachzeitschriften
A18 private und öffentliche Fortbildungsinstitute
A19 Informelle Netzwerke und das private soziale und kulturelle Netzwerk der Befragten
A20 Medien im erweiterten Sinne
A21 vergessene AkteurInnen.

Auffallend an dieser Auflistung ist, dass die ExpertInnen mit diesen 21 AkteurInnen eine große Bandbreite an für Kollaboration wichtigen Beteiligte und Komponenten benennen. Mit dem Anspruch, kollaborativen Kunstunterricht zu gestalten, macht sich zugleich deutlich, dass es ein sehr großes, heterogenes Inventar an möglichen Beteiligten, NetzwerkerInnen, Professionellen, menschlichen und nicht-menschlichen ZusammenarbeitsakteurInnen gibt.

Kollaborativer Kunstunterricht, so zeigen es die Befragten deutlich, heißt, in einem unübersichtlich werdenden Feld Strategien für einzelne Projekte zu entwickeln. Bei Quantität und Qualität der AkteurInnen kann sich dies in der konkreten Situation als höchst anspruchsvoll entpuppen.
Eine interessante Auffälligkeit in diesem Code-Großbereich stellen die vergessenen AkteurInnen (vgl. A 21) dar, sprich Beteiligte, PartnerInnen oder Institutionen, die von den Befragten erst im späteren Verlauf des Gesprächs explizit als vergessen benannt werden. ExpertIn 01 beispielsweise ist es unangenehm, dass sie/er in der Aufzählung von AkteurInnen den Fachverband erst spät nennt (vgl. Interview 01, 24), obwohl sie/er in dem benannten Fachverband selbst aktiv ist. Sie/er fühlt sich sichtlich ertappt und ist peinlich berührt, dass sie/er diese von ihr/ihm als wichtig begriffene Institution anfänglich vergisst.

5.4.2.2 Wie Kollaborationsvorhaben im Kunstunterricht der Regelschule gut funktionieren: II. Good Practice

In einem zweiten Schwerpunkt erlaubt die Heuristik, Strategien aufzudecken und zu extrahieren, bei denen gute Bedingungen und Handlungsstrategien aus der Praxis von kollaborativem Kunstunterricht zur Sprache kommen. In dem hier benannten thematischen Schwerpunkt werden 42 Codes und 91 Codings vergeben. Um Good-Practice-Beispiele zutage zu fördern, werden die ExpertInnen anhand des Leitfadens nach bereits durchgeführten Kollaborationsvorhaben im Kunstunterricht sowie nach guten Bedingungen hierfür gefragt. Die Leitfrage ist, welche Kollaborationspraxis für eine Zusammenarbeit von Kunstfeld und Kunstunterricht (am besten) funktioniert. Es wurden diejenigen Textpassagen in den Antworten codiert, in denen Hinweise darauf gegeben werden, wie Zusammenarbeit zwischen Kunstunterricht und außerschulischen Kultur- und KunstakteurInnen gut ablaufen kann und was von den ExpertInnen als gute Zusammenarbeit empfunden wird. Da nicht nach einer konkreten Beschreibung der Projekte gefragt wird, sondern nach den Bedingungen für ein gutes Gelingen von aktueller Kollaboration zwischen künstlerischem Feld und dem Kunstunterricht an der Schule sowie einer verallgemeinernden Bewertung, kann aus den Interviews keine Phänomenologie entwickelt werden, die aufzeigt, von welchen konkreten Kollaborationsvorhaben die ExpertInnen ausgegangen sind. Vielmehr werden die ExpertInnen in Bezug auf bestimmte spezifische Kollaborationsvorhaben, wie sie in der Themendimensionierung beschrieben sind, als Befragte ausgewählt und sollen ihre Einschätzungen und Bewertungen zu funktionierenden Praktiken sowie Hindernissen im Kontext dieser konkreten Projekte geben. Dementsprechend werden hier keine generalisierenden Aspekte aus den Interviews extrahiert, die eine Good Practice von Kollaboration zwischen Schule und Kunstfeld aufzeigen, sondern vielmehr Theoretisierungen „durch die Entwicklung sensibilisierender Konzepte“ (Clarke 2011, 222). Dafür lassen sich aus den

Interviews im thematischen Schwerpunkt *Good Practice* sechs Kategorien (im Folgenden mit P1-P6 gekennzeichnet) herausarbeiten, die einerseits zeigen, wie Kollaborationsvorhaben gut laufen, andererseits aber auch ein Schlaglicht darauf werfen, was zukünftig für eine nachhaltige Weiterführung von Kollaborationsprojekten als sinnvoll erachtet wird.

Good Practice (P)

P1 Gute Kollaborationsprojekte basieren auf informellen, außerschulischen Netzwerken

Als wichtigster Punkt in den Aussagen zu einer funktionierenden Kollaborationspraxis lässt sich herausstellen, dass die ExpertInnen vielfach darauf hinweisen, dass gute Kollaborationsprojekte auf informellen, außerschulischen Netzwerken und Komplizenschaften beruhen. Zum einen entstehen diese Kontakte zu außerschulischen PartnerInnen dank der Akquise der ExpertInnen oder durch zufälliges Aufeinandertreffen:

> *„Ja, hm, in der Zusammenarbeit zum Beispiel mit so 'nem Künstler, wie jetzt bei dem Fotograf. Da hatt' ich aber den Vorteil, dass der mir nicht fremd war. Sondern ich hab den sukzessive kennenlernen können. ÜBRIGENS, das ist vielleicht ganz witzig, hat mir 'n Schüler den vorgestellt, weil das der Cousin von 'nem Schüler war. [...] Ja, der ist bis heute ein Freund von mir. Also, das muss man schon. Ich hatte Glück." (INTERVIEW 01, 189+192)*

Mehrere ExpertInnen betonen die herausragende Bedeutung von Netzwerken und Kollaborationen, die teils im Studium oder im Verlauf des beruflichen Werdegangs in den hybriden Tätigkeitsfeldern der ExpertInnen aufgebaut wurden, teils über informelle Bekannt- und Freundschaften entstanden sind.

> *„Das war das Große Kunstmuseum 1 in NRW, das war eine Kunstvermittlerin an diesem Museum [...] Ja, ich hab 'ne Unterrichtsreihe konzipiert und wusste aber, ich würd' das ganz gerne ans Museum anbinden und in 'ner etwas anderen Form und hab sie dann persönlich angeschrieben, ob sie darauf Lust hätte und hab' ihr das Konzept rübergeschickt. Dann hat sie zum Beispiel aus museumspädagogischer Perspektive 'nen Unterrichtsbaustein mit hinzugesetzt und der Kontakt ist weiterhin vorhanden, dass sie mich teilweise auch zu 'nem Kaffee einlädt und nach Beratung fragt, wenn sie neue museumspädagogische Konzepte entwickelt. Weil so 'n Museum wie das Große Kunstmuseum 1 in NRW auch immer wieder auf der Suche ist, 'nen aktuellen Bezug zu den neuen, jungen Generationen herzustellen." (INTERVIEW 01, 127-129)*

Auffallend ist, dass die KollaborationsakteurInnen das private Umfeld bzw. informell entstandene Kontakte sehr häufig als konstituierend für eine funktionierende Zusammenarbeit erachten.
Gefragt nach den ProtagonistInnen der Zusammenarbeit antwortet ExpertIn 01:
„Hm, dann so meine Peers, mein soziales Umfeld. Und da gehören natürlich professionelle und nicht-professionelle Leute dazu. Das kann manchmal ganz simpel mein eigener Ehemann sein." (INTERVIEW 01, 18)
Mehrere ExpertInnen betonen in diesem Sinne, dass auch bereits im Studium aufgebaute komplizenartige Projektarbeiten in Teams eine Rolle spielen, in denen heterarchische Strukturen und freundschaftliche Projektarbeit im künstlerischen Umfeld erprobt wurden und diese für die Kollaboration zwischen Schule und Kunst im KunstlehrerInnenalltag eine wesentliche Rolle spielen:

> *„Ich, ja, kann glaub' ich nur empfehlen, bei solchen Gemeinschaftsprojekten schon im Studium mitzumachen, ne, wie bei so Filmprojekten. Wo ganz klar war, dass man das alleine nicht schaffen kann und, ähm, sich in seiner Rolle in der, in dieser Gruppe dann seinen Platz so, äh, wahrnimmt und aber auch bereit ist, für andere das gleiche zu machen, ne. Also, es reicht nicht nur, dass man für sein Projekt Leute akquiriert, um so'n Netz bestehen zu lassen, muss man auch EHRENAMTLICH, sozusagen, bei anderen vielen Projekten mitmachen. Das ist nämlich so'n Ego-Ding, äh, funktioniert da nicht. Das ist dann einmal und das war's dann." (INTERVIEW 06, 32)*

P2 Kollaborative LehrerInnenbildung schafft kollaborative Schulentwicklung
Im Zusammenhang mit informeller, komplizenartiger Kollaboration, die von den ExpertInnen als wesentlich für erfolgreiche Kollaborationsprojekte zwischen Schule und Kunstbetrieb erachtet wird, benennen die ExpertInnen auch kollaborative Bedingungen des Kunststudiums als essentiell. Hier wird auf nachhaltige Freundschaften und Netzwerke hingewiesen, die wiederum im KunstlehrerInnenberuf wichtig für außerschulische Projektarbeit sind:
ExpertIn 05 macht deutlich, dass das intensive künstlerische Basisstudium, das man für das Kunstlehramt benötigte, wesentlich für die Bildung eines individuellen und breiten Netzwerks im künstlerischen und kulturellen Bereich war:

„Also, die zwei Jahre ham auch dazu geführt, dass sich von den 23/24 Leuten in dem Basisstudium 15 sehr gut kannten und langjährige, auch nachhaltige Freundschaften führen." (INTERVIEW 05, 134)
ExpertIn 03 betont die Institutionalisierung von solchen kunstbezogenen Erfahrungen in der KunstlehrerInnenbildung:

*„Bei der Lehrerausbildung sollte, *4* was die, den Wert von Kultur insgesamt angeht, ein anderer Schwerpunkt gelegt werden. Und es sollte bei der Lehrerausbildung schon sehr früh für mich verpflichtend nicht nur der Weg in die Schule gegangen werden, sondern es sollten verpflichtend auch Museumsbesuche, Kunstvereinsbesuche, Galerienbesuche und auch Künstlerateliersbesuche. Dies sollte von Anfang an verpflichtend mit dazugehören. Und erst wenn man bei der Lehrerausbildung es schafft, Gespräche zwischen Künstlern und angehenden Lehrern zu erzeugen, kriegen die ein Verständnis dafür, wie Künstler wirklich ticken und müssen das nicht nur nachlesen. Wie viele hab ich gehabt, Referendare, die haben vielleicht vor 10 Jahren das letzte Mal ein Museum besucht. Das geht nicht! Ne. Und, äh ... da, glaube ich, kann man die Eingangsvoraussetzungen intensivieren und damit schafft man auch 'ne andere Ebene, wo dann die Schule auch wieder sich anders mit Kunstvereinen und mit Galeristen und mit Künstlern vernetzen kann. Ich glaube, so früh sollte man das ansetzen." (INTERVIEW 03, 101)*

Auch ExpertIn 04 betont, dass eine solche Etablierung informeller Netzwerke von KunstakteurInnen in der KunstlehrerInnenbildung wichtig sei und nachhaltig eingerichtet werden müsste:

„Man bräuchte in den Ausbildungsgängen zunächst mal die, 'ne Auseinandersetzung mit 'nem weiten Bildungsverständnis. Das formale, non-formale, informelle Bildungszusammenhänge beschreibt und miteinander in Beziehung setzt. Ein Verständnis von Bildung als Lebenskompetenz. Wie das Bundesjugendkuratorium vor vielen Jahren schon gesagt hat, ich glaub' 2009, dann braucht es in den Ausbildungen sowohl der Lehrerinnen und Lehrer, aber auch der, ähm, Fachkräfte, der pädagogischen Fachkräfte aus dem außerschulischen Bereich, braucht es, ähm, den Bereich der Kooperation und Zusammenarbeit als einen grundlegenden Ausbildungsbestandteil UND in den formalen Ausbildungen der Fachkräfte müssen immer wieder Schnittmengen mit den anderen Professionen vorgesehen sein. Also interprofessionelle Aus-, Fort- und Weiterbildungen. Das ist grundlegend #wichtig.#" (INTERVIEW 04, 86)

P3 Kollaborationsprojekte gehen von einzelnen Expertinnen aus

Obgleich Kollaboration von allen befragten ExpertInnen als förderlich für die eigenen Kunstunterrichtsprojekte oder die im eigenen Tätigkeitsfeld angestoßenenen Förderprojekte für Kooperationen mit KünstlerInnen erachtet wird und in der Frage nach wichtigen AkteurInnen der Zusammenarbeit eine Fülle genannt werden, sticht in der Auswertung der Interviewtranskripte im thematischen Vergleich etwas Gegensätzliches heraus: Mehrere ExpertInnen betonen, dass die oft sehr aufwendigen Kollaborationsprojekte stark von dem Engagement, der individuellen Motivation, dem Arbeitseinsatz und der Netzwerkarbeit einzelner Personen abhängen und eben oftmals von der im Interview befragten Person ausgehen. So betont ExpertIn 01, dass die Schule, vom eigenen persönlichen Engagement einmal abgesehen, eine sehr fragliche Partnerin für Kollaboration sei, da es bei komplexen Kollaborationsvorhaben mit Museen und KünstlerInnen keinerlei Unterstützung von der Institution Schule gegeben habe:

> *„Ich weiß nicht, ob ich 'n spezieller Fall bin ... dass sie [Anm. d. Verfasserin: die Rede ist von der Schule] ... für mich nicht DIE überragende Rolle gespielt hat, weil ich persönlich die Wahrnehmung hatte, dass ich von MIR aus sehr viel geleistet habe und nicht schon solche Netzwerke von der Schule aus bestanden haben." (INTERVIEW 01, 169)*

Expertin 01 unterstreicht, dass ein immenses Maß an Eigenleistung für die realisierten Zusammenarbeitsprojekte aufgebracht wurde. Auch wenn den ExpertInnen an manchen Stellen weniger bewusst war, dass ihre Handlungspraxis im Kunstunterricht ein Alleinstellungsmerkmal war und ist und sie besondere Projekte machen, wird an anderen Stellen deutlich, dass die ExpertInnen in Kollaborationsprojekten weit über ein gesetzlich gefordertes Engagement für die Lehrprofession hinausgehen, wie an folgendem Zitat von ExpertIn 05 deutlich wird:

> *„Also, ich habe mir als Lehrer, Kunstlehrer, ich hab' das immer sehr, sehr ernst genommen und habe auch gemerkt, dass ich 'ne Menge bewegen kann. Und bin auch stolz darauf, heute immer wieder Menschen zu begegnen, die durch mich zur Kunst, in welcher Form, oder auch zur Gestaltung, gekommen sind. Das hat sich immer über die Jahre herauskristallisiert. Und wir haben sogar jetzt gerade noch eine Praktikantin hier, die ist heute nicht da, die hat jetzt noch bei mir Abitur gemacht, im Mai. Und fragte, weil sie mitgekriegt hat, was ich mache, ob sie 'n Praktikum machen könnte. Und das ist in den letzten Jahren, Jahrzehnten immer so gewesen, dass ich die Leute untergebracht habe. Ich habe einmal pro Jahr meinen Leistungskurs auch zu Ausstellungen – oder auch fast zweimal im Jahr – in den Kunstraum [Anm. d. Verfasserin: die Rede ist vom Projekt- und Galerieraum des Befragten] geholt. Habe also da 'ne Brücke geschlagen. Ansonsten habe ich das tunlichst vermieden, dieses bekannt werden zu lassen. Für mich war es auch mal als Lehrer wichtig – und da kommt noch 'n, ... ja, Netzwerk ist vielleicht nicht der richtige Begriff. Für mich ist es immer wichtig gewesen, Bezüge herzustellen. Ich habe meine Leistungskurse regelmäßig in die Großstadt 2 in NRW in*

die Kunstakademie zum Rundgang geschleppt. Mitunter auch in die Stadt 2 in NRW mitgenommen, an die dortige Akademie, das war allerdings eine kleinere Gruppe. Ich habe sie aber auch früher auf die Art Cologne geschickt. Mit ganz gezielten Aufgaben. Und habe die, ähm, denen so einfache Aufgaben gegeben: Kriegt mal raus, was der Unterschied zwischen der oberen und der unteren Etage ist. Oder oben links und oben rechts. Und unten links und unten rechts. Geht mal 'rum und guckt euch die Arbeiten an. Fragt einfach mal und so ... Und die haben sich das selber erarbeiten müssen. Das heißt, nur über die Beschäftigung mit dem, was zeitgenössische Kunst ist, kommt man dazu auch, ein Verständnis zu entwickeln. Das war der Hintergrund. Und das hat vielfältig funktioniert. Ich hab auch für Lehrer Fortbildungen gemacht, im Rahmen von Guggenheim in der Stadt 1 in NRW, die passive Führung entwickelt mit ,ner jungen Kollegin von mir. Also, das heißt nicht, dass man geführt wird von jemandem, der einem alles erzählt, sondern der schweigt einfach nur, und der antwortet nur auf Fragen. Erst haben wir das mit Schülern getestet, dann mit zwei Lehrergruppen und so weiter. Einfach nur um 'rauszukriegen ..., und da bleibt einem was völlig anderes im Kopf hängen, wenn die Fragen, die Geführten und der, der zu Führende alle die Dinge beantwortet, was sie wissen wollen. Und die sind alle ganz anders begeistert dabei. Und wenn er was nicht weiß, dann sagt er „Das weiß ich nicht!". Also, so haben sich viele, viele Dinge entwickelt, als Lehrer, auch ,n ... auf ... das kann man vielleicht ... ich würd's immer als Bezüge nennen. Ich bin auch mit denen Wochenenden ... Zeichenwochenenden in Paris gemacht, all den ganzen Kram. Also, das hab' ich schon sehr intensiv betrieben, am Curriculum mitgewirkt und so weiter. Aber – das ist der Lehrer." (INTERVIEW 03, 24)

Hieran macht sich zweifellos deutlich, dass ein kollaboratives Handeln eindeutig von Netzwerken der Einzelnen profitiert, dass aber scheinbar Dynamiken an der Schule entstehen, die ein solches Einzelkämpfertum bestärken, weniger aber als Ressource aufgreifen und mit unterstützen.

P4 Kollaboration schulintern: Plädoyer für Arbeitsteams

Ein weiterer Aspekt, der von ExpertIn 05 als besonders wichtig herausgestellt wird, ist die Erfahrung, dass Kollaboration auch schulintern eine zentrale Rolle spielt, und dass für gelingende Projekte an der Schule, sei es fachintern im Bereich „Kunst" oder fachübergreifend, zum Beispiel bei Jahrgangsprojekten, verstärkt Arbeitsteams gebildet werden sollten. An mehreren Stellen weisen ExpertInnen in den Interviews darauf hin, dass es wichtig sei mit Schulleitung oder den KunstkollegInnen zusammenzuarbeiten.

ExpertIn 05 kann hierzu auf besondere Erfahrungen aus der eigenen Reformschule zurückgreifen und dort bestehende Strukturen für Arbeitsteams aufzeigen, die auch

SchülerInnen als Partizipierende in Fachsitzungen und übergeordneten Besprechungen einbeziehen:

„Also ich hab' jetzt zum Beispiel dieses Jahr mit einer Kollegin das Projekt „Die 50er Jahre" gemacht und daraus kam dann auch 'ne größere Ausstellung zustande. Auch dahinter versteckt, versteckte sich dann wieder Teamarbeit, was die Schülerinnen und Schüler anbelangte. Der Jahrgang 10, mit dem arbeite ich jetzt auch schon vier Jahre im Kunstbereich, also im Kunstunterricht, zusammen, die haben letztes Jahr schon gut für 'ne Aufführung zusammengearbeitet und da hat sich 'n Arbeitsteam von 12 Schülern ergeben, die jetzt mal eben, ich sag jetzt mal „eben in einer Woche" 'ne recht großzügige und tolle Ausstellung, ein Ausstellungs-Display-System aufgebaut haben, in denen dann die Klassen ausstellen konnten. Das war sehr, sehr geräumig. So eine Dachlattenstadt haben sie da gebaut. Das war toll, weil man auch eben merkte, dass dieses Team dann schon als Arbeitsteam funktionierte und das dann wieder abrufen konnte für den nächsten Einsatz geradezu, ne? Jetzt machen wir noch 'ne Aufführung im Juni und da bin ich mir ziemlich sicher, das wird auch wieder gut klappen weil die einfach schon wissen, wie das jetzt funktioniert." (INTERVIEW 05, 59)

P5 Lokale intelligente kulturelle Bildungslandschaft/Netzwerke

Abgesehen von der Teamarbeit an der Schule selbst, wie sie auch von anderen ExpertInnen betont wird, weist ExpertIn 04 insbesondere darauf hin, dass eine verstärkte Kollaboration zwischen Schule sowie Kultur- und Kunstbetrieb dadurch befördert werden könnte, wenn sich auf lokaler Ebene intelligente kulturelle Bildungslandschaften und Netzwerke bilden. München wird an dieser Stelle als Vorreiterin für ein solches Vorhaben angesehen (vgl. INTERVIEW 04, 20).

ExpertIn 04 unterstreicht die Bedeutung, die der Einrichtung solcher Netzwerke für die Schulentwicklung zukommt:

„Das heißt, ich glaube man wird beides ... Also, Schule muss sich weiterentwickeln zu 'nem Ort der ..., des Lebens und Lernens, und deshalb wird, äh, der Aspekt so einer Inklusion kultureller Bildung zunehmend an Bedeutung bekommen, das bedeutet aber, dass sich auch Unterrichtsentwicklung, Organisationsentwicklung, Personalentwicklung in Schule weiter verändern muss oder dem weiter öffnen muss. Ähm, und es wird aber auch immer wieder Projekte geben müssen, die auf Kooperation im Sinne der Integration ausgerichtet sind. Letztendlich ist das Spannende zu überlegen, wie kann eine Ganztagsbildung, was was anderes ist als Ganztagsschule, wie kann 'ne Ganztagsbildung in gemeinsamer Verantwortung aussehen. Und da kommen wir so

ein bisschen zurück zu dem Anfangsteil der Netzwerke. Dafür brauchen wir die lokalen Bildungskonzepte, und es ist, glaub' ich, nichts damit gewonnen, wenn man sagt, wir lassen jetzt kulturelle Bildung, künstlerische Projekte ganz in Schule aufgehe,n weil wir dann, äh ... das verlieren, was wir eigentlich da haben wollen. Denn Schule steht unter bestimmten spezifischen Anforderung, beispielsweise Qualifizierung oder Selektion, unter denen Kunst und Kulturprojekte in dieser expliziten Form erstmal nicht, also nicht so formalisiert ... unter dieser Anforderung stehen. Also muss man dann schauen, wie kann in dem Bereich in der Einrichtung Schule das Potential erhöht werden, die Flexibilität oder die Bildsamkeit der Einrichtung erhöht werden, um diese anderen Formen von Bildungspraxis mit ihren eigenen Interessen zu verbinden. Und das muss dann stärkere, ich sag ungern den Begriff der" Augenhöhe", weil der so überstrapaziert ist, der Akteure herbeiführen." (INTERVIEW 04, 42)

P6 Offenheit für kulturelle Lebenswelten behalten

Neben den konkreten Erfahrungen zu Kollaborationsprojekten benennen die ExpertInnen in den unterschiedlichen Berichten die Bedingung, sich Offenheit gegenüber vielfältigen kulturellen Lebenswelten zu bewahren.
ExpertIn 01 plädiert dafür, „Offenheit zu behalten und die Lebenswelt der Schüler viel mehr wahrzunehmen" (INTERVIEW 01, 243). An dieser Stelle erläutert ExpertIn 01 beispielsweise, dass er/sie das Musical Ritter Rost erfolgreich in den Kunstunterricht integriert hat, da plötzlich alle Sechstklässler enormes Interesse an dieser Erzählung zeigten, auch wenn er/sie selbst nicht darauf gekommen wäre.

ExpertIn 02 konkretisiert diese Offenheit in einer anderen Dimension:

„Einfach ... also ... machen, versuchen, Grenzen zu überwinden und sich nicht abschrecken lassen von ... ja, von vermeintlichen, ich sag' mal Barrieren. Sei es irgendwie die ... wenn ich an bestimmte Museen denke, die dann: „Ja, die Lehrerführung – und zu 'ner bestimmten Ausstellung." Und so weiter, und ... vor allem auch eigene Blicke wagen. Das ist halt auch noch so was." (INTERVIEW 02, 210)

Mit dem Plädoyer von ExpertIn 04 wird die Forderung deutlich, dass Kunstunterricht nicht in der ihm eigenen Schul- und Schulwissensblase verbleiben darf, sondern dass sich die LehrerInnen im Sinne von Kollaboration auf Neues einlassen sollten, um guten Unterricht zu machen. In diesem Fall möchte der/die ExpertIn sich auch nicht im engen Rahmen von zielgruppenorientierten LehrerInnenführungen in Museen leiten lassen, sondern freigeistlich eigene Denkweisen behalten. Dies wünscht er/sie sich auch für KollegInnen. Offen zu bleiben und sich gegenüber aktuellen kulturellen Strömungen nicht zu verschließen und diese in den eigenen Unterrichtsalltag zu integrieren – diese Punkte werden damit als wesentliche Kollaborationsindikatoren für einen kollaborativen Kunstunterricht benannt.

5.4.2.3 Verhinderung von Kollaboration durch schwierige Bedingungen: Diskursive Praktiken zwischen Schule und Kunstfeld

In der Untersuchung des Interviewtextmaterials fällt im thematischen Vergleich ein dritter Schwerpunkt auf, der die Erfahrungen der ExpertInnen mit konkreten Hindernissen und Schwierigkeiten umfasst, die sich durch die Praktiken der Kollaboration auftun. Dieser wird im Folgenden mit III. abgekürzt. Die zu diesem Aspekt zusammengeführten Textpassagen, in denen die ExpertInnen Aussagen über die Verhinderung von Zusammenarbeit in der Praxis treffen sowie Analysen und Bestandsaufnahmen der Rahmenbedingungen abgeben, zeigen die speziellen Schwierigkeiten und Hürden für Kollaboration zwischen Kunst und Schule auf. Insgesamt werden hier 35 Codes und 76 Codings vergeben.
Unterschiedliche Hürden für Kollaboration werden beschrieben. Einerseits werden Gründe auf Ebene der Schule benannt. Es kommen Schwierigkeiten zur Sprache, beispielsweise, dass die professionelle Ebene meist auf einer persönlichen Interaktionsebene zwischen KollaborationspartnerInnen aus dem Kunst- und Kulturbetrieb und den LehrerInnen der Schule basieren. In einem dritten Punkt werden Aussagen zusammengefasst, in denen Kollaborationshindernisse benannt werden, die in der Gestaltung der KunstlehrerInnenbildung verortet werden. Geordnet werden die Besprechungen und Analysen nach den drei Bereichen der diskursiven Praktiken (im Folgenden abgekürzt mit DP). Im Folgenden werden dabei Aussagen der ExpertInnen zu Hindernissen für Kollaboration in den Blick genommen. Als diskursive Praktiken in der Schule (DPS) sind sechs Schwerpunkte, unter diskursive Praktiken der Interaktion (DPI) sind zwei Punkte und unter den diskursiven Praktiken der Lehrerinnenbildung (DPL) ist nur ein Bereich auffällig, der Informationen liefert bezüglich von Hindernissen für Kollaboration.

Diskursive Praktiken an der Schule (DPS)

DPS 1 Schule ist nicht anschlussfähig für kulturelle Kollaboration

In zehn Aussagen der befragten ExpertInnen wird angesprochen, dass die Institution Schule für kulturelle Zusammenarbeit schlicht und ergreifend kaum Anschlüsse bietet. Die Gründe und genaueren Erläuterungen, welche die ExpertInnen für ihre Beanstandung der fehlenden Anschlussunfähigkeit liefern, sind unterschiedlich und werden im Folgenden anhand von spezifischen Begründungen der Interviewten näher erläutert.

DPS 2 SchulakteurInnen zeigen keine ausreichende Offenheit für Neues

Zum einen fällt die Aussage ins Auge, schulische AkteurInnen seien zu wenig offen für Neues. So trifft ExpertIn 01 bei der Frage nach Möglichkeiten der Zusammenarbeit mit KunstfachkollegInnen die Aussage, dass diese sich zum Teil zu stark im Feld des üblichen und eingeschleiften Geschäfts bewegen und nicht darüber hinausgehen:

> *„Ja, starr. Grade das, was auch das Curriculum anbetrifft. So 'n Satz wie: ich habe immer schon Linoldruck gemacht und das mach' ich weiterhin. Obwohl man eigentlich von den Kompetenzen jetzt aus planen sollte. Das ist mir in Erinnerung geblieben und das war sehr bezeichnend." (INTERVIEW 01, 99)*

Allerdings wird dieser Eindruck der mangelnden Offenheit von KunstkollegInnen nicht nur im subjektiven Blick auf einzelne FachkollegInnen deutlich, vielmehr lässt sich auch im thematischen Vergleich eine Parallele ziehen. ExpertIn 04 zeigt auf, dass das Problem der geringen Offenheit für Außerschulisches sich ganz generell auch auf Ebene der Schulsteuerung und -struktur manifestiert:

> *„Aber gleichzeitig ham wir ja 'ne große Problematik in der Lehrerausbildung und vor allem in der Lehrerfortbildung, dass das Subjekte oder Individuen sind, die dieses Schulsystem fast gar nicht verlassen. Da besteht zu wenig Erfahrung, zu wenig Kenntnisse für andere Bildungszusammenhänge und auch andere Formen der Organisation von Bildung. Es ist ein großes Problem, dass innerhalb des Schulsystems Lehrer Lehrer fortbilden und zwar fast zu 90%. Das müsste mal dringend in den Blick genommen werden. Das betrifft gar nicht nur Fragen der Kooperation von Kultur und Schule, sondern überhaupt Fortbildungen, und ein Grund, einer unter vielen, aber ein Grund unter diesen vielen Gründen für den Innovationsstau in den Schulen ist auch eben die systemimmanente Fortbildungsstrategie. Nehmen Sie für NRW beispielsweise die Kompetenzteams, da sind zu 90% Fachkräfte mit sehr ... einer sehr zweifelhaften Moderationskompetenz und vor allem mit 'ner zweifelhaften Fachkompetenz, muss #man leider so sagen#." (INTERVIEW 04, 88)*

Das Prinzip der mangelnden Offenheit ist eindeutig als ein hausgemachtes, strukturelles Problem der Schulsteuerung zu deuten, wenn Erweiterungen des Horizonts und Fortbildungen in der Tat nur von schulinternen Fachkräften angeboten werden.

DPS 3 Kunstdidaktische Lehrkompetenz wird durch Kollaboration mit KünstlerInnen und anderen KulturpartnerInnen hinterfragt

Neben den systemischen Gründen – wie der spezifischen Handlungslogik, die ExpertIn 04 anspricht – und die Kollaboration verhindern, rückt ExpertIn 01 eine ganz andere Schwierigkeit in den Fokus. Spezifische Kollaborationsvorhaben erscheinen aus Perspektive der LehrerInnen in der Tat als sehr fragwürdig, da sich durch deren Implementierung eine andere, strittige Qualität von Lehre etabliert:

> *„Ich möchte UNbedingt betonen, dass ich jetzt nicht – und das hoffe ich, dass Du das auch nicht herausfilterst – dass man generell die Zusammenarbeit mit Künstlern als positiv bezeichnen kann. Also, das wär' genau das, was ich NICHT am Ende deiner Untersuchung eigentlich lesen möchte, ne?! Sondern in meinem speziellen Fall hatte ich Glück mit diesem Fotografen. Wenn wir ihn unter die Kategorie „Künstler" packen. Aber ... grundsätzlich ist es sehr schwierig, erstmal so klassische Künstler wie von der Akademie, äh, Abgänger, ne, kennenzulernen, weil die sich für Schulprojekte in der Regel nicht gewinnen lassen. Und die Künstler, die dann oft was mit Schulen machen, da sind ja oft andere Motive auch leitend, da bin ich pragmatisch genug ... nämlich FINANZIELLE! Ja! Also, die Koryphäen an Künstlern hat man ja in der Schulen nicht. Und deswegen steh ich auch ... deswegen, hattest Du ja den Leiter der Institution für kulturelle Bildung vorhin erwähnt, ich steh' dem Ganzen, was kulturelle Bildung angeht, 'n bisschen kritisch gegenüber. Denn so halbfertige Kunstpädagogen oder Pädagogen oder halbfertige Künstler in die Schulen zu setzen, nur damit der Nachmittagsbereich, äh, abgefrühstückt werden kann: NEIN, DANKE! Weil ich hab' das alles dann ... mühselig aufzuarbeiten in meinem Kunstunterricht. Ich hab's auch gehasst, wenn Kollegen auf der Klassenfahrt mit den Schülern jeden Tag ins Museum gegangen sind. Weil, die Institution Museum rettet nicht einen bildungsbürgerlichen Sinn für Kultur, wenn man es nämlich nicht auf die richtige Art und Weise macht." (INTERVIEW 01, 192)*

Wie sich in dieser Aussage zeigt, kratzt das professionelle Handeln eines Künstlers bzw. einer Künstlerin an den erlernten, professionellen didaktischen Strukturen der Lehrprofession, wie sie an der Schule ausgeübt wird, wodurch es zu eklatanten Verstimmungen oder kritischem Hinterfragen kommen kann. Es geht in dem angesprochenen Projekt um eine landesweit gesteuerte Initiative, bei der über öffentliche Gelder KünstlerInnen mit spezifischen Vorhaben mit Schulen kooperieren. Dieses Konzept haben bereits mehrere Bundesländer in den vergangenen Jahren etabliert. Wie die Einschätzung der befragten Fachkraft offenbart, können diese Projekte nicht per se als gewinnbringendes, funktionierendes Konzept begriffen werden.

DPS 4 Ländlicher Standort Negativfaktor für Kollaboration

Wesentlicher Hindernisgrund für kollaborative Projekte, so zeigt sich in den Interviews, kann der spezifische Standort der Schule sein. Eine provinzielle, nicht-urbane Lage einer Schule schafft für manche der ExpertInnen Bedingungen, die wenig Austausch zwischen zeitgenössischen, künstlerischen AkteurInnen zulassen, auch wenn, wie ExpertIn 02 beteuert, Kollaboration grundsätzlich angestrebt wird (vgl. INTERVIEW 02, 140).

> *„Also, ein Konflikt persönlich ergibt sich für mich durch den Standort der Stadt 3 in NRW, dadurch, dass ich nicht in einer ... an einem Ort bin, wo jetzt 35 Museen sind. [...] Aber es macht zum Beispiel eine ständige Kooperation mit einem für mich attraktiven zum Beispiel Museen, Museum schwierig." (INTERVIEW 02, 130 und 138)*

Auch ExpertIn 01 zeigt auf, dass der spezifische Standort der Schule ausschlaggebend dafür ist, ob sich Kollaborationen mit Kunstinstitutionen schwierig gestalten lassen oder nicht:

> *„Jemand, der im Sauerland tätig ist, wie soll der das machen? Ganz ehrlich! Auch mit den Zugverbindungen, die sind katastrophal. Und, deswegen sind die Forderungen oder die Wünsche, die ich äußere nie auch ... nie dogmatisch zu verstehen, so „das muss jetzt gemacht werden", sondern man muss ja immer wieder schauen unter welchen Bedingungen viele arbeiten." (INTERVIEW 01, 233)*

Auch ExpertIn 04 erklärt im Hinblick auf Kollaborationshindernisse, die durch den Kontext der Schule begründet sind, dass ein ländlicher Standort eine spezifische Rolle spielt. Er/sie fordert daher, dass gerade dort, wo es aufgrund einer geringeren Anzahl kultureller Institutionen auf den ersten Blick weniger Potentiale gibt, eine intelligente Vernetzung aufgebaut werden sollte, die auch außerhalb der Schule stattfindet und in regionalen Netzwerken strukturiert ist. Zudem lassen sich für rurale Gebiete neu gestaltete Lösungen unter Verwendung digitaler Medien denken, die Formen der Kollaboration auch für abgelegene Schulen zulassen, wobei diese allerdings noch wenig erprobt sind. Hier gibt es, wie sich noch zeigen wird, einen Zusammenhang zu dem Kategorienbereich Social Media.

Diskursive Praktiken der Interaktion (DPI)

DPI 1 Kulturelle Teilhabe und Kollaborative Kunst vs. schulische Handlungslogiken

ExpertIn 04 zeigt anhand der spezifischen Steuerungsstrukturen im deutschen Schulsystem den auffälligen Widerspruch zwischen außerschulischer Bildungsmotivation und schulischem

Auftrag auf. ExpertIn 04 macht diese Diskrepanz beispielhaft an einer Evaluation fest, in der LehrerInnen zu Kollaborationsprojekten mit KulturpartnerInnen befragt wurden:

> *„[D]a haben wir die Lehrerinnen und Lehrer befragt, wie sie die Wirkung von ... oder das Wirkungspotential von Kulturprojekten in Schule bewerten, dann haben 85% die höchste und zweithöchste positive Bewertung abgegeben, und von derselben Gruppe haben wir dann aber nochmal 'ne interessante Antwort bekommen, als wir nämlich gefragt haben: „Wie bewerten Sie denn Kooperation in Bezug auf Ihre eigene Arbeit?" Und dann haben 65% derselben Gruppe gesagt: „Ich empfinde das als eine starke, eine sehr starke bis starke Störung." Und dieses Störungsempfinden hat mit diesem Integrationsverstän... oder mit diesen Konzepten zu tun, die unter dem Aspekt der Integration stattfinden. Und der Bereich der kulturellen Schulentwicklung, der steht sozusagen unter dem Paradigma der Inklusion. Das heißt, wie unterschiedliche Einrichtungen schauen, wie sie von ihrer Unterschiedlichkeit voneinander lernen können. Das bedeutet aber, dass Kunst und Kulturprojekte unmittelbar mit Schulentwicklungsprozessen verbunden werden müssen und eben auch ganz entscheidend mit der Schulidentität, also mit dem kulturellen Schulmythos, letztendlich." (INTERVIEW 04, 40)*

Es zeigt sich, dass diskursive Praktiken an der Schule existieren, die Kollaboration verhindern, obwohl mit enormen Kraftanstrengungen versucht wird, kollaborative Praktiken in der Schule zu implementieren. So scheinen außerschulische – oft kulturelle und künstlerische –Institutionen, wenn es um einen Vermittlungsanspruch geht, fast ausschließlich im Sinne des Teilhabegesetzes (vgl. UN-KRK 1989, Artikel 31) und dem Wunsch nach gleichberechtigter, demokratischer Teilhabe zu agieren. Diesem Gesetz kann die Schule allerdings nicht umfassend folgen, weil der Bildungsauftrag mit der Standardsicherung widersprüchlich ist zu einem partizipativen oder auch inklusiven Verständnis von heterogener Schülerschaft. Selbst wenn die Ziele zur Teilhabe gefordert und gefördert werden, entstehen Widersprüche im Handlungsauftrag, wenn diese gesetzlich nicht konkretisiert werden bzw. Schulen hierfür nicht die notwendige Autonomie besitzen.

Neben dem an der Schule hinsichtlich Inklusion existenten Steuerungswiderspruch kommt ExpertIn 04 generell auf das Dilemma an der Schule zu sprechen, bei dem Bestrebungen nach Partizipation und Kollaboration der Rationalität der Institution Schule entgegenstehen:

„Und da gibt es dann andere Handlungslogiken, die dann vielleicht sich zwar auf Schule ausrichten, aber Schule eigentlich in dem Steuerungsmodus gar nicht erreichen können." (INTERVIEW 04, 18)

Eine weitere Aussage im selben Interviewabschnitt gibt einen Hinweis darauf, welche strukturellen Hindernisse von Kollaborationen zwischen Schule und kulturellem Feld vorliegen könnten, die zum einen die Autonomie der Schule außer Kraft setzen und zeitgleich die Schule zum Spielball sehr unterschiedlicher Regelungs- und Steuerungsstrukturen machen:

> *„Wir haben Schulen ja in einer doppelten Trägerschaft: einmal in der Trägerschaft, also Schulträger, kommunal verankert in der Regel, und dann aber als Landespersonal mit Landessteuerung. Und Schulen werden ja zunehmend ... sollen ja zunehmend eingebunden werden in kommunale Bildungslandschaften, die aber eben nicht durchs Land gesteuert sind, sondern dann durch die Kommune gesteuert sind." (INTERVIEW 04, 18)*

In dieser Doppelstruktur treten die Widersprüche deutlich hervor, durch die ein neues, kollaboratives Handlungskonzept so schwierig oder auch gar nicht zu erreichen ist.
ExpertIn 04 geht im weiteren Verlauf des Interviews dezidiert auf die Unterschiede zwischen freier Kulturbildungsszene und dem schulischen Bildungsauftrag ein, woran sich ebenfalls Kollaborationshindernisse deutlich festmachen lassen:

> *„Und, ähm, für Kulturvertreter, für die Kulturpartner ist es häufig ein relativ schwieriges Unterfangen, in Schule reinzugehen oder mit Schule zu kooperieren, weil eben die gesetzliche Verankerung des schulischen Bildungsauftrags Vorschriften zu Aufsichtspflichten, Hausrecht, Curricula, also Lehrplan und dann das schulbez..., das eigene Schulcurriculum. All das hat 'ne ganz hohe, äh, ein ganz hohes Machtpotential und eben beinhaltet ein ganz großes Gefälle zwischen Schule und Kulturpartner." (INTERVIEW 04, 40)*

Hier wird deutlich, dass die Bemühungen von LehrerInnen – wie sie in den Interviews durchweg in sehr ambitionierten Projekten vorzufinden sind – noch so ernsthaft sein können – das Machtpotential der bestehenden Institution Schule ist und bleibt immens und verhindert die Implementation. Der Steuerungsmodus der Schule, von dem ExpertIn 04 spricht, wird als unvereinbar mit kollaborativen Projekten beschrieben. Lokale partizipative Initiativen, die Kinder und Jugendliche an die Beteiligung an Kulturprojekten heranführen könnten, scheitern so an der Top-Down-Kultur der Regelschule, die aufgrund ihrer Steuerungsstrukturen Kollaboration nicht als Ziel haben kann, so sehr sie das möglicherweise versucht.

DPI 2 Qualitätsmängel auf Seiten der KulturpartnerInnen

Für Kollaborationsprojekte wird in der Reflexion mancher der befragten ExpertInnen festgestellt, dass nicht alle Vorhaben der Zusammenarbeit per se gut sind. Mehrere

ExpertInnen weisen darauf hin, dass sie an Schulen Kollaborationsprojekte erlebt haben, bei denen die außerschulischen PartnerInnen, KünstlerInnen oder Kollektive, wenig Verständnis für die Situation im Umgang mit jungen Menschen in der Schule an sich hatten und dadurch ausgesprochen kritische Momente entstanden sind. ExpertIn 01 berichtet von einem Vorhaben, bei der keine ernsthafte, angemessene Vorbereitung für eine Aktion mit einer Schulklasse stattgefunden hatte und die Zusammenarbeit daraufhin sogar abgebrochen werden musste:

> *„Nee, ähm, und das war 'n Schuss in den Ofen, weil da völlig inkompetente Leute saßen, und das Labor nicht funktionierte. Da muss man doch technisch vorher mal kurz gecheckt haben, ob das funktioniert. Ähm, und vielleicht auch pünktlich vor Ort sein, wenn man weiß, da kommt 'ne Gruppe von 24, 27 Leuten. Und diesen ..., diesen Tag habe ich übrigens abgebrochen. Die standen ..., die guckten mich dann blöd an, dass ich gesagt habe, hier brechen wir ab, das macht so keinen Sinn. Da kann ich meine Kinder besser auf die Wiese schicken, Gänseblümchen pflücken." (INTERVIEW 01, 247)*

ExpertIn 03 empört sich hinsichtlich der Zusammenarbeit zwischen Schule und außerschulischen künstlerischen AkteurInnen regelrecht und echauffiert sich im Interview über solche Vorhaben, die glauben, dass qualitativer Kunstunterricht per se immer dann passiert, wenn man KünstlerInnen an die Schule holt. Dabei wird deutlich, dass einem Trugschluss unterliegt, wer außerschulisches Personal akquiriert, weil es einen Mangel an KunstlehrerInnen gibt und es naheliegend erscheint, Kunst fachfremd unterrichten zu lassen:

> *„Es fängt schon ganz früh in der Klasse 5 an. Wenn kein Kunstlehrer da ist, fällt entweder der Kunstunterricht aus oder jemand macht das fachfremd. Das ist die Katastrophe schlechthin. Das ist der schlechteste Einstieg, den man haben kann. Würde man das in Englisch oder Mathematik machen ... Wenn keiner da ist, dann lässt man etwa ausfallen und/oder holt in Anführungszeichen eine Hausfrau, die sich da vielleicht besser auskennt. Das ist nicht gegen die Hausfrau gerichtet, sondern das ist eben die mangelnde fachliche Qualifikation. Warum macht man das grade in Kunst und in Musik? In Musik allerdings noch weniger, weil dann holt man Leute, die ein Instrument spielen können. Ja, die ham ja schon mal was gelernt. Bei den Künstlern spielt es keine Rolle. Wer mal drei Häkelkurse gemacht hat oder was auch immer, der hat die Qualifikation über dem, der kein' Häkelkurs gemacht hat und der kann ja Kunst unterrichten. Und das ist die Wahrnehmung, die find' ich so was von zum Kotzen! Ja, und da hab' ich mich mein Leben lang drüber aufgeregt. Damit fängt's schon an." (INTERVIEW 03, 87).*

Darüber hinaus werden von einigen der ExpertInnen noch weitere Gründe genannt, an denen deutlich wird, wo es in der Interaktion zwischen Schule und KünstlerInnen oder anderen kulturellen PartnerInnen hakt. In diesem Zusammenhang ist das Statement von ExpertIn 04 besonders eindrucksvoll, welche/r von einer Degradierung der hochgradig ausgebildeten Lehrkräfte an der Schule spricht, wenn diese zu reinem Aufsichtspersonal für die schillernden Kunstprojekte der außerschulischen KulturpartnerInnen werden.

> *„Und wenn Lehrkräfte nur als Aufsichtsperson da drin sind, dann führt das ja notwendig auch zu Konfliktsituationen, weil die Fachkräfte, die schulischen Fachkräfte, ja dann UNTERHALB ihrer Qualifikation zum einen bleiben, sie sind völlig ... Das führt zu Frustration, die können viel mehr und wollen auch mehr als nur aufpassen, also die negativen Sanktionen aussprechen, und vor allem passiert das ja in der Regel entweder in der Schule, also in ihrem Hoheitsgebiet oder da, wo sie sich in gewisser Weise auch zu Hause fühlen. Oder es passiert mit ihrer Gruppe in einer anderen Kultureinrichtung, also einer fremden Einrichtung. Und, ähm, die werden sozusagen außen vor gelassen und das führt ..., das provoziert regelrecht Interventionen. Und das ist also ... passiert immer bei Kooperationen unterm Paradigma der Integration.“ (INTERVIEW 04, 58)*

Hier wird deutlich, dass eine innerbetriebliche Blindheit vorherrscht, die von einer Kollaborationsarmut herrührt und im konkreten Fall fachlich gut ausgebildete KunstlehrerInnen im Schulsystem in ihrem bzw. seinem Wert nicht anerkennt.
Des Weiteren wird in den Interviews der Faktor der gegensätzlichen Zeitplanung von Schule und kulturellem Betrieb zur Sprache gebracht (vgl. INTERVIEW 06, 18). Zudem wird von den ExpertInnen aufgezeigt, dass die Kunstszene KunstlehrerInnen und KunstpädagogInnen wenig Wertschätzung entgegenbringt: „Also die ... die freie Kunstszene, die guckt natürlich immer so ein bisschen mitleidig auf die so Kunstpädagogen, sprich Lehrer oder was auch immer.“ (INTERVIEW 02, 92)
Diese fehlende Wertschätzung scheint ein wesentlicher Aspekt zu sein, der engagierte LehrerInnen davon abhalten könnte, in ihrer Rolle als KunstlehrerInnen und als VertreterIn der Schule im Kunstfeld und mit diesem für potentielle Zusammenarbeit in Erscheinung und Interaktion zu treten und diese Funktion offenzulegen.

DPL Nichtkollaborative LehrerInnenbildung

Im thematischen Vergleich der unterschiedlichen Aussagen wird deutlich, dass einerseits zwar eine stark kollaborative Praxis der befragten AkteurInnen im Fokus stand, deren Ursprung einige auch durchaus in der persönlich durchlaufenen Lehrerbildung verorteten. Im Gegenzug reflektiert eine Fachkraft, dass ihre aktuellen KollegInnen und ReferendariatskollegInnen transdisziplinäre Zusammenarbeit aus dem Studium kaum bis gar nicht kannten – was im direkten Kontrast zum Bildungssetting der Befragten steht:

> *„Zum Beispiel Freundinnen, die in der Großstadt in Norddeutschland studiert haben, haben mir das berichtet. Dass sie das gar nicht so kennen, solche Gemeinschaftssachen. Das war eher auf Konkurrenz angelegt das Studium und das ..., das ist schade, weil die können dann später gar nicht daraus schöpfen aus diesen Erfahrungen." (INTERVIEW 06, 34)*

Hier wird deutlich, welches Potential darin liegt, wenn ein Lehramtsstudium zum einen transdisziplinär ausgerichtet ist und zugleich verpflichtend Elemente kollaborativer Projektkultur enthält – Strategien, die ExpertIn 06 eindeutig als konstitutiv für die spätere berufliche Praxis und kollaborative Projekte an der Schule herausstellt.

5.4.2.4 Die Rolle digitaler Praktiken für kollaborativen Kunstunterricht

Den vierten Themenschwerpunkt bilden codierte Textpassagen, die den Themenschwerpunkt zur Rolle von digitalen Praktiken, sprich Social Media und digitalen Technologien, in den von den InterviewpartnerInnen benannten Kollaborationsprojekten erfassen. Hier sind sechs Codes und 14 Codings gesetzt. Dabei fallen insbesondere zwei Aspekte (S1 – S2) auf. In der Auswertung zeigt sich, dass digitale Praktiken von den Befragten zum einen eher abgetan werden (vgl. S1) und zum anderen ein Handlungswiderspruch zwischen der Einschätzung der Rolle des Digitalen und der tatsächlichen Nutzung durch die ExpertInnen vorliegt (vgl. S2).

Social Media/ Digitale Praktiken (S)

S1 Einschätzung von digitalen Praktiken als sekundär

Es ist sehr auffallend, dass die ExpertInnen in diesem Fragebereich dazu neigen, die Relevanz und die Bedeutung von digitaler Medienkultur und Vernetzungspraktiken herunterzuspielen und als sekundär einzuschätzen. Die Potentiale digitaler Praktiken werden, so zeigt sich in mehreren Interviews, durchweg unterschätzt.

ExpertIn 01 beschreibt sich als eine Lehrperson, die wenig mit digitalen Vernetzungsplattformen zu tun hat:

„#Ja, das ist ganz schwierig, weil ich zum Beispiel selbst persönlich gar nicht bei Facebook bin, gar nicht bei Instagram" (INTERVIEW 01, 213).

Er/sie begründet ihre Überzeugung, das Digitale spiele in seinem/ihrem professionellen Umfeld keine große Rolle, damit, dass ihre pädagogische Überzeugung konträr zu digitalen Grundlagen stehe:
„[D]as hat aber 'n anderen Grund, weil mir bestimmte andere Werte als PädagogIn sehr wichtig sind" (INTERVIEW 01, 213).

S2 Handlungswiderspruch im Umgang mit digitalen Medienpraktiken

Im thematischen Vergleich mit dem Profil von ExpertIn 01 zeigt sich ein auffälliger Widerspruch was die Einschätzung von digitaler Medienkultur angeht. ExpertIn 01 stellt Lehre auf einem eigenen Blog im Netz zur Verfügung und nutzt im kunstpädagogischen Diskurs sehr aktiv Formate der digitalen Vernetzung, obwohl er/sie den digitalen Medien – entgegen der eigenen Handlungspraxis – keine wichtige Rolle für die eigene Profession zugesteht. Digitalen Techniken wird in der Handlungspraxis mehr Relevanz eingeräumt als im bewussten Sprechen darüber und in der pädagogischen Einschätzung dazu. Proklamiert wird eher eine ablehnende Haltung, die im Widerspruch steht zu der Wirklichkeit der Arbeitsweisen.
Auch ExpertIn 04 verweist darauf, dass in der eigenen Profession der künstlerischen und kulturellen Zusammenarbeitsprojekte vorwiegend analog kommuniziert wird. Auf die Frage nach der Rolle von digitaler Medienkultur im eigenen Kontext antwortet ExpertIn 04:
„Das spielt eine sehr, sehr, sehr nachgeordnete Rolle. Also, die, ähm, Online-Plattformen und ähnliches werden meines Erachtens für die direkte Zusammenarbeit überschätzt" (INTERVIEW 04, 38). Auch in diesem Fall ist die reale Nutzung der professionellen Arbeit der/des Befragten im Internet wesentlich größer als die eigene Einschätzung im Interview dies vermuten ließe.

Bei ExpertIn 06 verhält es sich ähnlich wie bei ExpertIn 01. Auf die Frage hin, ob digitale Praktiken für die eigenen Vernetzungs- und Lehrtätigkeiten als KunstlehrerIn eine wichtige Rolle spielen, wird dies verneint.

> *Interviewerin (I.): „Spielt das jetzt grade für Dich auch für Deinen Umgang mit den Schülern 'ne Rolle?"*
>
> *BefragteR (B).: „Nee, ehrlich gesagt nicht." (INTERVIEW 06, 21-22)*

Digitale Medienkultur, so zeigt sich, wird als nebensächlich betrachtet. Es wird darauf verwiesen, dass die eigene Arbeit analog sei oder man sich persönlich weder digital noch netzaffin verhalte. Die tatsächlichen Handlungspraktiken der ExpertInnen weisen jedoch entgegen dieser Selbsteinschätzung eine viel stärkere Nutzung von Digitalem und Social Media auf, als man angesichts dieser Aussagen vermuten würde. Sie lassen vielmehr auf eine hybride Vernetzungspraxis schließen, sprich analoge und digitale Vernetzungsstrategien werden im beruflichen Kontext parallel genutzt. Diese Kategorie entlarvt somit einen interessanten Widerspruch in Hinblick auf die Einschätzung der ExpertInnen bezüglich der Rolle von digitalen Medien, dem tatsächlichen Nutzungsverhalten sowie der Bedeutung von digitalen Vernetzungswerkzeugen für Kollaborationsprojekte.

5.4.2.5 Zukünftige kollaborative Räume für Kunstunterricht

In einer weiteren Kategorie sind Aussagen der ExpertInnen zu zukünftigen Räumen und Architekturen zur Förderung von Kollaboration im Kunstunterricht gebündelt. Hier werden 19 Codes und 27 Codings zugeordnet. Die ExpertInnen eruieren, welche Räume und Rahmenbedingungen mehr Zusammenarbeit möglich machen könnten. In diesem thematischen Schwerpunkt fallen bei der Auswertung besonders drei raumbezogene Kategorienbereiche auf (im Folgenden R1 – R3).
Zum einen sind sich die ExpertInnen einig, dass eine gute Ausstattung und konkrete räumlich-materielle Ressourcen an Schulen vorhanden sein müssen, damit kollaborativer Kunstunterricht stattfinden kann (vgl. Kategorie R1). Darüber hinaus heißt es, dass sich die vorhandenen Schulräumlichkeiten grundlegend verändern müssten bzw. dass eine neue, unorthodoxe und transformierte Nutzung bestehender Schulräume diese in kollaborative Bildungslandschaften verwandeln könnte (vgl. Kategorie R2). Als dritter wichtiger Aspekt wird genannt, dass sich das Verständnis von Schule ganz generell wandeln müsse. Der Bildungsraum Schule müsse auf einer Metaebene ganz anders betrachtet werden. Gefordert wird ein transformiertes Verständnis des Bildungsraums Schule, der die außerschulischen kulturellen und künstlerischen AkteurInnen sowie deren Fachräume mit als Schulort begreift (vgl. Kategorie R3). Im Folgenden werden diese drei Bereich detailliert dargestellt.

Kollaborative Räume (R)

R1 Schule stattet den Fachbereich Kunst mit Ressourcen aus

Die befragten Fachkräfte bekräftigen in den Interviews, dass für Kollaborationsvorhaben unterschiedliche räumlich-materielle Ressourcen wichtig sind. Zum einen ist die Rede davon, dass überhaupt ein Wohlwollen sowie ein Budget für den Fachbereich Kunst an der jeweiligen Schule zur Verfügung stehen muss. Dort, wo in dieser Hinsicht große Unterstützung vorhanden ist, berichten die ExpertInnen von einem uneingeschränkten Handlungsspielraum für das Fach Kunst, was wiederum auch auf die Kollaborationsvorhaben positive Auswirkungen hat (vgl.

INTERVIEW 02, 172). Andererseits wird es als Hemmschwelle empfunden, wenn weder eine grundlegende Wertschätzung noch finanzielle Ressourcen an der Schule vorhanden sind. Zum Teil finden die Kollaborationsvorhaben, von denen die ExpertInnen berichten, nur dank des persönlichen Engagements sowie der zeitlichen und finanziellen Ressourcen der einzelnen Lehrerkraft statt oder werden erst durch die aktive Mithilfe von SchülerInnen und Eltern möglich:

> *„Klar würde ich mir auch 'ne andere Ausstattung der Räume wünschen, der Materialien, von Kosten, die übernommen werden, um außerschulisches Lernen machen zu können. Denn ich muss ja immer wieder auch schauen, bei ... mit welcher Klientel ich arbeite, und wie viele Veranstaltungen die sonst noch haben. Ich hatte Mega-Glück, dass meine Schüler bereit waren, eine zusätzliche Studienfahrt mit mir zu unternehmen zur Biennale, weil man eigentlich nur EINE Studienfahrt machen kann. Aber auch schon Tagesexkursionen sprengen teilweise die finanziellen Mittel. Vor allen Dingen, wenn man regional etwas weiter außen liegt. Ich habe mit der Stadt 2 in NRW wirklich Glück gehabt, dass man mit der S-Bahn schnell in der Großstadt 1 in NRW war, aber auch mit 'ner Regionalbahn innerhalb von 'ner Stunde zum Beispiel im Großes Kunstmuseum 3 in NRW in Großstadt 3 in NRW war." (INTERVIEW 01, 233)*

Der/die ExpertIn spricht im zweiten Teil des oben abgedruckten Zitats an, dass bereits eintägige Besuche von außerschulischen Lernorten die finanziellen Ressourcen übersteigen. Dass es auch ganz anders sein kann, zeigt der Vergleich mit einer anderen Schule, an der/die ExpertIn extreme Wertschätzung erfährt und Ressourcen von der Schulleitung erhält. Diese Lehrkraft führt regelmäßig aufwendige Kollaborationsvorhaben durch (vgl. INTERVIEW 02, 172).

R2 Transformation der Gestaltung und Nutzung des Schulraums: Kollaboration als Fliegendes Klassenzimmer

In Bezug auf zukünftige Visionen und Ideen für veränderte Konzeptionen, die Kollaboration in größerem Maße zulassen, sprechen die ExpertInnen von einer Transformation der Bildungsarchitekturen, die den Schulraum nunmehr mobil definieren und ihn an unterschiedlichen Orten lokalisieren:

> *„Das spezifisch Neue ist [...] Es war 2004 unglaublich neu, dass wir gesagt haben Schule und außerschulische kulturelle Bildung sollen kooperieren. [...] Und das bedeutet, dass aber auch beide Einrichtungsformen, wenn man das mal verkürzt auf zwei, sich weiterentwickeln müssen. Und das betrifft dann eben nicht nur den Bereich der, ähm, Einrichtungsgrammatik oder Einrichtungsarchitektur, besser gesagt. Also wie ist diese Schule oder die Einrichtung der kulturellen Bildung organisiert, welche*

gesetzlichen Bestimmungen grenzen die ein. [...] [W]ie werden diese Räume, wenn man bei dem Architekturbild bleibt, bewohnt, wie werden die ausgestaltet. Also diese weichen Faktoren." (INTERVIEW 04, 102)

Diese erweiterte Nutzung mehrerer Räume, die bei ExpertIn 04 mit der Zweiteilung in „Schulraum" und „Kulturraum" noch recht polar und einseitig definiert wird, könnte mit der Expertise von ExpertIn 06 noch ergänzt werden:

*„Ja, man braucht nicht nur zwei oder einen Kunstraum, man muss möglichst alles nutzen, was drumrum ist. Zum Beispiel das Fotolabor ham wir genutzt als Fotostudio. Wir ham Kellerräume genutzt, wir ham Zwischenräume genutzt. Ähm ... wir ham Gänge genutzt. Alles was man normalerweise ... in der großen Gruppe nicht nutzen kann, aber in kleinen Gruppen. *10*" (INTERVIEW 06, 28)*

Die Stimmen, die in den Interviews zu Wort kommen, zeichnen ein Bild, das zeigt, dass zum einen die außerschulischen Lernorte als offizielle Bildungsorte anerkannt und zugleich der vorhandene traditionelle Schulraum, die hergebrachte Bildungsarchitektur, neu, unorthodox und umfassend für künstlerische Projekte genutzt werden kann. Eine solche nicht rein auf das Schulgebäude bezogene Nutzung wird von ExpertIn 06 in einem Projekt mit einem außerschulischen Ort erprobt. Das Kollaborationsvorhaben – ein Fotokunstprojekt – erfolgte in Zusammenarbeit mit dem lokalen Schrebergartenverein, der direkt neben der Schule liegt. Das Kunstunterrichtsprojekt wurde von KleingärtnerInnen und SchülerInnen gemeinsam realisiert.

ExpertIn 04 spricht diesen Aspekt einer neuen Form der Mobilität des Bildungsraums im Sinne eines mobilen Klassenzimmers an, das mit veränderten Dimensionen des Lernraums und einem notwendigen Umdenken in Bezug auf den Bildungsraum einhergeht:

„Also, wir brauchen vor allem 'ne Klärung darüber, wie Mobilität zwischen den Orten möglich ist. Wie, äh, die Kinder in die, äh, Jugendkunst ... äh, in die Kunsthalle kommen und in die Jugendkunstschule. Wie aber auch das Museum in die Schule kommt, wie das Theater dorthin kommt und die Kinder ins Theater. Und letztendlich geht es darum, dass in der Ganztagsbildung Kinder und Jugendliche den sie umgebenden Sozialraum als eine Bildungslandschaft erfahren. Das ist übrigens 'ne uralte Konzeption, schon aus den 70er Jahren, Kunstpädagoge 1 mit seinem städtischen Spiel- und Lernraumkonzept beispielsweise. Und das ist jetzt noch ... hat das nochmal 'ne Renaissance in Zeiten der Ganztagsbildung." (INTERVIEW 04, 76)

Die Transformation, von der die ExpertInnen in den Interviews sprechen, zeigt eine Vision von einer Schule der Zukunft auf, in der Bildungsräume mobil begriffen werden – auch wenn diese Mobilität nur in die direkte Umgebung der Schule führt.

R3 Neue Räume für kollaborativen Kunstunterricht: lokale, dezentrale Bildungslandschaft
Im Sinne der Erweiterung des Bildungsraumes, der mit den mobilen Lernsituationen und Klassenzimmern in der vorherigen Kategorie bereits angedeutet ist, spricht ein/e ExpertIn für den Kunstunterricht den Wunsch nach einer Innovation hin zu kollaborativen Bildungsräumen an und fordert eine Verstetigung des transformierten Lernraums für die Schule selbst. Zum einen wird hierbei die Immobilität der Schule problematisiert:

> *„Was die Zusammenarbeit von Kultur und Schule angeht, äh. möchte ich eigentlich sprechen von einem dezentralisierten, rhythmisierten Konzept für Ganztagsbildung. Das heißt, wir müssten uns überlegen, im Moment haben wir die Problematik in lokalen Bildungslandschaften, dass sie sich immer mehr zentrieren auf die Topografie der Schule." (INTERVIEW 04, 72)*

An anderer Stelle wird die Kollaboration mit KulturpartnerInnen gefordert, die mittlerweile bereits institutionell und rechtlich an Schulen verankert ist:

> *„[V]iele Kultureinrichtungen bieten einfach ... völlig, einfach andere Erfahrungsmöglichkeiten als wir die aktuell in der Schule haben und es würde auch nicht ausreichen, die in der Schule zu schaffen, weil ein Stadttheater oder ein Konzertsaal ja auch andere soziokulturelle Funktionen hat. Und wenn wir über Bildung im Sinne von Aneignungen, kultureller Teilhabe sprechen, dann muss eben Ganztagsbildung auch an diesen Orten stattfinden. Es müssten also Zugänge geschaffen werden zu diesen gesellschaftlich relevanten Orten." (INTERVIEW 04, 74)*

An dieser Stelle wird deutlich, dass sich mit der Perspektive auf Kunstunterricht noch kein Wandel eingestellt hat, der aufzeigt, dass digitale kollaborative Unterrichtsformen etabliert sind. Kollaboration, so die hier befragten ExpertInnen, bedarf zunächst einen Wandel, der das gesamte umfassende System Schule verändern würde und nicht nur die Gestaltung der Rahmenbedingungen des Kunstunterrichts allein.

5.4.2.6 Wertebasis/Grundlegende Werte

Im sechsten Part (nachfolgend mit W abgekürzt) werden Aussagen der ExpertInnen in Kategorien zusammengefasst, in denen sie grundlegende Werteüberzeugungen in Bezug zu ihrer professionellen Funktion und ihren alltäglichen Handlungspraktiken benennen. Hierzu werden 39 Codes und 61 Codings zugeteilt. Aus den ExpertInnenaussagen kristallisieren sich anhand der Analyse der thematischen Überschneidungen fünf verschiedene Schwerpunkte (W1 – W5) heraus:

Wertebasis (W)

W1 Grundlegender Wert: Pro Kollaboration

In einem ersten thematischen Bündel sind Aussagen zusammengefasst, die grundlegende aktuelle Tendenzen der Kollaboration im Hinblick auf Kunst und Gesellschaft benennen. Hier lassen sich im Rahmen des Vergleichs für die Codierung keine besonderen Auffälligkeiten und Schwerpunkte feststellen, bis auf den Hinweis einer Fachkraft, dass Heterogenität und pluralisierte Lebenswelten neue Anforderungen für Kollaboration erzeuge (vgl. INTERVIEW 04, 42). Zudem berichtet eine Fachkraft in zwei Abschnitten als Antwort auf die Leitfragen nach Zusammenarbeit zwischen Schule und Kunstbetrieb von großer Skepsis gegenüber kollaborativen Kunstprojekten, weil sie diese als rein neoliberale Marktstrategie von Museen und anderen Kunstinstitutionen betrachtet, die sie so nicht in die Schule hineintragen möchte (vgl. INTERVIEW 01, 251 und 245).

W2 Grundbedingungen: Werte und Einstellungen zum Kunstunterricht allgemein in der Schule

Im zweiten thematischen Block gibt es Überschneidungen, die sich als Einschätzungen der grundlegenden Ordnungen und Werthaltungen des Systems Schule bezüglich des Kunstunterrichts zusammenfassen lassen. Hierbei lässt sich im thematischen Vergleich zusammenfassend festhalten, dass insbesondere ein/e ExpertIn bemängelte, dass der Wert des Faches Kunst an der Schule allgemein verkannt werde (vgl. INTERVIEW 03, 55). In Korrelation dazu bemängelte ebendiese/r ExpertIn, dass Schulen dieser Wertehaltung entsprechend vermehrt dazu neigen, unqualifizierte KunstlehrerInnen einzustellen (vgl. INTERVIEW 03, 87).

W3 Grundbedingungen des Kunstbetriebs

In der Analyse des Kunstbetriebs aus Sicht von vier kunstpädagogischen Fachkräften wird Zusammenarbeit im Kunstbetrieb vor allem als temporäre Projektkultur wahrgenommen (vgl. INTERVIEW 03, 53/57/63/67; INTERVIEW 04, 26; INTERVIEW 05, 33/35; INTERVIEW 06, 32). ExpertIn 03 kann vor allem durch die ihm eigene professionelle Doppelrolle

Einblicke in den Kunstfachkontext geben und betont an mehreren Stellen, dass die digitalen Vernetzungspraktiken zunehmend elementar sind für die Zusammenarbeit im Kunstbetrieb (vgl. INTERVIEW 06, 77/79).

W4 Kollaboration im kunstpädagogischen Fachdiskurs

In den Berichten der ExpertInnen aus dem kunstpädagogischen Fachdiskurs wird Kritik laut an der fehlenden Vernetzung und Kollaboration. Im Kontrast zu den eigenen spezifischen Kollaborationspraktiken der Fachkräfte übt ein/e ExpertIn offen Kritik an der patriarchalen Struktur in einem kunstpädagogischen Fachverband: „Aber das ist doch immer so# frappierend. Dass da wirklich irgendwie so ‘ne Männerriege da anscheinend federführend ist. Die, hm, ja … wie gesagt, MEIN EINDRUCK: vorwiegend Männer in den entscheidenden Positionen.“ (INTERVIEW 02, 125).
Im weiteren Verlauf dieses Interviews werden die Handlungspraktiken des Fachverbands umfassender beleuchtet:

B: „Hm, ja ... also dieser kunstpädagogische Fachverband, der ist für mich, irgendwie so ‚n ... der möchte sich gerne in diese Hochkulturgeschichte irgendwie einsortieren. Ist aber gleichzeitig irgendwie so ‘ne verschworene ... wööh also das ist ja nur ein Eindruck, ja? Ich sag jetzt nicht, dass das stimmt.

I: Ja, das Ganze hier ist ja deine subjektive Mind-Map.

B: Und ich mein ... Der kunstpädagogische Fachverband ... das ist so lustig, ne, weil jetzt irgendwie wieder die Mitgliedsbeiträge eingezogen werden und ich #ja jetzt nach der Ausbildung ... #

I: #Stimmt, immer am Anfang des Jahres.#

*B: Genau, mittlerweile 64 Euro dafür zahle und ich frage mich, wofür ... Was nutzt es mir? Und, äh, ich habe weder freien Eintritt in Museen dafür, ich habe Zugang zu verschiedenen Fortbildungen, die aber auch bundesw... oder landesweit agieren, und die aber ... also immer wenn ... ich hab mich schon so oft geärgert, weil es dann doch wieder so ‘ne Selbstbeweihräucherung verschied... bestimmter Akteure, die ... für mich ist das einfach so ‘n klassisches, hierarchisches System, was dieser ... diesem Willen, also MEINEM Willen zur Durchlässigkeit und auch diesem Spielerischen und *untereinander Vernetztsein, ohne dass man da jetzt irgendwie bestimmte Hierarchien beachten muss ... dem so entgegensteht.“ (INTERVIEW 02, 115)*

In diesem Interview wird die patriarchale und hierarchische Struktur des Fachverbands angesprochen, der – beurteilt aus der Perspektive der stark engagierten Fachkraft – den tagtäglich kunstpädagogisch Handelnden im Hinblick auf kollaborative und kreative Arbeit für kunstpädagogische Handlungspraktiken zu wenig Partizipation und Wertschätzung bietet, vor allem im Sinne einer Geschlechtergerechtigkeit.

W5 Kollaboration: Analyse des Verhältnisses zwischen Kunstunterricht und Kunstbetrieb

In der Analyse der Interviews in Bezug auf grundlegende Werte stach eine Gewichtung besonders heraus. Eine Fachkraft beschwor regelrecht die scharfe Trennung zwischen eigener künstlerischer oder kuratorischer Praxis einerseits und dem kunstpädagogischen Arbeiten andererseits und beschrieb, dass sie die kunstpädagogische Lehrprofession an der Schule im Kunstbetrieb nicht offen kommunizieren konnte oder wollte:
„Und das KunstlehrerInsein, das habe ich nach außen immer verschwiegen, weil man mir geraten hatte: »Tu es nicht, du kommst in ein falsches Wahrnehmungsfahrwasser«" (INTERVIEW 03, 2). Besagte/r ExpertIn kommt auch in einer weiteren Textpassage erneut auf die Verheimlichung zu sprechen (vgl. INTERVIEW 03, 24). Diese Geheimhaltung sowie die Beweggründe dafür korrelieren mit der Aussage aus Interview 02, in dem die Fachkraft davon spricht, dass der Kunstbetrieb mitleidig auf die KunstpädagogInnen schaue (vgl. INTERVIEW 02, 92). Wie hieran deutlich wird, scheint es zwischen den beiden Feldern – Schule und Kunst – Ausgrenzungsstrategien und ungeschriebene Regeln zu geben, die einen professionellen Austausch und ein Miteinander erheblich erschweren und die eine Ausgrenzung der Kunstpädagogik bewirken.

5.5 Sensibilisierende Konzepte: Kollaborativer Kunstunterricht

Die ermittelten Kategorien aus der Codierung (vgl. 5.3.1) und dem thematischen Vergleich (vgl. 5.3.2) werden nun weitergehend ausgewertet, mit dem Ziel, von den herausgearbeiteten Aspekten, Kategorien und Elementen in der Situation sensibilisierende Konzepte für kollaborativen Kunstunterricht abzuleiten. Sensibilisierende Konzepte sind, wie Adele E. Clarke (vgl. Clarke 2011, 222) in Anlehnung an Blumers „sensitizing concepts" (Blumer 1969, 147) herleitet, konzentrierte, aus den qualitativen Daten ermittelte sensibilisierende Vorstellungen. Diese Vorschläge oder besser Richtungen werden über Vergleiche, Analogien und Differenzen hergeleitet. Mit ihnen zielt die Forschung hier nicht auf die Entwicklung einer formalen Theorie, sondern vielmehr einer dynamischen Theoriebildung, die den Aktionen des Kunstvermittelns und den vielfältigen Praxissituationen des Kunstunterrichts in seinen Gegebenheiten – auch dem Unmöglichkeitsparadigma (vgl. Pazzini 2000, 13) – entspricht. Die Vorgehensweise der sensibilisierenden Konzepte passt zu der Dynamik von Interaktionsprozessen im sozialen

Handeln. Die Situation des Kunstunterrichts stellt eine dynamisch-soziale Interaktionssituation dar. Aus den qualitativen Daten der Interviewtexte werden in dieser Einzelfallanalyse verallgemeinernde Aussagen als sensibilisierende Konzepte nach Clarke abgeleitet (vgl. Clarke 2011, 221). Theorien und Konzepte aus Studie I und den Vorannahmen von Studie II werden mit den im qualitativen Forschungsprozess ermittelten Codes und thematischen Beschreibungen in Studie II abgeglichen und auf Analogien, Ähnlichkeiten und Differenzen abgeklopft. Es stellen sich für das Vergleichen und Herleiten der sensibilisierenden Konzepte folgende Fragen in Bezug auf die Zwischenergebnisse: Welche gegenstandsnahen und situationsbezogenen ermittelten Begriffe und Kategorien der in Studie II ermittelten Kategorien und Themendimensionierungen lassen sich konkret in Bezug setzen mit in Studie I ermittelten Ergebnissen? Welche hier ermittelten Kategorien bieten eine Brücke zu in Studie I ermittelten Theorien, Begriffen, Konzepten oder künstlerischen Beispielen? Wo bestehen Ähnlichkeiten oder Differenzen zu bisher ermitteltem in Studie I und Studie II?

Sechs sensibilisierende Konzepte können aus Codierung und thematischem Vergleich entwickelt werden, da sie Richtungen aufweisen (vgl. ebd., 222), welche die Situation von kollaborativen Formen in aktuellen kunstpädagogischen Praxisfeldern erfassen. Die ermittelten Konzepte erheben dabei allgemeingültigen Anspruch der im qualitativen Auswertungsprozess „argumentativ“ (Peez 2007, 3) entwickelten Aussagen. Sie sind nicht repräsentativ, sondern als exemplarisch zu verstehen (vgl. ebd.). Diese sechs ermittelten Konzepte sind in folgender Liste zusammengefasst dargestellt und werden darauffolgend erläutert und diskutiert.

Sensibilisierende Konzepte Kollaborative Formen im Kunstunterricht

- Offenlegung eines Verzeichnisses potentieller AkteurInnen für Kollaboration

- Formate der Kollaboration: Kunstdidaktische Praxis braucht komplizenartige Netzwerke

- Herausforderung: Offenlegung von Steuerungswidersprüchen zwischen schulischen unkollaborativen Praktiken und kollaborativen Handlungspraktiken

- Katalysator für Kollaboration: Digitale Medienkultur

- Formate der Kollaboration: Fliegendes Klassenzimmer – Transformation zu kollaborativen Bildungsräumen

- Machtgefälle: Verheimlichung der KunstlehrerInnenidentität im Kunstsystem

5.5.1 Verzeichnis potentieller AkteurInnen für Kollaboration

Mit der Ermittlung und Offenlegung eines Verzeichnisses der mitwirkenden AkteurInnen (vgl. 5.3.2.1) in kollaborativen Formaten in kunstpädagogischen Praxisfeldern wird erstmalig eine Beschreibung und Auflistung von potentiellen für Kollaboration notwendige AkteurInnen angeboten und transparent gemacht. Übersichtlich erfasst und benannt werden die für die Gestaltung von kollaborativem Kunstunterricht mögliche AkteurInnen. Das Verzeichnis veranschaulicht eine Vielfalt der möglichen AkteurInnen, die für kollaborativen Kunstunterricht im vernetzten Feld zwischen Kunst und Schule zur Verfügung stehen können, in ihrer Vielfalt notwendig sind und bisher im Diskurs nicht oder wenig offiziell benannt werden. Mit der Herleitung dieser Rollen, Gruppen, Individuen, Technologien, digital-kollaborativen Praktiken und Gemeinschaften wird ein erster Katalog potentieller AkteurInnen der Kollaboration zwischen Kunstfeld und Kunstunterricht der Regelschule öffentlich dargestellt. Das Verzeichnis liefert ein Inventar an AkteurInnen und Kategorisierung des noch wenig explorierten Feldes der AkteurInnen für kollaborativen Kunstunterricht, der aber erweiterbar und individuell einsetzbar ist.

Für kollaborativen Kunstunterricht zeigt dieses Verzeichnis auf, dass es komplexe und vielfältige AkteurInnenvernetzungen sind, die kollaborativen Kunstunterricht ausmachen, weil nicht-menschliche und menschliche Institutionen sowie institutionsübergreifende AkteurInnen benannt werden. Aus diesem Verzeichnis und den darin aufgelisteten unterschiedlichen AkteurInnen lässt sich ableiten, dass eine Vielzahl dieser für kollaborativen Kunstunterricht zumindest hypothetisch zur Verfügung stehen. In konkreten Handlungssituationen mag das Bewusstsein um die im Verzeichnis aufgelisteten potentiellen Teilhabenden fehlen. Das Verzeichnis kann als Werkzeug dienen, den Grad der Kollaboration in konkreten performativen Situationen des Kunstunterrichts zu untersuchen und sich über die jeweilige Situation der Kollaboration bezogen auf den Kunstunterricht bewusst zu werden, möglicherweise auch um offenzulegen, dass einzelne sehr, andere weniger vernetzt sind, so dass Knotenpunkte von kollaborativem Arbeiten ermittelt werden könnten und die Förderung von Vernetzung gezielter in den Fokus gerückt werden kann.

In der Gegenüberstellung der Vielfalt der AkteurInnen für Kollaboration, wie es das Verzeichnis sichtbar macht – und das Analyseergebnis mitgedacht, dass Kollaborationsprojekte sehr häufig von Einzelnen ausgehen – wird deutlich, dass das Handlungsfeld Kunstunterricht häufig von Praktiken des EinzelkämpferInnentums durchsetzt ist. Zugleich benötigen kollaborative Kunstprojekte das vielfältige und komplexe Netzwerk aus AkteurInnen. Offensichtlich klaffen die als notwendig benannten Handlungspraktiken der komplexen Zusammenarbeitsprojekte und die realen Durchführungspraktiken des auf sich allein gestellt seins auseinander. Durch den umfangreichen Aufwand von kollaborativen Projekten, die ohne die Basis des Verzeichnisses gestaltet sind, können Ressourcen aus dem Blick geraten und Situationen wie das Anhäufen von unbezahlter Arbeit entstehen. Mit dem Verzeichnis lässt sich folglich fokussiert diskutieren und ermitteln, welche Ressourcen für die Formen der Kollaboration benötigt werden, um dieses komplexe Miteinander realistisch zu gestalten. Ebenso dient dieses Verzeichnis für eine Ermittlung und Evaluation des des Grads der Kollaboration in einer konkreten kunstpädagogischen Praxissituation.

5.5.2 Formate der Kollaboration: Komplizenartige Netzwerke

In der Auswertung der Interviewtexte zeigt sich, dass die Qualität eines kollaborativ angelegten Kunstunterrichts von sehr aktiven KunstlehrerInnen und deren individuellen, zum Teil meist privaten Vernetztheitsgrad im Zwischenfeld von künstlerischem und schulischem Bereich abhängt. Mit der Beschreibung von informellen oder privaten Kontakten und der Vernetzung in diesem Zusammenarbeitsfeld, wird ein spezifisches Konzept kollaborativer Praktiken im Feld der Kunstpädagogik deutlich: Die Lehrkräfte gestalten kollaborative Kunstunterrichtssituationen aktiv durch informelle Vernetzungspraktiken. Einzelne Codebereiche in den Interviews zeigen hierzu auf, dass eine kunstnahe LehrerInnenbildung und/oder ein enges komplizenartiges, privates und berufliches künstlerisches bzw. kulturelles Tätigkeitsfeld für die kunstpädagogische Arbeit als wichtiges Element für Kollaboration gültig ist. Die benannten informellen AkteurInnen zeigen, dass Kollaboration im Kunstunterricht nicht auf rein formal arrangierten und institutionell begründeten Partnerschaften und Kollaborationsverträgen basiert. Für Kollaboration im Kunstunterricht gilt vielfach ein Konzept der informellen Vernetzung. Kunstdidaktische Kollaboration braucht komplizenartige Netzwerke. Dabei bleibt fraglich, wie Kollaboration von KunstlehrerInnen gestaltet werden kann und wie informelle und netzwerkartige Kontakte geknüpft und dieses Netzwerk professionell und nachhaltig gepflegt werden kann. Hier gilt es, Wege zu finden, die Interaktion zwischen schulischem Kunstunterricht und dem außerschulischen Kunstfeld in gemeinschaftlichen Formaten zu fördern, um komplizenartige Vernetzungen auch im Kunstunterricht zu implementieren.

Das Konzept informeller Netzwerke korrespondiert mit Ziemers Ansatz der Komplizenschaft (vgl. Kapitel 3.4.4.2; vgl. Ziemer 2013). Die informellen Kontakte, die als wesentlich für die kollaborativen Kunstunterrichtsprojekte beschrieben werden, knüpfen an das Konzept der Freundschaften in der künstlerischen und kulturellen Projektarbeit an, welche Gesa Ziemer für das kulturelle Feld mit dem Begriff „Komplizenschaft“ (vgl. Ziemer 2013) benennt. KomplizInnenschaften für Kollaboration im Kunstunterricht zu nutzen hieße, Verbindungen zwischen Praxisbereich der Lehre sowie Vermittlung und dem Kunst- oder Kulturfeld bewusst zu erfassen oder aufzubauen. Informelle Kollaborationen professionell und offiziell zu nutzen, hieße, die Formen der KomplizInnenschaft in ihrer Form als informelle Vernetzung in die kunstdidaktische Arbeit zu involvieren. Aus den qualitativen Daten der Interviews ist somit die Hypothese abzuleiten, dass eine Gründung und Förderung informeller Netzwerke gewinnbringend eingesetzt werden kann. Diese informellen Netzwerke als Grundlage für Kollaboration entsprechen internationalen Forderungen der UNESCO nach der Bildung in Communities (vgl. Scott 2015; RMFAE 2006). Herausfordernd an diesem Konzept der informellen, komplizenartigen Netzwerke ist, dass im Hinblick auf eine Verallgemeinerung dieser Praktiken wenig fundierte Handlungsempfehlungen vorliegen.

5.5.3 Herausforderung durch Steuerungswidersprüche

An mehreren Stellen zeigt sich in der Auswertung der Interviews, dass Anschlussschwierigkeiten der Schule bestehen, wenn kollaborative Vorhaben im Kunstunterricht stattfinden. Massive Steuerungswidersprüchen werden in der ExpertInnenaussagen deutlich. Kollaborative Ansätze prallen auf Steuerungswidersprüche in der Institution Schule, was meist nicht an den Prinzipien der einzelnen Schulen liegt. Formen der Kollaboration, so beschreiben es die ExpertInnen, gestalten sich an den konkreten Schulen schwierig, da diese in den schulrechtlichen und curricularen Vorgaben kaum Erwähnung finden. Oftmals liegen lediglich Absichtserklärungen vor, die nicht dazu führen, dass Ressourcen, wie beispielsweise bezahlte Arbeitszeit, zur Verfügung gestellt werden. Im Fokus auf die Steuerungswidersprüche wird deutlich, dass sich der Auftrag der Schulen qua Gesetz entgegengesetzt zu Konzepten einer kollaborativen Vermittlungsarbeit verhält. Projekte, wie in den Praxisbeispielen in Kapitel 5.1.2.1 aufgezeigt, scheitern, wie die Expertinnen beschreiben, an institutionellen Rahmenbedingungen von Schulen, die nicht auf partizipative und kollaborative Prozesse ausgerichtet sind und dafür zu wenig strukturelles Fundament und rechtliche Grundlagen bieten.

Für die Entwicklung sensibilisierender Konzepte lassen sich ausgehend von diesen Steuerungswidersprüchen Herausforderungen für kollaborativen Kunstunterricht aufzeigen. Ein besonderer Widerspruch besteht zwischen der Forderung nach Kollaboration von Seiten der UNESCO oder bereits existierenden Formen der Kollaboration (vgl. RMFAE 2006; Scott 2015). In der Differenz zu diesen Programmen haben Regelschulen in Deutschland keinen oder nur minimalen gesetzlichen Auftrag für die Umsetzung solcher Strukturen – allemal im Bereich der Gestaltung von Ganztagsschulen. In der vorliegenden Forschungsarbeit bestätigt sich dies in der theoretischen Exploration (vgl. Kapitel 3.2, 3.6). Insbesondere die institutionelle Struktur der Schule wird extrem im Kontrast zur kollaborativen Struktur sozialer Netzwerke und dem darin als effektiv beschriebenen informellen Lernen in der „participatory culture“ (Jenkins 2009, 5ff.) beschrieben.

In diesem Problemfeld knüpfen die Analysen und Erprobungen von Carmen Mörsch an, die diesen Kontrast zwischen schulischem und außerschulischem Kunstfeld beschreibt:

„Während im schulischen Unterricht der Einsatz von wechselnden Lernformen und -konzepten in der Regel systematisch geplant auf bestimmte Lernziele hin stattfindet, resultiert er in der ausserschulischen Kulturvermittlung eher aus dem Erfahrungswissen der Vermittler_innen und aus der Dynamik, die sich im Verlauf des Projekts entwickelt. Die dadurch entstehenden Prozesse sind entsprechend unsystematischer und offener in Zielsetzung und Resultat." (Mörsch 2012a, 85)

Mörsch zeigt auf, dass das „Einplanen von Ressourcen für die Reflexion und Bearbeitung von Machtverhältnissen und Interessenskonflikten" [...] „besonders dann wichtig [sei], wenn Kulturinstitutionen mit Gruppen kooperieren, die mit weniger Kapital ausgestattet sind, sei es nun ökonomisches oder symbolisches" (ebd., 89). In der Auswertung der ExpertInneninterviews zeigt sich ein solch extremes Ungleichgewicht zwischen Ressourcen und Kapital im Verhältnis der unterschiedlichen institutionellen Felder –schulischem Kunstunterricht einerseits und kulturelle Handlungsfelder andererseits –an mehreren sich ähnelnden Beispielen sehr deutlich. Unabhängig voneinander zeigen die ExpertInnen anhand von Projektbeschreibungen, bei denen sie mit KünstlerInnen im Kunstunterricht kollaborieren, Handlungswidersprüche auf. Die KünstlerInnen, die an Schulen geholt werden, sind oft diejenigen, die in prekären Arbeitssituationen leben und mit wenig finanziellen Ressourcen ausgestattet sind. Sie erleben zwar eine starke Wertschätzung ihres symbolischen Kapitals Kunst, erhalten jedoch im Vergleich zu den LehrerInnen eine extrem niedrige Entlohnung der Arbeit. Die KunstlehrerInnen erleben die Frustration umgekehrt, wenn ihre Ressource als Arbeitskraft wenig symbolisches Kapital zugerechnet wird, sie aber, meist durch Beamtenverhältnisse, in sicheren und gut bezahlten Arbeitssituationen stehen. Daraus erwächst ein Ungleichgewicht, weshalb zukünftig für kollaborative Vorhaben auch an schulischem Kunstunterricht eben jene „Ressourcen für die Reflexion und Bearbeitung von Machtverhältnissen und Interessenskonflikten" (ebd.) eingeplant werden müssen. Es bedarf hierfür eine neue Konzentration auf die Werte von Personen und Ressourcen und rechtliche Grundlagen, die hierfür Sorge tragen.

Es sollte diskutiert werden, welche konkreten Strategien es zu entwickeln oder etablieren gilt, um Schule und Kunstunterricht so kollaborativ zu gestalten, dass die beteiligten AkteurInnen fair behandelt, gewertschätzt und bezahlt werden. Wie Robert Kozma Raymond McGhee mit Verweis auf die Effektivität des Lernens in extracurricularen, sprich außerschulischen Aktivitäten mit stark kollaborativ ausgerichteten Lernsettings aufzeigen, können diese kollaborativen Formen für den Kunstunterricht einen extremen Zugewinn in den Herausforderungen der zukünftigen Gesellschaft bieten (vgl. Kozma/Mcghee 2003, 43ff.). Es stellt sich die Frage, ob die Steuerungswidersprüche der Schule als ein aktuell bestehendes diskursives Gefüge evtl. so wenig in kunstpädagogischer Forschung bedacht wird, da diese Kritik massiv am Fundament des bestehenden Bildungssystems rührt. Die Auswertungsergebnisse zu den Steuerungswidersprüchen fordern dazu auf, Schulen wesentlich flexibler und anschlussfähiger zu gestalten, um damit neue Grundlagen für kollaborativen Kunstunterricht zu schaffen.

5.5.4 Katalysator für Kollaboration: Digitale Medienkultur

Die befragten KunstlehrerInnen eint, dass sie mittels digitaler Praktiken der Vernetzung neue Formen der Kollaboration erproben. Zusammenarbeitsprozesse in digitalen, intelligenten Netzwerkumgebungen werden mehr und mehr zur wesentlichen Grundlage für kollaborativ gestaltete kunstpädagogische Lernsettings. Jedoch tut sich eine große Diskrepanz zwischen Reden und Handeln, zwischen den Aussagen zur der Bedeutung der eigenen digitalen Praktiken für die kunstpädagogische Arbeit und der tatsächlichen Handlungspraxis der ExpertInnen bezüglich digitaler Praktiken der Vernetzung auf. In der Befragung geben die ExpertInnen an, dass sie spezifisch die digitalen, kollaborativen Praktiken als nicht wertvoll und gut einstufen und diese wenig für kunstpädagogische Prozesse nutzen. Sie distanzieren sich stark von digitalen Werkzeugen der Vernetzung und der kollaborativen Wissensproduktion. Digitalisierungskritik, Vernetzungsferne und die Ablehnung digitaler Vernetzungspraktiken wird in den Aussagen lautstark proklamiert. In allen ExpterInnenfällen jedoch ist die tatsächlich vorhandene Handlungspraxis der ExpertInnen von starken „kollaborativen, verteilten sozio-technischen Praktiken“ (vgl. Koenig 2011, 3) bestimmt. Fast alle ExpertInnen betreiben offensichtlich, teilweise umfassend und professionell kollaborative Wissensproduktion in digitalen Kontexten mit eindeutig kunstpädagogischer und kunstdidaktischer Ausrichtung. Dies ist sowohl durch ihre Aussagen in den Interviews als auch ihre öffentliche Präsenz im Internet – seien es digitale Plattformen, Blogs oder digitale kunstpädagogische Aktionen im Netz – belegbar. Dass die befragten Fachkräfte die digitale Medienkultur in der Frage nach deren Relevanz für die Gestaltung von Kunstunterricht so auffällig unterbewerten, ist hier im Kontext des undigitalen Zustands, der ablehnenden Haltung der AkteurInnen des Schulsystems insgesamt zu deuten. Jüngst erschienenen Studien und der gesellschaftliche Diskurs zeigen dies vielfach auf (vgl. Behrens et al. 2017, 6f.). Es ist offensichtlich, dass an deutschen Schulen, bezogen auf digitale Praktiken, Ratlosigkeit oder Strategielosigkeit herrscht und ein Fortkommen in der Ausstattung der Schulen allein was Internetverbindungen angeht kaum erkennbar ist. Aus den hier vorliegenden Codes lässt sich ableiten, dass die „kollaborativen, verteilten sozio-technischen Praktiken“ (vgl. Koenig 2011, 3) und Strategien der kollaborativen Wissensproduktion (vgl. Kapitel 3.6) und des Teilens (vgl. Kapitel 3.2) von den ExpertInnen auf einer privaten Ebene als wertvoll angesehen werden und in diesem Bereich Aneignungsprozesse stattfinden. Obwohl privaten kollaborative Wissenspraktiken existieren, diese teilweise hinüberschwappen in den beruflichen Bereich der ExpertInnen und sie offensichtlich für das professionelle Arbeiten und die Vernetzung Anwendung finden, wie besonders bei ExpertIn 02 deutlich wird, erhalten die digitalen Formen der Kollaboration wenig bis keinen kunstpädagogisch-professionellen Zuspruch und werden extrem abgewertet. Dies lässt sich vielfältig erklären. Ein Grund mag die nicht zeitgemäße Anbindung von Schulen an das Internet und die abwehrende Grundhaltung gegenüber Phänomenen der Digitalisierung sein, insbesondere da Bildung im Netz mit den kollaborativen Formen lineare und hierarchische Traditionen des Lehrens und Lernens in Frage stellt. Als Folge davon existiert eine offensichtliche Struktur- und Regellosigkeit, in der die kollaborativen Technologien wenig komplex und nicht strategisch in Lernsettings eingebunden werden. Auch fehlt von administrativer Seite Rückendeckung und umfassende Professionalisierung hierzu. Insbesondere die Prinzipien und Formen von Open Source wäre für die Gestaltung von kollaborativen Bildungssettings prädestiniert (vgl. Kapitel 3.4.3 [K-04], [K-05] und [K-08] sowie 3.4.4.4). Es herrscht somit ein eklatanter Entwicklungsnotstand in Bezug auf intelligente Nutzung der digitalen Praktiken an Schulen, die hinderliche Grundbedingungen für das spezifische kunstpädagogische Praxisfeld darstellen.

5.5.5 Formate der Kollaboration: Fliegendes Klassenzimmer – Transformation zu kollaborativen Bildungsräumen

Die Interviewten geben an, dass kollaborativer Kunstunterricht zwangsläufig eine Transformation der Bildungsräume notwendig macht. Besonders wird dies in der Kategorie zur Gestaltung von Bildungsräumen deutlich (vgl. Kapitel 5.4.2.5). In den ExpertInnenaussagen dort zeigt sich, dass für Kollaborationsvorhaben zwischen Schule und Kunst eine gewaltige Transformation von Lern- und Fachräumen erfolgt. Konkret benannt werden Möglichkeiten, vorhandene traditionelle Schulräume neu zu definieren. Vereine aus der lokalen Kommune im Umfeld der Schule, Galerien oder auch globale Kunstprojekte werden zum Projektpartner für die Arbeit im Kunstunterricht. Der Kunstraum wird vielmehr mobil begriffen. In den Interviews wird eine Idee des transformierten Kunstraumes als zukunftsweisend, erweiterbar und ausbaufähig beschrieben. In dieser Vorstellung werden Fachinstitutionen und deren professionelle Räume – wie Theater, Museen, Galerien, etc. – zu Orten, an denen Kunstunterricht mobil stattfinden kann. In Verknüpfung mit den digitalen, kollaborativen Vernetzungsstrategien wäre solch eine Entgrenzung des Kunstunterrichtsraums durch Kollaboration von unterschiedlichen AkteurInnen auch über lange Distanzen hinweg denkbar, wobei Grundlagen des Flipped Learning und Blended Learning für die Konzeptionen solcher Formen der kollaborativen Kunstdidaktik wichtig werden. Die Veränderung der bestehenden Bildungsarchitektur, wie sie von den ExpertInnen als Voraussetzung für ihre kollaborative Arbeit im Kunstunterricht beschrieben wird, lässt sich verknüpfen mit den Raumkonzepten zur Kollektiven Intelligenz von Pierre Lévy (vgl. Kapitel 3.3). Im Zuge des Aufbruchs in den digital vernetzten Raum und das Internet spricht Lévy davon, dass sich „das kreative Schaffen von den Botschaften hin zu den Dispositiven, Prozessen, Sprachen, dynamischen Architekturen und Umgebungen verlagert." (Lévy 1997, 128). Im Sinne solcher dynamischen Architekturen ist dringend zu überlegen, ob sich im Zuge der Transformation durch Digitalisierung und kollaborative Bildungsformate nicht auch eine spezifische Architektur bilden müsste, welche die kollaborativen Formen grundlegend ermöglicht. Bestehende Räume sollten dafür in prozesshafte und projekthafte, dynamisch gedachte Schularchitekturen verwandelt werde, die mobil, fluide oder fliegend sind. Das feste, analoge Klassenzimmer würde aufgegeben zugunsten einer neuen Einheit – der Kollaboration in mobilen Lernräumen. Der Begriff des Klassenzimmers erweitert sich mit den ExpertInnenmeinungen hin zu einem mobilen Verständnis von Lernorten und Räumen mit verschiedenen Expertisen. Der mobile Begriff des kollaborativen Kunstunterrichtsraumes lässt viele Formen des Kunstunterrichts möglich werden. Beispielsweise lässt sich ein KünstlerInnenkollektiv aus China über den Instant-Messaging-Dienst Skype in ein Projekt eines Kunstkurses dazuschalten. Mit VR-Brillen lassen sich virtuelle Unterrichtsgänge durch das MoMa in New York in den Unterricht integrieren. Oder Kunstklassen realisieren virtuelle Kunstausstellungsprojekte auf der ISS (International Space Station) im All. Diese Beispiele können als ein erweitertes Verständnis, im Sinne des Konzepts von Erich Kästners fliegenden Klassenzimmers, gelten. Im Roman Erich Kästners wird die Klasse in einem Schülertheaterstück mit dem Titel *Das fliegende Klassenzimmer* geleitet von dem Motto „Der Unterricht wird zum Lokaltermin" (vgl. Kästner 1954, 31). Die Klasse fliegt in dem selbst geschriebenen Stück mit einem Flugzeug an unterschiedliche Lernorte, wie beispielsweise zu den Pyramiden Gizehs. So wie bei Kästner die Klasse die Räume und Orte der curricularen Fachinhalte bereist, so sollte sich in Zukunft der Kunstunterricht vermehrt hybrid mobil machen und auf unterschiedlichen Wegen Orte aufsuchen, die für das Fach bedeutend sein können und an denen die SchülerInnen in Zusammenarbeit mit den AkteurInnen des Verzeichnis in Interaktion treten können. Der außerschulische Raum, auch der virtuelle Raum mit inbegriffen, wird in der transformierten Version mit zu den konstituierenden Lernsettings gezählt. Der tradierte Bildungsraum der Schule, in dem Lernen in simulierten Situationen stattfindet, wird somit erweitert zugunsten einer kollaborativen Bildungsarchitektur als fliegendes Klassenzimmer. Für den Kunstunterricht gedacht könnte solch ein fliegendes Klassenzimmer aus lokalen Netzwerken von AkteurInnen bestehen, die beständig in die Bildungssituation und das Gefüge von Kunstunterrichtsgestaltung integriert sind. Diese kollaborative Strategie ließe sich jedoch nicht von einer einzelnen Schule verwirklichen, sondern müsste in Peer-to-peer-Netzwerken entwickelt werden, die neue Form von quasi regionalen Netzwerken, in denen die wichtigen KollaborationsakteurInnen zusammengefasst aktionsfähig sind.

5.5.6 Machtgefälle: Verheimlichung der KunstlehrerInnenidentität im Kunstsystem

In den Auswertungsergebnissen der Interviews lassen sich in einem Kategorienbündel grundlegende Werte herausstellen, welche die ExpertInnen ihren Ideen von Kunstunterricht und ihrer Arbeit im Feld von Schule und Kunst als wesentliche Anschauung zu Grunde legen. Im thematischen Vergleich lässt sich dabei eine auffällige Praxis und zugleich erschreckende Werteüberzeugung entlarven. Die befragten KunstlehrerInnen bekennen sich im Kunstfeld teilweise nicht zu ihrer KunstlehrerInnenidentität. Diese Verheimlichung wird in den Berichten der ExpertInnen damit begründet, dass KunstpädagogInnen im Kunstfeld oft wenig Wertschätzung erfahren (vgl. Kapitel 5.4.2.6; INTERVIEW 02, 92). An diesem Aspekt lässt sich ein Machtgefälle und eine dilemmatisch-paradoxe Situation aufzeigen. An der Praxis der konkreten Verheimlichung der KunstlehrerInnenidentität wird die Macht einer strukturellen Ausgrenzung offensichtlich. Es scheinen ungeschriebene Gesetze zu existieren, welche die Wertigkeit von KünstlerInnen, KuratorInnen oder KunstlehrerInnen bestimmen. Von AkteurInnen der Kunstpädagogik wird eine ehrerbietende Haltung gegenüber dem Kunstbetrieb erwartet. Dieses Machtgefälle wiederum erzeugt trotz aller ideal gedachter Kollaboration starke Trennungen und Aufspaltungen der Bereiche, auch wenn diese längst für überwunden gehalten werden. Die Trennung verhindert Kollaboration zwischen den Feldern. Ein massives strukturelles Problem ist erkennbar, welches anhand der Situationsanalyse sichtbar wird. Entgegen einem solchen Machtgefälle stehen Konzepte, die an anderer Stelle der vorliegenden Arbeit aufgezeigt werden. Mit dem Konzept der der Mutualität, welches Irit Rogoff für das Verhältnis von KritikerInnen, KünstlerInnen und RezipientInnen vorschlägt (vgl. Rogoff 2002, 53; vgl. Kapitel 3.5), sollen Machtgefälle bewusst aufgebrochen werden. Die Überzeugungen von Gegenseitigkeit und die explizite Absicht, kollaborative Settings zwischen Kunstfeld und kunstdidaktischem und -pädagogischem Feld zu gestalten, stehen gegen die herrschenden Praktiken des Alltags. Dieses Machtgefälle ist ein wesentliches, hier herausgearbeitetes sensibilisierendes Konzept. Die Verheimlichungs- und Ehrerbietungsstrukturen herrschen vielfach weiterhin und stehen kollaborativen Konzepten entgegen.

6. Ergebnisse aus Studie II – Theoretische Perspektiven für kollaborativen Kunstunterricht

Methodisch werden im nun folgenden Kapitel Ergebnisse aus den sensibilisierenden Konzepten zusammengeführt. Hierfür werden in Kapitel 6.1 die bisherigen Ergebnisse in fünf Theoretisierungen zusammengefasst und diskutiert. In Kapitel 6.2 werden spezifisch die Ergebnisse auf inhaltlicher Ebene, in Kapitel 6.3 wiederum die gesamte Vorgehensweise in Studie II reflektiert.

6.1 Theoretisierungen: Kollaborative kunstdidaktische Communities

In den kommenden Abschnitten werden auf Grundlage der sechs sensibilisierenden Konzepte (vgl. Kapitel 5.5.1-5.5.6) theoretisierende Perspektiven ermittelt. Die sensibilisierenden Konzepte geben konkrete Hinweise für Hypothesen zu kollaborativen Formaten in der Kunstpädagogik. Theoretisierung meint hier, dass „Richtungen und Blickwinkel“ (Clarke 2011, 222) aufgezeigt werden, die von den Codes, Kategorien, Begriffen und Konzepten abgeleitet werden. Hierfür werden letztere Ergebnisse in Beziehung gesetzt zu bestehenden Theorien. Die bisher ermittelten Ergebnisse werden dabei auf Analogien, offensichtliche Differenzen und Übereinstimmungen in Bezug zur Themendimensionierung von Studie II sowie den Ergebnissen der Exploration in Studie I abgeklopft. Theoretisierung meint dabei nicht, dass eine formale Theorie geliefert wird. Im Rahmen der vorliegenden Forschungsarbeit werden auf diesem Weg erweiternde oder neue Perspektiven eröffnet, die wiederum zu Hypothesen führen, die für eine zukünftige Entwicklung von Konzepten der Kollaboration im Feld der kunstpädagogischen Praxis und Forschung dienen können.

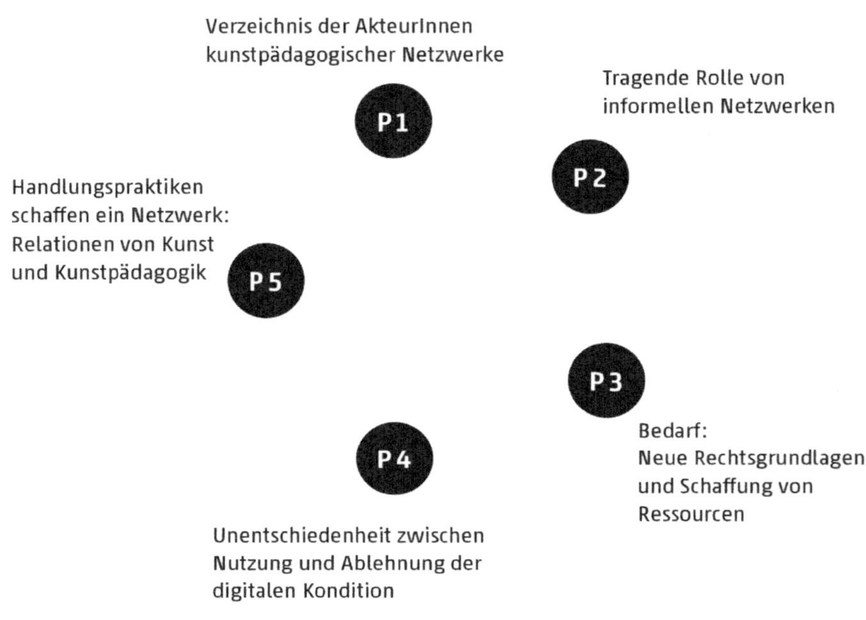

Abb. 17: Übersicht zu den Explorationsergebnissen der einzelnen Bereiche in Studie II: Theoretisierende Perspektiven kollaborativer Praktiken P1 – P5

Theoretisierende Perspektive 1 – Verzeichnis der AkteurInnen kunstpädagogischer Netzwerke

Wenn – wie Schneider und Terkessidis betonen – der dynamische Aspekt bei Kollaboration in Bildungsprojekten eine bedeutende Rolle spielt, zugleich aber starke beteiligende Strukturen wichtig sind (vgl. Schneider 2007, 252ff.; Terkessidis 2015, 329), dann muss diese Dynamik in offenen Karten und Verzeichnissen der temporären Projekte abgebildet werden. Maps oder Verzeichnisse können dabei helfen, aufzuzeigen, wer auf welche Weise in komplexen Gefügen von kollaborativen Projekten zum Einsatz kommt und wie AkteurInnen vernetzt sind. Damit Kollaborationsvorhaben und kollaborative Praktiken im Kunstunterricht stattfinden und sie als Aufgabe der Bildungsinstitutionen und ihren unterschiedlichen Gruppen und Gremien verstanden wird, braucht es die Möglichkeit und die Vorgabe von Verfahren, die Praktiken der kollaborativen Wissensproduktion als Situationsanalyse sichtbar und zugänglich zu machen. Der Vorschlag hier ist, dies über das Verzeichnis der kollaborativen AkteurInnen zu tun. Eine Skizze für ein solches Verzeichnis wird in Kapitel 5.5.1 vorgestellt. Dieses könnte als erste Landkarte dienen um Entwicklungsprozesse an Schulen, spezifisch in Kunstfachschaften und bestehenden Kollaborationen, um die Perspektive der Kollaboration zu erweitern. Mit dem Verzeichnis potentieller kollaborativer AkteurInnen wird die Notwendigkeit deutlicher, dass es hierfür institutionalisierter Strukturen und gesetzlicher Vorgaben bedarf, um kollaborative Formen auf Basis breiter Beteiligung zu professionalisieren. Das Verzeichnis bildet dann eine Grundlage für Mappings von kunstpädagogischen Gruppen, um zu überprüfen, ob und wie eine Schule, beispielsweise eine spezifische Kunstfachschaft an einer Schule, in Bezug auf kollaborative Wissensproduktion in einer Bildungsregion aufgestellt ist. Hieran kann eine Theorie der situationsanalytischen Mappings in der Kunstdidaktik anschließen. Das Verzeichnis liefert den Überblick, welche menschlichen und nicht-menschlichen, institutionellen und nicht-institutionellen AkteurInnen alle zu einer Community oder einem Common im kunstpädagogischen Kontext gehören könnten.

Theoretisierende Perspektive 2 – Tragende Rolle von informellen Netzwerken

Eine zweite theoretische Dimension ist die Weiterentwicklung und Implementation kollaborativer Wissensproduktion über informelle Netzwerke. Das Konzept der Komplizenschaft (vgl. Ziemer 2013) gilt dabei als Vorbild für die meist informellen kunstpädagogischen Netzwerke, die als professionelle Praxis begriffen werden sollen. Informelle Netzwerke zu besitzen, KomplizInnenschaft zu praktizieren wird trotz der vorhandenen impliziten Alltagspraxis wenig in offiziellen und institutionellen Beschreibungen von Kunstdidaktik und kompetentem KunstlehrerInnenhandeln aufgegriffen. In den Interviewauswertungen sticht heraus, dass das professionelle Arbeiten in informellen Netzwerken für einen kollaborativen Kunstunterricht wesentlich ist. Dementsprechend sollten die informellen Netzwerke als professionelle Praxis anerkannt und etabliert werden. Die ExpertInnen benennen als eine wesentliche Voraussetzung, dass ein vernetzter Arbeitsstil in informellen, komplizenartigen Netzwerken meist bereits im Kunststudium in transdisziplinären, kollaborativen Projekten im Feld der Kunst und der Kunstpädagogik maßgeblich erprobt wurde und aus diesen Situationen die kollaborative Situation des eigenen Kunstunterrichts autonom abgeleitet und im subjektiven Umfeld professionalisiert wurde. Dementsprechend braucht es bereits in der KunstlehrerInnenbildung die Basis der transdisziplinären kunstpädagogischen Gemeinschaft und die Möglichkeit, informelle Netzwerke aufzubauen. Darin erst können in der Digitalisierung neue Gemeinschaften der Teilhabe an Wissen in einzelnen Netzwerken katalysiert werden. KunstlehrerInnen gelangen auf diese Weise zu einem breiten, professionellen Handlungsrepertoire kollaborativer Formen und setzen diese in der kunstdidaktischen Praxis ein. Wünschenswert in der Innovation solcher Formate wäre die Entwicklung und Forschung zu kollaborativer KunstlehrerInnenbildung, die weiter diskutiert und bedacht werden sollte.

Theoretisierende Perspektive 3 – Bedarf: Neue Rechtsgrundlagen und Schaffung von Ressourcen

In der Konzeptualisierung zeigen sich offensichtliche Steuerungswidersprüchen zwischen dem schulisch-unkollaborativem Reglement und der kollaborativen Kunst und Kultur und den darin existenten, vielfältigen kollaborativen Praktiken (vgl. 5.5.3). Es fehlt auf den unterschiedlichen Ebenen – den Institutionen wie der Schule, der Gesamtgesellschaft und den familiären und freundschaftlichen Gruppierungen – eine explizite Aufnahme von Konzepten der kollaborativen Wissensproduktion und Arbeit, die auch die durchkreuzenden Interaktionen zwischen all diesen Ebenen betrifft. Da kollaborative Formen des Kunstunterrichts sich, wie die Interviews aufzeigen, in vielfältigen Peer-to-Peer-Netzwerken, teilweise in Überschneidung mit regionalen Netzwerken, in Communities vollzogen werden, braucht es die Möglichkeit, kunstpädagogische Communities als neue Struktur schulrechtlich zu innovieren, diese curriculare Einzubetten und diese Formate kunstpädagogisch und kunstdidaktisch zu stärken und dazu Konzepte und Theorien zu entwickeln. Da bei Berührungen und Interaktionen der unterschiedlichen Domänen von beispielsweise der Kunstbetrieb und Kunstunterricht starke Steuerungswidersprüche deutlich werden, bedarf es einer Debatte um neue Rechtsgrundlagen, die für die öffentliche Regelschule kollaborative Praktiken diskutiert und damit etabliert. Im Sinne des Grundgesetzes, das jedem ein gleiches Recht an Bildung zuspricht, sollten kollaborative Formen nicht nur in exklusiven Projekten stattfinden. Für eine breite Teilhabe müssen schulgesetzlich und curricular die notwendigen Vorgaben geschaffen werden, die diese Formen in der Breite der institutionellen Ebenen möglich macht. Dies ist zugleich Impuls für fundamentale Transformationen von Aufgaben, Funktionen und Strukturen der Bildungsinstitutionen, bei denen nunmehr der Fokus darauf liegt, diese in einem Netzwerk zu betrachten.

Theoretisierende Perspektive 4 – Kollaboration in der digitalen Medienkultur: Hybride Nutzung statt Overhead-Ersatz

In der Konzeptualisierung wird der Widerspruch zwischen Reden und Handeln der ExpertInnen bezüglich ihrer Haltung zur und Nutzung der digitalen Umgebungen als kollaborative Form deutlich (vgl. Kapitel 5.5.4). Der Widerspruch von ausgesprochener Ablehnung bei gleichzeitiger Nutzung der digitalen Umgebungen zeigt auf, dass das Potential von Kollaboration im Kontext der digitalen Medienkultur für kunstpädagogische Situationen an vielen Stellen verkannt und nicht genügend professionell erfasst wird. Es lässt sich spekulieren, wie die grundlegenden Vorbehalte gegenüber der Digitalisierung begründet werden. Zu vermuten ist,

dass Digitalisierung gerade mit ihren kollaborativen Praktiken einen grundlegenden Angriff auf die bestehende Struktur tradierter Bildungsinstitutionen und die Rolle der wissenden Lehrkraft darstellen. Möglich ist auch, dass Vernetzung für LehrerInnen in der Bewertung als undurchsichtige, hochkomplexe Wissensstruktur gilt, welche die tradierten Konzepte von Bildung und Bildern erzittern lässt. Auch möglich ist, dass digitale Kollaboration als Technik abgetan wird, die menschliche Nähe und Beziehungen ausschließt. Ein einseitiges und begrenztes Verständnis von digitalen Praktiken ist zu vermuten. Es existieren jedoch zugleich kollaborative Netzwerkpraktiken mit großem Potential des Sozialen und der Schaffung von Nähe, wie beispielweise am Hashtag #twitterlehrerzimmer deutlich wird.
Aus diesen Überlegungen ist folgende theoretische Perspektive abzuleiten. Die digitale Medienkultur sollte nicht als rein technisch-kollaboratives Tool definiert werden, sondern als neue hybride kollaborative Umgebung angenommen werden, die einem Ökosystem an einem Meeresriff gleicht, das davon getragen wird, dass Tiere, Pflanzen und Dinge in einem komplexen Miteinander zusammenleben und -arbeiten. Die ineinander verschränkte Nutzung der digitalen und analogen Lernumgebungen bildet eine Gemeinschaft, die das Soziale und die digitale Umgebung als ein wesentliches Miteinander für die Bildung begreift. Für die Kunstpädagogik wird damit ein akzeptierendes Konzept für den Umgang mit digitalen Technologien und Vernetzungspraktiken wichtig, gerade, da die hybriden Handlungspraktiken im Netz eindeutig ästhetisch orientiert sind und zugleich die ästhetische Arbeit in kollaborative Handlungssituationen katapultieren. Ein zukünftiges Denken in der Informiertheit des Internets (vgl. Klein 2018, 30) steht an, bei dem kein rein digital orientiertes, rein auf digitale Technologien ausgerichtetes Verständnis von Kollaboration (vgl. 3.6.3), sondern ein hybrides, komplexes Verständnis von Kollaboration proklamiert werden sollte. Kollaboration ist eine kreative, gemeinsame Arbeitsweise von Teams, um sich neu Wissen zu erschließen (vgl. Terkessidis 2015). Wie sich auch in der Kunst zeigt, umfasst das Netzwerk der Kunst, die Kollaboration alle Ebenen der Gemeinschaft, die menschlichen Körper und dessen Begehren und Affekte ebenso wie die computerbasierten, codebasierten Technologien. Entgegen einer Regression der Digitalisierung der Schulen können die bereits bestehenden, offensichtlichen Strategien kollaborativer Wissensproduktion im Netz hervorgehoben und sichtbar gemacht werden. Konkrete Ideen für kollaborative Kunstunterrichtssettings sollten vermehrt erprobt werden, um wiederum Rückschlüsse auf bestehende Kommunikationsstrategien und Regierungspraktiken an einzelnen Schulen zu ziehen. Hierfür müssten die Ressourcen von der Schuladministration zur Verfügung gestellt werden und zeitgenössische (Fort-)Bildungsangebote geschaffen werden. Fachschaften Kunst könnten so mittels gemeinsame Wissensproduktion in der digitalen Kondition vorantreiben und weiter aufbauen, in Peer-Groups voneinander lernen und sich so in digital unterstützten Fachnetzwerken so professionalisieren, dass sie sich in diesem Netzwerk auch tatsächlich solidarisieren können.

Theoretisierende Perspektive 5 –Netzwerke schaffen: Neues Verständnis des Miteinanders von Kunstpädagogik und Kunst

Ausgehend von dem Machtgefälle zwischen dem Kunstbetrieb und dem Feld der Kunstpädagogik und dem Phänomen der Verheimlichung der KunstlehrerInnenidentität im Feld der Kunst (vgl. Kapitel 5.5.6) wird deutlich, dass es ein theoretisches Verständnis der kollaborativen Wissensproduktion spezifisch zur Zusammenarbeit der Felder Kunst und Kunstpädagogik braucht. Es zeigt sich, dass in der Kunstpädagogik und Kunstdidaktik Ängste von KunstlehrerInnen vor Exklusion und negativ konnotierten Kategorisierungen existieren. Karl-Joseph Pazzini berührt diese Debatte um das Machtgefälle zwischen Kunstbetrieb und Kunstpädagogik mit der Erzählung zu Einstellungen und Ängsten von Kunstpädagogen im Verhältnis zur Kunstwelt (vgl. Pazzini 2000, 9). Er beschreibt eine Anekdote, in der ein Kunstpädagoge an einer Kunsthochschule mit deutlicher Betonung der freien künstlerischen Praktiken lehrt und „nicht in die kunstpädagogische Ecke gedrängt werden wolle" (ebd.). Pazzini proklamiert entgegen dieser Vermeidungs- und Verheimlichungsstrategie, dass „Kunstpädagogik [...] in einer Relation zur Kunst statt[findet]" (ebd.). Sprachlich manifestieren sich solche Kategorisierungen und Wertehaltungen in der Theorie, beispielsweise wenn Hartmut von Hentig davon schreibt, dass die Kunst „durch keine Didaktik wirklich zu domestizieren [sei]. Zu verderben schon!" (Hentig 1998, 41). Die Wortwahl – „Verderben" – ist auffällig und lässt Konnotationen zu alttestamentlichen Urteilen zu. Kunstdidaktik wird häufig weiterhin als Fleck auf der Hose begriffen und rangiert in der Hierarchie weit unterhalb von Wissenschaften und Künsten. Im zweiten Blick werden dabei Domestizierungspraktiken der Kunst offensichtlich. Exklusionsmechanismen werden auf potentielle und interessierte KollaborateurInnen der Kunstpädagogik anwendet (vgl. Rogoff 2002). Wenn der kunstdidaktische Bereich als Verhängnis für Kunst begriffen wird, zeigen sich hieran Stigmatisierung- und Ausgrenzungsprozesse. Dem entgegenzuhalten sind aktuelle Bestrebungen, Dekonstruktionen solcher Machtdiskurse voranzutreiben, wie es Irit Rogoff (vgl. Rogoff 2002) oder Carmen Mörsch (vgl. Mörsch 2009; Mörsch 2012a) proklamieren. Kunstpädagogik und Kunst befinden sich jedoch unweigerlich in einem gemeinsamen Relationsfeld (vgl. Pazzini 2000, 9f.). Hieraus ist der Vorschlag abgeleitet, dieses Relationsfeld als eine kollaborative Wissens- und Kunstpraxis für die Kunstpädagogik und die Kunst aufzufassen. Die Verschränkung von Kunst und Kunstpädagogik und die Dynamiken der AkteurInnen beider Felder bedürfen einer Theorie der kollaborativen Wissensproduktion. Die Dynamiken zwischen Kunstpädagogik und Kunst können in Referenz zu hier explorierten kollaborativer Haltungen und Praktiken wie beispielsweise mit Howard S. Beckers „art worlds" (Becker 1982, 194) in einem Gesamtnetzwerk neu betrachtet werden. Kunstdidaktische AkteurInnen sind damit KollaborationspartnerInnen auf Augenhöhe. Wenn das Konzept Kunst eine „netzwerkartig miteinander verbundene[n] Gruppe von Menschen" (Danko 2012, 64) meint, sind Kunstpädagogik und Kunstdidaktik für die Kunst nicht mehr Verhängnis und Fleck auf der Hose, sondern konstituierender Part der Kunstwelt. Ein solch kollaboratives Verständnis zu schaffen, KunstlehrerInnen, KuratorInnen, KünstlerInnen und SchülerInnen heterarchisch, als netzwerkartig miteinander verbundene Community zu verstehen, mündet in dem Vorschlag, diese Zusammenarbeit als kollaborative Wissens- und Bildproduktion zu bezeichnen. Die kunstpädagogische, kunstdidaktische Tätigkeit würde als Feld kollaborativer Wissensproduktion von Kunstpädagogik und Kunst begriffen werden.

6.2 Fazit – Ergebnisse aus Studie II

Mit den fünf theoretisierenden Perspektiven (vgl. 5.6.1-5.6.5) wird deutlich, dass sich in der Alltagspraxis der kunstpädagogisch Handelnden Kollaboration bereits als bestehende professionelle Form und Praxis von KunstlehrerInnen finden lässt. Anhand der Interviewauswertungen können Konzepte und Theorien herausgearbeitet werden. Fünf dominante Theoriebereiche sind dabei herauszustellen.

1. Mit dem Verzeichnis wird deutlich, dass sich das hybride Gemisch von nicht-menschlichen und menschlichen AkteurInnen im kunstdidaktischen Praxisfeld als selbstverständliches Grundprinzip auffinden lässt. Ein Netzwerk von AkteurInnen im Sinne Latours bildet die Grundlage. Als Handlungsimpuls daraus ergibt sich für die Analyse von kunstpädagogischen Gruppen im Hinblick auf ihren Grad der Kollaboration das Verzeichnis als Grundlage für Mappings oder Bestandsaufnahmen des Grads der Kollaboration im jeweils eigenen kunstdidaktischen Netzwerk. Mit einer solchen Einordnung wird ein Bewusstsein für die Komplexität der Situation fluider, komplexer AkteurInnen-Netzwerke im kunstpädagogischen Feld anhand von Mappings geschärft (vgl. 5.5.1).

2. Mit der kollaborativen KunstlehrerInnenbildung in Netzwerken formt sich die Hypothese, dass neue Formate der kollaborativen Wissensproduktion in kunstpädagogischen Fachgemeinschaften notwendig sind und deren Entwicklung anstehen. Hierbei spielt vor allem das Arbeiten in Netzwerken und die informelle Vernetzung im Kunstfeld eine bedeutende Rolle (vgl. 5.5.2).

3. Anhand der Theoretisierungen lässt sich aufzeigen, dass kollaborative kunstpädagogische Praktiken erweitert und aktualisiert, neue Rechtsgrundlagen sowie ein Regelwerk für kollaborative Netzwerke geschaffen werden müssen (vgl. 5.6.3).

4. Zudem sind die kollaborativen Handlungspraktiken in der kunstdidaktischen Praxis digital katalysiert, womit die Hypothese aufzustellen ist, dass es eine Fortbildungs-, Teilhabe- und Austauschoffensive zur Nutzung von digitalen Werkzeuge für die kunstpädagogische kollaborative Wissensproduktion braucht, um die sich hierbei in der Fachgemeinschaft intelligent zu entwickeln (vgl. 5.6.4).

5. Die geänderte Perspektive macht die Kunstpädagogik zum Teil der *Art Worlds* und transformiert ihre AkteurInnen in ein relationales Feld von Kunst (vgl. 5.6.5).

Es bleibt final festzuhalten: Kollaborative Praktiken sind in der Kunstpädagogik – zwar noch unstrukturiert und wenig expliziert – wesentlich und existent. Das Arbeiten in hybriden Netzwerken mit einer Vielfalt als AkteurInnen ist gängige Praxis. Informelle Vernetzungsstrategien und transdisziplinäres Arbeiten spielen in der kunstdidaktischen Praxis sowohl an der Schule als auch in der LehrerInnenbildung eine große Rolle. Diese kollaborativen Praktiken legitimieren sich jedoch bisher kaum durch rechtliche Grundlagen. Die digitale Kondition wird dabei meist unbewusst genutzt und wenig offiziell oder formal verhandelt. Hier besteht die Herausforderung darin, ein Bewusstsein für die kollaborativen Praktiken der digitalen Kondition in kunstdidaktischen Alltagssettings zu schaffen und daraus konkretere Formate und Konzepte zu entwickeln. Kollaboration ist dabei eine Methode, die der Forderung der Anwendung von Kunst in der Pädagogik (vgl. Pazzini 2000, 9; Meyer 2002, 243) folgt und die versucht, transdisziplinäre Arbeitsweisen und Praktiken der digitalen Kondition in der Kunstpädagogik zu implementieren.

Im Fazit hier sticht insofern bezüglich gemeinschaftlicher Formen ein Desiderat hervor, deren weitere Bearbeitung sehr wünschenswert ist. Eine systematische Explikation der Vielfalt dieser Praktiken steht noch aus und kann hier, im Rahmen der ersten Explorationen nicht umfassend geliefert werden. Vor allem in Bezug auf die digitalen Praktiken besteht eine große Notwendigkeit der Ermittlung von einzelnen Kategorien und Typen von Handlungspraktiken. Vor allem die institutionellen Entsprechungen auf Schulebene fehlen für einen solchen Wandel und bedürfen einer kollaborativen Forschung zu und zugleich mit beteiligten AkteurInnen aus den Feldern Schule, Kunst sowie Hochschule und Bildungsadministration. Die hier vorgestellten Theoretisierungen zu kunstpädagogischer kollaborativer Wissens- und Bildproduktion in hybriden Netzwerken liefert dafür erste Schritte für Aktualisierungen im kunstpädagogischen Feld, die konkret in Theorie und Praxis weiter verfolgt werden sollten.

6.3 Rückbezug der Studie II auf Studie I

Die Ergebnisse aus Studie I, wie sie in Kapitel 4. dargelegt werden, sind bereits aktiv in verwoben in der Ermittlung der sensibilisierenden Konzepte in Kapitel 5.5 und den theoretisierenden Perspektiven in und Kapitel 6.1. Die Ergebnisse der theoriebasierten Exploration in Studie I werden also in Studie II in der Auswertung mit einbezogen und erzeugen so eine Zusammenführung von ExpertInnenaussagen über die Praxis der Schule und des Kunstunterrichts und dem wissenschaftlichen Diskurs zu Kollaboration. Analog dazu fehlt der Rückbezug der Ergebnisse aus Studie II auf die Ergebnisse der Studie I, was im Folgenden passieren soll. Dabei gilt als Leitfrage, welche neuen Fragen oder Erkenntnisse mit dem Gesamtblick ausgehend von Studie II deutlich werden.

In dieser Verknüpfung fällt ein Aspekt besonders auf. Mit der Explikation von impliziten bestehenden kollaborativen Handlungspraktiken wird der Kontrast deutlich, dass die handlungsbasierten Forschungsansätze in der theoriebasierten Exploration und dem wissenschaftlich-sprachlichen Korpus größtenteils fehlt.

Ein weiterer Punkt ist, dass mit den praxisnahen Theoretisierungen (vgl. Kapitel 6.1), welche die impliziten Handlungspraktiken und deren Bedingungen darstellen, noch keine Taxonomien für die Formate und Muster kollaborativen Kunstunterrichts gestiftet werden, lediglich Perspektiven und Dimensionen. So bleibt unklar, wie diese kollaborativen Handlungspraktiken konkret bezeichnet werden könnten, als kollaborative Wissens- und Bildproduktion, als ein neues Konzept für kollaborative ästhetische Erfahrung oder kollaborative ästhetische Bildung. Hier zeigt sich, dass weiterführend gerforscht werden musse, um konkrete Begrifflichkeiten zu finden

6.4 Reflexion der Vorgehensweise in Studie II

In der Rückschau auf die Vorgehensweise in Studie II sowie die erzielten Ergebnisse lassen sich einerseits die Interviewmethoden und die Vorannahme der Autorin in der Rolle als Forscherin diskutieren (vgl. im Folgenden 6.8.1). Zum anderen gibt es bei der thematischen Fokussierung im Frageleitfaden der Interviews eine inhaltliche Ausrichtung, anhand der in der Rückschau diskutiert werden muss, welche Fragen in der vorliegenden Forschungsarbeit nicht beantwortet werden konnten (vgl. im Folgenden unter 6.8.2), an welchen gleichermaßen aber auch Impulse für Folgeforschung festzumachen sind. Zudem schließen sich Überlegungen aus dem Feld von Art Based Educational Research (vgl. im Folgenden unter 6.8.3) an, die Möglichkeiten von visuellen Forschungspraktiken ergeben, die zukünftig erprobt werden sollten.

6.4.1 ExpertInneninterviews – Reflexion der Vorgehensweise in Studie II

In der Auswertung der Interviews zeigt sich, dass Anpassungen und Abänderungen für die Gesprächssituation und die konkrete Durchführung notwendig sind. Planung und Durchführung der Interviews sind kritisch zu reflektieren. Die Interviews für Studie II waren alle in fachlichen Arbeitsräumen der ExpertInnen geplant, um damit deren Arbeitsalltag und ihr spezifisch fachliches Wissen in den Fokus zu rücken. Dies ging in fünf der sechs Fällen aufgrund der zeitlichen Organisation der Interviews, einem akuten Arbeitsplatzwechsel oder durch den Status der Elternzeit nicht. Hier wäre für die Zukunft zu bedenken, dass ggf. doch durchgehend ein neutraler Interview-Raum oder zumindest gleichbleibend das Interview in den Fachräumen der ExpertIn durchzuführen ist, um letztere eben in der ExpertInnenrolle bewusst und wertschätzend für die Forschungsarbeit zu integrieren.

Die Rolle der Verfasserin der vorliegenden Forschungsarbeit als Interviewerin muss zudem reflektiert werden. In den Interviewtranskripten wird deutlich, dass bezüglich der Frage- und Antworttechnik mehr Erfahrung und in diesem Sinne gegebenenfalls mehr Erprobung im Vorfeld notwendig gewesen wäre. Dies war nicht der Fall und zeigt an einigen Stellen ein unsystematisches Eintreten in das Forschungsfeld. Dies macht sich in der Auswertung dann bemerkbar, wenn die Interviewerin Begrifflichkeiten benennt, welche die Interviewten wiederholen, wodurch eine unpräzise und dirigierende Vorgehensweise der Interviewerin deutlich wird. So sind ExpertInnenantworten eindeutig der sozialen Erwünschtheit (vgl. Bortz/Döring 2002, 232f.) zuzuordnen und bilden durch suggestive Fragetechniken das ab, was die Forscherin zu hören erwartet. Insofern ist es wichtig, dieses Vorgehen transparent und bewusst zu machen. Es ist ein schwieriges Unterfangen, die „Orte des Schweigens [zu] erforschen und nach den Gorillas fragen, ohne den Befragten die Worte in den Mund zu legen“ (Clarke 2012, 123). Die erwünschten oder dirigierten Textpassagen werden in der Codierung insofern nach Möglichkeit ausgespart oder es wird in der Auswertung explizit angemerkt, dass es sich um von der Interviewerin platzierte Inhalte, weniger aber um den Wortlaut und die Beschreibung der Interviewten selbst handelt. Dennoch wird in der Reflexion der gesamten Durchführung der Interviews deutlich, dass im Sinne der qualitativen Forschung die „Perspektive der Akteure“ (Bortz/Döring 2002, 329) im Fokus steht. Die Absicht beabsichtigt, wenig artikulierte Sichtweisen auf ein noch wenig bedachtes Feld offenzulegen, auch wenn dies zugleich bedeutet, sich in ein Feld der Verstrickungen von Perspektiven zu wagen und an einigen Stellen insbesondere die eigene Perspektive in den Fokus zu rücken. So wird das qualitative Forschen in den leitfadengestützen ExpertInneninterviews auch zu einer Untersuchung der subjektiven Forscherinnenperspektive.

6.4.2 Reflexion der Vorannahmen im Interviewleitfaden

Mit der Studie II können wesentliche kollaborative kunstpädagogische Praktiken, die implizit im Feld von Kunst und Bildung existieren und kaum sichtbar, aufgeschrieben und offengelegt wurden (vgl. hierzu Clarke 2012, 123), mit Hilfe des ExpertInnenwissens in den Blick genommen und Theoretisierungen abgeleitet werden. In der rückblickenden Reflexion der thematischen Ausrichtung der ExpertInneninterviews mittels des Leitfadens fällt auf, dass dabei nicht nach einer reinen Beschreibung konkreter Kollaborationsvorhaben der ExpertInnen gefragt wurde. Der Leitfaden zielte ganz klar auf einen subjektiven Bericht der Fachkräfte ab, der allgemein nach Beschreibungen und Einschätzungen und Stellungnahmen zu Kollaboration im kunstpädagogischen Feld fragt. Im Praxisfeld von KunstlehrerInnen wird bezogen auf ein spezifisches Kontextwissen ermittelt, dieses beschrieben und interpretiert. Die Interviewtranskripte zeigen dabei, dass die ExpertInnen zwar auch konkrete Merkmale verschiedener Kollaborationsprojekte beschreiben. Nach einer intensiven und konkreten Beschreibung solcher Projekte wird aber nicht vertiefend gefragt. Dementsprechend werden Merkmale solcher konkreten Projekte im Sinne der Ermittlung einer best practice nur am Rande angeschnitten. Die Auswertungsergebnisse liefern damit keine konkreten Daten für eine wissenschaftliche Beschreibung konkreter kollaborativer Vorhaben und Projekte im aktuellen Kontext von Kunstunterricht, die spezifische Merkmale kollaborativer Praktiken aufweisen. Die Ermittlung solch einer best practice stellt eine wünschenswerte Aufgabe für zukünftige Untersuchungen und Forschungsvorhaben dar.

Durch die Fokussierung der ExpertInneninterviews auf umfassendere, allgemeinere Beschreibungen von Kollaboration im Kontext von Kunstunterricht zielt die Studie II verstärkt auf die Frage nach kollaborativen Bildungsstrukturen im kunstdidaktischen ExpertInnenfeld allgemein ab. Die Einschätzungen, Chance, Herausforderungen und Einstellungen der befragten AkteurInnen stehen im Mittelpunkt, was sich konkret an den Konzepten und Theoretisierungen zeigt. Dies stellt den Kern der hier ermittelten Ergebnisse der Studie II dar.

Ein weiterer Fokus der Interviews ist im Nachhinein auffällig. Es wird nicht darauf abgezielt, in Erfahrung zu bringen, welches Konzept von Kollaboration im Bereich von Kunst und Ästhetik die ExpertInnen haben. Nach kollaborativer Kunst, wie sie im Überblick zeitgenössischer künstlerischer Strategien (vgl. Kapitel 3.4) aufgezeigt wird, wird in den Interviews nicht gefragt. Die Studie II liefert dementsprechend zu diesen Konzepten keine Erkenntnisse. Lediglich im Transkript von ExpertIn 05 gibt es Hinweise hierzu. In Folgestudien könnten KunstlehrerInnen als ExpertInnen nach ihrer Einstellung und Nutzung künstlerischer Phänomene der Kollaboration oder Partizipation befragt werden.

Ein weiteres spannendes Forschungsvorhaben, das an die Ergebnisse von Studie II anschließt, wäre eine qualitative Erhebung zu konkreten Beschreibungen einzelner Kollaborationsvorhaben im Schulalltag, anhand derer eine Phänomenologie kollaborativer Kunstunterrichtsprojekte erstellt wird. In weiterführenden Forschungsvorhaben wären grundlegende explorative Studien (vgl. Bortz/Döring 2002, 352) im konkreten Kunstunterrichtskontext denkbar und wünschenswert.

Anhand der explorativ gewonnen Theoretisierungen und den daraus abgeleitete Hypothesen lässt sich aufzeigen, dass die Weiterentwicklung von praxisbezogener Theorie kunstpädagogischer kollaborativer Wissensproduktion ansteht und hierzu noch erheblicher Forschungsbedarf besteht. Die hier dargestellten Ergebnisse dienen somit als ein Schritt der Exploration, an den weitere Studien zur Kollaboration im Feld der Kunstpädagogik anschließen können und sollten.

6.4.3 Ausblick: Potentiale für Visualisierungen

Der Interviewleitfaden und die inhaltliche Fokussierung der Fragen zielte darauf ab, Kollaborationsformen von KunstlehrerInnen zu erfragen. Im Nachhinein wird deutlich, dass der Forschungsprozess durch Formen der visuellen Netzwerkforschung (vgl. Schönhut/Gamper et al. 2014) und den Situationsmaps von Clarke (vgl. Clarke 2012, 125) hätte ergänzt werden können. Aufzeichnungen von Zusammenhängen sind noch stärker anhand von Visualisierungspraktiken möglich, als dies hier erfolgt ist. Mit den Interviews wurden zu Beginn der Studie II zwar erste Formen solcher Visualisierungen in Rückbezug zur Struktur-Lege-Technik pilotiert. Aufgrund von fehlender Sicherheit darin, wie dieses Material wissenschaftlich abgesichert ausgewertet werden kann, im ersten Drittel des Forschungsprozesses verworfen. Bildbasierte Forschung und Visualisierungen stehen, obwohl naheliegend für die Kunstpädagogik, noch sehr am Anfang der methodologischen Beschreibung und Aufarbeitung. In der Rückschau wird deutlich, dass insbesondere zum Thema Kollaboration ein visuell begründetes Vorgehen naheliegend ist und einen besonderen Erkenntnisgewinn verspricht. Beispielsweise die Ergebnisse im Kategorienbereich A, die in dem Verzeichnis der AkteurInnen der Kollaboration münden (vgl. Kapitel 5.5.1), wären prädestiniert für visuelle Mappings und könnten mit solchen Werkzeugen überhaupt dargestellt werden. In der Reflexion wird damit der Vorschlag laut, verstärkt visualisierte Aufzeichnungen in der kunstpädagogischen Forschung zu erproben. Zukünftig könnte sich gerade in der Kunstpädagogik die Auseinandersetzung mit Visualisierungspraktiken im kunstpädagogischen Forschungsprozess intensiviert werden, da diese Methoden den ästhetischen Praktiken im Feld näherkommen und eine breitere Darstellungsoption für kunstpädagogische Netzwerke bieten.

7. Fazit | Perspektiven kunstpädagogischer Kollaboration

„Mtu ni Watu. – Ein Mensch ist viele Menschen."
Sprichwort, Kiswahili

„Old borders are transgressed and different disciplines meet and, at best, fertilise each other."
LIND 2007b, 19

Wie die Untersuchungen in Studie I und Studie II zeigen, bieten die ermittelten Konzeptionen, Hypothesen und Theoretisierungen zu Kollaboration vielfältige und neue Ansätze für Formen von Gemeinschaftlichkeit und Vernetzung in der Kunstpädagogik.
Mit der Exploration in Studie I konnten implizite Formen und Konzepte von Kollaboration in den Explorationsfeldern herausgearbeitet und beschrieben werden. Zugleich wurden marginalisierende Praktiken aufgedeckt. Diese Erkenntnisse in Studie I führen zu zwei Hypothesen: Einerseits werden zukünftige Untersuchungen zu Kollaboration unbedingt wünschenswert; andererseits als notwendig erachtet wird ein nachfolgender Prozess innerhalb des kunstpädagogischen Diskurses, der seine Blickrichtung auf die Marginalisierungspraktiken gegenüber Gemeinschaftlichkeit richtet. An diese Hypothesen schließt die Überlegung an, den Formen und Praktiken von Kollaboration künftig eine zentralere Rolle in Kunstpädagogik sowie kultureller und ästhetischer Bildung einzuräumen.
Mit der Exploration in Studie I zeigt sich außerdem, dass die Formen von Kollaboration verschiedentlich geartet sind. In der vorliegenden Untersuchung sticht das Ergebnis heraus, dass eine kunstpädagogische Kollaboration auch bedeutet, neue Perspektiven auf das hybride Miteinander von Menschen und Dingen im Kontext bildnerischer und ästhetischer Prozesse zu erlangen. Künstlerische Kollaborationen und transdisziplinäre Zusammenarbeit geraten damit in aktuellen Kontexten in das Zentrum der Beschäftigung. In den Explikationen kollaborativer Formen zeigen sich diese spezifisch in neuen Gemischen und hybriden Formationen. Diese *hybride Kollaboration* umfasst die Interaktion von sehr unterschiedlichen AkteurInnen, einzelnen Personen, Dingen oder überindividuellen AkteurInnen sowohl aus künstlerischen, edukativen und akademischen Settings. Diese unterschiedlichen AkteurInnen werden in einem Miteinander begriffen. Somit heißt die Beschäftigung mit Kollaboration im kunstpädagogischen Kontext auch, eine Vielfalt von Konzeptionen zu Kollaboration und eine Vielfalt von möglichen Anwendungen und Formaten in kunstpädagogischen Zusammenhängen

anzuerkennen – seien es kollaborativ erarbeitete Wissensbestände in digitalen Plattformen, ästhetische Praktiken der Kollaboration in künstlerischen Projekten oder theoretische Konzeptionen von kollaborativen Bildungssettings in der LehrerInnenbildung. Sehr deutlich stechen dabei die Formen der *Kollaboration in komplexen Netzwerken*, *Commons* oder *Groups* hervor. Die in der europäischen Moderne entwickelte zentrale Trennung sozialer Interaktionen von Theorien und Konzepten – die insbesondere in edukativen Settings die kategoriale Trennung von Individuum und Kollektiv, Mensch und Technik hervorgebracht hat – wird mit Konzepten der Kollaboration zur Debatte gestellt oder gar aufgelöst. Indem die Differenzierung von sozialen AkteurInnen und geistigem Wissensgut infrage gestellt wird, eröffnet sich ein neuer Blick auf ästhetische Praktiken und Erfahrungen. Der erweiterten Community beteiligter AkteurInnen aus Menschen und Dingen wird dabei eine neue und sehr relevante Rolle zugesprochen. Kunst, Wahrnehmung, ästhetische Erfahrung, Produktion, Rezeption, Kunstkritik und Erkenntnis – sie alle werden der grundlegenden Theorie einer beständigen, betont geistigen Selbstreferenz und einer Fokussierung auf das einzelne, schöpferische Subjekt entzogen. Stattdessen wird die Kunstpädagogik in agilen, performativen Akten kollaborativer Aushandlungsprozessen in hybriden Netzwerken gedacht. Ästhetische Bildungsprozesse, Kunstunterricht und -vermittlung werden in diesem Verständnis als beständig auszuhandelnde Situationen und Ereignisse des Zusammenseins und der Zusammenarbeit im Netzwerk verstanden, bei denen unter anderem auch körperliches Befinden und Begehren, Anekdoten und Affekte der kollaborativen Subjekte eine zentrale Rolle für die Theoriebildung und Erkenntnis spielen. Es wird deutlich, wie auf allen Ebenen der Kunstpädagogik von den hier herausgearbeiteten kollaborativen Formen profitiert werden kann.

Studie II macht deutlich, dass kollaborative Handlungspraktiken als selbstverständliche Form und implizit im Kontext von schulischem Kunstunterricht existent sind. Diese bestehenden Formen und Praktiken sind wenig systematisch erfasst und weder im wissenschaftlichen noch didaktischen Kontext umfassend expliziert. Hierzu konnten mit den fünf theoretisierenden Perspektiven erste Kategorien, Formen und Strukturen identifiziert werden, die zugleich konkrete Bedingungen für eine kollaborative Handlungspraxis vermitteln (vgl. Kapitel 5.5 und 6.1). Dabei stellt sich als bedeutsam heraus, dass zunächst ein Bewusstsein über hybride AkteurInnennetzwerke und mögliche Beteiligte entwickelt werden muss. Praktiken der informellen Vernetzung mit dem Kunstfeld werden anhand der ExpertInnenaussagen als wesentliche Kollaborationsart herausgestellt. Mit Blick auf eine Implementation kollaborativer Praktiken zeigt sich, dass vielfach Rechtsgrundlagen und Strukturen in der Bildungsadministration fehlen und keinerlei Ressourcen zur Verfügung stehen, mit denen kollaborative Praktiken strukturell verankert werden können. Dass digitale Praktiken zwar äußerst oft genutzt, aber von Seiten der Lehrenden und dem Schulfeld insbesondere in ihren umfassenden Bedingungen unterschätzt werden, macht einen großen Zwiespalt und Widerspruch in Bezug auf Optionen digitaler Kollaboration und tatsächlich vorhandener Formen offensichtlich. Computerbasierte Handlungspraktiken werden weiterhin als reines Werkzeug in der Tradition undigitaler Bildung verstanden und demgemäß auch deren kollaborative Formen verkannt. Die Transformationen, die durch die digitale Medienkultur möglich werden und teilweise schon etablierte gesellschaftliche Praxis sind – und zu denen ausgesprochen kollaborative Wissenpraktiken, Komplexität, Fehlerkultur, Open Source oder auch heterarchische Führungsstrukturen gehören – bleiben im schulischen Kontext unbeachtet, werden negiert oder gar unterbunden.

Mit diesen Ergebnissen formulieren die beiden hier vorgelegten Studien folglich einen radikalen Ansatz von Kollaboration in den unterschiedlichen Feldern der Kunstpädagogik. Die Verbindung beider Perspektiven – die Konzeption von Kollaboration in der Kunstpädagogik aus Studie I und die theoretisierende Perspektivierung der Handlungspraktiken im Kunstunterricht aus Studie II – bietet final Anknüpfungspunkte zu wichtigen und aktuellen Theorien und Debatten der Kunstpädagogik.
Mit den Konzepten zu Kollaboration werden *konkrete Handlungs- und Transformationsfelder* sichtbar, in denen Kollaboration als Form und Praxis wirksam ist. So bietet sie einerseits wichtige Erweiterungen für zeitgenössische Herausforderungen an, steht aber auch für eine Durchkreuzung bestehender Denkweisen bereit, mit der Marginalisierungs- und Diskriminierungspraktiken sichtbar werden. Kollaboration stiftet so gewinnbringende Erweiterungen und Veränderungen beispielsweise für Bereiche wie Unterrichtsmethodik und -gestaltung, Bildung von kunstpädagogischen Netzwerken, Innovation digitaler Werkzeuge der Kollaboration, Inklusion und Kompetenzorientierung. Eine Auswahl dieser Anknüpfungspunkte, die als Fazit aus den beiden explorativen Studien der vorliegenden Forschungsarbeit entspringen, werden im Folgenden anhand von *sieben Perspektiven* diskutiert und münden in einem *Szenario kunstpädagogischer Kollaboration.*

Perspektive I – Potentiale künstlerischer Kollaboration

Die zuvor ausgeführten Analysen zeigen, dass Kollaboration in der zeitgenössischen Kunst in vielerlei Hinsicht als selbstverständliche Form sowie Produktionsweise existiert (vgl. Kapitel 3.4). Kunst funktioniert in Beziehungen und ist in sozialen Kontexten beheimatet. Die eruierten Formen künstlerischer Kollaboration sind offen und agil, da sie der Zusammenarbeit und den Verbindungen unterschiedlicher AkteurInnen aus diversen Bereichen entstammen und damit immer ein Dazwischen umfassen. In der Exploration werden spezifische Merkmale künstlerischer Kollaboration herausgearbeitet (vgl. Kapitel 3.4.9). Es existieren Ähnlichkeits- und Verwandtschaftsmuster, die anhand der Beispiele aufgezeigt werden (vgl. Kapitel 3.4.3), jedoch sind die Formen künstlerischer Kollaboration nicht festgeschrieben, wie etwa bei herkömmlichen Konzepten von KünstlerInnen*paaren oder -kollektiven. Insbesondere wird deutlich: Sowohl in den Arbeitsformen von EinzelkünstlerInnen als auch in Kollektivpositionen werden künstlerische Formen der Kollaboration sichtbar.*

Während sich in den verschiedenen Habitaten und Netzwerken der Kunst eine hybride Vielfalt an Interaktions- und Zusammenarbeitswegen entwickelt, sind diese Phänomene nur marginal in der wissenschaftlichen Beschreibung erfasst (vgl. Kapitel 3.4.4). Künstlerische Kollaboration ist eine in theoretischen Diskursen untergeordnete künstlerische Praxis, deren Berechtigung im wissenschaftlichen Kontext permanent auf dem Prüfstand steht. In Anlehnung an Sternfeld (vgl. Sternfeld 2009b, 30 ff.) mit Rückgriff auf Foucault lässt sich bezogen auf das Wissen um kollaborative Kunst von einem „ ›unterworfenen Wissen‹“ [Hervorhebungen im Original] (Foucault 2003, 217) sprechen. Kollaborative Kunst bedarf demnach neuer Narrative und Explikationen, welche durch vertiefende Perspektiven auf künstlerische Formen, forschende Explorationen und vielfältige Relektüren erfasst werden sollten.

Die Formen der Kollaboration im Kunstbereich umfassen auch jene der Vernetzung und Zusammenarbeit mit dem kunstpädagogischen Handlungsfeld – eine Zusammenarbeit von zum Teil sehr unterschiedlich konstituierten AkteurInnen (vgl. Kapitel 3.7 und Kapitel 5.5). Die Formen der Kollaboration in der transdisziplinären Arbeit zwischen Kunst und Kunstpädagogik erfahren sowohl im kunstpädagogischen Fachdiskurs als auch in kunsttheoretischen Texten wenig Beachtung. Schaut man allerdings auf ihre alltagspraktische Relevanz, so bilden sie in der Kunst wie auch im Kontext von Kunstunterricht und Kunstvermittlung selbstverständliche und sozial verortete Handlungsweisen, wie mit Studie II exploriert werden konnte (vgl. Kapitel 5 und 6). Die offenen und agilen künstlerischen Formen der Kollaboration stellen des Weiteren wertvolle Schnittstellen für perspektivische Kopplungen zwischen Kunst und Kunstpädagogik bereit: Denkbar sind Transformationen konkreter Produktionsweisen, wie zum Beispiel die konkrete Übertragung des *Collaborative Futures Book Sprint* in die ästhetische Praxis im Kunstunterricht (vgl. Kapitel 3.4.3, [K-08]), die Übernahme spezifischer Vermittlungsformen, wie die ExpertInnen sie als informelle Vernetzungsarbeit zwischen Kunstbetrieb und Schule aufzeigen (vgl. Kapitel 5.5.2), die Aufnahme vielfältiger künstlerischer Kollaborationsformen (vgl. Kapitel 3.4., K-01-013]) in kunstdidaktische Modelle sowie von Konzepten der kollektiven AutorInnschaft in den schulischen Kanon. Auch das Konzept der ästhetischen Erfahrung könnte somit nicht mehr nur auf Ebene des Individuums, sondern als gemeinschaftlicher Prozess verstanden und diskutiert werden.

Künstlerische Kollaboration bietet somit in vielerlei Hinsicht das Potential, ästhetische Bildungsprozesse im Kontext der Kunstpädagogik zu erweitern und die vielfältigen Praktiken von Kunst und Kunstpädagogik, die sich in zum Teil ähnlichen und manchmal gegensätzlichen Biotopen abspielen, anzuerkennen und sie als wertvollen Ausgangspunkt für Transformationen zu nutzen.

Perspektive II – Kunstpädagogische Commons[32]

Die in der vorliegenden Arbeit ermittelten Konzepte der Kollaboration durchkreuzen bestehende Kategorien der Kunstpädagogik und lassen signifikant die Relevanz von Beziehungen zwischen deren AkteurInnen und Feldern wie der Kunst oder dem Schulbetrieb sichtbar werden. Das *kunstpädagogische Konzept der Kollaboration* könnte dabei mit einer Transformation auf der Makroebene der Kunstpädagogik ansetzen: Aus den Konzeptionen und Hypothesen in Studie I und den Theoretisierungen aus Studie II resultiert die Forderung, die vielfältigen kunstpädagogischen AkteurInnen – sei es im Kontext von schulischem Kunstunterricht, akademischer LehrerInnenbildung, Kunstinstitutionen oder der Kunstvermittlung – intelligent und hybrid zu vernetzen. Es erwächst die Notwendigkeit, die in die Vereinzelung gedrängten unterschiedlichen kunstpädagogischen AkteurInnen einzuladen, sich in professionellen Netzwerken der ästhetischen Bildung zu verbünden. Um die Bildung solcher kunstpädagogischen Gemeinschaften in hybriden Netzwerken aus AkteurInnen von Kunst, Schule, Hochschule und anderen Institutionen zu beschreiben, ist das Konzept der *Commons* (vgl. Stalder 2016, 245ff.; Benkler 2006, 24; vgl. Kapitel 3.3) hilfreich. Gekennzeichnet sind Commons durch informelle Prinzipien der Gemeinschaftsbildung in der digitalen Medienkultur, die weder unmittelbar unternehmerische noch staatliche Ziele verfolgen. Die Mitglieder der Gemeinschaft werden als *Commoners* (Stalder 2016, 246) bezeichnet. Stalder beschreibt die Commons und Commoners genauer:

> *„Commoners bilden Institutionen, wenn sie sich zusammenschließen, um die Nutzung einer Ressource langfristig gemeinschaftlich zu organisieren. Die ansonsten allgegenwärtige Trennung zwischen Produzenten und Konsumenten spielt dabei keine bedeutende Rolle: Alle Commoners sind in unterschiedlichem und variablem Ausmaß Produzenten und Konsumenten der gemeinsamen Ressource. Aus dem Pool des Gemeinsamen etwas herauszunehmen, um es für sich zu nutzen, ist in Commons ein alltäglicher Vorgang. Ebenso selbstverständlich ist, dass dabei etwas entsteht, das in der einen oder anderen Form wieder in den allgemeinen Pool zurückfließt. Dieser Prozess – die Wechselwirkung zwischen der singulären Aneignung und der gemeinschaftlichen Bereitstellung – bildet eine zentrale Dynamik innerhalb der Commons." (Stalder 2016, 247)*

32 Vgl. zum Begriff *Commons* die Ausführungen in Kapitel 3.3 sowie STALDER 2016, 245ff.. Den Hinweis auf den Text von Stalder verdanke ich Annemarie Hahn aus Gesprächen im Kontext des DoktorandInnenkolloquiums *DocDay* von Prof. Torsten Meyer. Der Begriff der Commons ist für die Analyse der Phänomene der Kollaboration in der digitalen Kondition unglaublich brauchbar und es ist zu bedauern, dass der Verfasserin der Text nicht bereits zu einem früheren Zeitpunkt im Forschungsprozess vorlag.

Diese Merkmale der Commons weisen Parallelen zu den in Studie II herausgearbeiteten impliziten kollaborativen Handlungspraktiken der kunstpädagogischen AkteurInnen auf, zum Beispiel in informellen Netzwerkpraktiken der KunstlehrerInnen (vgl. Studie II; Kapitel 5.5 und 6.1). Bei den Commons nach Stalder fällt auf, dass sie – analog zu den Ergebnissen der explorativen Interviews – durch teils informelle gemeinschaftliche Prinzipien auf kleiner Ebene gekennzeichnet sind, die unter anderem auch lockere, informelle oder familiäre Strukturen erfassen. In Kapitel 6.1 wird dies im Ergebnis der Perspektive 2 besonders deutlich. Die ExpertInnen identifizieren informelle Beziehungen zum Kunstfeld, denen sie eine tragende Funktion zusprechen. Denkbar für die Kunstpädagogik wäre also die Entwicklung *kunstpädagogischer Commons*, wobei sicher schon Strukturen bestehen, die diesem Konzept nahekommen. Die Entwicklung kunstpädagogischer Commons würde die Bildung selbstorganisierter Gemeinschaften umfassen; die Zugehörigkeit zu den Commons würde dabei durch das Interesse an einer Sache und insbesondere durch die Verwaltung und Gestaltung von spezifischen Ressourcen – im vorliegenden Fall der Gestaltung einer kunstpädagogischen Gemeinschaft – motiviert sein. Im tradierten Schulsystem der staatlichen Kontrolle hingegen werden die Entitäten zumeist homogen und singulär begriffen – LehrerIn, SchülerIn, SchulleiterIn, FachleiterIn, SchulrätIn – ohne auf die Ressourcen und die Gemeinschaft der Vielfalt zu achten. Zusammenarbeit ist dabei reduziert auf die Vorgaben gemäß *Dienst nach Vorschrift* und wird reguliert durch einen *Top-Down-Führungsstil*, der eigenständiges Mitdenken und Mitarbeiten ablehnt, womit ein sinnvolles Zusammenarbeiten an und mit den vorhandenen Ressourcen im Sinne der Formen kollaborativer Praktiken torpediert wird. Kunstpädagogische Commons stehen offensichtlich im Widerspruch zu üblichen Führungsprinzipien und den tradierten Kontrollmechanismen der Institution Schule, deren Gouvernementalität primär von neoliberalem Druck, der Optimierung, Überprüfbarkeit und Wirtschaftlichkeit des Schulsystems und wenig von einem Interesse an der Ausgestaltung von Bildung in Gemeinschaft gekennzeichnet zu sein scheint.

Kunstpädagogische Commons bieten sich dementsprechend als alternative Steuerungsformate an. Sie bilden sich vielmehr selbstbestimmt, über Selbstorganisation, Graswurzelbewegungen und nach dem *Bottum-Up*-Prinzip. Es geht bei diesen Zusammenschlüssen um die notwendigen Verbindungen, bei denen die AkteurInnen motiviert sind durch ihre Orientierung an der Sache. Die Kollaborationen folgen den Trampelpfaden der Zusammenarbeit an der Basis der aktiven AkteurInnen der Kunstpädagogik. Einige Prinzipien der Commons sind rechtlich bereits durch Empfehlungen der Unesco erfasst (vgl. Kapitel 5.1.2.2), welche informelle Praktiken und Kollaboration in Bildungssettings fordert (vgl. Scott 2015). Es fehlen bundes- und landesweite schulgesetzliche Verankerungen für die Gestaltung solcher flexibler, kollaborativer Netzwerke. Die Beschaffung notwendiger Ressourcen für kollaboratives Arbeiten in intelligenten Commons müsste wiederum zu bezahlter Arbeit werden.

Commons sollten in den Bildungsstrukturen entwickelt und gesellschaftlich wie gesetzlich verankert werden.
Der Satz Hentigs, „Das wichtigste Curriculum des Lehrers ist seine Person" (Hentig 1981, 274), könnte in die Logik der kunstpädagogischen Commons transformiert werden. Er würde dann für die Kunstpädagogik lauten: „Das wichtigste Curriculum des Faches Kunst sind KunstlehrerInnen, die in kunstpädagogischen Commons vernetzt sind." Die Commons bilden vernetzte Gemeinschaften von vielen Personen, Dingen und Kunst, die in flexiblen, aushandelbaren Relationen in offenen, vielfältigen Kunsträumen miteinander agieren. Diese Gemeinschaften machen ihre Vorgehensweisen transparent und geben zu, dass sie nicht perfekt sind. Interessierte AkteurInnen können leicht aktiver Teil von kunstpädagogischen Commons werden. Gerade im Hinblick auf die Herausforderung der Gestaltung von Ganztagsschule, Diversität und Schule in Zeiten von Krisen wie dem Klimawandel oder globalen Pandemien ließe sich ausgehend von Überlegungen zu Commons eine handlungsfähige, flexible Kunstpädagogikgemeinschaft denken.

Perspektive III – Mikroformate: Kunstunterrichtsräume des Do it Together[33]

Neben der Makroebene lassen sich kunstpädagogische Konzepte zur Kollaboration auch auf der Mikroebene denken. Insbesondere fordert Kollaboration zu Transformationen im Bereich von Unterrichtsmethoden und zu einem grundlegend geänderten Verständnis von Kunstunterrichtsmethodik auf. Das in der vorliegenden Arbeit entwickelte Konzept von Kollaboration verändert entscheidend die Blickrichtung auf kunstdidaktisch-methodische Settings. Fokussiert werden nunmehr nicht allein Kunstunterrichtsmethoden, die unter Oberbegriffen wie Zusammenarbeit oder Kooperation verhandelt werden. Die vielfältigen existierenden gemeinschaftlichen Sozialformen des Unterrichts, die der Kollaboration zugeordnet werden können – PartnerInnenarbeit, Teamarbeit, Rollenspiele, Planspiele, Darstellendes Spiel oder Projektmethode, Werkstattunterricht und viele mehr – gilt es, in der hier dargestellten Analyse der Kollaboration zu erweitern, zu verändern und zu ergänzen. Diese Ergänzung erfolgt nicht auf der Ebene einer technischen Umsetzung der jeweiligen Methodik im kleinen Kontext. Vielmehr kann auf Basis der Forschungsergebnisse der vorliegenden Arbeit so weit gegangen werden, zu behaupten, dass viele bestehende kunstdidaktische Methoden um Merkmale der kollaborativen Formen ergänzt werden müssten. Ebenso müssen umgekehrt bekannte Methoden und Gestaltungsformen in einer Revision auf implizites und explizites kollaboratives Potential oder die

33 Vgl. Baier et al. (2016): Die Welt reparieren. Bielefeld, S. 57.

Kollaboration ausschließenden Formen hin untersucht werden. Es braucht eine aktualisierte Vielfalt an kunstdidaktischen Kategorien des „Gruppenunterrichts“ (Meyer 1987) und aus dem Bereich „Verbund: Gemeinschaft-Kollektiv“ (Baumgartner 2011, 306).

Diese Weiterentwicklung der Vielfalt von bestehenden kunstdidaktischen Formen und Formaten umfasst auch eine Weiterentwicklung, die das Hybride von digitalen Umgebungen sowie die Vielfalt von beteiligten AkteurInnen als wesentliche kollaborative Elemente aufspürt und aufgreift sowie bestehende Formate radikal um die fehlenden kollaborativen Formen ergänzt. Allein die Unterrichtssituation wird als kollaboratives AkteurInnennetzwerk gedacht. Dafür müsste zukünftig die Vielfalt der didaktischen Elemente auf Mikroebene von Kunstunterricht – kunstpädagogische Formate wie beispielsweise die Werkbetrachtung, der Museumsrundgang und viele weitere – im Hinblick auf ihre Prinzipien der Kollaboration – zum Beispiel unter Berücksichtigung der einzelnen Merkmale von Open-Source, Netzwerk, Teilhabe, Miteinander, Beziehungen, Hinterfragung von Machtdiskursen, Fandom oder Wissensaustausch – untersucht und größtenteils transformiert werden. Offene Lernmittel, so genannte *Open Educational Ressources*, bilden hierfür eine wichtige strukturelle Basis. Es wird vorgeschlagen, die vielen didaktischen Formate grundlegend durch die Folie der Konzeption kunstpädagogischer Kollaboration zu betrachten, um dann konkrete Transformationen in Angriff zu nehmen. Ein Ansatz für eine Transformation auf Mikroebene lässt sich anhand des folgenden Beispiels – einem kollaborativen Konzept für Kunstunterrichtsräume – deutlich machen.

Mit dem Konzept der Kollaboration ist die Transformation von konkreten Atelier- und Werkstatträumen denkbar. Hierfür müsste ein kunstdidaktisches Metadesign des Kunstraums für die komplexen Handlungspraktiken des kollaborativen Lernens im Netzwerk hybrider AkteurInnen entwickelt werden. Erforderlich dazu sind flexible, handlungsfähig angelegte Räume, die sowohl in lokaler als auch globaler Funktion durch eine Verschränkung von digitaler und analoger Präsenz zugänglich sind. Vorstellbar sind gemeinschaftsstiftende Räume, die das Virtuelle mit dem Realen gekonnt vermischen. Der *MakerSpace* oder das *FabLab* (vgl. Schön et al. 2016, 97; Walter-Herrmann/Büching 2014, 11) ist hierfür das passendste und bereits bestehende Format und Vorbild, das spezifisch für kollaborative Praktiken in der Kunstpädagogik genutzt und weiterentwickelt werden kann. *MakerSpaces* oder *FabLabs* sind auf kollaborativen Strukturen basierende kreative Arbeitsräume, in denen repariert, ausprobiert, geforscht, gebastelt und gewerkelt werden kann. Es handelt sich um hybride Räume, in denen digitale Technologie und materielle Produktion verschmelzen (vgl. ebd.). Die Bezeichnungen *MakerSpace* und *FabLab wird oft synonym verwendet. An dieser Stelle wird vereinheitlichend der Begriff des Fablabs* gewählt.

Fablabs sind „Räume und Orte des Do it Together (DIT)“ (Baier et al. 2016, 57). Sie sind zudem „bewusst kuratierte Hybridräume zwischen Werkstatt, Fabrik, Labor, Studio und Office“

(ebd.). In der Offenheit dieses Kunstraums sind alle AkteurInnengruppen – SchülerInnen, LehrerInnen sowie andere Aktive – keiner Kontroll- und Überwachungslogik ausgesetzt. Diese Offenheit gedacht als *FabLab* in kunstpädagogischen Commons stiftet eine räumliche Situation, in der sich unterschiedlichen selbstbestimmten, komplexen und hybriden Aufgaben gewidmet werden kann. Im *FabLab* können Ausstellungen, handwerkliche Kurse, *BarCamps* oder *Game-Based Learning* und Teilhabe an kollaborativ angelegten KünstlerInnenprojekten erprobt und durchgeführt werden. Das *FabLab* stiftet hierfür eine offene, kollaborativ angelegte Raumstruktur, in der im Kontrast zur Schule eine andere Einstellung zum Machen und zu Fehlern herrscht. Scheitern, Kollaboration und Prozesshaftes gehören im *FabLab* zu einer gelungenen Arbeit mit dazu (vgl. ebd., 259). Mit dieser Skizze eines möglichen kollaborativen Kunstunterrichtsraums der Zukunft zeigt sich, dass *Open Educational Ressources* maßgeblich an einer solchen Bildungsarchitektur beteiligt sein würden.

Der *.mbr Medienbildungsraum* am Institut für Kunst und Kunsttheorie (vgl. Meyer et al. 2012) in Köln ist ein Beispiel für einen konkreten und realisierten Ansatz einer solchen Transformation von Bildungsräumen auf Grundlage kollaborativer Praktiken. Diese werden hier aus virtuellen und analogen Räumen, den Menschen und Dingen darin gebildet, was letztlich den Bildungsraum zu einem hybriden, edukativen gemeinschaftlichen Raum macht. In der Umsetzung des ästhetisch-digitalen Bildungsraums orientieren sich die GründerInnen und GestalterInnen – Torsten Meyer, Timo Meisel und Konstanze Schütze – an ganzheitlichen Mustern der Raumgestaltung, die der Architekt Christopher Alexander mit den „Patterns" (vgl. Alexander 1977) vorschlägt. Diese Muster eignen sich, um tradierte didaktische Formen und Methoden in eine didaktische Architektur zu transformieren, die Bildungssettings auf Basis von gemeinschaftlichen Praktiken ermöglicht. Die Anwendung einer kollaborativen Kunstunterrichtsmethodik im *Do it together* des *FabLabs* müsste sicher noch verfeinert und in weiteren und vielfältigen Räumen sowie Situationen, in neuen Anwendungen, Kontexten und Formen eingeübt, erprobt und angepasst werden, um Prinzipien und Kategorien für eine breite professionelle kollaborative Handlungspraxis zu explorieren und systematisch aufzeichnen zu können. An dem Konzept eines kollaborativen Bildungsraums als Kunstraum, der sich am *FabLab* orientiert, sollten zukünftig weitere Forschungsprojekte ansetzen, um „(v)iele, unterschiedliche Methoden in vielem und vielfältigem Material" (Meyer 2002, 239) zu erproben.

Perspektive IV – Digitale kunstpädagogische Kultur

Wie sich in den Ergebnissen der Explorationen zeigt, sind die ermittelten kollaborativen Formen hochgradig gekoppelt an digitale Praktiken und in ihnen begründet. Die Nutzung digitaler Anwendungen ist geprägt von beständig kollaborativen Praktiken, gebunden an Offenheit und Teilhabe, Flexibilität und Ästhetisierung. Die digitale Kultur bildet dabei eine Umgebung, in welcher kollaborative Prozesse als selbstverständlich und konstituierend begriffen werden. Zugleich sind diese Prozesse jedoch keineswegs einspurig auf digitale Bedingungen fixiert. Kollaborative Formen sind vielmehr in hybriden Settings beheimatet, in denen flexibel in verwobenen und unterschiedlichen Situationen von digital und nicht-digital gestützten Umgebungen gehandelt wird.

Ein solches Verständnis von Kollaboration als Teil der digitalen Kultur in der Kunstpädagogik umzusetzen, heißt, dass grundlegend digital konditionierte Interaktionen und Kommunikationsformate in den kunstpädagogischen Praktiken – sei es auf Ebene von ästhetischen Gestaltungs- oder Rezeptionsprozessen oder auf Ebene der Bildungssteuerung bezogen auf das Fach Kunst – etabliert, verfeinert und weiter angepasst werden müssen. Kunstpädagogische Commons (vgl. Perspektive II) und die Commoners sollten in der Gestaltung solcher hybriden Settings mit Zugängen zu und Gestaltungsmöglichkeiten von *Open Educational Ressources* und Plattformen sowie Netzwerken für Austausch ausgestattet werden – und die kunstpädagogischen AkteurInnen darin fortgebildet werden. Dies hieße beispielsweise, fachbezogene Commons schuladministrativ umfassend zu unterstützen, sie zum einen mit einem Bündel an Software nach dem *Open Source*-Prinzip (vgl. Kapitel 3.4) zu versorgen, ihnen zum anderen Zugang zu institutionellen, behördlichen Daten zu verschaffen, die sie für die kunstpädagogische Arbeit auf unterschiedlichen Ebenen benötigen. Ministerien, Bezirksregierungen oder Schulämter agieren jedoch meist im Black Box-Betrieb und lassen diese Transparenz nicht zu oder schaffen wenige Schnittstellen für die unterschiedlichen AkteurInnen. Betrachtet man den Entwicklungsstand von Open Data in den Bundesländern, dann sind „die Ergebnisse [...] ernüchternd" (Stalder 2016, 273): „Öffentliche Institutionen stellen ihre Daten nur langsam und zögerlich frei zur Verfügung" (ebd.). Dabei könnten hier kollaborative kunstpädagogische Handlungspraktiken greifen. Informationen könnten landesweit und bundesweit auf einer Plattform als Teil der Fächer-Commons bereitgestellt und von den vielfältigen AkteurInnen selbstbestimmt bespielt, moderiert und kuratiert werden. Hierdurch ließe sich eine Vielfalt professioneller, kollaborativer Arbeitsformen für das Netzwerk von KunstlehrerInnen entwickeln, das auch einen Zugewinn für die Entwicklung und Aktualität von Unterrichtsinhalten und -methoden hätte.

An der aktuell üblichen administrativen Praxis zur Umsetzung von zentralen Aufgaben und dem hierarchischen Führungsstil wird ein eklatantes Problem deutlich, zum Beispiel, wenn eine spezifische Kunstaufgabe für eine zentrale Klassenarbeit mit aktuellen Themen erstellt werden muss. Lehrkräfte ohne professionellen Zugang zu digitalen Umgebungen sind gezwungen, ihre Arbeit allein zu tun, insbesondere wenn das Fach Kunst marginalisiert ist und wenige KunstlehrerInnen an den einzelnen Schulen die Möglichkeit zur Zusammenarbeit haben – allein durch räumliche Trennungen, aber auch durch nicht vorhandene digitale Netzwerke. Kollaboration wird auch hierbei zu einer marginalisierten, scheinbar unprofessionellen Handlungspraxis, da sie in die private Ebene gedrängt oder überhaupt nicht als Teil offizieller Arbeitszeit gefördert und erfasst wird. In massivem Aufwand entwickeln viele Lehrkräfte – ohne voneinander zu wissen und sich gegenseitig helfen zu können – angepasst an aktuelle Vorgaben oder schulspezifische Bedingungen Entwürfe für die zu planenden Unterrichtseinheiten und stellen Aufgaben bereit, die den zentralen Überprüfungsformaten entsprechen. Institutionell und schulrechtlich werden keinerlei umsichtige und leistungsstarke Formen des „Commoning" (ebd.) geboten, welche intelligente, schulübergreifende und professionelle Praktiken der kollaborativen Wissenspflege zulassen. Hierzu lässt sich unter anderem die Debatte unter dem Hashtag #twitterlehrerzimmer auf Twitter verfolgen. In der Alltagspraxis zeigt sich somit eine Reduktion auf die singuläre Schöpfungskraft auch an der Rolle der Lehrkraft. Gemeinsam mit kunstpädagogischen Commons könnten und sollten die Fachabteilungen der Ministerien der Länder digitale intelligente Lösungen für die Gestaltung neuer kunstpädagogischer Arbeitsbedingungen erfinden.

Als Beispiel wäre hierzu der alltägliche Vorgang des LehrerInnenwechsels genannt. In einer Klasse wechselt die Kunstlehrkraft. Für ein solches Prozedere gibt es kaum offizielle und überprüfte schulinterne Verfahren, wie unabgeschlossene Aufgaben, die eine vorherige Kunstlehrkraft gestellt hat, sinnvoll und anschlussfähig an eine neue Lehrkraft, die häufig auch nur temporär eingesetzt wird, übergeben werden. Dies führt zu zum Teil fatalen, demotivierenden Folgen, wenn insbesondere in den ästhetischen Fächern aufwändig produzierte SchülerInnenarbeiten einfach weggeschmissen, vergessen oder performative Übungen nicht beachtet werden. Hier sollten insbesondere im Sinne eines Verständnisses der SchülerInnenperspektive nachhaltige Kollaborationsverfahren eingerichtet werden, die beispielsweise einen Lehrkraftwechsel im Fach Kunst begleiten.

Perspektive V – Anschlüsse zu Debatten um Inklusion und Antidiskriminierung

Kollaboration in der Kunstpädagogik, wie hier proklamiert wird, stiftet neue Perspektiven auf Gemeinschaft und fordert zur Gestaltung neuer Formen der Zusammenarbeit in der Kunstpädagogik und -didaktik heraus. Die digitale Kultur spielt dabei eine wesentliche Rolle bei der Dehierarchisierung von Wissensorganisation sowohl auf akademischer Ebene als auch auf Ebene von schulischer oder künstlerischer Kunstvermittlung. Künstlerische und kunstpädagogische Handlungspraktiken sollten dafür in Netzwerke überführt werden, die zur Teilhabe einladen. Erkenntnisse, Ideen und Können werden in dieser Form nicht mehr dem einzelnen, individuellen Subjekt zugeordnet, sondern als etwas betrachtet, das auch grundlegend der Gemeinschaft unterstellt wird. Mit dem hier vorgestellten Konzept der Kollaboration zeichnen sich dabei Anschlussmöglichkeiten für aktuellen Debatten um Inklusion und Antidiskriminierung ab.

Mai-Anh Boger[34] versteht den Begriff *Inklusion* zum einen „als Vereinigungszeichen sexismus-, rassismus-, ableismus- und klassismuskritischer Theoriebildung" (Boger 2017). Inklusion zeigt sie als Synonym zu „Differenzgerechtigkeit" (ebd.) auf, womit sie den Blick weitet. Inklusion wird nicht definiert als ein Konzept, das sich allein um Integration von *behinderten Menschen*[35] kümmert, sondern alle Diskriminierungsstrukturen in den Blick nimmt. Diese Theoriebildung zur Inklusion verortet sich in einem machtkritischen Diskurs, der danach fragt, wie die „Körper der Anderen* regiert/im Feld positioniert und mit welchen Barrieren sie vom Machtzentrum der Normalen* ferngehalten werden [...]" (Boger 2017).[36] Mit einer kollaborativen Perspektive werden diese Machtzentren von Exklusion oder Marginalisierung aufgezeigt und Kräfte für eine Gestaltung des Zusammen-Seins bereitgestellt.

Insbesondere wirft die Perspektive der Kollaboration dabei ein neues Licht auf alle Unterkategorien, die an Können und Erkenntnis gekoppelt sind. Urteilsfähigkeit, Produktion, Rezeption, Kritik, Kreativität und Wahrnehmung stehen alle unter Verdacht, immer wieder nach dem Konzept der Genieästhetik verstanden zu werden – so die Annahme mit den Erkenntnissen der vorliegenden Forschung. Und damit sind sie aller Voraussicht nach Diskriminierungspraktiken unterworfen. Wie aus der vorliegenden Forschungsarbeit hervorgeht, werden Kategorien des Könnens tendenziell nur dem einzelnen Individuum unterstellt. So ist die/der Andere* besonders deswegen nicht Normal*, da sie/er etwas nicht alleine kann. Eine veränderte Perspektive auf das zu bildende Subjekt als ein kollaboratives Subjekt suggeriert wiederum, dass – wie auch im *FabLab* oder im Netzwerk der kunstpädagogischen Commons – alles Machen, Wissen und Handeln immer von mehreren gemacht und generiert wird, niemals allein. Das Subjekt ästhetischer Bildungsprozesse kann aus der Perspektive der Kollaboration losgelöst vom einzelnen Individuum gedacht werden. Auch die Kreativität gilt es vom „Individuum, vom individuellen Selbst" (Münte-Goussar 2008, 38) zu entkoppeln. Jedoch zeigt sich in den Explorationen der Studien I und II, dass der Grundgedanke des singulären, erkennenden und schöpferischen Subjekts als wesentliche Größe in der Kunstpädagogik und Kunst sehr haltbar und fest verankert ist. Mit der Hypothese II (vgl. Kapitel 4.3) zeigt sich insbesondere die Marginalisierung der Kollaboration als ein geändertes Verständnis von Können auch in der Kunstpädagogik. Mit Bogers Konzeption gefragt, wäre zukünftig zu untersuchen, welche Machtzentren insbesondere diese Marginalisierung vorantreiben und welches Können dadurch in den Mittelpunkt einer kunstpädagogischen Debatte gerückt wird.

34 Den hilfreichen Hinweis auf Mai Anh-Bogers Konzeption zur Inklusion verdanke ich den Kunstpädagoginnen Jane Eschment und Annemarie Hahn und deren Expertise zur Debatte um Inklusion und Kunstpädagogik.

35 Vgl. hierzu Beate Firlinger (2003): Buch der Begriffe. Sprache, Behinderung, Integration. URL: http://bidok.uibk.ac.at/library/firlinger-begriffe.html?use_altcss=true#idp16474528 (letzter Zugriff 14.11.2018)

36 Der Stern kennzeichnet dabei, dass die Begriffe das Andere oder das Normale jeweils durch „Konstruktionsprozess[e]" (Boger 2017) bestimmte Diskriminierungsformen transportieren.

Kollaborative Praktiken sind in Bogers Ansatz, Heterogenität zu gestalten, relevant für Antidiskriminierungsstrategien, können aber gleichermaßen bezogen werden auf Fragen von Rassismus und Bildung. In Achille Mbembes Kritik der schwarzen Vernunft (2014) zeigt er mit Blick auf die neoliberalen Bewegungen auf, wie diese die wesentlichen Verbindungen der Menschen untereinander auflösen und eine Gleichgültigkeit gegenüber anderen sowie die Ersetzbarkeit der Menschen ins Zentrum treten. Kunst, Kunstunterricht und Schulen geraten in genau diese Gemengelage und damit in die Gefahr, die Diskriminierungspraktiken mitzutragen, indem sie sich maßgeblich an den Leistungen des einzelnen Individuums orientieren und die gemeinschaftlichen Praktiken aus einer kolonialen Perspektive als archaisch abstempeln. In Tansania und Kenia ist eine Kiswahili-Redensart gebräuchlich: „Mtu ni Watu." Wörtlich übersetzt heißt dies: „Ein Mensch ist viele Menschen." Die Redensart meint in der Alltagspragmatik, dass der einzelne Mensch grundsätzlich in eine Gemeinschaft hineingeboren wird und auf Hilfe und Gegenseitigkeit angewiesen ist. Auffällig ist insbesondere aus der europäischen Perspektive der Widerspruch zwischen der genannten Einzahl *Mensch* und Mehrzahl *Menschen*. Das Verb *sein* stellt dabei den Zusammenhang zwischen der singulären und der pluralen Einheit her. Dem einzelnen Menschen wird die Existenz in der Mehrzahl zugesprochen. Übertragen auf die hier ermittelte Arbeitsdefinition von Kollaboration erweitert sich das Sprichwort hin zu einer inklusiven Aufforderung angesichts Diskriminierungspraktiken und dem Ausschluss von Menschen. Auch für die Kunstpädagogik gilt: Mit den AkteurInnen im Netzwerk ist immer auch das Gemenge und Gemisch von vielen AkteurInnen und veränderlichen Bedeutungszuweisungen, die Verbindungen herstellen, gemeint. Diese Sichtweise auf die Gegebenheit der Kollaboration scheint in den westlich-europäischen Traditionen häufig vergessen oder wenig geläufig zu sein und in den einzelnen Wissens- und Handlungsfeldern marginal präsent. Mit dem Konzept der Kollaboration als eine Zusammenarbeitsform, die insbesondere diverse und heterogene Kollektivität und Gruppenkonstellationen entwirft, werden Handlungsformen vorgestellt, die sich widerständig gegen Exklusion und eben jene Machtzentren verhalten, die über Vereinzelungspraktiken diskriminieren.

Bezogen auf die Diskurse und Praktiken im Bereich von Kunstpädagogik und Kunstdidaktik sowie von neuen Ansätzen für Inklusion auf individueller, institutioneller oder gesellschaftlicher Ebene, ließen sich mit dem Konzept der Kollaboration sehr konkrete Lösungsansätze denken. Kollaboration unterstellt das Können beispielsweise nicht allein dem Einzelnen oder einer homogen gedachten Gruppe, sondern stellt es vornehmlich als Kraft der heterogenen Gemeinschaft dar. Damit ist klar, dass – bezogen auf Aushandlungsprozesse von Inklusion im kunstpädagogischen Handlungsfeld – das ästhetisch-praktische Können immer in der Kondition der hybriden Gemeinschaft und des Netzwerks diskutiert werden sollte. Dies wiederum gibt Anstöße dafür, in Praxiskonzepten für den Kunstunterricht inklusive Lehr- und Lernsituationen zu erproben und auszuhandeln, wobei auch alte Taxonomien von Kunstunterrichtsmethoden und -organisation einer Analyse im Hinblick auf dementsprechende Transformationen unterzogen werden sollten (vgl. Perspektive III). Die TeilhaberInnen des Projekts *Methode Mandy* kümmern sich explizit im Kontext des kunstpädagogischen Diskurses um Fragen nach geänderten und damit zukunftsfähigeren Konzepten des Könnens, das insbesondere die tradierte und fest verankerte Logik der Schule verlässt und kollaborative Praktiken in den Fokus rückt (vgl. Hahn et al. 2015, 113ff.). Fachinhaltlich muss das gemeinschaftliche Können verstärkt thematisiert werden. Entgegen einer Normierung sollten viele unterschiedliche KünstlerInnen und GestalterInnen sowie deren kollaboratives Können gezeigt werden, insbesondere bezogen auf AkteurInnen, die häufig marginalisiert werden. Es kann dabei um vielfältige Strategien des kollaborativen Arbeitens gehen – hybride Remix-, Kontextualisierungs- oder Appropriations-Strategien sind ebenso gemeint wie transdisziplinäre Projekte von Kunst und Klimaschutz. Erweitert werden bestehende Konzepte um die vielfältigen Formen des *kollaborativen Könnens*. Die in der vorliegenden Arbeit explorierten Beispiele kollaborativer Kunst in Kapitel 3.4.3 bieten vielfältige Impulse dafür.

Bei der Frage nach Inklusion und deren Strategien ist mitzudenken, dass die Kunst selbst keinesfalls per se vor Exklusionsprozessen gefeit ist – im Gegenteil. Mit dem *white cube* (vgl. O'Doherty 1976) und den kuratorischen Praktiken europäischer oder nordamerikanischer Ausstellungshäuser wird die Exklusion, „von der alle kulturellen und künstlerischen Produkte betroffen sind, die nicht von einem weißen, männlichen, westlichen Subjekt geschaffen wurden" (Schoch-Joswig 1998, 73), deutlich und weiter aufrechterhalten. Ein möglicher Beitrag zu einem kollaborativen Inklusionsansatz wäre beispielsweise eine Transformation des Kanons in Lehrplänen. Dieser Lehrplan müsste in kollaborativen Produktionsprozessen mit flexiblen Vorgaben, in kollaborativen AutorInnennetzwerken und mit außerschulischen ExpertInnen der kunstpädagogischen Commons inklusiv – also differenzgerechter – geschrieben werden.[37]

Perspektive VI – Bildung in Gemeinschaft: Korallenriffe kollaborativer Bildung

Beim Weiterdenken der Transformationsansätze, welche die hier ermittelten Konzepte kunstpädagogischer Kollaboration anstoßen, stellen sich Widersprüche zum aktuellen Kompetenzbegriff ein, wenn dieser – implizit oder explizit – auf das einzelne Individuum bezogen gedacht wird. Angesichts von kunstpädagogischen Commons, der Gestaltung kollaborativer,

37 Vgl. hierzu Meyer (2002): S. 243: KunstpädagogInnen sind versiert darin, sich als FachdidaktikerInnen für *Schnittstellen* zu begreifen und die Wissensordnungen, die für die Kunstdidaktik in Lehrplänen und Curricula zu Grunde gelegt werden, auf Basis des künstlerischen Wissens zu hinterfragen.

digitaler Kunstpädagogik-Plattformen und gemeinschaftlichen inklusiven Ansätze stellt sich die Frage, ob hierbei das Konzept der Kompetenz haltbar bleibt. Mit der Perspektive der Kollaboration im Kontext digitaler Medienkultur steht insbesondere im Fokus, wie Bildung in Gemeinschaft stattfinden kann. Die Art und Weise von Bildung und Vermittlung wird vernetzt und situativ gedacht. Ein kollaboratives Bildungskonzept basiert auf der Grundlage eines Zusammendenkens der unterschiedlichen hybriden AkteurInnen und Bereiche. Kollaboration heißt damit, eine Perspektive für die Kunstdidaktik zu öffnen, die sich von der Struktur der gegliederten Kompetenzraster, die meist auf das einzelne Individuum und dessen Output bezogen sind, entfernt und der Frage nachgeht, wie die gesamte Situation der Bildung – als Zusammenspiel gleich einem Ökosystem – gestaltet und verhandelt werden kann. Dazu gehört auch, aufzuzeigen, wo die beteiligten AkteurInnen mit all ihren Belangen in der kunstpädagogischen Lernsituation stehen, wie Erfahrungen mit anderen geteilt und kommuniziert werden und auf welche vielfältigen Arten und Weisen das Wissen und Können in heterarchischen Netzwerken erfolgt sowie organisiert wird. In Kunstvermittlungssituationen wird dabei immer wieder deutlich, dass die Praktiken nicht vorwiegend schriftlich und auf Sprache basiert sind, sondern sich vielmehr in der hybriden Vielfalt symbolisch-künstlerische Darstellungspraktiken zeigen, die nur schwer in messbare Kompetenzraster passen. Mit den hier entwickelten Hypothesen zur kunstpädagogischen Kollaboration ist aufzuzeigen, dass Kollaboration somit kaum als ein einzelner Kompetenzbereich deklariert werden kann. Kollaboration stiftet vielmehr ein Setting, ein Ökosystem, das gute Grundlagen für Bildung schafft, zugleich aber übliche Settings durchkreuzt. Hierin zeigt sich erneut, dass sich insbesondere die Form der Commons – bei der sich Kompetenz im Kollektiven, im Ökosystem des Miteinanders abzeichnet – dafür eignet, eine gute Neuordnung für Teams zu schaffen, in denen erfolgreich und selbstverwaltet Bildungssituationen gestaltet werden können. Die Gemeinschaften bilden eine Rahmung, um miteinander als Netzwerk ein akutes Problem zu diskutieren, Wissen dazu intelligent, dynamisch und flexibel zusammenzustellen und Probleme kollaborativ zu lösen.
Die Hypothese sei folglich, dass für ästhetische Bildung kein für die Messung eingesetztes Kompetenzraster wirksam sein kann, wenn ihm nicht ein umfassender, kollaborativer Rahmen geschaffen wird. Es gilt, sich von einer rein auf das einzelne Individuum fokussierten Kompetenzorientierung zu verabschieden, insofern als in kollaborativen Bildungssettings nicht allein die kleinschrittigen Kategorien eines individuellen Lernergebnisses messbar gemacht oder aufgezeigt werden sollten. Vielmehr ist Können immer in hybriden Bildungs- und Lernstrukturen verflochten. Diese hybriden Settings für kollaborative Bildung sind vergleichbar mit dem komplexen Zusammenspiel aller Lebewesen und nicht lebenden Elemente eines Korallenriffs. Die kollaborative Perspektive macht es somit notwendig, große und verzweigte situative Bildungsumgebungen zu erfinden, in denen neben der Betonung von individuellen und interaktiven Könnenskonzepten insbesondere die kollaborativen Verfahren eine Rolle

spielen sollten. Es sind somit die vielfältigen hybriden AkteurInnen und die vielfältigen verzweigten Beziehungen, auf die sich der Fokus des Kerngeschäfts der Kunstpädagogik richten sollte. Wie bei der komplexen Kollaboration und Gemeinschaft am Korallenriff: Ein Bildungsmiteinander, eine intelligente, dynamische Gemeinschaft erweist sich erst dann als kompetent und überlebensfähig, wenn die Kollaboration der unterschiedlichen AkteurInnen nicht marginalisiert, sondern explizit ermöglicht wird.

Perspektive VII – Kollaborative kunstpädagogische Forschungspraxis

Die hier explorierten Ergebnisse bieten Impulse für Transformationen in der kunstpädagogischen Forschung. Aus den Schlussfolgerungen der vorliegenden Forschungsarbeit lassen sich Fragen zu bestehenden Forschungsansätzen und -methoden im kunstpädagogischen Feld ableiten. Es stellt sich der Eindruck ein, dass in der kunstpädagogischen Forschung primär polar und gegeneinander, nicht aber zusammen gearbeitet wird. Wissenschaftliches Arbeiten ist weiterhin stark von kompetitiven Mustern geprägt, was sicher auch Vorteile für die Qualitätssicherung birgt. Jedoch werden dadurch Synergien zwischen unterschiedlichen Positionen und Schulen in einigen Fällen ausgeschlossen und bestimmte Qualitäten verkannt.

Eine solche Ausrichtung von Wissenschaft hat Folgen auf unterschiedlichen Ebenen: Bildungstheoretische Ansätze und stark praxisbezogene Forschung erscheinen unvereinbar, ihre Wertigkeiten divergieren und die VertreterInnen der unterschiedlichen Felder sind gegnerisch. Der Transfer zwischen den bestehenden heterogenen Bereichen bleibt damit vernachlässigt. Insbesondere leiden darunter unpopuläre Themen, die marginalisiert und ausgegrenzt werden. Im Sinne eines kollaborativen Konzepts sollten Forschungsstruktur und -organisation in der Kunstpädagogik bei zukünftigen Forschungsvorhaben vielfältige Perspektiven in teambasierten Projekten zulassen und fördern. Anzustreben sind dabei starke Kollaborationen zwischen VertreterInnen und AkteurInnen sowohl aus Wissenschaft als auch künstlerischer und schulischer Praxis. Denkbar wären Communities, bei denen sowohl kunstpädagogische als auch weitere ExpertInnen, wie beispielsweise aus dem Organisationsdesign oder dem IT-Bereich, hinzugezogen werden. Institute und kunstpädagogische Berufsverbände sollten sich bei der Austragung von kunstpädagogischen Fachtagen oder Forschungstagungen in einer Charta verpflichten, ihre Beiträge und SprecherInnen über Open Calls zu akquirieren, um Praktiken des Rassismus, der Diskriminierung und Marginalisierung entgegenzuwirken. Auffällig häufig sind im Bereich kunstpädagogischer Fachtagungen nämlich starke Exklusionsprinzipien präsent, so dass die maßgebend sprechenden Personen vorwiegend männlich, privilegiert und weiß sind. Forschungsprojekte wie beispielsweise vom *Institut for Art Education* an der Züricher Hochschule der Künste leisten maßgebliche Vorarbeit und stellen konkretes Material, Texte und Werkzeuge bereit, mit denen aktiv an diskriminierungskritischen Strategien in der Kunstvermittlungspraxis gearbeitet werden kann (vgl. Mörsch 2018). Hochschulübergreifend wäre die Umsetzung kollaborativer Forschungspanels angezeigt. Denkbar wäre dies in Form digitaler Plattformen, die notwendige aktuelle Forschungsthemen sammeln und übersichtlich öffentlich machen. Ein Vorhaben, dass von den kunstpädagogischen Instituten im deutschsprachigen Raum gemeinsam angestrebt werden sollte, um damit schließlich kollaborative Forschungsstrukturen auf Bundes- und Europaebene zu entwickeln.

Szenario einer kollaborativen Kunstpädagogik

Die bis hier explizierte Konzeption von Kollaboration für die Kunstpädagogik sowie die daraus folgenden Hypothesen und Perspektiven machen eine konkretere Vorstellung davon notwendig, was die Umsetzung einer kollaborativen Kunstpädagogik und die damit einhergehende Transformation des Fachs bedeuten könnte. Daher wird hier ein Experimentaldesign für die möglichen Folgen kunstpädagogischer Kollaboration entworfen, das versucht, die folgenden Fragen zu beantworten: Was heißt es, wenn AkteurInnen der Kunstpädagogik Kollaboration auf allen Ebenen in Erwägung ziehen, berücksichtigen und in ihren Feldern anwenden? Was wäre, wenn wir Kollaboration als kunstpädagogische Konzeption in konkreten Handlungssituationen der ästhetischen Praxis zur Anwendung bringen? Wie sieht es aus, wenn Kollaboration auf schulischer und akademischer Ebene umgesetzt und etabliert wird?

In einer konkreten, aber kontrafaktischen Simulation geht es im Folgenden darum, eine Vorstellung davon zu gewinnen, wie zukünftig eine Transformation der Kunstpädagogik in Richtung Kollaboration auf Basis der hier ermittelten Ergebnisse, Kategorien und Daten aussehen könnte. Der Fokus dieses Entwurfs umfasst sowohl das akademisch-wissenschaftliche Feld der Kunstpädagogik, also eine wissenschaftliche Forschungsebene, als auch eine kunstdidaktische und kunstvermittelnde Ebene mit konkreten Bildungssituationen, die in Bezug zur Kunst stehen und kunstpädagogische Praktiken sowie Aushandlungen zur Weiterentwicklung dieser beinhalten. Die folgenden Beschreibungen sind hypothetisch angenommen. Sie experimentieren mit einem spekulativen Ist-Zustand, in dem Konzeptionen von Kollaboration in der Kunstpädagogik durchgespielt werden. Dabei wird ausdrücklich eine affirmative Haltung eingenommen. Offensichtliche Schwierigkeiten, Fragestellungen und kritische Einwände sind im Folgenden vorsätzlich ausgeblendet.

#Spekulation_01: Begriffsschärfung von Kollaboration

Im Feld der Kunstpädagogik ist eine differenzierte Fachsprache zu Kollaboration und kollaborativen Formen entstanden, mit der gemeinschaftliche Vorstellungen und Praktiken der Kunstpädagogik in Theorie und Praxis systematisch und genau expliziert werden können. Dies schlägt sich auch in weiteren Publikationen zu diesem Thema nieder.

#Spekulation_02: Selbstverständlichkeit künstlerischer Kollaboration

Im kunstpädagogischen Diskurs hat ein Kunstverständnis Einzug gehalten, das auch kollaborative künstlerische Formen und Praktiken (vgl. Kapitel 3.4) als selbstverständlich aufgreift und neben anderen Konzepten erfasst. Viele hybride und graduelle Zustände zählen als gängige künstlerische Form. Neben solitär verstandenen KünstlerInnenkonzepten gilt ebenso ein kollaboratives Verständnis von der Produktionsweise von Kunst und vom Kunstschaffenden. Kunstmachen wird in einem Netzwerk verortet und Kollaboration dabei als eine etablierte Form verstanden (vgl. Mader 2012). Diese neue Selbstverständlichkeit bildet sich im Curriculum, in den Grundlagen kunstpädagogischer LehrerInnenbildung und den Inhalten von Schulbüchern für das Fach Kunst ab. Nicht allein das Kunstverständnis und die theoretischen Aushandlungen auf wissenschaftlicher Ebene werden um kollaborative Formen ergänzt. Auf der Ebene von Unterrichtspraxis wird beispielsweise deutlich: Kunstpädagogische AkteurInnen verstehen Vernetzung und Zusammenarbeit mit dem künstlerischen Feld als professionelles Arbeiten und Handeln und nicht als Manko. Die Teilhabeformate, bei denen AkteurInnen aus Kunst und Kunstpädagogik konkret miteinander arbeiten oder kommunizieren, werden explizit als gültige Formen wahrgenommen und fortlaufend in konkreten Handlungspraktiken in den Alltag ästhetischer Bildungssettings integriert. Beispielsweise könnte dies heißen, dass Kunstklassen und Lehrpersonen bewusst Kunstschaffende oder Werke aufsuchen, bei denen eine Interaktion notwendig ist. Hierbei spielen Projekte wie die geheimagentur (vgl. Kapitel 3.4.3, [K-05]) eine wichtige Rolle für kollaborative kunstdidaktische Praxissettings. Eine besondere Aufmerksamkeit gilt für diese Selbstverständlichkeit folglich allen künstlerischen Positionen, die sich kollaborativen Formen verschrieben haben und damit Schnittstellen zwischen Kunst und Kunstpädagogik schaffen. Diese gilt es, auszubauen und zu fördern.

#Spekulation_03: Kollaborative kunstpädagogische Forschung

Die kollaborative Perspektive hat positive Effekte auf das gesamte Forschungsfeld der Kunstpädagogik. Kollaborative Grundlagen sind nun für das kunstpädagogische Forschungsfeld geschaffen, sowohl bezogen auf die Rahmenbedingungen als auch auf Ebene der Heuristik und Methodologie. Ihnen zugrunde liegt zu allererst ein intelligentes funktionierendes Netzwerk. Die Erweiterung der Methodologie, die nunmehr viele kollaborative Forschungselemente im Sinne einer intelligenten Vernetzung sowie Praktiken eines kollaborativen Wissens in der Kunstpädagogik umfasst, hat zur Gründung florierender, kunstpädagogischer Forschungsplattformen geführt. Auf diesen werden zum Beispiel ForschungsakteurInnen zusammengeführt, Forschungsnachwuchs informiert sowie methodisch-kollaborative Forschungsformate in umfassendem Sinne gefördert und angeboten. Damit werden zugleich das solitäre Einzelkämpfertum im Forschungsfeld abgelöst, Forschungszugänge für Forschungsferne AkteurInnen ermöglicht und konkurrenzorientierte Forschungsstrukturen um gemeinschaftliche Strategien erweitert.

#Spekulation_04: Transformation ästhetischer Bildungssettings – Kollaborative kunstdidaktische Formate

Auf Ebene kunstdidaktischen Praxis sind vielfältige kollaborative Formate systematisch exploriert, expliziert und erprobt worden. Sie stehen nun gesammelt bereit für die kunstdidaktische Anwendung in vielfältigen hybriden Situationen. Die kollaborativen Formate umfassen sämtliche gemeinschaftliche Lernsituationen in digitalen Plattformen. Dies können Vortrags- und Austauschkonzepte für Kunstschaffende und KunstlehrerInnen, kollaborative Feedbacksituationen in der Besprechung kunstpraktischer Arbeiten mit SchülerInnen oder Studierenden, Ausstellungskonzepte oder kleine kunstpraktische Übungen sein. Begriffsarbeit und Kategorisierungen zu den kollaborativen Bildungsformaten sind erfolgt. In der fachinhaltlichen Ausrichtung ist dabei der Bezug zu kollaborativen Positionen in Kunst, Architektur, Design und Bildkultur fest verankert. Die Praktiken der kollaborativen Ästhetik sind in die Rezeptions- und Produktionsprozesse in der Kunstdidaktik inkludiert. Auf diese Weise liefern sie gleichermaßen eine wichtige Grundlage für die Hinterfragung des bestehenden Fachkanons und gebräuchlicher Kategorien und Vorstellungen in Didaktik und Methodik des Kunstunterrichts.

#Spekulation_05: Kollaborative Curricula

Bezogen auf Kunstunterrichtsinhalte hat ein weitreichendes Umdenken stattgefunden. Unterrichtsthemen und Lerninhalte werden nicht mehr durch Schulbuchverlage und deren digitale Plattformen verbreitet und publiziert, sondern von hybriden, gemeinschaftlichen Teams entwickelt. Diese kollaborativ erarbeiteten Curricula werden nach dem Prinzip von Open Source zur Verfügung und Weiterverarbeitung bereitgestellt. Der Kunstunterricht basiert damit nicht auf tradierten Formen der Inhaltsfestlegung und -vermittlung, – wie dem Schulbuch – sondern geht von Vermittlungsgrundlagen aus, die kollaborativ zusammengestellt und damit auch in ihrer Form flexibel sind. Ansatz hierfür sind Plattformen hybrider Natur, mit denen die Inhalte, Projekte und Themenkomplexe von Bildungs- und Lehrplänen gemeinschaftsbasiert entwickelt, weiterbearbeitet, erprobt und immer wieder aktualisiert oder geändert werden. Die Vermittlungsform dieser Inhalte unterscheidet sich gänzlich von der herkömmlichen Tradition der Schulbuchverlage oder den Formen der gängigen schriftlichen Veröffentlichung von curricularen Texten und didaktischen Plänen. Neue Formen der Erstellung und Entwicklung von flexiblen Lernmitteln und -ressourcen sind etabliert. Teams. die sich aus SchülerInnen, LehrerInnen, Eltern, KünstlerInnen und ForscherInnen zusammensetzen, entwickeln, bearbeiten und verändern die Unterrichtsinhalte und Projekte. Best Practice wird somit viel schneller in den Diskurs aufgenommen und für andere kunstpädagogische AkteurInnen zugänglich. Von diesen Teams werden zum Beispiel digital unterstützte Open Educational Ressources (OER) bereitgestellt. Des Weiteren dient das hybride Netzwerk von ExpertInnen auch dazu, eine kommunikative Verhandlungplattform darzustellen, mit deren Hilfe kollaborative Projekte der ästhetischen Bildung lernend erforscht, diskutiert und neu entwickelt werden können. Dabei ist wesentlich, dass sich diese Netzwerke als Communities oder Commons aus ExpertInnen zusammensetzen, die aus vielfältigen, vorwiegend kunstpädagogischen und ästhetischen, aber insbesondere auch anderen Disziplinen stammen. Mitglieder aus einem ortsansässigen Kunstausstellungsraum, eine Künstlerin, Lehrkräfte mehrerer regional vernetzter Schulen, VertreterInnen aus der Elternschaft, SchülerInnen, denen besonders der Kunstunterricht am Herzen liegt sowie AkteurInnen aus einem kooperierenden Forschungsprojekt einer naheliegenden Hochschule sind eine mögliche Zusammenstellung für eine solche Community. Mit solchen hybriden Teams wird gewährleistet, dass auch marginalisierte Themenfelder, so auch kollaborative Formen der Kunst, miteinbezogen werden. Für die Kunst-Curricula bedeutet dies eine grundlegend neue Genese ihre Inhalte, welche über eine veränderte Rahmung, Konzeption, Methodik und Steuerung des Prozesses der Entwicklung von Curricula erfolgt.

#Spekulation_06: Kollaborative Formate der Bildungssteuerung

Die Voraussetzung für kollaborative Curricula und kunstdidaktische Formate fußt auf flexiblen, zugänglichen und hierarchiearmen Organisationsstrukturen. Die herkömmliche Bildungsadministration hat sich diesbezüglich maßgeblich transformiert. Kollaborative Fachschaften, bestehend aus hybriden AkteurInnen und organisiert in Commons, stehen bereit – ebenso kunstpädagogische Commons. Diese Commons arbeiten gemeinsam an der Sache der Kunstpädagogik. Sie bilden die Grundlage für kollaborativ gestaltete kunstdidaktische

Curricula und und eine kollaborative Bildungssteuerung. Dabei arbeiten auch die Ministerien als Commons und wieder mit anderen fachdidaktischen Commons zusammen, die jeweils aus hybriden AkteurInnen zusammengesetzt sind – darunter SchülerInnen, LehrerInnen, Eltern und ForscherInnen, um nur einige potentielle Mitglieder zu nennen. Die Formate der Bildungssteuerung in Commons umfassen dadurch sowohl formale Bildungsstrukturen, wie in institutionellen Steuergruppen, als auch informelle Strukturen, wie beispielsweise in Netzwerktreffen und offenen Arbeitsprojekten. Sie sind kollaborativ entwickelt und gestaltet. Die kunstpädagogische Fachcommunity ist dadurch fähig, auf spontane und radikale Veränderungen des professionellen Alltags zu reagieren, wie es beispielsweise in Szenarien wie der Corona-Pandemie im Jahr 2020 dringend benötigt wird. Die Bildungsadministration hat sich von Top-down lenkenden und dienstanweisenden Einheiten zu moderierenden, lernenden und flexiblen Knotenpunkten entwickelt, die wiederum selbst aus kollaborativ organisierten Teams zusammengesetzt sind. Die wesentlich neue Aufgabe der Bildungsadministration in diesen Commons ist nunmehr der Auftrag, – je nach regionalem Bedarf – smarte Grundlagen für eine kollaborative Bildung in transdisziplinären Commons zu schaffen. Die Ministerien, Bezirksregierungen und Schulämter rücken somit nah an die tatsächlichen Belange und Bedarfe der Basis heran. Die Aufgabe der Bildungsadministration umfasst in großem Maß die professionelle Bereitstellung von digitalen Bildungswerkzeugen und -plattformen, um eine intakte Vernetzung gleichsam eines großen Ökosystems zu gewährleisten. Wie kleinere artenreiche Biotope und Teilökosysteme agieren darunter die fachlichen kunstpädagogischen Commons, in denen vielfältige, individuelle Praktiken der Kollaboration existieren. In diesen komplex vernetzten Bildungs-Communities ist ein verantwortungsvolles und faires Miteinander und die flexible Gestaltung der kunstpädagogischen Bildungsarbeit möglich.

Die hier entwickelte Konzeption von Kollaboration in der Kunstpädagogik sowie die sich daran anknüpfenden Hypothesen und Szenarios dienen als Angebot und Grundlage für weitere Aushandlungen von kollaborativer Bildung im Kontext der Kunstpädagogik. Die Szenarios laden dazu ein, weitere Begriffs- und Entwurfsarbeit zur Kollaboration im kunstpädagogischen Kontext zu leisten und möchten den Ehrgeiz zur Folgeforschung wecken. Es gilt, die Erkenntnisse der zwei Studien aus der vorliegenden Arbeit – die unterschiedliche Forschungsansätze aus dem Diskurs zu Kollaboration und Kunstpädagogik abbilden – weiter zu eruieren, Konzepte zusammenzubringen und gemeinsam an kunstpädagogischer Kollaboration zu arbeiten, uns in ihr zu bilden und sie weiter zu erforschen.

8. Literatur

!MEDIENGRUPPE BITNIK (2013): DELIVERY FOR MR. ASSANGE A LIVE MAIL ART PIECE RRRRRRRRRRRRRRRRRRRRRRRRRRADICAL REALTIME. In: !Mediengruppe Bitnik [Webseite] Hg. von: WEISSKOPF, C./SMOLJO, D., URL: https://wwwwwwwwwwwwwwwwwwwwwwww.bitnik.org/about/, letzter Zugriff: 14.02.2017

ADKV (2016): ADKV Arbeitsgemeinschaft Deutscher Kunstvereine. In: ders. [Webseite] URL: http://www.kunstvereine.de/web/index.php?id=82. letzter Zugriff: 11.10.2016

ALEXANDER, CHRISTOPHER (1977): A Pattern Language: Towns, Buildings, Construction, New York.

ALTRICHTER, HERBERT/BERKEMEYER, NILS/KUPER, HARM/MAAG MERKI, KATHARINA (2008): Vorwort der Reihenherausgeber. In: Berkemeyer, Nils/Bos, Wilfried/Manitius, Veronika/Müthing, Kathrin (Hg.): Unterrichtsentwicklung in Netzwerken. Konzeptionen, Befunde, Perspektiven. Münster, S. 5-8.

ALTRICHTER, HERBERT/POSCH, PETER (1998): Lehrer erforschen ihren Unterricht. Eine Einführung in die Methoden der Aktionsforschung, Bad Heilbrunn.

ANONYMOUS (2018): Du Bist Anonymous. In: Anonymous [Youtubechannel], URL: https://www.youtube.com/user/AnonymousWorldvoce/about letzter Zugriff: 22.11.2018

ARMSTRONG, HELEN, STOJMIROVIC, ZVEZDANA (2011): Participate. Designing with user-generated Content, New York.

ARN, CHRISTOF (2016): Agile Hochschuldidaktik, Weinheim/ Basel.

AYAS, DEFNE/PIROTTE, PHILIPPE (2012): Surplus Authors. In: Witte de With Center for Contemporary Art. (Hg.): Program Guide, Rotterdam.

BABIAS, MARIO (1995): Vorwort. In: Ders. (Hg.): Im Zentrum der Peripherie. Kunstvermittlung und Vermittlungskunst in den 90er Jahren. Hamburg, S. 9-26.

BAECKER, DIRK (2007): Studien zur nächsten Gesellschaft, Frankfurt am Main.

BAECKER, DIRK (2016): Digitalisierung als Kontrollüberschuss von Sinn. In: Christian Schuldt (Hg.): Digitale Erleuchtung. Alles wird gut, Frankfurt am Main, S. 1-19.

BAECKER, DIRK, LANDKAMMER, JOACHIM (2009): Mit dem Speck nach der Wurst geworfen: Kreativität als normale Arbeit. In: Jansen, Stephan/Schröter, Eckhard/Stehr, Nico (Hg.): Rationalität der Kreativität? Multidisziplinäre Beiträge zur Analyse der Produktion, Organisation und Bildung von Kreativität. Wiesbaden, S. 249-263.

BAIER, ANDREA/HANSING, TOM/MÜLLER, CHRISTA/WERNER, KARIN (2016): Die Welt reparieren. Eine Kunst des Zusammenmachens. In: Dies. (Hg.): Die Welt reparieren: Open Source und Selbermachen als postkapitalistische Praxis. Bielefeld.

BALÁZS, ILDIKÓ (2005): Konzeption von Virtual-collaborative-learning-Projekten. Ein Vorgehen zur systematischen Entscheidungsfindung, Dresden.

BASTIAN, JOHANNES/SEYDEL, OTTO (2010): Teamarbeit und Unterrichtsentwicklung. Klärungen der Grundlagen und Hilfen für die Praxis. In: Pädagogik, 1, S. 6-9.

BAUCHMÜLLER, MICHAEL (2011): Erzähl uns was von der Zukunft. Rezension. In: Süddeutsche Zeitung, 01.10.2011, München.

BAUDRILLARD, JEAN/BÖHRINGER, HANNES/VON FOERSTER, HEINZ/FLUSSER, VILÉM/KITTLER FRIEDRICH/WEIBEL, PETER (1989): Philosophien der neuen Technologie, Berlin.

BAUMGARTNER, PETER (2011): Taxonomie von Unterrichtsmethoden. Ein Plädoyer für didaktische Vielfalt. Münster, New York, München, Berlin.

BECKER, HOWARD SAUL (1982): Art Worlds, Berkeley.

BEHRENS, JULIA/GOERTZ, LUTZ/SCHMID, ULRICH (2017): Monitor Digitale Bildung. Die Schulen im digitalen Zeitalter, Gütersloh.

BELLIGER, ANDREA/KRIEGER, DAVID (2006): Eine Einführung in die Akteur-Netzwerk-Theorie. In: Dies. (Hg.) ANThology. Ein einführendes Handbuch zur Akteur-Netzwerk-Theorie, Bielefeld, S. 13-50.

BENDEL, OLIVER (2016): Sharing Economy. In: Gablers Wirtschaftslexikon. [Online Lexikon] URL: http://wirtschaftslexikon.gabler.de/Archiv/688938792/sharing-economy-v5.html letzter Zugriff: 08.12.2016

BENKLER, YOCHAI (2006): The wealth of networks: How social production transforms markets and freedom, New Haven.

BERGER, TOBIAS (2001): My world is not enough. In: Ders./Kunsthalle Fridericianum (Hg.): Flexibilitätsversuche. German Leitkultur, Kassel.

BERKEMEYER, NILS/BOS, WILFRIED/MANITIUS, VERONIKA/MÜTHING, KATHRIN (Hg.) (2008): Unterrichtsentwicklung in Netzwerken. Konzeptionen, Befunde, Perspektiven, Münster.

BERKEMEYER, NILS/BOS, WILFRIED/KUPER, HARM (2010): Netzwerke im Bildungssystem. IN: Dies. (Hg.): Schulreform durch Vernetzung. Interdisziplinäre Betrachtungen, S. 11-19.

BILLING, JOHANNA/LIND, MARIA/NILSSON, LARS (2007): Introduction. Taking the Matter into Common Hands. In: Dies. (Hg.): Taking the Matter into Common Hands: On Contemporary Art and Collaborative Practices, London, S. 8-14.

BILLMAYER, FRANZ (2004): Um was es geht, damit es weitergeht. In: Kirschenmann, Johannes/Wenrich, Rainer/Zacharias, Wolfgang (Hg.): Kunstpädagogisches Generationengespräch, München, S. 183-186.

BILLMAYER, FRANZ (2008): Paradigmenwechsel übersehen. Eine Polemik gegen die Kunstorientierung der Kunstpädagogik. In: Pazzini, Karl-Josef/Sabisch, Andrea/Legler, Wolfgang/Meyer, Torsten (Hg.): Kunstpädagogische Positionen, Hamburg.

BILLMAYER, FRANZ (2010): Kunst ist der Sonderfall. Bildunterricht statt Kunstunterricht. In: Wetzel, Tanja/Fritzsche, Marc/Kolb, Gila/Meyer, Torsten (Hg.): buko12 – Wieviel Kunst braucht die Kunstpädagogik, Frankfurt.

BILSTEIN, JOHANNES (2017): Ästhetische Bildung. In: Bering, Kunibert/Niehoff, Rolf/ Pauls, Karina (Hg.): Lexikon der Kunstpädagogik, Oberhausen, S. 47-50.

BISHOP, CLAIRE (2006): The social turn. Collaboration and its discontents. In: Artforum, 44 (6), S. 178-185.

BISMARCK, BEATRICE von/STOLLER, DIETHELM/WUGGENIG, ULF (1996): Games, Fights, Collaborations. Das Spiel von Grenze und Überschreitung. Kunst und Cultural Studies in den 90er Jahren, Ostfildern-Ruit.

BISMARCK, BEATRICE von/STOLLER, DIETHELM/WUGGENIG, ULF (1996a): Kunst und Cultural Studies. Vorwort der Herausgeberinnen. In: Games, Fights, Collaborations, Ostfildern-Ruit, S. 7-9.

BISMARCK, BEATRICE von (1996): Longing for Heroes. Die Konstruktion Bruce Naumans in Kunstgeschichte und Kunstkritik. In: von Bismarck, Beatrice/Stoller, Diethelm/ Wuggenig, Ulf (Hg.): Games, Fights, Collaborations. Das Spiel von Grenze und Überschreitung. Kunst und Cultural Studies in den 90er Jahren. Ostfildern-Ruit, S. 12-17.

BLÄTTEL-MINK, BIRGIT (2010): Vorwort. Prosumer Revisited. In: Blättel-Mink Birgit/ Hellmann, Kai-Uwe (Hg.): Prosumer Revisited. Zur Aktualität einer Debatte, Wiesbaden, S. 7-9.

BLOCK, RENÉ/NOLLERT, ANGELIKA (2005): Kollektive Kreativität. What is 2B done together? Vorwort. In: Dies. (Hg.): Kollektive Kreativität. Katalog zur Ausstellung in der Kunsthalle Fridericianum, Kassel, Berlin, S. 5-7.

BLUMER, HERBERT (1969): Symbolic interactionism. Perspective and Method. Englewood Cliffs, New Jersey.

BOGER, JULIA MAI-ANH (2015): Theorie der trilemmatischen Inklusion. In: Zeitschrift für Inklusion [Online]. URL: https://www.inklusion-online.net/index.php/inklusion-online/ article/view/413/317 letzter Zugriff: 15.11.2018

BOGNER, ALEXANDER/LITTIG, BEATE/MENZ, WOLFGANG (2014): Interviews mit Experten. Eine praxisorientierte Einführung. In Bohnsack, Ralf et.al. (Hg.): Qualitative Sozialforschung. Wiesbaden.

BOGNER, ALEXANDER/MENZ, WOLFGANG (2002): Das theoriegenerierende Experteninterview. Erkenntnisinteresse, Wissenformen, Interaktion. In: Bogner, Alexander/Littig, Beate/ Menz, Wolfgang (Hg.): Das Experteninterview: Theorie, Methode, Anwendung, S. 33-70.

BOLTANSKI, LUC/CHIAPELLO, EVE (2007): Für eine Erneuerung der Sozialkritik. Im Gespräch mit Yann Moulier Boutang. In: Raunig, Gerald/Wuggenig, Ulf (Hg.): Kritik der Kreativität, Wien, S. 167-181.

BONIN, COSIMA von/GOLDSTEIN, ANN (2007): Cosima von Bonin. Roger and Out. Los Angeles/Köln.

BORTZ, JÜRGEN/DÖRING, NICOLA (2002): Forschungsmethoden und Evaluation für Human- und Sozialwissenschaftler. 4. überarb. Auflage, Berlin.

BOTSMAN, RACHEL (2013): The sharing Economy lacks a shared Definition. In: Collaborative Consumption [Weblog] URL: http://www.collaborativeconsumption.com letzter Zugriff: am 28.08.2016

BOURRIAUD, NICOLAS (2002): Relational aesthetics, Dijon.

BRAND, ANTONIA (2016): Louise Guerra untergräbt das Patriarchat. In: TagesWoche. [INTERNETSEITE] URL: http://www.tageswoche.ch/de/2015_51/kultur/706737/#. letzter Zugriff: 23.11.2018

BRENNE, ANDREAS (2018): Andreas Brenne. Come Together – Künstlerische Kollaborationen als Möglichkeit einer Inklusiven Kunstpädagogik. In: Blog der Uni Siegen. Kunstpädagogischer Tag 2018. [BLOG] URL: https://blogs.uni-siegen.de/kpt2018/ letzter Zugriff: 24.11.2018

BRENNE, ANDREAS/SABISCH ANDREA/SCHNURR, ANSGAR (Hg.) (2012): Revisit. Kunst Pädagogik Partizipation, München.

BROCKHAUS (2014): Kollaboration In: Brockhaus Enzyklopädie Online. Datenbankrecherche über den Zugriff der Universität zu Köln URL: https://koeln-ub.brockhaus-wissensservice.com/print/node/4294 letzter Zugriff: 13.03.2014

BRÜSEMEISTER, THOMAS (2008): Qualitative Forschung: Ein Überblick. Wiesbaden.

BUCHMANN, SABETH (1995): Nur soviel: Das Medium ist nicht die Botschaft. Kritik der Medientheorie. In: Babias, Mario (Hg.): Im Zentrum der Peripherie. Kunstvermittlung und Vermittlungskunst in den 90er Jahren. Hamburg, S. 79-102.

BURKHARDT, SARA (2007): Netz Kunst Unterricht. Künstlerische Strategien im Netz und kunstpädagogisches Handeln, München.

BURKHARDT, SARA (2010): Räume netzbasierter Kunst. In: Bering, Kunibert/Höxter, Clemens/Niehoff, Rolf (Hg.): Orientierung: Kunstpädagogik. Bundeskongress der Kunstpädagogik 22.-25. Oktober 2009, Oberhausen, S. 363-369.

BURTON, ERICA/MOSSOP, SARAH (2011): Jon Lockhart. Manual Labour. Engaging with contemporary art through collaborative activity, Oxford.

BUSCHKÜHLE, CARL-PETER (2004): Kunstpädagogen müssen Künstler sein. Zum Konzept künstlerischer Bildung. In: Pazzini, Karl-Josef/Sabisch, Andrea/Legler, Wolfgang/Meyer, Torsten (Hg.): Kunstpädagogische Positionen, Hamburg.

BUSCHKÜHLE, CARL-PETER (1997): Wärmezeit. Zur Kunst als Kunstpädagogik bei Joseph Beuys, Frankfurt am Main/Berlin/Bern/New York/Paris/Wien.

CLARKE, ADELE E. (2011): Von der Grounded-Theory-Methodologie zur Situationsanalyse. In: Mey, Günther & Mruck, Katja (Hg.): Grounded Theory Reader, Wiesbaden.

CLARKE, ADELE E. (2012): Situationsanalyse. Grounded Theory nach dem Postmodern Turn. Interdisziplinäre Diskursforschung, Wiesbaden.

CLEGG, MICHAEL/GUTTMANN, YAIR MARTIN (2007): Die multiple Autorenschaft. In: Gisbourne, Mark/Meyer zu Kueingdorf, Ulf (Hg.): Künstler Paare: Double Act. München, S. 8-11.

COM&COM/HEDINGER, JOHANNES M./GOSSOLT, MARCUS (2011a): Bloch. In: Bloch [Webseite], URL: http://bloch23781.com/home/?page_id=5. letzter Zugriff: 09.03.2015

COM&COM/HEDINGER, JOHANNES M./GOSSOLT, MARCUS (2011b): Com&Com In: Com&Com [Webseite], URL: http://bloch23781.com/home/?page_id=5. letzter Zugriff: 11.05.2017

COHEN, ELIZABETH (1994): Restructuring the Classroom: Conditions for Productive Small Groups. In: Review of Educational Research, 64 (1), S. 1-35.

CRAWFORD, HOLLY (2008): Artistic Bedfellows. Histories, Theories and Conversations in Collaborative Art Practices, Lanham, Maryland.

CRESS, ULRIKE/HESSE, FRIEDRICH WILHELM (2007): Digitale Medien und Knowledge Communities. Digitale Medien in der Schule: Standortbestimmung und Handlungsempfehlungen für die Zukunft. In: Herzig, Bardo/Grafe, Silke/Deutsche Telekom (Hg.): Studie zur Nutzung digitaler Medien in allgemein bildenden Schulen in Deutschland, Bonn/Paderborn, S. 169-173.

DANKO, DAGMAR (2012): Kunstsoziologie, Bielefeld.

DELEUZE, GILLES/GUATTARI, FÉLIX (1977): Rhizom, Berlin.

DEWEY, JOHN (1961): Democracy and Education. An introduction to the philosophy of education, New York/Ontario.

DEWEY, JOHN (1934): Art as experience, New York.

DIETZ, ANNA/ROHDEN, FELICITAS/SCHAFFELD, BRITTA (2010): KunstStück. Bonner Kunstverein. In: Herring, Carina/ADKV (Hg.): COLLABORATION. Vermittlung. Kunst. Verein, Köln, S. 54-65.

DILLENBOURG, PIERRE (1999): What do you mean by collaborative learning? In: Dillenbourg, Pierre (Hg.): Collaborative- learning: Cognitive and Computational Approaches. Oxford.

DILLENBOURG, PIERRE/BAKER, MICHAEL/BLAYE, AGNES/O'MALLEY, CLAIRE (1996): The evolution of research on collaborative learning, Oxford.

DÖRING, NICOLA (1997): Lernen und Lehren im Internet. In: Batinic, Bernard (Hg.): Internet für Psychologen. Göttingen, S. 357-393.

DOCUMENTA14 (2017): Über. In: documenta14.de [Webseite] URL: http://www.documenta14.de/de/public-education/. letzter Zugriff: 01.09.2017

DRESING, THORSTEN/PEHL, THORSTEN (2013): Praxisbuch Interview, Transkription & Analyse. Anleitungen und Regelsysteme für qualitativ Forschende, Marburg.

DREYER, ANDREA (2005): Kunstpädagogische Professionalität und Kunstdidaktik. Eine qualitativ-empirische Studie im kunstpädagogischen Kontext, München.

DUDEN (2001): Artikel: Collaboration In: Dudenredaktion (Hg.): Duden – Wörterbuch New Economy, Berlin.

DUDEN (2007a): Artikel: Kollaboration In: Dudenredaktion (Hg.): Deutsches Universalwörterbuch, 6., überarbeitete und erweiterte Auflage, Mannheim.

DUDEN (2007b): Das große Fremdwörterbuch; 4., aktualisierte Auflage, Bibliographisches Institut GmbH, Berlin.

DUDEN (2011): Artikel: Kollaboration In: Dudenredaktion (Hg.): Duden – Das große Wörterbuch der deutschen Sprache, Mannheim.

DUDEN (2013): Artikel: Collabo. In: Duden (Hg): Szenesprachenwiki. Neues Wörterbuch der Szenesprachen [ONLINE-LEXIKON] URL: http://szenesprachenwiki.de/definition/collabo/ letzter Zugriff: 02.02.2013

DUDEN (2014a): Artikel: Kollaboration – Synonyme. In: Dudenredaktion (Hg.): Duden – Richtiges und gutes Deutsch. [Online-Lexikon] URL: http://www.duden.de/rechtschreibung/Kollaboration letzter Zugriff: 13.03.2014

DUDEN (2014b): Artikel: Kollaboration. In: Dudenredaktion (Hg.): Duden – Das Synonymwörterbuch, 6., vollständig überarbeitete Auflage, Mannheim.

DUDEN (2015): Artikel: Partizipation und Artikel: Kollektiv In: Munzinger Online/Duden - Deutsches Universalwörterbuch; 8., überarbeitete und erweiterte Auflage, Bibliographisches Institut GmbH, Berlin, URL: https://www.munzinger.de/search/document?index=duden-d0&id=D000003651&type=text/html&query.key=K1GKveTB&template=/publikationen/duden/document.jsp#D000001198O2 letzter Zugriff: 8.10.2019

DZUDZEK, IRIS/GLASZE, GEORG/MATTISSEK, ANNIKA (2011): Diskursanalyse als Methode der Humangeographie. Geographie. In: Gebhardt, Hans/Glaser, Rüdiger/Radtke, Ulrich/Reuber, Paul (Hg.): Physische Geographie und Humangeographie, München, S. 175-185.

EID, KLAUS/LANGER, MICHAEL/RUPRECHT, HAKON (2002): Grundlagen des Kunstunterrichts. Eine Einführung in die kunstdidaktische Theorie und Praxis, Stuttgart, 6. durchgesehene Auflage.

ENCYCLOPEDIA BRITANNICA (2014): Artikel: Collaboration In: Britannica Academic Version. [ENCYCLOPEDIA BRITANNICA ONLINE] URL: http://www.britannica.com/bps/dictionary?query=Collaboration letzter Zugriff: 13.03.2014

ERNST, THOMAS (2001): Popliteratur, Hamburg.

ESCHMENT, JANE (2015): Going Public! Urbane Ästhetische Forschung. In: Kolb, Gila/Meyer, Torsten (Hg.): what's next. Art Education. Band II, München, S. 97-99.

FACHLEHRPLAN GYMNASIUM KUNSTERZIEHUNG SACHSEN-ANHALT (2016): Fachlehrplan Gymnasium Kunsterziehung. Hg. v. Ministerium für Bildung Sachsen-Anhalt, Magdeburg.

FAßLER, MANFRED (2012): Granulare Zustände, überall. In: Bellut, Clemens (Hg.): Unbestimmt. Ein gestalterischer und philosophischer Reflexionsbegriff, Zürich.

FAßLER, MANFRED (2012): Beitragen, um etwas zu erzeugen. In: Sützl, Wolfgang, Stalder, Felix, Maier Roland, Hug, Theo (Hg.): Medien - Wissen - Bildung: Kulturen und Ethiken des Teilens, Innsbruck. S. 147-163.

FELDHOFF, SILKE (2009): Zwischen Spiel und Politik. Partizipation als Strategie und Praxis in der bildenden Kunst. Dissertation, Berlin.

FIEDLER, MARIA (2013): Shareconomy. Teilen ist das neue Besitzen. In: Der Tagesspiegel, 23.02.2013.

FISCHER-LICHTE, ERIKA (2004): Ästhetik des Performativen, Frankfurt am Main.

FLICK, UWE (1991): Stationen des qualitativen Forschungsprozesses. In: Flick, Uwe/von Kardorff, Ernst/Keupp, Heiner/von Rosenstiel, Lutz/Wolff, Stephan (Hg.): Handbuch qualitative Sozialforschung: Grundlagen, Konzepte, Methoden und Anwendungen. München, S. 147-173.

FLICK, UWE/VON KARDORFF, ERNST/STEINKE, INES (1995): Was ist qualitative Forschung? Einleitung und Überblick. In: Dies. (Hg.): Qualitative Forschung. Theorie, Methoden, Anwendung in Psychologie und Sozialwissenschaften. Reinbek, S. 13-29.

FLICK, UWE (2007): Qualitative Sozialforschung. Eine Einführung, Hamburg.

FOUCAULT, MICHEL (2003): Vorlesung vom 07. Januar 1976. In: Defert, Daniel (Hg.): Dits et ecrits. Schriften. Band 3. Frankfurt, S. 213-231.

FRANK, SUSANNE (2005): Civic Education – Was ist das? In: Koordinierungsstelle. Bund-Länder-Kommission-Programm (Hg.): Demokratie lernen und leben, Berlin.

FREISCHLAD, NADINE/THEIL, ANNA (2011): Die Kunst und die Crowd. Abschließende Betrachtung. In: Blogs – ART. Das Kunstmagazin [Weblog] URL: http://www.crowdsourcingblog.de/blog/2011/07/26/art-made-by-the-crowd/ letzter Zugriff: 03.02.2012

FUßWINKEL, HEIDRUN (2009): Geschlechtergerechte Sprache. Empfehlungen der Gleichstellungsbeauftragten der Universität zu Köln, Köln.

GANZ, DAVID/THÜRLEMANN, FELIX (2010): Das Bild im Plural: mehrteilige Bildformen zwischen Mittelalter und Gegenwart, Berlin.

GEHEIMAGENTUR (2017): dies. In: geheimagentur [Webseite] URL: http://www.geheimagentur.net. letzter Zugriff: 12.01.2017

GERGEN M. MARY/GERGEN, KENNETH J. (2010): Performative Sozialwissenschaft. In: Mruck, Katja/Mey, Günther (Hg.): Handbuch qualitative Forschung in der Psychologie, Wiesbaden, S. 358-366.

GHANBARI, NACIM/HAUNSS, SEBASTIAN/OCHSNER, BEATE/OTTO, ISABELL /THIELMANN, TRISTAN (2013): Was sind Medien kollektiver Intelligenz? In: Zeitschrift für Medienwissenschaft, (8), S. 145-155.

GISBOURNE, MARK/MEYER ZU KUEINGDORF, ULF (Hg.) (2007): Double Act. Two Artists, One Expression, München.

GOLDSTEIN, ANN (2007): Alle Vögel evakuieren horizontal. In: von Bonin, Cosima/ Goldstein, Ann (Hg.): Cosima von Bonin: Roger and Out. Hg. v. Museum of Contemporary Art, Los Angeles, S. 143-147.

GLÄSER, JOCHEN/LAUDEL, GRIT (2009): Experteninterviews und qualitative Inhaltsanalyse, 3. überarb. Aufl., Wiesbaden.

GRAFE, SILKE/HERZIG, BARDO (Hg.) (2007): Digitale Medien in der Schule: Standortbestimmung und Handlungsempfehlungen für die Zukunft. Studie zur Nutzung digitaler Medien in allgemein bildenden Schulen in Deutschland. Bonn, Dt. Telekom, Zentralbereich Unternehmenskommunikation, Paderborn.

GRAMLINGER, FRANZ (2003): Nutzung des Internets in der Lehre: Konzeptionelle Vorarbeiten und erste Erprobungen, um neben der Informationskomponente verstärkt Kommunikation und Kooperation im Sinne des "collaborative learning" einzusetzen. In: Reinisch, Holger/Beck, Klaus/Eckert, Manfred/Tramm, Tade (Hg.): Didaktik beruflichen Lehrens und Lernens - Reflexionen, Diskurse und Entwicklungen, Opladen.

GRASSMUCK, VOLKER (2004): Freie Software. Zwischen Privat- und Gemeineigentum, Bonn.

GRASSMUCK, VOLKER (2012): The Sharing Turn: Why we are generally nice and have a good chance to cooperate our way out of the mess we have gotten ourselves into. In: Sützl, Wolfgang, Stalder, Felix, Maier Roland, Hug, Theo (Hg.): Medien - Wissen - Bildung: Kulturen und Ethiken des Teilens, Innsbruck. S. 17-34.

DE WITT, CLAUDIA/GRUNE, CHRISTIAN (2012): Pädagogische und didaktische Grundlagen. In: Haake, Jörg et al. (Hg.): CSCL-Kompendium 2.0: Lehr-und Handbuch zum computerunterstützten kooperativen Lernen. München, S. 43-56.

HAAKE, JÖRG M./SCHWABE, GERHARD/WESSNER, MARTIN (2012): CSCL-Kompendium 2.0: Lehr-und Handbuch zum computerunterstützten kooperativen Lernen, München.

HAHN, ANNEMARIE/HAUSMANN, ROBERT/ KLEIN, KRISTIN/ KOLB, GILA/ LAABS, MATTHIAS/ SCHÜTZE, KONSTANZE (2015): Methode Mandy. In: Kolb, Gila/Meyer, Torsten (Hg.): what's next. Art Education. Band II. München, S. 113-117.

HANEKOP, HEIDEMARIE/WITTKE, VOLKER (2010): Kollaboration der Prosumenten. In: Blättel-Mink, Birgit/Hellmann, Kai-Uwe (Hg.): Prosumer Revisited. Zur Aktualität einer Debatte, Wiesbaden, S. 96-113.

HARTWIG, HELMUT (2004): Über das Verhältnis der Kunstpädagogik zur Kunst. In: Pazzini, Karl-Josef/Sabisch, Andrea/Legler, Wolfgang/Meyer, Torsten (Hg.): Kunstpädagogische Positionen, Hamburg.

HAUN, DANIEL/REKERS, YVONNE/TOMASELLO, MICHAEL (2011): Children, but Not Chimpanzees, prefer to Collaborate, Leipzig.

HAUSMANN, ROBERT (2015): Die Gelegenheit der Krise. Prototypische Betrachtungen einer nächsten Kunstpädagogik. In: Kolb, Gila/Meyer, Torsten (Hg.): what's next. Art Education. Band II, München, S. 117-119.

HEDINGER, JOHANNES/MEYER, TORSTEN (2012): Konzeptpapier Buchprojekt What's next? Kunst nach der Krise. Ein Reader. URL: http://medialogy.de/2013/09/11/what-next-kunst-nach-der-krise/ letzter Zugriff: 11.10.2012

HEEG, GÜNTHER (2004): Jenseits der Tableaus. Das geteilte Bild der Gemeinschaft. In: Janecke, Christian (Hg.): Performance und Bild, Performance als Bild, Berlin, S. 336-363.

HEIL, CHRISTINE/KOLB, GILA/MEYER, TORSTEN (Hg.) (2012): s h i f t: #Globalisierung #Medienkulturen #Aktuelle Kunst, München.

HEIL, CHRISTINE (2015): Kollaboratives Prosuming in der Auseinandersetzung mit Arbeiten von Attila Csörgő. Kunstdidaktische Entwürfe ausgehend von Gegenwartskunst. In: Irene Schütze, Antje Krause-Wahl (Hg.): Aspekte künstlerischen Schaffens der Gegenwart, Weimar, S. 156–177.

HENSCHEL, ALEXANDER (2012): Der Begriff der Vermittlung im Rahmen von Kunst. In: Prinz-Kiesbüye, Myrna-Alice/Schmidt, Yvonne/Strickler, Pia (Hg.): Theater und Öffentlichkeit. Theatervermittlung als Problem, Zürich, S. 17-27.

HENTIG, HARTMUT von (1998): Kreativität: Hohe Erwartungen an einen schwachen Begriff, München, Wien.

HERICKS, UWE/KUNZE, INGRID (2004): Forschung zu Didaktik und Curriculum. In: Helsper, Werner/Böhme, Jeanette (Hg.): Handbuch der Schulforschung, Wiesbaden, S. 747-778.

HERRING, CARINA (2010): Collaboration. Vermittlung.Kunst.Verein. In: Herring, Carina/ ADKV (Hg.): Collaboration. Vermittlung, Kunst, Verein. Ein Modellprojekt zur zeitgemäßen Kunstvermittlung an Kunstvereinen in Nordrhein-Westfalen, Köln, S. 13-17.

HERRING, CARINA/ADKV (2010): Collaboration. Vermittlung, Kunst, Verein. Ein Modellprojekt zur zeitgemäßen Kunstvermittlung an Kunstvereinen in Nordrhein-Westfalen, Köln.

HESS, BARBARA (2014): Cosima von Bonin, Sergej Jensen, Michael Krebber, In: Stadtrevue Köln (07), S. 66.

HEUBACH, FRIEDRICH WOLFRAM (1997): Sigmar Polke – Frühe Einflüsse, späte Folgen oder: Wie kamen die Affen in mein Schaffen? und andere ikono-biographische Fragen. In: Polke, Britta/Schmitz, Sigmar (Hg.): Sigmar Polke: Die drei Lügen der Malerei, Berlin, S. 285-294.

HORN, EVA/GISI, LUCAS MARCO (2009): Schwärme – Kollektive ohne Zentrum. Eine Wissensgeschichte zwischen Leben und Information, Bielefeld.

HOWARD, PHILIP N. (2015): How big is the Internet of Things and how big will it get? In: Brookings.edu [WEBSEITE] URL: http://www.brookings.edu/blogs/techtank/posts/2015/06/8-future-of-iot-part-1 letzter Zugriff: 23.06.2017

HYDE, ADAM/LINKSVAYER, MIKE/MANDIBERG, MICHAEL/PEIRANO, MARTA/ ZER-AVIV, MUSHON/TONER, ALAN et al. (2010): Collaborative Futures. FLOSS Manuals, Berlin/New York.

HYDE, RORY (2009): Studio as Afterimage. The organisational conflicts of Studio Olafur Eliasson. In: Archis [Blog] URL: http://archis.org/action/2009/10/27/afterimage/ letzter Zugriff: 01.01.2012

H&M (2017): Neue Kollaboration. In: H&M Modekatalog Deutschland, Februar 2017.

ISKE, STEFAN/WINFRIED MAROTZKI (2010): Wikis: Reflexivität, Prozessualität und Partizipation. In Ben Bachmair (Hg.): Medienbildung in neuen Kulturräumen, Wiesbaden, S. 141-151.

JENKINS, HENRY (2009): Confronting the Challenges of Participatory Culture, Cambridge/ London.

JÖRISSEN, BENJAMIN/MAROTZKI, WINFRIED (2009): Dimensionen Strukturaler Medienbildung. In: Herzig, Bardo, et al. (Hg.): Medienbildung – Eine Einführung, Bad Heilbrunn.

JUNGEN, OLIVER (2010): Matthias Bickenbach, Harun Maye. Metapher Internet. Wellenreiten auf den Lehrplan! In: Frankfurter Allgemeine Zeitung, 13.04.2010, Frankfurt am Main.

KANT, IMMANUEL (1974): Kritik der Urteilskraft. In: Weischedel, W. (Hg.): Werkausgabe, Frankfurt am Main.

KÄSTNER, ERICH (1954): Das fliegende Klassenzimmer, Berlin.

KEIL, FRANK (2014): Ausstellung über Gewebe. Die ganz große Metapher. In: Taz. Die Tageszeitung, 19.08.2014.

KEIM, STEFAN (2015): Geheimes Künstlerkollektiv erstmals auf der Bühne. Geheimagentur am Theater Oberhausen. In: Deutschlandradio Kultur – Rang I. Von: [Webseite] URL: http://www.deutschlandradiokultur.de/geheimagentur-am-theater-oberhausen-geheimes.2159.de.html?dram:article_id=314219 letzter Zugriff: 13.02.2017

KEMMIS, STEPHEN/MCTAGGART, ROBIN (2005): Communicative action and the public sphere. In: Denzin, Norman K./Lincoln, Yvonna S. (Hg.): The Sage handbook of qualitative research 3, Los Angeles, S. 559-603.

KEMP, WOLFGANG (1991): Kontexte. Für eine Kunstgeschichte der Komplexität. In: Texte zur Kunst. (2) März 1991, S. 89-101.

KERNLEHRPLAN NORDRHEIN-WESTFALEN KUNST GYMNASIUM (2011): Kernlehrplan für das Gymnasium – Sekundarstufe I in Nordrhein-Westfalen Kunst. Hg. v. Ministerium für Schule und Weiterbildung des Landes Nordrhein-Westfalen.

KESTER, GRANT H. (2011): The one and the many: contemporary collaborative art in a global context, Durham/London.

KESTER, GRANT H. (1998): Dialogical Aesthetics. A Critical Framework For Littoral Art. In: Critical Sites. Issues in Critical Art Practice and Pedagogy, (9) 1999-2000, S. 1-8.

KIENLE, ANDREA (2003): Integration von Wissensmanagement und kollaborativem Lernen durch technisch unterstützte Kommunikationsprozesse, Lohmar.

KITTELMANN, UDO (2005): Spinnwebzeit – Die ebay-Connection. Von: MMK Frankfurt [Webseite] URL: http://mmk-frankfurt.de/de/ausstellungen/rueckblick/2005/ausstellung-detail/article/spinnwebzeit/. Letzter Zugriff: 14.10.2011

KLEIN, KRISTIN (2018): Forschungsprojekt zur ‚Post-Internet Arts Education' an der Universität zu Köln und Tagung ‚Because Internet'. In: BDK-Mitteilungen 1 (2018), S. 30.

KLEIN, KRISTIN/SCHÜTZE, KONSTANZE (2015): Rethinking Risiko. Bildung als fortschreitende Selbstüberwindung. In: Kolb, Gila/Meyer, Torsten (Hg.): what's next. Art Education. Band II, München, S. 163-165.

KOENIG, CHRISTOPH (2011): Bildung im Netz. Analyse und bildungstheoretische Interpretation der neuen kollaborativen Praktiken in offenen Online-Communities, Dissertation an der Technischen Universität Darmstadt.

KOLB, GILA (2015): Kollaboratives Zeichnen. In: [Webseite] URL: http://envil.eu/wp-content/uploads/2014/05/kollaboratives_zeichnen.pdf. letzter Zugriff: 17.10.2015

KOLLER, HANS-CHRISTOPH (2012): Bildung anders denken. Einführung in die Theorie transformatorischer Bildungsprozesse., Stuttgart.

KOZMA, ROBERT/MCGHEE, RAYMOND (2003): ICT and Innovative Classroom Practices. In: Kozma, Robert/Voogt, Joke (Hg.): Technology, Innovation, and Educational Change: A Global Perspective, Eugene, S. 43-80.

KRAVAGNA, CHRISTIAN (1998): Modelle partizipatorischer Praxis. In: A. Könneke/M. Babias (Hg.): Die Kunst des Öffentlichen, Dresden. S. 28-47.

KREBBER, GESA (2014): Apokalypse neu. Konsequenzen aus dem Kreativitätsdiskurs für die Kunstpädagogik. In: Kolb, Gila/Meyer, Torsten (Hg.): what's next. Art Education. Band II, München, S. 170-173.

KREISSL, REINHARD (2004): Community. In: Bröckling, Ulrich, Krasmann, Susanne/ Lemke, Thomas (Hg.): Glossar der Gegenwart, Frankfurt am Main, S. 37-41.

KRIEGER, VERENA (2007): Was ist ein Künstler. Genie–Heilsbringer–Antikünstler. Eine Ideen-und Kunstgeschichte des Schöpferischen, Köln.

KRON, FRIEDRICH/JÜRGENS, EIKO/STANDOP, JUTTA (2014): Grundwissen Didaktik, München/Basel.

KRUSE, PETER/RASSHOFER, DORIS (2010): Schwimmen, nicht filtern: Peter Kruse im Interview. IN: CARTA [BLOG] URL: http://carta.info/24656/schwimmen-nicht-filtern-peter-kruse-im-interview/print/ letzter Zugriff: 04.10.2010

KÜNKLER, TOBIAS (2011): Lernen in Beziehung, Bielefeld.

KÜNZLI, RUDOLF (2010): Lehrpläne, Bildungsstandards und Kompetenzmodelle. Eine problematische Vermischung von Funktionen. In: Beiträge zur Lehrerinnen- und Lehrerbildung 28 (3), S. 440-452.

KUNSTHISTORISCHES INSTITUT DER CHRISTIAN-ALBRECHTS-UNIVERSITÄT ZU KIEL (2016): Kunst – Historiker, Kritiker, Pädagoge, Philosoph und/oder Künstler? Welche Schwerpunkte braucht die Kunstlehrerinnenausbildung im 21. Jahrhundert? Tagungsankündigung im Einladungsschreiben, Kiel.

LANDKAMMER, NORA (2012a): Vermittlung als kollaborative Wissensproduktion und Modelle der Aktionsforschung. In: Settele, Bernadette/Mörsch, Carmen (Hg.): Kunstvermittlung in Transformation. Zürich, S. 199-211.

LANDKAMMER, NORA (2012b): Aktionsforschung [Online] Zürich: Züricher Hochschule der Künste. URL: https://www.zhdk.ch/aktionsforschung-3810 letzter Zugriff: 12.01.2017

LANDWEHR, DOMINIK (2013): Das Paket der Zürcher !Mediengruppe Bitnik ist unterwegs nach Bahrain. In: Digital Brainstorming [Blog] Beitrag vom 28.10.2013, URL: http://www.digitalbrainstorming.ch/weblog/2013/10/das_paket_der_zuercher_medieng.html, letzter Zugriff: 16.05.2017

LATOUR, BRUNO (2008/1991): Wir sind nie modern gewesen, Frankfurt am Main.

LAUDENBACH, PETER (2008): Lernende Firma. Die Unternehmensberatung Kessels & Smit arbeitet an der Abschaffung der Hierarchie. Bei sich selbst und den Kunden. In: brand eins. Wirtschaftsmagazin 10 (4), S. 141-145.

LAZY, SUZANNE (1995): Mapping the Terrain. New Genre Public Art, Seattle.

LEGEWIE, HEINER/ PAETZOLD-TESKE, ELKE (1996): Transkriptionsempfehlungen und Formatierungsangaben. In: Institut für Qualitative Forschung, Berlin. URL: http://web.qualitative-forschung.de/publikationen/postpartale-depressionen/Transkription.pdf letzter Zugriff: 21.06.2020

LEGGEWIE, CLAUS (2007): Rampensäue, bitte zurücktreten! Vom Blogger-Narzissmus zum Paradigma Kollaboration. In: Weblogs, Podcasting und Videojournalismus. Neue Medien zwischen demokratischen und ökonomischen Potenzialen, Hannover, S. 42-57.

LEGLER, (2009): Rahmenbedingungen und Perspektiven kunstpädagogischer Forschung. In: Meyer, Torsten/ Sabisch, Andrea (Hg.) Kunst, Pädagogik, Forschung. Aktuelle Zugänge und Perspektiven. Bielefeld.

LEHTINEN, ERNO/HAKKARAINEN, KAI/LIPPONEN, LASSE/RAHIKAINEN, MARJAANA/MUUKKONEN, HANNI (1999): Computer supported collaborative learning: A review. IN: The JHGI Giesbers reports on education (10).

LESSIG, LAWRENCE (2008): Wenn wir Remix kriminalisieren, schaden wir der Kreativität. In: IRIGHTS [Webseite] Beitrag vom 08.05.2014 URL: https://irights.info/artikel/lawrence-lessig-wenn-wir-remix-kriminalisieren-schaden-wir-der-kreativitaet/22979 letzter Zugriff: 15.06.2017

LÉVY, PIERRE (1997): Die kollektive Intelligenz. Für eine Anthropologie des Cyberspace, Mannheim.

LIND, MARIA (2007a): Kollaboration. In: Franzen, V. B. (Hg.): skulptur projekte münster 07, S. 387-388.

LIND, MARIA (2007b): The collaborative turn. In: Billing, Johanna/Lind, Maria/Nilsson, Lars (Hg.): Taking the Matter into Common Hands. On Contemporary Art and Collaborative Practices, London, S. 15-31.

LINGNER, MICHAEL (1994): Die Krise der Ausstellung im System der Kunst. In: Kunstforum International (125) Januar/Februar 1994, S. 182-187.

LÖFFLER, ROBERT (2017): Live-Counter [Webseite] URL: http://www.live-counter.com/internetnutzer-weltweit letzter Zugriff: 23.06.2017

LÖHR, WOLF-DIETRICH (2011): Genie. In: Pfisterer, Ulrich (Hg.): Metzler Lexikon Kunstwissenschaft, Stuttgart/Weimar, S. 144-150.

LOUISEGUERRA (2013): Louise Guerra [Webseite] URL: http://louiseguerra.ch/index.php/about/about/2/. Letzter Zugriff: 15.09.2017

LUHMANN, NIKLAS (1997): Die Gesellschaft der Gesellschaft, Frankfurt am Main.

LÜTH, NANA (2014): Kollaboration. In: Nanna Lüth [Webseite] URL: http://www.nannalueth.de/links.html. letzter Zugriff: 30.07.2015

LYOTARD, JEAN-FRANÇOIS (1986): Das postmoderne Wissen. Ein Bericht, Graz/Wien.

MADER, RACHEL (2012): Kollektive Autorschaft in der Kunst. Alternatives Handeln und Denkmodell, Bern.

MAJETSCHAK, STEFAN (2007): Ästhetik zur Einführung, Hamburg.

MAJETSCHAK, STEFAN (2006): Genialität. Zur philosophischen Deutung der Kreativität des Künstlers. In: Abel, Günther (Hg.): Kreativität. Kolloquiums-Vorträge des XX. Deutschen Kongresses für Philosophie, Hamburg, S. 1169-1184.

MALZAHN, NILS/GIEMZA, ADAM/HOPPE, ULRICH H. (2012): IT-Architekturen und Infrastrukturen. In: Haake, Jörg et al. (Hg.) CSCL-Kompendium 2.0: Lehr-und Handbuch zum computerunterstützten kooperativen Lernen, München, S. 69-76.

MASET, PIERANGELO (2017): Schwarze Pädagogik 4.0. Das Fach Kunst im Sog von Kompetenzorientierung und Digitalisierung. In: BDK Mitteilungen, (1) 2017, S. 24-27.

MASET, PIERANGELO (2011): Kunstpädagogik. In: Pfisterer, Ulrich (Hg.): Metzler Lexikon Kunstwissenschaft, Stuttgart/Weimar, S. 265-268.

MASET, PIERANGELO (1995): Ästhetische Bildung der Differenz. Kunst und Pädagogik im technischen Zeitalter, Stuttgart.

MAYRING, PHILIPP (2010): Design. In: Mruck, Katja/Mey, Günther (Hg.): Handbuch qualitative Forschung in der Psychologie, Wiesbaden, S. 225-237.

MAXQDA (2014): MAXQDA für Windows. Referenzhandbuch. [Online-PDF] URL: https://www.maxqda.de/download/manuals/MAX11_manual_ger.pdf. letzter Zugriff: 02.03.2018

MBEMBE, ACHILLE (2014): Kritik der schwarzen Vernunft, Frankfurt.

MECHERIL, PAUL (2012): Ästhetische Bildung und Kunstpädagogik. Migrationspädagogische Anmerkungen. In: Nora Landkammer, Carmen Mörsch (Hg.): Art Education Research, (6), S. 1-10.

MEUSER, MICHAEL/NAGEL, ULRIKE (1997): Das ExpertInneninterview. Wissenssoziologische Voraussetzungen und methodische Durchführung. In: Friebertshäuser, Barbara/ Prengel, Annedore (Hg.): Handbuch Qualitative Forschungsmethoden in der Erziehungswissenschaft, Weinheim, S. 481–491.

MEUSER, MICHAEL/NAGEL, ULRIKE (1991): ExpertInneninterviews – vielfach erprobt, wenig bedacht. Ein Beitrag zur qualitativen Methodendiskussion. In: Garz, Detlef/ Kraimer, Klaus (Hg.): Qualitativ-empirische Sozialforschung: Konzepte, Methoden, Analysen, Opladen, S. 441-471.

MEYER, HILBERT (1987): Unterrichtsmethoden: Praxisband I, Berlin.

MEYER, TORSTEN (2020): Nach dem Internet. In: Eschment, Jane, Neumann, Hannah, Rodono, Aurora/Meyer, Torsten (Hg.): Arts Education in Transition. München.

MEYER, TORSTEN (2015): Next Art Education. 9 Grundlegende Thesen. what's next. Art Education. In: Kolb, Gila/Meyer, Torsten (Hg.): what's next. Art Education. Band II, München, S. 218.

MEYER, TORSTEN (2014): Die Bildung des (neuen) Mediums. Mediologische Perspektiven der Medienbildung. In: MAROTZKI, WINFRIED/MEDER, NORBERT (Hg.): Perspektiven der Medienbildung. Medienbildung und Gesellschaft, Wiesbaden, S. 149-170.

MEYER, TORSTEN (2008): Bildung im Neuen Medium. Eine Einleitung. In: Meyer, Torsten/Scheibel, Michael/Münte-Goussar, Stephan/Meisel, Timo/Schawe, Julia (Hg.): Bildung Im Neuen Medium. Wissensformation und Digitale Infrastruktur, Münster, S. 11-31.

MEYER, TORSTEN (2006): Medieninduzierte Wissensformationen. In: Kirschenmann, Johannes/Schulz, Frank/Sowa, Hubert (Hg.): Kunstpädagogik im Projekt der allgemeinen Bildung, München, S. 654-661.

MEYER, TORSTEN (2002): Interfaces, Medien, Bildung: Paradigmen einer pädagogischen Medientheorie, Bielefeld.

MEYER, TORSTEN/MEISEL, TIMO/SCHÜTZE, KONSTANZE (2012): Education Design: Media, Learning, Space. In: Zeitschrift für Hochschulentwicklung. (7) 1, Graz, S. 146-151.

MEYER, TORSTEN/ RIEẞ, THERESA; ZIEGENBEIN, JULIA (2010): Aktuelle Medienkultur: Das Bild im Plural. In: Bering, Kunibert/Höxter, Clemens/Niehoff, Rolf (Hg.): Orientierung: Kunstpädagogik. Bundeskongress der Kunstpädagogik 22.-25. Oktober 2009, Oberhausen, S. 363-369.

MÖRSCH, CARMEN/JENTZSCH, CLAUDIA (2007): Spannend wird's, wo es schwierig wird. Carmen Mörsch im Interview mit Claudia Jentzsch. In: Documenta12. Pressestimmen. [Webseite] URL: http://www.documenta12.de/index.php?id=1112. letzter Zugriff: 18.06.2015

MÖRSCH, CARMEN (2009): Am Kreuzungspunkt von vier Diskursen. Die documenta 12 Vermittlung zwischen Affirmation, Reproduktion, Dekonstruktion und Transformation. In: Mörsch, Carmen et al. (Hg.): Kunstvermittlung II. Zwischen kritischer Praxis und Dienstleistung auf der documenta, Berlin/Zürich, S. 9-33.

MÖRSCH, CARMEN (2012a): Zeit für Vermittlung. Wie wird vermittelt? In: Institute for Art Education der Zürcher Hochschule der Künste (ZHdK) (Hg.): Zeit für Vermittlung. Im Auftrag von Pro Helvetia, als Resultat der Begleitforschung des »Programms Kulturvermittlung« (2009–2012), Zürich, S. 84-94.

MÖRSCH, CARMEN (2012b): Sich Selbst wiedersprechen. Kunstvermittlung als kritische Praxis innerhalb des Educational Turn in Curating. In: Jaschke, Beatrice/Sternfeld, Nora (Hg.): educational turn. Handlungsräume der Kunst- und Kulturvermittlung, Wien, S. 55–78.

MÖRSCH, CARMEN (2018): Über das Institut for Art Education [Webseite] Züricher Hochschule der Künste. URL: https://www.zhdk.ch/forschung/iae/ueber-das-institut-for-art-education-967 letzter Zugriff: 15.11.2018

MRUCK, KATJA/MEY, GÜNTHER (2010): Grounded-Theory-Methodologie. In: Dies. (Hg.): Handbuch qualitative Forschung in der Psychologie, Wiesbaden, S. 614-626.

MÜLLER-JENTSCH, WALTHER (2011): Die Kunst in der Gesellschaft, Wiesbaden,

MÜNTE-GOUSSAR, STEPHAN (2008): Norm der Abweichung. Über Kreativität. In: Pazzini, Karl-Josef/Sabisch, Andrea/Legler, Wolfgang/Meyer, Torsten (Hg.): Kunstpädagogische Positionen, Hamburg.

NAKAJIMA, SEIO (2011): Prosumption in art. In: American Behavioral Scientist 56 (4), S. 550-569.

NANCY, JEAN-LUC (2004): Singulär plural sein, Berlin.

NÜRNBERG-PAPER (2012): Interkultur – Globalität – Diversity. Leitlinien und Handlungsempfehlungen zur Kunstpädagogik/Kunstvermittlung remixed. In: Brenne, Andreas/ Sabisch, Andrea/Schnurr, Ansgar (Hg.): Revisit. Kunstpädagogische Handlungsfelder, München, S. 225-230.

O'DOHERTY, BRIAN (1976): Inside the white cube. Notes on the gallery space. In: Artforum (14), S. 24-30.

OSTEN, MARION von (2000): Kollektive Arbeit. Fightback the Determinator. Arbeiten im Postfordismus. In: K-Bulletin 3 (Mai 2000), S. 4-29.

OSTEN, MARION von (2007): Unberechenbare Ausgänge. In: Raunig, Gerald/Wuggenig, Ulf (Hg.): Kritik der Kreativität, Wien, S. 103-117.

OTTO, GUNTER (1964): Kunst als Prozeß im Unterricht, Braunschweig.

PANKRAZ, DAN (2008): GENERATION C – A Look in their World. [WEBSEITE]. URL: http://www.slideshare.net/guest7e5b6a/generation-c-a-look-into-their-world-by-dan-pankraz-presentation letzter Zugriff: 10.10.2010

PARZEFALL, SONJA (2009): Schülerinnen und Schüler führen Erwachsene durch die documenta 12. In: documenta 12, Ayse Gülec/Carmen Mörsch/Sonja Parzefall/Ulrich Schötker/Wanda Wieczorek (Hg.): Kunstvermittlung 1: Arbeit mit dem Publikum. Öffnung der Institution, Zürich/Berlin.

PAZZINI, KARL-JOSEF (2000): Kunst existiert nicht, es sei denn als angewandte. Tatort Kunsterziehung. Tagungsband des Symposiums vom Herbst 1999 in Weimar, Weimar, S. 8-17.

PAZZINI, KARL-JOSEF (2015): Bildung vor Bildern. Kunst - Pädagogik - Psychoanalyse. Bielefeld.

PAZZINI, KARL-JOSEF/STURM, EVA/LEGLER, WOLFGANG/MEYER, TORSTEN (Hg.) (2000): Kunstpädagogische Positionen. Editorial, Hamburg.

PEEZ, GEORG (2008): Einführung in die Kunstpädagogik, Stuttgart, 3. völlig überarbeitete und aktual. Auflage.

PEEZ, GEORG (2007): Handbuch Fallforschung in der Ästhetischen Bildung/Kunstpädagogik, Baltmannsweiler.

PEEZ, GEORG (2005): Kunstpädagogik jetzt. Eine aktuelle Bestandsaufnahme: Bild – Kunst – Subjekt. In: Bering, Kunibert/Niehoff, Rolf (Hg.): Bilder – Eine Herausforderung für die Bildung, Oberhausen. S. 75-87.

PELZER, CLAUDIA (2011): Art, made by the crowd. Ideenfindung meets Crowdfunding... und wie das Web die Kunst verändert. In: Crowdsourcingblog [Blog] Beitrag vom 26.07.2011, URL: http://www.crowdsourcingblog.de/blog/2011/07/26/art-made-by-the-crowd/ letzter Zugriff: 16.05.2017

PFIFFER DAMIANI, MARION/BIANCHI, PAOLO/FETZ, WOLFGANG/MATT, GERALD (Hg.) (1999): Get together. Kunst als Teamwork, Wien.

POLANYI, MICHAEL (1966): The Tacit Dimension, New York.

POPPER, KARL (1982): Logik der Forschung, Tübingen.

PREZI (2013): Prezi. Cloudbasiertes Präsentationsprogramm. [WEBSEITE] URL: http://prezi.com/. letzter Zugriff: 16.02.2013

PREZIOSI, DONALD (1989): Rethinking Art History. Meditations On a Coy Science. New Haven, London.

PUSCH, LUISE F. (2011): Brauchen wir den Unterstrich? Feministische Linguistik und queer Theory, Teil 1. In: Blog von Luise [Blog] Beitrag vom 22.10.2011. URL: http://www.fembio.org/biographie.php/frau/comments/brauchen-wir-den-unterstrich-feministische-linguistik-und-queer-theory-teil letzter Zugriff: 12.12.2016

RAUNIG, GERALD/WUGGENIG, ULF (2007): Kritik der Kreativität. Vorbemerkung zur erfolgreichen Wiederaufnahme des Stücks Kreativität. In: Dies. (Hg.): Kritik der Kreativität, Wien, S. 9-12.

RE:ACT FEMINISM (2015): Lynn Hershman. In: RE:ACT FEMINISM [Online-Künstlerinnendatenbank] URL: http://www.reactfeminism.org/entry.php?l=lb&id=300&e=a. letzter Zugriff: 29.05.2015

RECKWITZ, ANDREAS (2018): Die Gesellschaft der Singularitäten. Zum Strukturwandel der Moderne , Frankfurt am Main.

RECKWITZ, ANDREAS (2012): Die Erfindung der Kreativität: Zum Prozess gesellschaftlicher Ästhetisierung, Frankfurt am Main.

REICH, KERSTEN (2005): Demokratie und Erziehung nach John Dewey aus praktisch-philosophischer und pädagogischer Sicht. In: Burckhart, Holger/Sikora, Jürgen (Hg.): Praktische Philosophie – Philosophische Praxis, Darmstadt.

REICHEL, ANDRÉ (2016): Die Form der Next Economy. Beobachtungstool mit Zukunftspotenzial. Wie die Formtheorie helfen kann, die Prinzipien der Postwachstumsökonomie beschreibbar zu machen In: Zukunftsinstitut [Webseite] Beitrag von 06/2016. URL: https://www.zukunftsinstitut.de/artikel/tup-digital/04-next-economy/01-longreads/die-form-der-next-economy/ letzter Zugriff: 07.03.2017

REICHENBACH, ROLAND/MEULEN, NICOLAJ VAN DER (2010): Ästhetisches Urteil und Bildkompetenz. Einleitend zum Thementeil. In: Zeitschrift für Pädagogik 56 (6), S. 795-805.

RIEDL, ALFRED/SCHELTEN, ANDREAS (2013): Kooperatives Lernen. In: Dies. (Hg.): Grundbegriffe der Pädagogik und Didaktik beruflicher Bildung, Stuttgart.

RICHTER, BEATE (2014): Bildung relational denken, Berlin.

RIFKIN, JEREMY (2011): Die dritte industrielle Revolution. Die Zukunft der Wirtschaft nach dem Atomzeitalter, Frankfurt am Main.

ROGOFF, IRIT (2002): Wir. Kollektivitäten, Mutualitäten, Partizipationen. In: von Hantelmann, Dorothea/Jongbloed, Marjorie (Hg.): I promise it's political. Performativität in der Kunst, Köln, S. 52-60.

RÜCKERT, FRIEDERIKE (2012): Kunst hoch Schule. Beispiele für Kooperationsprojekte der Muthesius Kunsthochschule Kiel mit Schulen in Schleswig-Holstein, Kiel.

RUPP, SIEGWART (1995): Die kunsterzieherische Gemeinschaftsarbeit als Integrierbarkeitstest. In: Schiementz, Walter/Beilharz, Richard (Hg.): Ins Bild gesetzt. Facetten der Kunstpädagogik, Weinheim, S. 129-150.

SABISCH, ANDREA (2008): Ästhetische Bildung ist Grundlage jeder Bildung. In: Billmayer, Franz (Hg.): Angeboten. Was die Kunstpädagogik leisten kann, München.

SABISCH, ANDREA (2009): Aufzeichnung und ästhetische Erfahrung. In: Pazzini, Karl-Josef/Sabisch, Andrea/Legler, Wolfgang/Meyer, Torsten (Hg.): Kunstpädagogische Positionen, Hamburg.

SACHS-HOMBACH, KLAUS (2005): Die Bildwissenschaft zwischen Linguistik und Psychologie. In: Majetschak, Stefan (Hg.): Bild-Zeichen. Perspektiven einer Wissenschaft vom Bild, München, S. 157-178.

SCHARRER, EVA (2012): Theaster Gates. In: documenta und Museum Fridericanum Veranstaltungs GmbH (Hg.): documenta (13) Das Begleitbuch/ The Guidebook. Katalog/ Catalog 3/3. Ostfildern, S. 430-431.

SCHMALZ, JAN SEBASTIAN (2007): Zwischen Kooperation und Kollaboration, zwischen Hierarchie und Heterarchie. Organisationsprinzipien und-strukturen von Wikis. In: Wikis. Diskurse, Theorien und Anwendungen. Sonderausgabe von kommunikation@ gesellschaft (8), S. 1-21.

SCHMIDT, SIEGFRIED J. (Hg.) (1992): Kognition und Gesellschaft. Der Diskurs des Radikalen Konstruktivismus, Frankfurt a. Main.

SCHMIDT-WETZEL, MIRIAM (2015): Interaktion und Kollaboration im Kunstunterricht. Qualitativ-empirische Praxisforschung zu den Wechselbeziehungen zwischen bildnerischen und sozialen Prozessen in Gruppen der Sekundarstufe II, Dissertation, Frankfurt am Main.

SCHNEIDER, FLORIAN (2006): Collaboration. The Dark Site of the Multitude. Collaboration and Participation. In: Theory Kit. Weblog. Archive. Publishing Project [Blog] URL: http://kit.kein.org/node/1 letzter Zugriff: 21.01.2013

SCHNEIDER, FLORIAN (2007): Collaboration. Some Thoughts Concerning New Ways of Learning and Working Together. In: Rogoff, Irit et al. (Hg.): Academy, Frankfurt, S. 249-254

SCHOCH-JOSWIG, BRIGITTE (1998): Rezension zu: Peter Weibel. Inklusion. Exklusion. Versuch einer neuen Kartographie der Kunst im Zeitalter von Postkolonialismus und globaler Migration. In: Kritische Berichte. Zeitschrift für Kunst-und Kulturwissenschaften, 26, S. 73-77.

SCHÖN, SANDRA/EBNER, MARTIN/NARR, KRISTIN/PEISS, MARKUS (2016): Vom Modellprojekt über den Online-Kurs bis zum Handbuch – Von gelungenen Projekten und Kooperationen im Bereich des „Making" mit Kindern. In: Wachtler, Josef, et al. (Hg.): Digitale Medien. Zusammenarbeit in der Bildung, Münster/New York.

SCHÖNHUT, MICHAEL/GAMPER, MARKUS/KRONENWETT, MICHAEL/STARK, MARTIN (Hg.) (2014): Visuelle Netzwerkforschung: qualitative, quantitative und partizipative Zugänge, Bielefeld.

SCHÖTKER, ULRICH/JENTZSCH, CLAUDIA (2007): Ich hätte nie als Berufswunsch angegeben: Kunstvermittler bei documenta. - Ulrich Schötker im Interview. In: Documenta12. [Webseite] URL: http://www.documenta12.de/index.php?id=1390. letzter Zugriff: 18.06.2015

SCHOLZ, GEROLD (1996): Kinder lernen von Kindern, Hohengehren.

SCHREIER, MARGIT (2017): Kontexte qualitativer Sozialforschung. Arts-Based Research, Mixed Methods und Emergent Methods In: Forum Qualitative Sozialforschung 18 (2), Art. 6, [Webseite] URL: http://www.qualitative-research.net/index.php/fqs/article/viewFile/2815/4096 letzter Zugriff: 15.11.2017

SCHÜTZ, HELMUT (1995): Gefährliche Kunst – gefährdete Kunstpädagogik. Probleme des Modelldenkens in der Kunstdidaktik. In: Schiementz, Walter/Beilharz, Richard (Hg.): Ins Bild gesetzt. Facetten der Kunstpädagogik, Weinheim, S. 34-47.

SCHÜTZE, KONSTANZE (2019): Bildung nach dem Internet. Aktualisierungen für eine Kunstvermittlung am Bild, (im Druck, erscheint voraussichtlich Anfang 2019).

SCHUHMACHER-CHILLA, DORIS (2004): Grenze. Im Banne der Ungewissheit. In: Dies. (Hg.): Bilder zwischen Medien, Kunst und Menschen, Oberhausen.

SCHULZ, FRANK (1998): Über Methoden des Kunstunterrichts. In: Kunst+ Unterricht 223 (224), S. 87-92.

SCHWENDIMANN, BEAT (2011): What is learning. In: Proto-knowledge. [Blog] Beitrag vom 2.12.2011. URL: https://proto-knowledge.blogspot.ch/2011/10/what-is-learning.html letzter Zugriff: 01.03.2014

SCOTT, CYNTHIA LUNA (2015): The Futures of Learning 1. Why must Learning Content and Methods change in the 21st Century? In: UNESCO Education Research and Foresight, Paris. [ERF Working Papers Series, No. 13]. URL: http://unesdoc.unesco.org/images/0023/002348/234807e.pdf letzter Zugriff: 27.10.2015

SEEMANN, GESA (2007): Schweitzer Box. Schüler erproben das Betriebssystem Kunst, Seminar Stuttgart, Stuttgart (Staatsexamensarbeit; unveröffentlicht).

SELLE, GERT (1992): Das ästhetische Projekt, Unna.

SENNETT, RICHARD (2012): Zusammenarbeit. Was unsere Gesellschaft zusammenhält, Berlin, München.

SLAVIN, ROBERT E. (1983): When Does Cooperative Learning Increase Student Achievement? In: Psychological Bulletin (94), S. 429-445.

SOWA, HUBERT (2015): Gemeinsam vorstellen lernen. Theorie und Didaktik der kooperativen Vorstellungsbildung, München.

SPAMPINATO, FRANCESCO (2015): Come together. The Rise of Cooperative Art and Design, New York.

STALDER, FELIX (2016): Kultur der Digitalität, Frankfurt.

STAHL, GERRY (2012): Theorien des CSCL. In: Haake, Jörg et al. (Hg.): CSCL-Kompendium 2.0, Oldenburg.

STEGBAUER, CHRISTIAN (2010): Netzwerkanalyse und Netzwerktheorie. Einige Anmerkungen zu einem neuen Paradigma. In: Ders. (Hg.): Netzwerkanalyse und Netzwerktheorie. Ein neues Paradigma in den Sozialwissenschaften, Wiesbaden, S. 11-20.

STERNFELD, NORA (2014): Verlernen vermitteln. In: Pazzini, Karl-Josef/Sabisch, Andrea/Legler, Wolfgang/Meyer, Torsten (Hg.): Kunstpädagogische Positionen, Hamburg.

STERNFELD, NORA (2009a): Das pädagogische Unverhältnis. Lehren und Lernen bei Rancière, Gramsci und Foucault, Wien.

STERNFELD, NORA (2009b): Aufstand der unterworfenen Wissensarten – museale Gegenerzählungen. In: Schnittpunkt: Charlotte Martinz-Turek, Monika Sommer-Sieghart (Hg.): Storyline. Narrationen im Museum. Wien, S. 30-56.

STIMSON, BLAKE/SHOLETTE, GREGORY (Hg.) (2007): Collectivism after Modernism: The Art of Social Imagination after 1945, Minneapolis.

STIMSON, BLAKE/SHOLETTE, GREGORY (2007): Introduction: Periodizing Collectivism. In: Dies. (Hg.): Collectivism after Modernism: The Art of Social Imagination after 1945, Minneapolis, S. 1-16.

STOCKBURGER, AXEL/AVERS, ISABELLE/BARBROOK, RICHARD/CELLA, BERNHARD/et al. (2010): Künstlerische Strategien vor dem Hintergrund gegenwärtiger Ökonomie und Technologie. In: Kunstforum International 201 (2010), S. 118-125.

STRUNK, MARION (2000): Vom Subjekt zum Projekt - Kollaborative Environments. In: Kunstforum International Bd. 152 (Oktober-Dezember 2000), S. 120-133.

STURM, EVA (2015): Vom Schießen und vom Getroffen-Werden. Kunstpädagogik und Kunstvermittlung »Von Kunst aus«. In: Pazzini, Karl-Josef/Sabisch, Andrea/Legler, Wolfgang/Meyer, Torsten (Hg.): Kunstpädagogische Positionen, Hamburg.

SÜTZL, WOLFGANG/STALDER, FELIX/MAIER ROLAND/HUG, THEO (Hg.) (2012): Medien - Wissen - Bildung: Kulturen und Ethiken des Teilens, Innsbruck.

SÜTZL, WOLFGANG/STALDER, FELIX/MAIER ROLAND/HUG, THEO (2012): Einleitung. In: Dies. (Hg.): Medien - Wissen - Bildung: Kulturen und Ethiken des Teilens, Innsbruck S. 7-16.

TAIT, STUART (2009): Becoming Multiple. Collaboration in Contemporary Art Practice. Dissertation, Birmingham City University, Birmingham.

TERHART, EWALD/KLIEME, ECKHARD (2006): Kooperation im Lehrerberuf: Forschungsproblem und Gestaltungsaufgabe. Zur Einführung in den Thementeil. In: Zeitschrift für Pädagogik 52(2), S. 163-166.

TERHART, EWALD/OTTO, JEANNETTE (2008): Das Problem ist der Beruf, nicht das Studium. Wächst in den Unis eine neue Generation von Lehrern heran? Der Bildungswissenschaftler Ewald Terhart zieht eine Reformbilanz. In: DIE ZEIT 2008 (10). URL: http://www.zeit.de/2008/10/C-Lehrer-Interview-Terhart letzter Zugriff: 11.04.2017

TERKESSIDIS, MARK (2015): Kollaboration. Berlin, Suhrkamp.

ZIEMER, GESA (2013): Komplizenschaft. Neue Perspektiven auf Kollektivität, Bielefeld.

9. Tabellenverzeichnis

10. Abbildungen

Abb. 1: Pop-Up-Werbebanner eines Filehosting-Dienstes: *Werbung für Kollaborationsfunktionen* Quelle: Screenshot eines Pop-Up-Fensters bei der Nutzung des Dienstes, Gesa Krebber, 16.01.2016.

Abb. 2: Kurzbeitrag: *Coole Kollaboration* - Ausschnitt aus dem Zalando-Modemagazin; Berlin, 2012, S. 38; Scan: Gesa Krebber.

Abb. 3: Visuelle Darstellung der Kookkurenzen: *Vergleich Kollaboration und Collaboration* – Wortschatz-Datenbank für die deutsche Sprache der Universität Leipzig. Quelle: http://corpora.uni-leipzig.de/de/res?corpusId=deu_newscrawl_2011&word=Collaboration letzter Zugriff: 13.03.2013

Abb. 4: Lynn Hershman: *Forming a Sculpture Drama*, 1974. © Courtesy the artist and Gallery Paule Anglim, and Anglim Gilbert Gallery in honor of Paule Anglim Quelle: https://www.sfmoma.org/artwork/2015.694 letzter Zugriff: 18.11.2018

Abb. 5: Cosima von Bonin: *Ohne Titel (Krebber über Krebber)*. Aus: von BONIN, COSIMA/ GOLDSTEIN, ANN (2007): Cosima von Bonin. Roger and Out. Los Angeles/Köln. S. 19. © Courtesy the artist and Petzel, New York, Quelle: Bilddatei der Galerie Petzel, New York.

Abb. 6: geheimagentur: *The Art of Being Many*, 27.-28. September 2014, Zeichnung von Enrique Flores zur Versammlung der Kollektive, Hamburg/Kampnagel, © Courtesy the artist. Quelle: http://www.geheimagentur.net/wp-content/uploads/2016/06/unnamed6-545x272.jpg, letzter Zugriff: 29.11.2018

Abb. 7: Project Projects: *Filmstill aus der Filmdocumentation von Aline d'Auria*, Directed and edited by Aline d'Auria © RSI Quelle: https://vimeo.com/57066795 letzter Zugriff: 18.11.2018

Abb. 8: Project Projects: *Productive Posters* © Courtesy the artists and Matt Lenz, Quelle: https://bench.li/images/342 letzter Zugriff: 18.11.2018

Abb. 9: DIS Collektive: *DIS Magazine editors*, Fotografie: Danny Ghitis, 16.11.2012, The New York Times, New York, © Courtesy the artists Quelle: https://www.nytimes.com/2012/11/18/fashion/at-dis-magazine-not-the-usual-rules.html letzter Zugriff: 18.11.2018

Abb. 10: Transmediale: *Collaborative Futures Book Sprint*, Fotografie der Collaborators (FotografIn unbekannt), 18.-22.01.2010, © Courtesy of Michael Mandiberg, New York/ Berlin Quelle: http://booki.flossmanuals.net/collaborative-futures/ch002_how-this-book-is-written letzter Zugriff: 18.11.2018

Abb. 11: Com&Com: Bloch, Fotografie der Aktion in Urnäsch/Herisau, Fotografie: Hedinger/Gossolt © Courtesy the artists, Zürich Quelle: http://bloch.art/home/wp-content/uploads/2011/09/Abb22.jpg letzter Zugriff: 29.11.2018

Abb. 12: Nadine Freischlad/Anna Theil: Art Made by the Crowd, Grafik der Initiatorinnen für die Bewerbung des Projekts auf den Crowdfundingplattformen, © Courtesy the artists Quelle: http://www.artconnect.com/opportunities/art-made-by-the-crowd letzter Zugriff: 18.11.2018

Abb. 13: Improv Everywhere: The Mp3 Experiment Eight, Fotografie der Aktion im Nelson Rockefeller Park, New York, Fotografie: Arin Sang-urai © Courtesy the artists Quelle: http://thepolysh.com/blog/wp-content/uploads/2014/02/Improv-Everywhere.jpg letzter Zugriff: 18.11.2018

Abb. 14: !Mediengruppe Bitnik: *Delivery für Mr. Assange*, 2013, two channel video installation, exhibition view, Helmhaus Zurich, 2014, Fotografie FBM Studio © Courtesy Helmhaus Zürich Quelle: !Mediengruppe Bitnik.

Abb. 15: Grafik: *Kategorisierung künstlerischer Kollaboration, Schaubild; Gesa Krebber nach Maria Lind (LIND 2007a)*, erstellt von Gesa Krebber nach Ausführungen von Maria Lind.

Abb. 16: Grafik: *Übersicht zu den Ergebnissen der Explorationen in Studie I: Sieben Perspektiven*, Entwurf von Gesa Krebber; Umsetzung: Dorle Schmidt.

Abb. 17: Grafik: *Übersicht zu den Explorationsergebnissen der einzelnen Bereiche in Studie II: Theoretisierende Perspektiven kollaborativer Praktiken P1 – P5*, Entwurf von Gesa Krebber; Umsetzung: Dorle Schmidt.

11. Material

Folgende Materialien geben vertieften Einblick in Vorgehensweisen im Forschungsprozess der Studie II. Insbesondere die konkreten Formulierungen im Rahmen des Codierungsverfahrens, die induktiv und möglichst nah am Wortlaut der Befragten geschieht, ist für die Nachverfolgung der explorativen ExpertInneninterviews von Relevanz (vgl. Kapitel 5.4.1). Kleinste Schritte der Auswertung werden hier dokumentiert, damit sie systematisch und transparent nachvollzogen werden können. Im Folgenden sind die 231 vergebenen Codes der qualitativen Datenauswertung im Gesamtüberblick aufgelistet. Sowohl in Kapitel 5. und 6 bezieht sich die Vorgehensweise im Auswertungsprozess auf diese Daten. Für die computergestützte Vergabe der Codierungen ist die Zeichenanzahl in dem genutzten Programm pro Code begrenzt. Aus diesem Grund wurde in den Formulierungen der Codierungen mit Abkürzungen gearbeitet, die im Folgenden aufgelistet sind.

Liste der Abkürzungen in den Codierungen

f2f = face-to-face, Treffen von Angesicht zu Angesicht, Präsenztreffen
K = Kunst
Koll.Projekt = Kollaborationsprojekt
KU = Kunstunterricht
KÜ = KünstlerInnen
KuLe = KunstlehrerInnen
L = LehrerInnen
NGO = Nichtregierungsorganisation
Ref = Referendariat
S = SchülerInnen
ZfsL = Zentrum für schulpraktische LehrerInnenbildung (NRW)

Liste der Codes – Gesamtübersicht

1. Wesentliche AkteurInnen für Zusammenarbeit Schule Kunst	Anzahl/ Codierung
Ländlicher Bildungsstandort/ Kulturferne und Strukturschwäche	2
Schulaufsicht	0
Curriculum, schulinstitutionelle Vorgaben	3
Projektcurriculum an Reformschule	1
Schulämter, Dezernate, Bezirksregierung...	2
Bezirksregierung	1
Bildungsministerien	1
Ref/ 2. Ausbildungsphase	0
Referendariat/ Fachausbilder des Referendariats	2
ZFsL/Seminar-FachleiterInnen Referendariat	2
Technologien	0
instagram	1
Kollaborative Online-Datenspeicher-Plattform	1
Soziales Netzwerk/ Online-Plattform	1
Klassen-Shortmessage-Gruppe	1
Emails	5
Schulhomepage	1
Software-Entwickler	1
Webseite, Blog eines Lehrers	2
Bund/ Land/ Kommune	0
Bundesland	1
Lokale Vereine/ nicht kulturspezifisch	1
Kommunale Netzwerke	2
Passanten	1
Kommunale Verbände	1
NGOs für kulturelle Bildung	3
Anbieter von Bildungswettbewerben	1
Kunsthochschulen, Kunstakademien	3
Wissenschaft, Hochschule...	3
Migrationsforscher	1
Journalist	1
Kunstbetrieb	0

Bildende Kunst	1
freie KunstvermittlerInnen im Kunstbetrieb	1
Kunstvermittlerinnen	1
Kulturinstitute, Museen, etc.	1
Ballett	1
Kunstverein	1
Oper	1
Kunstmuseen	3
Galerien	1
Kunstinstitutionen wie Kunstvereine, Ausstellungshallen	4
Kunstprojekträume/ Off-Spaces	2
Kunstmesse	1
Kunsthistoriker	1
KünstlerInnen	6
Theaterkollektiv	1
Fotograf	2
zentrale Künstlernetzwerke	1
Selbststrukturierte, freie Netzwerke von KünstlerInnen	1
Koryphäen an Künstler hat man ja in der Schulen nich	1
KuratorInnen	2
Weltkunstausstellung	1
Sozialpädagogen	1
Schule	1
Schulleitung	8
Nicht-Fachkolleg_innen	2
Fachvorsitzender einer Schule	3
Gremien Elternvertretung Schule	2
KunstkollegInnen	2
Lehrerinnen und Lehrer	1
Eltern	4
SchülerInnen	4
soziales Beratungsteam/ Reformschule	1
Schülerrat	1
Schulgebäude	1
Arbeitsteams von SchülerInnen	1

Sonderpädagogen	1
Kulturkonferenz/ Reformschule	1
Jahrgangsteam an der Reformschule	1
Stiftungen	1
Kunstpädagogische Fachverband	2
Kunstunterrichtszeitschriften	1
Fortbildungsinstitute	1
Informelle Netzwerke/ soziales kulturelles Umfeld	2
Private Zusammenarbeit wie mit Ehemann professionell wichtig	2
Soziales und kulturelles Umfeld privat	1
Medien	1
vergessene AkteurInnen	2
2. good practice – wie klappen Zusammenarbeitsprojekte	3
2.1 Zukunft der Kollaboration von Kunst und Schule	0
Kollaborative Lehrerbildung schafft kollaborative Schulentwicklung	5
Heterarchisches Netzwerk von KollaborateurInnen	2
best practice Lehrerausbildung Kollaboration Kunst fördern	3
Mobilität zwischen Schule und Kunstorten schaffen	2
Kollaborationsprojekte funktionieren nur mit vielen gemeinsam	2
Kollaboration Kunst&Schule braucht kulturelle Schulentwicklung	2
ungewöhnliche, untypische Lernsettings schaffen Motivation	1
Schule braucht andere Angebote der Teilhabe	1
Gelder an Schule für musische Fächer demokratisch teilen	1
Schule hat Ressourcen für Zusammenarbeit durch hohe Bezahlung	1
Zukunft Erweiterte Schulleitung durch außenstehen AkteurInnen	1
Kunstunterricht & Künstlerinnen sollen als Kollaboration handeln	1
2.2 Bedingungen gute Kollaborationsprojekten KU KÜ S L Schule	1
Schule Förderstätte für Kunstunterricht & Kollaboration	1
Kollaborationsprojekte gehen vom einzelnen Experten aus	4
Kunstmuseum arbeitet zusammen mit KunstlehrerIn	3
Kollaborationsprojekte basieren auf Freiwilligkeit	1
Störungen an Schule spannender Moment für KünstlerInnen	1

Kollaboration schulintern: Arbeitsteams bilden	6
Teamarbeit kommt mit dem Generationenwechsel in die Schulen	1
Teamarbeit an der Schule heißt Konflikte aushalten	1
Versuch: Teamarbeit mit Konsensbeschlüssen hinzukriegen	1
Teamarbeit in der Schule anstoßen	1
Teamarbeit im Unterricht	1
Wertschätzung durch Schulleitung ermöglicht Projekte	3
Komplizen/Teams in KuLehrerbildung schaffen Kollaboration	3
Zusammenarbeit heißt mit Fremdheitserfahrung umgehen	3
Reale Kommunikation wichtig für Kollaborationsprojekt	1
Bsp.: Gute Kollaboration zwischen KuLe und Künstler - WinWin	3
Bedingungen positiver Kollaboration zwischen KÜ und KU/ Schule	0
KÜ und L werten Kollaborationsprojekt als positive Erfahrung	2
2.3 Lokale intelligente kulturelle Bildungslandschaftsnetzwerk	4
Koop zwischen Schule und Kultur in temporären Projektverträgen	3
Rahmenvereinbarungen zu Kollaboration erstellen	1
Machtgefälle Schule/ Kultur durch Koopverträge abbauen	1
Raum für Kollaboration (Kunst und KU) auf Exkursionen	1
2.4 Kollaborationsprojekte entstehen durch Komplizenfreundschaft	8
2.5 Kollaboration: KU, L und Museum	2
Geniekonzept transformiert in Pluralität, Qualität herausstelle	3
2.6 Offenheit behalten für kulturelle Lebenswelten	5
Kommunikation über Kunst ist Kollaboration zu Ästhetischer Erfahrung	1
3. Verhinderung von Zusammenarbeit	0
3.1 Schule	0
Schulgebäude kreativitätshemmend	1
Zusammenarbeit ländlicher Standort schwierig umzusetzen	4
Schule für kulturelle Zusammenarbeit nicht anschlussfähig	10
Akteure der Schule zu wenig offen für Neues	7
Schule profitiert einseitig von kollaborativem Kunstunterricht	3

KunstlehrerInnen zu stark konsumierend und nicht Machen	3
...weil wenig Kunstfachkompetenz	3
Konflikt Schule in doppelter Trägerschaft: Land und Kommune	1
Top-Down-Kultur an der Schule	1
Schulen unterstützen einzelne kollabierende Lehrer nicht	1
Fehlende innerschulische Wertschätzung von Lehrerinnovation	2
Schulsystem fehlt offene Feedbackstrukturen/ Teilhabekonzepte	1
Schule bietet keine Zeit/ Ressource für Kunst und Kollaboration	2
Bez.regierung/ Dezernate nicht auf Zusammenarbeit ausgerichtet	2
LehrerInnen empfinden Kunstakteure in Kollaboration als Störung	1
Kunstunterricht wird an der Schule verkannt	2
Kunstkollaboration stört den schulischen Normalbetrieb	1
Schule liefert keine Kunstnetzwerke	1
Kunstunterricht wird an der Schule wenig wichtig genommen	1
...weil wenig Verständnis/ Offenheit für künstlerische Strategie	2
systemimmantente Fortbildungsstrategie an Schulen	1
3.2 Schule und KollaborationspartnerInnen	0
Kulturelle Bildung vs. Schulerziehungsauftrag	3
Kultur-Kollaborationspartner mangelt an Qualität	5
Kunstkollaboration degradiert Qualifikation KunstlehrerInnen	3
Zeitplanung KÜ und Schule sehr gegensätzlich	3
Wenig Wertschätzung für Kunstpädagogik vom Kunstbetrieb	3
Kunstinstitutionen für Kunstpädagogik elitär und unerreichbar	2
Zusammenarbeitsprojekte wenig an Schule/ Bedarf angepasst	0
Differenz: Schulsystem vs. Kulturbetrieb	2
KunstakteurInnen sind durch schulisches System überfordert	2
Nichtschulische Kollaborationspartner oft prekär beschäftigt	1
Keine f2f-Kommunkation verhindert Koll.projekt zwischen S und Kü	1
3.3 Lehrerausbildung bietet zu wenig Kollaborationspotential	1
4. Rolle von social media	3

Neue Technologien als neue Bedingung für Zusammenarbeit	1
Rolle der digitalen Medien wird unterschätzt	6
Online-Plattformen werden für Zusammenarbeit überschätzt	1
Internet immer wichtiger für zukünftige kulturelle Bildung	1
Klassen-Messenger-Dienst hilfreich für Zusammenhalt	1
Digitale Technologien schaffen im ländlichen Raum Zugang zu Kultur	1
5. Zukünftige Räume für Kollaboration im KU	0
Schule stattet Kunst mit Ressourcen, Wertschätzung und Zeit aus	1
Verbesserte finanzielle Ausstattung Fach Kunst	1
Kulturelle Kollaborationsprojekte brauchen je spezifische Räume	1
Ressource: finanzielle Mittel	1
Ressource: Professionelle KunstlehrerInnen	2
Ressource Zeit	1
Transformation der Gestaltung und Nutzung des Schulraums	3
Neue Räume Kollaboration: lokale, dezentrale Bildungslandschaft	2
Transformation des Bildungsraumes weg von der Schule	2
Vorhandene Kulturräume als Bildungsräume nutzen	2
Lehrerarbeitsräume an Schule fördern Zusammenarbeit	1
gestalteter Klassenraum als Fachraum für Zusammenarbeit	1
Räume/ Schulgebäude mehr wie Museen ihren Funktionen anpassen	1
Neue Wege der Raumnutzung an Schulen für Kollab. mit Kunst	2
Kritik neuer Medienkommunikation – Gespräch auch wichtig	2
Fachkompetente KollegInnen	1
Kunstunterricht verwoben mit sozialen Netzwerken	1
Kolllaboration über Kommunikation auch im Netz	1
informeller Klassenzusammenhalt über whatsapp-Gruppe mit L	1
6. Wertebasis/ Grundlegende Werte	0
6.1 Kollaboration: Analyse Kunstunterricht Verhältnis Kunstfeld	0
sogar Gymnasiale S haben wenig Teilhabe im Kunstbetrieb	1
Wunsch nach Durchlässigkeit von Schule zum Kunstbetrieb	1
Kunstbetrieb wird als attraktivere Arbeit angesehen als Schule	1
Verheimlichung KunstlehrerInnenprofession im Kunstbetrieb	2
Scharfe Trennung zwischen Kunst und Kunstpädagogischer Praxis	3

Machtpotential Schule gegenüber Fremdem	2
6.2 Kollaboration im kunstpädagogischen Fachdiskurs	0
Mangelnde Wertschätzung der Hochschule ggü. Schulpraxis	1
Kunstpädagogischer Ansatz geht vom Subjekt selbst aus	2
Kritik: Fachverband patriarchal/hierarchisch strukturiert	3
6.3 Grundbedingungen Kunstbetrieb	0
Bilder existieren nur im Plural	1
Verhinderung von Kollaboration im Kunstbetrieb	1
Kunstszene folgt EinzelkämpferInnenmentalität	1
Kunstbetrieb ist hierarchisch organisiert	1
Junge Leute für Kunst begeistern ist wertvoll	1
Kunstvermittlung erfolgt gemeinsam/ gegenseitig	1
Projektkultur in der Kunst erfolgt kollaborativ und temporär	3
Kunstszene basiert trotz Einzelkämpfertum auf Netzwerkarbeit	2
Kollaboration im/mit Kunstbetrieb hängt an einzelnen Personen	2
Kunstbetrieb sucht verstärkt Kollaborationen und Netzwerke	2
Kollaboration im Kunstbetrieb läuft über soziotechnologischen Praktiken	3
6.4 Grundbedingungen Werte Schule	0
Autonomie und Selbstbestimmung im Fach Kunst sinnvoll	1
Kunst ist das wichtigste Schulfach	1
Unausgesprochene Regeln Schule verhindern Qualität & Wandel	1
Schulen haben einen objekthaften Begriff vom Lernenden	1
Abgrenzung der KunstlehrerInnenrolle von traditioneller Kunstpädagogik	2
Schule ist ein überkommenes Gefüge von Unzulänglichkeiten	2
Wert Fach Kunst wird verkannt	3
Schulen stellen unqualifizierte KunstlehrerInnen ein	3
Ref. die schlimmste Zeit meines Lebens	1
6.5 Grundlegende Werte Neue Kollaboration	0
Das Genie bedarf der Kollaboration	1
Ästhetische Erfahrung ist individuell/ nicht messbar	1
Kritik: einmalige Kollaborationsprojekte gibt es genug	1
Heterogenität/ Plurale Gesellschaft erfordert Kollaboration	2
Kunstvermittlungsarbeit soll heterarchisch & demokratisch sein	1

lokale Bildungslandschaft partizipativ gestalten	1
Inklusion erfordert Kollaboration	1
transdisziplinäres Selbstverständnis erzeugt Kollaboration	1
Zusammenarbeit als reine neoliberale Markstrategie	2
AkteurInnen der Kollaboration sind gleichberechtigt	1